《2020—2021 中国信息通信业发展分析报告》
征订启事

《中国信息通信业发展分析报告》由中国通信企业协会主编，人民邮电出版社出版，每年出版一本，旨在反映当年中国通信业的发展变化情况，分析行业发展的趋势，探讨行业热点、难点问题，为政府和相关部门提供行业发展方面的分析与建议。自 2006 年出版以来，其因为客观、中立的视角，翔实丰富的数据，而受到业界的欢迎和认可。

《2020—2021 中国信息通信业发展分析报告》聚焦通信、互联网及战略性新兴产业领域，全面梳理了中国通信业的发展变化情况，介绍了中国信息通信行业的发展、大宽带及网络融合、数字经济与信息安全、工业互联网与人工智能、5G 技术与应用的发展。对过去一年的重大研究成果及问题进行了比较全面的论述、分析和研究，同时，也对 2021 年通信业的发展作出了预测和展望。

《报告》以专家的视点，从不同角度对人工智能、"互联网+"、工业物联网、5G 发展、数字经济、移动互联网等热点问题进行了深度阐述。同时，书中还搜集了 2019 年中国通信业的各项评奖结果，并提供了大量全面反映当前通信业发展状况的专业统计数据。

各单位如需订购，请按以下方式联系。

联 系 人：李娅绮　刘　婷

联系电话：010-81055492

　　　　　010-56081121

通信地址：北京市丰台区成寿寺路 11 号邮电出版大厦 714 室

邮政编码：100164

E-mail：378733088@qq.com

《2020—2021 中国信息通信业发展分析报告》
征订单（复印有效）

书　　名	《2019—2020 中国信息通信业发展分析报告》			
书　　号	ISBN 978-7-115-56567-9			
开　　本	大 16 开	定价	400 元/册	
订阅单位				
邮寄地址	（邮编：　　　　　　）			
联系电话		联 系 人		
订阅册数		金　　额		
邮　　箱		传　　真		
银行汇款	户名	北京信通传媒有限责任公司	专票信息	税号	
	开户行	中国工商银行北京体育馆路支行		公司地址及电话	
	账号	0200008109200044661		开户行及账号	
是否需要发票	发票抬头			

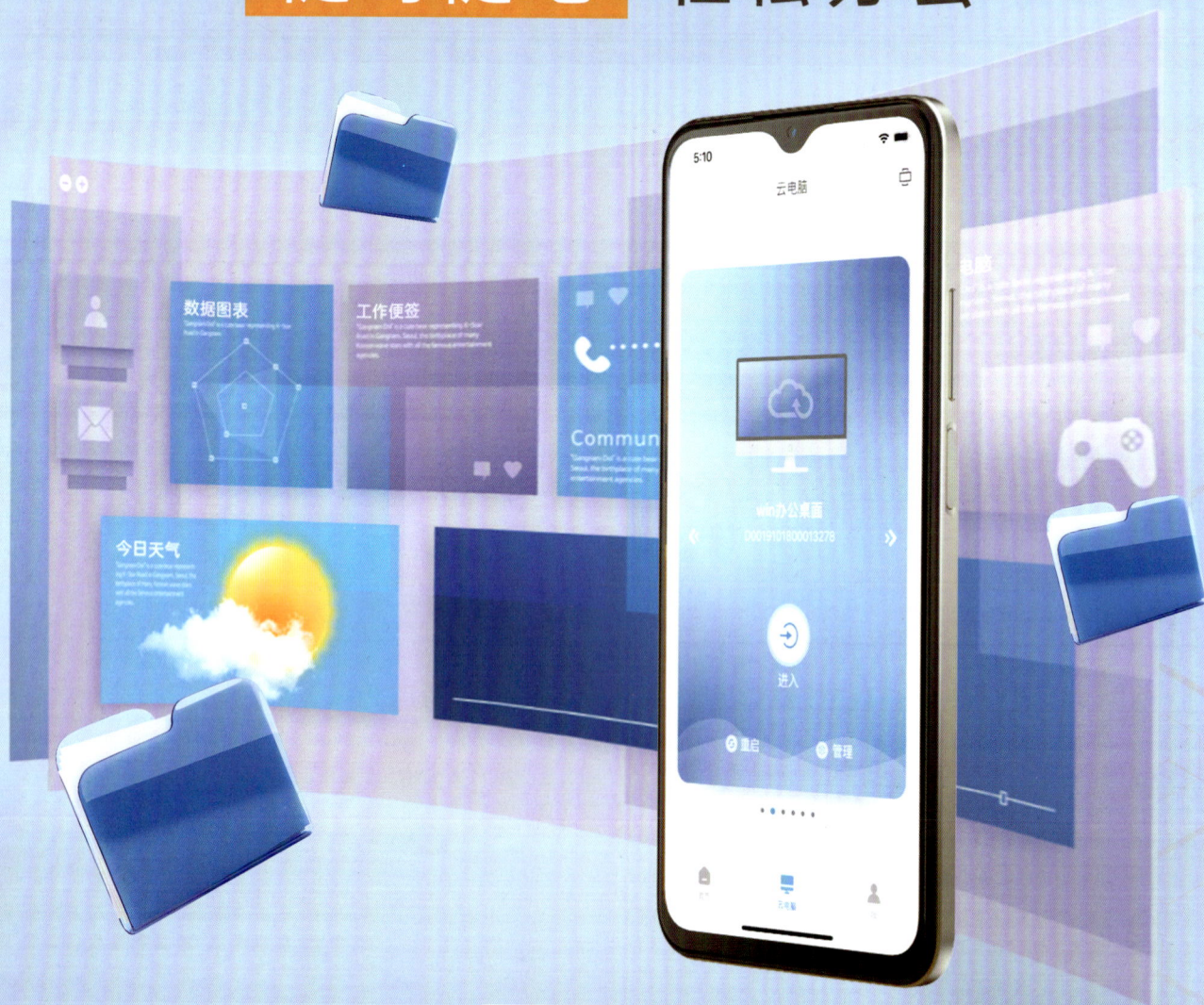

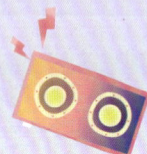

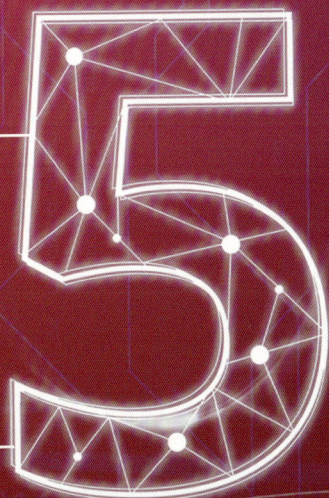

广 告 索 引

前 插

专题单位

中插单位

C1	中国移动通信集团江苏有限公司
C2-C3	中国普天信息产业股份有限公司
C4-C5	烽火通信科技股份有限公司
C6-C7	中国卫通集团股份有限公司
C8-C9	中国电信股份有限公司四川分公司
C10-C11	中国移动通信集团四川有限公司
C12-C13	中国联合网络通信有限公司四川省分公司
C14-C15	中国电信国际有限公司
C16-C17	中国移动国际有限公司
C18-C19	中国联通(香港)运营有限公司
C20-C21	中国电信股份有限公司浙江分公司
C22-C23	中国电信股份有限公司福建分公司
C24-C25	中国联合网络通信有限公司海南省分公司
C26-C27	中国联合网络通信有限公司湖南省分公司
C28-C29	中移物联网有限公司
C30-C31	中国移动通信集团设计院有限公司
C32-C33	中时讯通信建设有限公司
C34	天翼物联科技有限公司
C35	天翼电子商务有限公司
C36	北京神州绿盟科技有限公司

C37	博浩科技有限公司
C38	中浙信科技咨询有限公司
C39	中贝通信集团股份有限公司
C40	上海理想信息产业（集团）有限公司

后插单位

D1	恒安嘉新（北京）科技股份公司
D2	北京应通科技有限公司
D3	元道通信股份有限公司
D4	联通视频科技有限公司
D5	中国移动通信集团山东有限公司
D6	江苏亨通光电股份有限公司
D7	广东省通信产业服务有限公司
D8	广东南方通信建设有限公司
D9	广西电信实业集团有限公司
D10	广东长实通信科技有限公司
D11	中邮建技术有限公司
D12	利德世普科技有限公司

2020—2021
中国信息通信业
发展分析报告

中国通信企业协会 编

人民邮电出版社

北 京

图书在版编目（CIP）数据

2020—2021中国信息通信业发展分析报告 / 中国通
信企业协会编. -- 北京：人民邮电出版社，2021.7
ISBN 978-7-115-56567-9

Ⅰ. ①2… Ⅱ. ①中… Ⅲ. ①通信技术－信息产业－
产业发展－研究报告－中国－2020-2021 Ⅳ. ①F492.3

中国版本图书馆CIP数据核字(2021)第096530号

内 容 提 要

　　本书是一部综合反映 2020 年中国信息通信业发展的研究分析报告。本书对我国 2020 年信息通信业、互联网、5G、新基建的发展以及新政策、新业务、新技术和由此带来的影响等进行了深度分析，并对我国信息通信业 2021 年的走势进行了预测和展望，内容涵盖了运营、市场、业务、技术、管理等众多方面，以及信息通信和互联网产业链的各个环节。附录中包含了工业和信息化部的相关重要文件及政策解读，并详实、全面列举了行业数据和中国通信企业协会颁发的各类行业及企业奖项。

◆　　编　　　　中国通信企业协会
　　　　责任编辑　李　静
　　　　责任印制　陈　犇

◆　人民邮电出版社出版发行　　北京市丰台区成寿寺路 11 号
　　邮编　100164　　电子邮件　315@ptpress.com.cn
　　网址　https://www.ptpress.com.cn
　　三河市中晟雅豪印务有限公司印刷

◆　开本：880×1230　1/16　　　　　　彩插：56
　　印张：18.75　　　　　　　　　　　2021 年 7 月第 1 版
　　字数：380 千字　　　　　　　　　2021 年 7 月河北第 1 次印刷

定价：400.00 元

读者服务热线：**(010)81055493**　印装质量热线：**(010)81055316**
反盗版热线：**(010)81055315**
广告经营许可证：京东市监广登字 20170147 号

前　言

2020年是全面建成小康社会和"十三五"规划收官之年。我国信息通信业坚决贯彻落实党中央、国务院及工业和信息化部决策部署，行业整体呈现稳中向好运行态势，行业持续向高质量方向迈进。云计算等业务成为增长第一引擎，5G网络、数据中心、物联网、大数据、工业互联网等新型信息基础设施加快构建，行业融合应用加快创新，在助力疫情防控、复工复产、服务民生、支撑企业数字化转型等方面发挥了重要作用。信息通信业不断加强信息基础设施建设，加快推进"提速降费"、"双千兆"宽带服务以及云数融合发展，建立健全网络安全保障体系，不断推动信息通信技术与经济社会各领域深度融合，成效显著，促进了经济发展、社会进步和人民生活质量提高。

当前，我国信息通信业发展处于新的历史起点，面临诸多新要求、新机遇、新挑战，全行业以习近平新时代中国特色社会主义思想为指导，立足新发展阶段、贯彻新发展理念、构建新发展格局，科学把握信息通信行业发展形势，坚持稳中求进工作总基调，坚持以供给侧结构性改革为主线，大力推进网络强国建设，不断完善产业生态，促进创新应用，推动我国信息通信业实现高质量发展。

2021年是中国共产党百年华诞和"十四五"规划开局之年。信息通信业将更加紧密地团结在以习近平同志为核心的党中央周围，牢记初心使命，凝聚奋进力量，以饱满的精神状态履职担当作为，扎实做好"六稳"工作、落实"六保"任务，确保"十四五"开好局、起好步，以网络强国、数字中国建设的优异成绩庆祝建党100周年，为全面建设社会主义现代化国家、实现第二个百年奋斗目标作出新的更大贡献。

《2020—2021中国信息通信业发展分析报告》（以下简称《报告》）针对2020年信息通信业的发展重点和2021年趋势走向，以专家的视点，从不同角度对5G、新基建、网络安全、工业互联网、数字经济等热点问题进行了深度研究与阐述。同时，《报告》中还搜集整理了2020年中国信息通信行业的发展统计数据与重点规章制度。

《报告》邀请了行业近百位知名学者、专业人士、行业观察家、分析师、媒体人员撰写相关稿件，并得到了中国信息通信研究院、中国电信、中国移动、中国联通、中国铁塔、中国广电等电信运营企业、通信院校和人民邮电报社、人民邮电出版社以及中国通信企业协会各分支机构的大力支持。《报告》在成书过程中，北京信通传媒有限责任公司调动大量的人力、物力，组织编写、编辑加工、审核修订等工作，使《报告》能够及时出版。

《报告》还存在需改进之处，真诚希望业内外人士提出宝贵的意见和建议，以便我们在今后的编写过程中不断改进和提高。

中国通信企业协会

2021年4月

目　录

信息通信综合篇

大宽带及网络融合篇

工业互联网与数字经济篇

数据中心与新基建篇

网络与信息安全篇

专家视点与专题研究篇

附录 A 政策法规

附录 B 创新成果类

附录 C 数据类

中国电信
CHINA TELECOM
5G hello
好5G 好宽带
用电信
电信三千兆
极速光宽
信号满屋
安防新体验
千兆高速路由器
WiFi满屋 | 上门服务
5G手机流量
150GB 三人共享
1000M宽带
299元/月起
IPTV 4K超清
央视 3/5/6/8
0元看
智能摄像头 或 智能门铃
+240元可获得
·凡新装家庭宽带需收取100元/台安装调测费;
·凡新装天翼高清需收取100元/台安装调测费;
·需预存一年费用;
·当月套餐内剩余手机流量可结转至次月使用，次月底未使用完的结转流量不再结转;
·套餐至多三张卡;
·1000Mbps家庭宽带上行速率为30Mbps;
·有线宽带产品仅限于中国电信北京公司网络接入资源已具备区域办理;
·一台路由器适用于80m²及以下居室，WiFi覆盖效果受诸多因素影响，以建议方案为准;
·活动时间：2021年1月1日至6月30日。
码上办理
营业厅查询
中国电信北京公司
详情请咨询10000或电信营业厅
电信三千兆 上网就是快
千兆 5G
千兆 宽带
千兆 WiFi

全球通

全球通 新礼遇

千元权益等你领

·出行权益·
尊享龙腾出行、空港易行服务

机场快速 安检通道	高铁 休息室	机场 休息室

·医疗权益·
畅享微医、平安好医生服务

图文问诊	电话问诊	二次诊疗 转诊服务

·酒店权益·
乐享华住会、携程服务

房费折扣	延迟退房	积分权益

全球通银卡、金卡客户，办理全球通尊享合约，保持在网12个月且主套餐不降档，即可于2021年12月31日前，前往中国移动APP-全球通专区-新礼遇领取上述权益，全球通白金卡、钻石卡客户可直接领取，办理更高档位还可快速升级！

中国移动 China Mobile

中国联合网络通信有限公司
上海市分公司

中国联合网络通信集团有限公司(以下简称"中国联通")于2009年1月6日在原中国网通和原中国联通的基础上合并而成,是中国电信业打破垄断、引入竞争的一面旗帜,也是三家运营商中在香港、纽约、上海三地上市的公司,连续多年入选"世界500强企业",积极为推动国民经济和社会信息化发展做出努力和贡献。

2017年8月,中国联通成为实现全面混改的中央企业。混改近四年来,中国联通立足自身禀赋,积极践行新发展理念,深入实施"聚焦、创新、合作"战略,全面深入数字化转型,着力打造"五新"联通,建设新时代中国特色社会主义新央企,公司底盘日益稳固,关键领域积厚成势,整体面貌焕然一新,经营业绩和发展质量得到全面改善,发展转型成效明显,实现了央企混改标志性突破。

中国联合网络通信有限公司上海市分公司（简称上海联通）与中国联通同步完成融合重组，是中国联通在上海的重要分支机构，拥有包括移动和固定通信业务在内的全业务经营能力。按照上海主要行政区划分，上海联通下设13个区分公司，全面服务于对口区域的经济建设和社会发展，其中，专门新设了自贸区临港新片区分公司，服务临港新片区开发建设。为顺应数字化转型、服务数字经济，上海联通不断优化调整组织机构，承接国家、集团公司和上海地方政府的有关决策部署，全面服务公众及各行各业通信服务需求。

　　融合以来，上海联通基于自身资源禀赋，坚持走以创新为引领的差异化发展道路，并取得了较好业绩，价值贡献位居集团前列。"十三五"期间，上海联通收入、利润等关键业绩指标持续改善，效益持续增长，圆满完成混改第一个三年盈利计划目标，上海联通已由一个紧凑型企业向中等规模企业迈进。

　　在经济效益稳步增长的同时，上海联通始终坚持党建统领全局，成功探索打造了"融入式"党建，深化推动文明创建工作，先后荣获"全国文明单位"、"全国五一劳动奖状"、上海市文明行业、上海市企业文化建设示范基地、邮电系统最美职工之家等奖项，连续16年蝉联八届"上海市文明单位"称号。

　　2021年是"十四五"规划的开局之年，也是上海联通站在新起点上打造新优势、构建新实力、实现更高质量发展的关键五年，上海联通将贯彻落实新发展理念，深化供给侧结构性改革，加快企业发展方式的深层次转变，深化全面数字化转型，加快构建新发展格局，实现高质量发展、服务高品质生活、助力高效能治理，力争到"十四五"期末，打造成为一个创新领域更为优质、数字化运营能力更强、要素配置效率更高、服务质量更优、企业治理效能更好、企业活力更充沛、政治生态更优、员工幸福指数更高、社会各界更为信赖的综合数字服务运营商，成为数字经济建设的主力军，实现新征程上的新跨越、新发展，为上海经济建设和社会发展贡献力量。

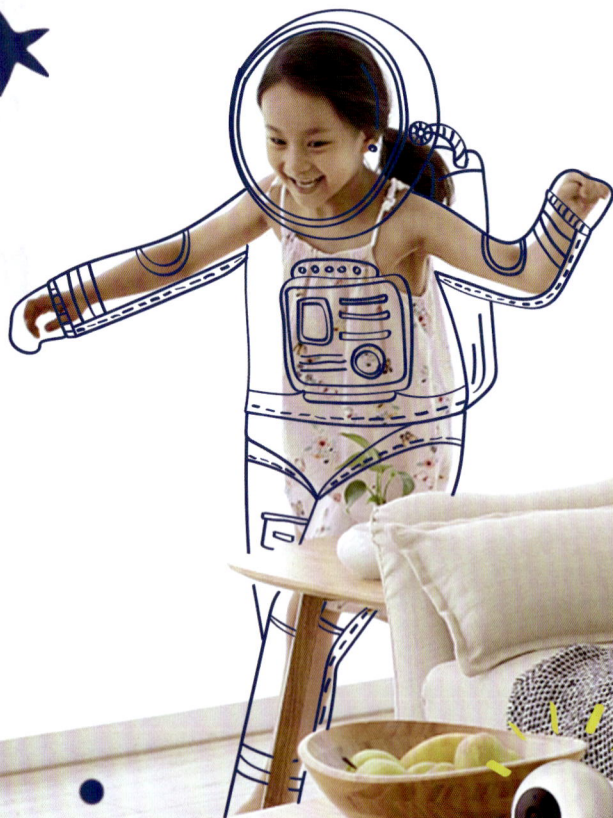

China unicom 中国联通
创新·与智慧同行

BEIJING 2022

北京 2022 年冬奥会官方合作伙伴

5G选联通
全家三千兆

5G生态
办理花Young购
立领4300元现金券

5G焕新
购机立享千元直降
金融分期轻松乐购

千兆融合
5G用户月租7折
享千兆宽带+千兆WIFI

智慧家庭
智能监控、云存储
随时回看，暖心守护

冬奥信赖 联通力量

匠心网络、智慧创新、精细设计：
广东联通打造"更优质、更智能、更贴心"的服务

日益发展的通信技术正在改变人们的生活。从前，车马很慢，书信很远；现在，视频通话，万物智联。随着信息技术的更新迭代，人们的需求也日益提升，变得更加多样化。为进一步提升用户服务体验，广东联通从网络建设、技术创新和产品设计三个方面入手，通过差异化创新，为用户打造"更优质、更智能、更贴心"的服务。

匠心网络，打造"更优质"服务

广东联通高度重视网络质量和客户感知工作，2020年以"打造高品质网络、提供高便捷服务"为目标，在广东省开展"匠心网络，贴心服务"专项行动，聚焦影响客户感知的重点区域和重点问题，规建维优一体化、网业服协同推进，采用智能化工具，打通从数据采集到质量分析再到问题处理的全环节，实现全数字化管理。

同时，广东联通坚持5G网络与应用双领先的发展原则，高起点规划建设5G网络。截至目前广东联通已完成广东省内所有县级区域及发达区域乡镇的网络覆盖，为用户提供速率翻倍、带宽翻倍的优质5G网络体验；积极推进"三千兆"发展战略，打造千兆5G、千兆宽带和千兆Wi-Fi的精品网络，真正为用户打造一个涵盖居家、工作、出行的全场景立体化高速率的上网环境，全面满足用户各类网络接入及应用需求；加强重要政企客户网络保障，通过完善支撑手段，优化服务流程，主动排查隐患等，有效降低故障率，缩短故障处理时间，实现全年网络质量的显著提升，有效改善用户服务。

智慧创新，打造"更智能"服务

在夯实网络赢得用户体验"第一步"的同时，广东联通以智慧创新为抓手，加快数字化创新转型步伐，为用户打造"更智能"的服务。

在服务数字化转型方面，广东联通全面切换客户视角，以客户口碑为引领，布放网业服感知探针，重构感知运营体系，提前预警、及时修复，推动感知运营由单一的结果管理向过程管理转变。广东联通以"打得通、上网快、容易找、办得快、说得清、解决快"的服务标准，和及时响应、准确定位、快速解决的贴心服务，实现"一个企业、一副面孔、一个声音"，所有人工触点线上、线下协同一致、高效便捷。

在全场景服务保障方面，广东联通深入践行"一切为了客户"的经营管理理念，以"解决客户问题"为根本遵循，以全互联网化、智能化为根本手段，打通公司内部各服务触点，建立分群分类服务保障体系，以问题为导向完善全专业协同机制，全面提升用户感知与体验。

在全触点全场景无缝服务方面，广东联通以"服务触点问题诉求信息+线上办理+无缝服务工单"为核心全流程端到端贯穿的服务信息流，实现客服代客下单及用户自助下单；通过智能中台打通线上线下服务触点，真正实现"线上线下一体化"服务；对需即时办理或即时服务的场景，通过触点服务人员线上办理、收集信息派单装维团队办理、新增移网/宽带/融合业务上门办理服务，无缝协同服务网，从而实现全场景服务的数字化。

精细设计，打造"更贴心"服务

5G、AI、大数据的不断发展，助力运营商不断优化并提升自身的服务能力。然而电信服务中还有一个问题不容忽视，那就是"普遍"服务。为此，广东联通在产品设计方面更加精细化，以差异化打造"更贴心"服务。

针对年轻群体，广东联通重磅推出全新本地化5G生态权益产品—"花Young派"，将18-30岁的Z世代青少年群体及社会青年定为主打目标用户，做到千人千面，花样精彩。目前广东联通已推出"花Young购"子产品，这些产品聚焦用户日常消费购物场景，将不同档位的话费套餐与购物权益相结合，为用户提供大额现金券、购物会员、购物优惠券等众多购物权益。

针对老年人群体，广东联通设置10010直达热线、无码绿色通道和营业厅布局优化服务；创新推出老年人专属套餐；利用智能技术为老年人提供更周全、更贴心、更直接的便利服务，例如沃家固话，老人只需要喊名字即可打固话，沃家神眼为独居老人云监护，让老年人在信息化发展中有更多幸福感、安全感。

针对残障人士，中国联通打造了为听障人士服务的A.I.王卡，2020年5月17日在广东深圳首发。该产品解决了聋人朋友们在手机通信上的困境，具有跨越意义，对社会、技术、未来具有深远意义，充分展现出中国联通作为央企的社会责任。未来，中国联通·A.I.王卡产品功能也将不断丰富，为听障人士提供全方位援助和个性化服务。

广东联通表示，后续将持续把提供满意的"客户感知和体验"作为首要的职责，全面切换客户视角，推动客户感知数字化转型，为客户提供高便捷、高智能、高品质服务，成为懂客户的智选运营商。

张路　黄健翔　徐阳　刘越　娄一晨

上咪咕视频

云呐喊　云打CALL　解说天团

咪咕视频

中国移动
China Mobile
咪咕
5G奥运会
真直播
上咪咕视频
5G+4K
3D观赛
多屏同看
云包厢
云打CALL
嘉宾天团

博物馆5G新生活

2021.5.18 国/际/博/物/馆/日

博物馆在移动

小翼管家
智慧管家APP

家庭网络一键控
网络管理可视化

宽带服务全自助
预约上门超省心

智能设备轻松连
场景联动更智慧

4K 天翼高清随心看
预约点播全掌握

关于未来的 "三部曲"

用心定义智慧家庭生态范本

中国商业文明高歌猛进40年,某种程度上都是围绕着"家庭"——这个社会最小的单元而展开的。如何用科技让人们的生活更加美好,这正是中国电信智慧家庭公司怀揣的初心。

"数字家庭"是一个被呐喊多年的概念。但如今不再空有理论,搭乘5G、新基建列车,数字家庭——甚至"智慧家庭"的落地已如箭在弦。

这也是本文试图解答的问题:**我们如何用科技创新破解行业痛点,让用户的在线生活与云端定居不再是梦想。**

第一部曲:"超级入口"的服务战

1. 破壳而出

2020年以来,"新基建"成为社会各界关注的焦点,特别是以5G、云计算、大数据、物联网、人工智能、区块链等为代表的"数字基建",正成为促进新旧动能转换的重要杠杆。

善谋者胜,远谋者兴。

2018年12月24日,中国电信股份有限公司全资子公司、从事智慧家庭业务研发运营一体化的集团级专业公司——天翼智慧家庭科技有限公司成立。

其后两年,公司深耕上海、南京长三角龙头城市,并设立五大区域能力支持中心,在全国范围内构建开放互联的智慧家庭业务生态圈。

如今,智慧家庭公司孵化出的产品线,已经涵盖了小翼管家、全屋Wi-Fi、天翼高清、天翼看家、天翼云盘、安全管家、云游戏、云VR/AR等。

概括来说,这涵盖了"让家庭云端化"的一切要素。截至目前,已服务1.89亿宽带用户、1.36亿天翼高清IPTV用户以及6556万家庭云用户,智家平台智能设备连接数超2.05亿。

数据背后,是志同道合的大批高科技人才:智慧家庭公司员工中,硕士以上学历占比超73%,技术研发类人员占比65%。申请专利和软件著作权超过70件,已获得多项家庭组网、大视频、智能家居、设备连接和业务应用等领域发明专利授权。

2.一个App让家动起来

具备了数字化基础，落地场景同样很重要。

关于家庭生活，许多问题细节令人心焦：比如家里的自来水、煤气有没有关，不在家的日子是否有不速之客潜入等等。

为了将一切家庭生活的诉求集成化，让人们告别这样那样的"强迫症"，智慧家庭公司打造了中国电信面向用户的智慧家庭统一入口：小翼管家。

这是一个神奇的App，它不仅能提供智能宽带便捷管理及各类智能应用，还包含智能服务功能，可实现全方位智能安全保障。小翼管家App不断地迭代优化，让网络连接可视化、设备配网自动化、智能控制场景化、家庭应用多样化触手可及。由于"强化统一入口+设备连接操控+高频刚需应用+服务交付能力闭环"的商业逻辑，进入市场后广受好评。

小翼管家加载"天翼看家""全屋W-iFi""天翼高清""家庭云"等多款拳头产品，其中"天翼看家"围绕家庭用户安全、看护两大核心需求，以智能高清摄像头、智能门铃为载体，淬炼远程视频实时查看、移动侦测、录像抓拍、语音对讲、云端回看等多项硬核技能，全方位满足用户安防监控、家庭看护、亲情陪伴需求。

截至2021年3月，小翼管家用户数突破5600万，设备连接数到达6500万，月功能使用超过4.5亿次。

中国电信基于e-Home标准协议，升级无感配网能力，聚合各类智慧家庭泛智能终端品类、内容与应用，以场景化、积木式的产品组合，为智慧家庭用户提供更多优质选择。

第二部曲：用数字化服务打造智慧家

1.千兆Wi-Fi领跑者：看得见的守护

在"千兆5G+千兆宽带+千兆Wi-Fi"的三千兆时代，全屋Wi-Fi作为"千兆Wi-Fi"的践行者，是中国电信为家庭用户提供的智能化家庭网络覆盖创新产品。

智慧家庭公司深谙，只有提升网络使用效率、降低延时，才能实现家庭千兆Wi-Fi的覆盖能力，从终端、服务、应用三大维度进行升级。

中国电信升级全屋Wi-Fi技术标准，从e-Link智能组网协议逐渐升级为e-OS智能操作系统，研发出集成e-OS的Wi-Fi6"真智能"路由器，实现了无感配网、Mesh组网、智能操控、应用加载等智能化终端应用能力。截至目前，基于Wi-Fi6终端，中国电信已经为近1000万用户提供了超高速、低时延、强穿透的使用体验，成为业内主推Wi-Fi6终端的运营商。

影响家庭上网体验的因素诸多，智慧家庭公司引入AI技术，结合家庭网络质量数据与用网感知进行关联分析，对质量数据、历史客诉和修障等数据建模，通过算法模型自优化、自学习，精准识别家庭网络质差问题，全面掌握家庭网络用网质态。AI家庭网络可视化能力通过小翼管家为用户提供"我的Wi-Fi"、联网设备、网关设置等8项家庭网络智能化操控功能。家庭网络使用报告不仅为用户提供宽带使用情况、联网设备情况、信号强度排名、设备流量排名和夜间上网设备情况等网络使用信息，还提供周边干扰源信息、智能家居设备使用状况、机顶盒使用中各类节目观看时长、家庭宽带安全和设备漏洞排查，并提供全屋Wi-Fi、天翼看家等产品在线订购功能。

为实现真正的千兆交付，中国电信智慧家庭工程师升级服务工具，适配千兆Wi-Fi6网络，为用户提供组网方案设计、上门安装调测、现场Wi-Fi网络质量检测等能力，保障用户家庭网络、速率达到千兆要求。

智慧家庭公司组建智库，联合18家主流芯片及网关、路由器厂商完成业界跨品牌Easy Mesh组网验证，发布国内"家用Easy Mesh组网设备互通技术要求"标准，打通了Mesh组网设备互通层面的关键技术难点，实现跨平台、跨品牌的网关与路由器Wi-Fi信号自动切换与无缝漫游，这在提升消费者使用体验、消除业界Mesh应用技术壁垒方面具有重要意义。

2.解锁超级智慧家

聚焦用户高频需求和行业深层痛点，依托中国电信云网融合、边端协同、AI注智的网络优势和3500家门店提供的广泛销售触点，智慧家庭公司整合连接集成、平台集成、内容及应用集成的资源，通过汇聚各类智慧家庭泛智能终端品类、内容与应用，以智能安全、智能生活、视听娱乐、居家办公、家庭教育、医卫健康6类典型场景的积木式组合，向家装圈、金融圈、在线教育圈、生活服务圈和电商圈等领域的公众、商企、政府客户提供场景化解决方案，形成"1+6+N"的家庭DICT解决方案体系，为用户打造真正的跨领域、多层次、高智能的"超级智慧家"。

全屋智能

家庭智能场景个性定制
感受无处不在的科技魅力

针对家庭DICT业务需求和特性，智慧家庭公司基于网络、连接、安全、娱乐版块的原子能力，研发了集营销设计、智能调度、连接管理、标准交付、售后维保为一体的交付服务子系统，全面助力12万装维工程师、6万智慧家庭营销专员，实现销售体验场景化、方案设计定制化、派单调度智能化、安装交付标准化，系统能力日调用规模达百万级。交付服务系统面向用户，实现线上线下一体化的场景购买体验，提供订单各节点实时进度信息，形成量化可视交付报告，有效提升用户体验感知；面向生态圈，为终端设备、技术服务、渠道、零售和互联网电商等领域的合作伙伴提供终端供应管理、服务人员纳管、营销宣传加载、平台集成对接等赋能方式，打造全渠道涵盖、全流程通畅、全行业延伸的智慧生态合作版图。

数字化转型趋势下，各方产业以更加开放融合的态度，为升级智慧家庭数字化能力贡献力量。智慧家庭公司与终端、渠道、内容应用和技术服务领域合作伙伴协作，通过优势互补、资源聚合，打造终端生态、内容生态和应用生态，实现2C、2H、2B、2G的融通，为用户提供从信息通信向智能生活升级的综合智能信息服务体系。从数智家庭到数智社区，不断做厚智慧家庭生态价值，助力做强包括全屋智能、平安乡村、智慧社区、智慧商企等在内的DICT产业体系。

3. 打造家庭数字视听娱乐平台

如果说全屋智能解决方案是全场景智慧化战略在家庭场景的进一步延伸，那么借助丰富的视听内容，依托自身云、端、边能力赋能智能家居产业，用数字化服务打造超级智慧家，则是水到渠成的结果。

智慧家庭公司构建起赋能型家庭数字视听娱乐平台，通过精准营销，最终促进了以大屏为核心、多屏融合的大视频业务发展。

依托收视数据平台、探针平台能力，智慧家庭公司对全国天翼高清1.36亿用户的收视行为数据建模与分析，包含收视率、UV、频次、时长、次数、直播收视实时数据、点播TOP排行榜、月度和年度数据报告等，成为更懂用户的数字化内容平台。

大视频业务的蓬勃发展，得益于智慧家庭公司四大原子能力的驱动。内容注入能力上，公司打通了与31省的IPTV CDN内容分发接口，支持注入TS、HLS、加密等格式，介质只需集中注入至全国内容中心，便可为各省用户提供服务，实现一点注入、全网分发，提高互联网头部内容引入效率。直播传输能力上，借助CN2链路形成全国直播分发专网，支持传输4K直播信号，借助直播转码能力，支持H264/H265/RTP/HLS/组播等信号互转，支撑开展慢直播、赛事、演唱会等直播活动。大小屏互动能力上，手机端小翼管家App通过绑定天翼高清机顶盒，统一汇聚各省多屏能力，支持投屏、语音操控、预约提醒等功能；拓展小屏天翼高清，形成教育专区、电视会员专区，形成小屏运营阵地，实现跨屏体验升级。数字化运营能力上，基于采集、网络质量、Wi-Fi质量、终端数据、播放行为等网络和业务数据，结合媒资数据进行大数据建模计算，制定精准投放策略，定向推送"投其所好"的内容；同时，通过弹窗、消息等方式提示用户升级带宽，办理全屋Wi-Fi、更换机顶盒终端等，提升电信用户感知。

不难看出，依托大数据、人工智能等创新技术，智慧家庭公司用一份匠心与时间对话。

第三部曲："新基建"生态样本渐成

1.云网超宽、软终端齐上线

在国家不断加码新型基础设施建设政策利好下，"新基建"推进速度不断加快，以科技之力利民惠民。

创新能更好地为新基建服务。中国电信深耕IPTV行业十余载，为超过1.36亿家庭客户提供高品质的视频服务。在当前数智经济浪潮下，智慧家庭公司勇立IPTV业务软化潮头，洞察用户核心需求，启动天翼高清软终端产品创新，携手上下游合作伙伴布局新兴领域，推动产业链技术发展，强化天翼高清业务价值深耕。

得益于视频领域长足地积累，天翼高清软终端产品把超高清视频业务以软客户端形式，部署在智能电视机及多种智能终端上，基于云网超宽带能力，打造跨终端形态、跨硬件方案、跨操作系统的一站式解决方案。

软终端产品摆脱了传统天翼高清业务对机顶盒等终端硬件的依赖，用户可通过语音识别、多屏互动等多种智能方式与客户端交互，借助中国电信三千兆网络，软终端产品支持360度全景及VR等创新应用，以及画中画、多角色切换、多屏同看、瀑布流页面展示等功能，给用户带来集生活娱乐、安全监控、云存储、智能交互于一体的数字智慧家庭生活新体验。

为落实中国电信集团云网融合战略，加快云改数转，支持云VR、云游戏、超高清视频和场景化应用宽带，智慧家庭公司以云网超宽带为云网融合切入点，结合家庭网络能力延伸与业务云化，协同云、网、边、端资源，从基础网络到云资源、从运营系统到业务平台全面探索智慧家庭领域云网融合。

云网超宽带以终端、城域网、集约IT和一站式生态服务四个核心能力为基础，针对云VR、云游戏等创新应用提出具体体验参数和网络性能指标，给用户提供有保障的专用通道，打造了零卡顿、低延迟、秒上传、高安全和一站式服务。以数字化开放平台、端到端的业务质量和安全保障能力服务合作伙伴，为大视频、云游戏、家居物联多种场景赋能。未来云网超宽带将赋能教育、游戏、直播等不同场景的应用宽带，以智慧家庭业务驱动云网协同，以提升用户感知加快云改数转，进一步实践智慧家庭云网融合。

2.智慧家庭原子能力逐步释放

解码"新基建"，开放合作是趋势。智慧家庭公司自2019年11月开始梳理能力清单，通过统一标准对省公司、合作伙伴开放。

公司部分原子能力已经覆盖31省，2020年累计服务超9亿次。主要有家庭网络质差标签能力、AI智能排障能力、家庭网络使用分析能力、内容集中分发能力等。

家庭网络质差标签成功嵌入省公司智慧营维、客服等系统，自动识别家庭网络故障，提升服务效率。提供设备重启、Wi-Fi功率调优、Wi-Fi信道调优等30余项AI智能排障原子能力，协助客服和装维人员对用户报障进行智能诊断与远程排障，覆盖一线装维人员5.9万，智家平台AI

自主调优月均400万次，用户自助排障月均20万次，客服、智慧营维远程排障月均150万次。

点播内容集中分发管理能力，打通CN2专网通道，形成覆盖31省的直播专网，支撑开展"停课不停学"直播课、雷神山火神山建设、"相信未来"在线义演、珠峰景区慢直播、5G·24小时直播、中甲联赛赛事直播等多项直播活动，观看人数累计覆盖超1.3亿家庭用户。此外，智慧家庭公司目前已集约引入了超百家300余款产品，包括华视网聚、新东方、学而思、QQ音乐、酷狗音乐等头部内容，集约引入互联网头部内容60万小时。

智慧家庭公司鼓励内部能力开

发团队不断优化能力服务质量，结合集团颁布的原子能力评估办法，构建多维度能力价值评估体系，实现实时、可量化、可视化能力价值视图。

从超级入口服务战，数字化服务打造超级智慧家，再到新基建生态样本，智慧家庭公司以稳扎稳打的"三部曲"，用心定义着智慧家庭生态范本。

很多年前，人们对于"智慧生活"仅限于科幻小说或电影中的情节，但如今科技带给人类社会的"天方夜谭"正在发生——甚至远超艺术作品中的想象。

人们对未来家庭的美好想象，在中国电信智慧家庭公司"头雁效应"的带动下，正一步步照进现实。

沃支付
智付由我

UNICOMPAY Co.,Ltd.
联通支付有限公司

联通支付有限公司（简称"联通支付"）是中国联通旗下的第三方支付平台，致力于提供"安心、便捷"的支付解决方案。联通支付自 2011 年成立开始，始终以"安全"为产品和服务的核心。联通支付以沃支付为企业品牌，通过沃钱包客户端为个人用户提供综合性的民生支付应用与金融信息服务。同时沃支付还为政企类客户提供一体化的支付金融解决方案。

联系我们

服务热线（7x24h）：
10188（个人专线）
4006889900（企业专线）
服务邮箱：epay-bbs@wo.cn
商务服务电话：4006889900
商务服务邮箱：jituan@wo.cn

联通支付日
省着花·不如花着省

28
每月28日

COMMERCIAL PRODUCTS

商业产品

联通支付坚持差异化创新发展，从传统支付业务向金融信息服务、数据科技业务演进，目前已形成"支付服务、协同服务、融资信贷、财富管理、金融科技"的布局。

协同服务

提供电子券、代收付、通信交费、电子商城等服务，协同通信业务创新发展、提升用户价值。

支付服务

应用沃账户、POS 终端、二维码等支付方式，为集团、企业客户、个人客户提供安全、便捷的支付解决方案。

财富管理

依托沃钱包等互联网信息平台，为用户提供理财、保险等信息服务。

融资信贷

聚合多个金融机构的融资信贷能力，为用户／客户提供消费分期、信用贷、企业融资等信息服务。

金融科技

探索大数据、人工智能等新技术，赋能金融领域创新，打造新应用、新产品、新模式。

CHINA UNICOM

中国联通APP-支付金融业务概览

超级星期五

中国联通APP超级星期五推出专场活动，包含周五品牌日、超五助力团、天天都能领、热门活动等板块。

饭票

与餐饮行业合作伙伴深度合作，引入餐饮权益，为用户提供餐饮美食优惠的同时，助力合作伙伴业务发展。

影票

对接影票行业口碑商家完成生活服务类场景生态建设，实现影片信息获取与影院购票一站式购票功能。

购物

联合京东打造中国联通APP购物频道，为用户提供海量商品选购；打通联通通信账户与京东购物账户，嵌入积分购话费购、电子券、额度支付，实现双账户自由组合支付，全方位提升用户购物感知。

我的-我的钱包

可一站式查询沃账户相关内容，完成生活缴费、信用卡还款、商城购物等集合支付金融体验。每月28日为联通支付日，推出精选服务8.8折等系列优惠活动。用户不仅能乐享特惠/折扣/特权，还能轻松理财，累积信用，享受消费信贷、保险等金融信息服务。

财富

瓜分1,000,000大奖

立即领取

最高可借(元)

200000.00

借1000元日息低至0.15元

1折话费券

查看额度

恭喜*七红成功借款4000元

借钱　沃保险　沃理财　极速借款　话费宝

1元购　健康金　3C数码　天天领现金　借钱有礼

领专属话费红包　5倍

首页　服务　商城　财富　我的

沃钱包
176****2082

20000　　　　1　　　　200000
零钱(元)　　电子券(张)　　最高可借(元)

权益包　手机充值尊享9.8折　　查看

生活缴费　信用卡还款　精选商城　扶贫商城

好礼送不停
超多好礼任性中
立即查看　　　2/6

"话费"生息赚收益　　　收益交话费

领取10元现金
畅享话费收益　立即赚钱　￥10

金融推荐

沃易贷　最高可借(元)　　查看额度

200,000

超低费率，随借随还，极速放款

财富页

"一站式"财富信息服务，为用户提供理财、信贷和保险信息服务，所有业务均能在线完成和查看，方便快捷。包括理财、信贷、保险三大领域，采用平台信息服务的业务模式。信用贷服务为用户提供持牌金融机构线上信用贷款。理财产品为联通用户提供基金理财信息服务，引入高端理财信息服务更好满足用户需求。保险方面与国内大型保险公司和保险经纪公司合作，精选以家庭为核心的保险信息服务，方便用户选择。

扫码下载中国联通APP

中讯邮电咨询设计院有限公司1952年创建于北京，是一家综合性甲级咨询勘察设计单位。2006年成为中国联通全资子公司。

成立以来，中讯邮电咨询设计院有限公司先后承担了我国几十项通信高新技术工程设计，完成了中国通信骨干网50%以上的咨询设计项目。业务能力涵盖移动网、宽带接入、传送网、骨干网、信息系统、基础设施等通信领域所有专业，可为运营商、政企客户提供包括技术研究、咨询规划、方案设计、工程建设、网络优化等在内的全系统、全专业、全过程的端到端的通信信息网络解决方案。

新时期，中讯邮电咨询设计院有限公司立足中国联通，把握崭新机遇，不断深化发展，在大数据、电信云、物联网、网络安全、下一代网络、智慧城市、人工智能等诸多新技术、新业务领域积极布局，并参与相关重大网络建设项目，持续为我国信息通信事业的创新发展贡献智慧和力量。

公司持续重视人才队伍建设，以价值创造为导向，不断完善人才激励体系、人才发展体系，健全双通道发展路径，加强高素质专业化人才培养，培育了大批优秀的通信专业人才。

公司成立以来，曾先后培养并走出具备国际国内行业影响力的技术专家，36位教授级高级工程师。现任国际电信联盟秘书长的赵厚麟先生就是从中讯邮电咨询设计院走出中国，走向世界的。

从业人员1666人，其中专业技术人员1267人，教授级高工36人，高级工程师682人，中级工程师404人，初级工程师130人。海外归国人员112人。27位注册建造师，注册建筑师11人，注册结构工程师15人，注册咨询工程师47人，监理师50人。

徐松茂　　张志正　　张农　　黄三荣　　韩志刚　　孔力　　吕振通

公司定位

信息通信行业咨询及数字化服务提供商——成为新时代信息通信领域咨询规划设计、产品开发、业务运营的领头羊企业。

公司在继续为中国联通数字化转型提供咨询规划设计支撑的同时，大力拓展外部市场，实现业务多元化，充分利用通信领域资源禀赋和技术优势，为各行业数字化转型赋能。

发展历程

◆ 1952年12月16日：成立于北京，原名"邮电部设计局"
◆ 2002年4月：注册更名为"中讯邮电咨询设计院"
◆ 2003年3月：划归国有资产管理部门管理
◆ 2006年6月：与中国联合通信有限公司重组，成为其全资子企业
◆ 2008年9月至今：改制更名为"中讯邮电咨询设计院有限公司"，注册地北京

企业奖项

39个优秀设计奖　|　**179**个国家奖　|　**1329**个部省(奖)
212个行业标准　|　专利授权**151**项

中讯邮电咨询设计院有限公司

企业资质

◆ 工程勘察甲级资质

◆ 工程设计甲级资质

◆ 工程咨询单位甲级资信证书

◆ 企业信用等级证书AAA级信用企业

◆ 企业行业信用等级证书设计咨询领域AAA级信用企业

◆ CMMI-DEV ML3证书

◆ 信息通信网络系统集成企业服务能力资质甲级

◆ 信息系统集成及服务资质三级

◆ 信息安全管理体系认证证书ISO 27001

◆ 高新技术企业证书

◆ 检验检测机构资质认定证书-信息产业通信产品防雷性能质量监督检验中心（CMA）

◆ 检验检测机构资质认定证书-信息产业通信电源产品质量监督检验中心（CMA）

◆ 实验室认可证书-电磁环境和防护检测中心（CNAS）

◆ 实验室认可证书-通信电源实验室（CNAS）

国内重大工程项目

◆ 国内400G传输系统—济南青岛400G 实验网、国内运营商海外建设的陆地光缆项目-中缅CMI光缆工程、国内运营商承建的越洋长途海缆-南大西洋国际海缆项目（SAIL）、国内采用冷水型蒸发冷却技术大型数据中心-新疆联通一带一路数据中心、国内采用新风自由冷却技术数据中心-宁夏中卫数据中心工程

◆ 国内长途光缆通信干线——宁汉光缆通信工程

◆ 国内大容量数字微波工程——京沪数字微波干线工程

◆ 国内蜂窝式移动电话网——珠江三角洲地区蜂窝式公众移动电话网通信工程

◆ 国内数字卫星通信网（IDR数字倍增电路）——国内卫星通信网总体设计

◆ 全国数字数据网（DDN网）工程

◆ 国内SDH光缆通信工程——宁汉光缆扩容工程

◆ 国内无中继海底光缆——大连—上海光缆干线工程

◆ 全球GSM网络工程总体方案设计

◆ 全国数字同步网工程

◆ 国内低层大平面邮件处理中心工程——合肥邮政通信枢纽工程

◆ 国内SDH数字微波干线工程——武汉—福州数字微波工程

◆ 世界高海拔的光缆通信干线工程——兰西拉光缆通信工程

◆ 国内大容量密集波分复用光缆通信工程（DWDM16×10G）—— 南京—上海光缆干线工程

◆ 全国光纤传输自愈环网工程

◆ 移动通信汇接网——中国移动长途汇接网工程

◆ 移动专用NO.7信令网——中国移动NO.7信令网工程

◆ 全国邮政综合计算机网工程

◆ 全国邮政储蓄金融计算机处理系统工程

◆ 采用CAMEL2标准的全国移动智能网工程

◆ 全球CDMA网络工程总体方案设计

◆ 全国SDH/WDM光缆高速传输骨干环网

◆ 全球WCDMA网络总体方案设计

◆ 全国长途软交换网工程总体方案设计

◆ 全国全面光纤化改造总体方案

◆ 全国IP骨干网SDN系统设计及研发

◆ 国内电信业全国集中的业务支撑系统——中国联通总部cBss系统工程

中讯邮电咨询设计院有限公司

电源/防雷实验室

电源实验室是集通信电源技术研究试验、电源和节能产品测试、验证、质量评估，以及技术培训为一体的通信电源专业实验室。电源实验室具有CMA、CNAS资质。防雷实验室是目前国内权威、规模庞大、试验项目齐全的防雷产品检测机构之一。防雷实验室具有CMA、CNAS资质，并获得IECEE国际电工委员会CBTL实验室认证。

信息产业通信电源产品质量监督检验中心

公司1997年通过了国家计量(CMA)认证、2001年通过中国国家实验室(CNAS)，为独立的第三方检测机构。发展为集通信电源产品测试、验证、质量评估，认证，产品标准，测试方案的研究制订及第三方测试为一体的通信电源专业的权威实验室。公司是中国质量认证中心(CQC)、泰尔认证机构的签约实验室。其检测能力在通信、军用、轨道、铁路、电力、动力、互联网、广电、化工等行业均被认可。

信息产业通信产品防雷性能质量监督检验中心

2000年通过了国家计量(CMA)认证、2001年通过中国国家实验室(CNAS)认可，2013年成为IEC组织认可的CBTL国际实验室，也是德国TUV莱茵、中国质量认证中心(CQC)、中国鉴衡认证(SGS)、泰尔认证等多家国内外认证机构认可的实验室。中心本着公正、科学、准确、高效、诚信的原则，致力成为中国优质的电磁防护与防雷技术服务机构，为更多的运营企业提供咨询设计、检测、试验等各类技术服务。

无线网综合分析支撑平台(RNE)

无线网综合分析支撑平台(RNE)是面向移动通信设计工程师的、层次化的、提升工作效能的在线生产力工具平台。该平台以移动通信无线网络O+B域分析洞察为先导，以地理化信息与各类信息图层为辅助，结合数据存储、数据处理、自定义可视化呈现的全链条工具集，实现指导无线网络规划、建设、优化、市场发展的支撑目标。

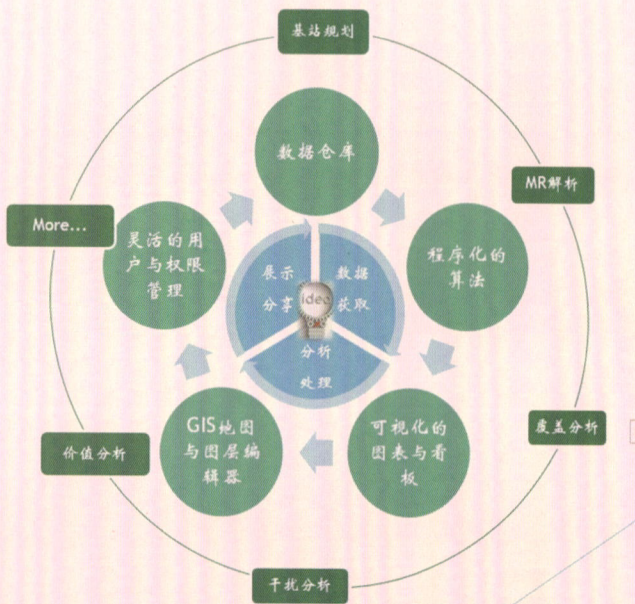

数字化设计平台

公司通过引入"互联网+设计"理念，首创"云协同"设计模式，实现了从方案确定到现场勘察、图纸绘制、概预算编制和文档输出的全过程的数字化管理，完成了工程数据数字化标准制定，形成了全数字化设计生产链条，有力推动了设计工具的革新，大幅提高了设计生产效率和质量，为网络资源数字化建模分析及智慧化设计奠定了基础。

中讯邮电咨询设计院有限公司

新时代信息通信领域咨询规划设计、产品开发、业务运营的领军企业

重点技术领域
◆ 5G　　◆ 通信云　　◆ 网络安全
◆ 物联网　　◆ 人工智能　　◆ 智慧应用
◆ 大数据　　◆ 下一代网络

产品与服务
◆ 通信网络研究/规划/咨询/设计
◆ 系统集成　　◆ 工程总包　　◆ 工程监理
◆ 软件开发　　◆ 检验检测
◆ 基于通信技术的行业应用产品、服务及整体解决方案

专业方向
◆ 无线　　◆ 宽带　　◆ 传输
◆ 数据　　◆ 核心网　　◆ 信息化
◆ 电源　　◆ 建筑

电子商务运营
公司依托自研开发的5G直播电商新媒体平台、打造核心运营能力；提供富有行业特色的产品及解决方案,通过示范基地辐射并赋能政企客户,通过展厅+手厅运营模式进行线上线下组合推广。

云网一体化
公司致力于互联网相关的技术研究、产品研发和服务支撑,在SDN、SD-WAN、多云管理、网络安全、网络智能感知等重点领域,为各大运营商以及能源、军队、石化等行业客户提供服务。

检验检测
综合性检测业务中心,包括通信全专业领域,并向行业外领域拓展,依托检测中心能力,结合设计、研究能力,打造集产、研、测为一体的新平台。业务包括:基于实验室CMA和CNAS资质的电磁、防雷、电源/节能、机房、铁塔检测业务及通信类产品的检测业务。

行业终端
公司结合行业需求,围绕网络接入实现行业终端产品的硬件设计、软件开发与产品销售,目前有先锋、领航、星辰三大系列。先锋系列是5G网络链接器件,是行业先锋,包含5G通信模组/开发板等系列产品;领航系列是通用型网络能力的终端系列产品,支撑5G智选专线,丰富专线接入方式;星辰系列针对不同行业的特殊需求,在通用行业终端基础上定制其他行业的终端系列产品,面向工业、汽车、医疗、急救、巡检、电力、安防、媒体等行业。

数据中心新基建
公司以数据中心新基建设计咨询为切入点,　全过程贯通IDC产业链,打造集产业咨询、规划设计、工程总包、产品制造、平台运营等数据中心新基建软硬件为一体化集成服务企业,增强行业竞争力。同时公司积极参与国家及行业技术标准制定、新技术研发应用等,成为数据中心领域的高端集成服务商。

智慧教育
公司与华南师范大学签署战略合作协议,双方联合成立"人工智能+教师能力发展联合实验室"。主要包括教师能力AI测评、超级课室、校园信息化等。教师能力测评、超级课室是运用人工智能、大数据等技术对教师课堂教学过程进行深度挖掘,借助科学的指标体系进行分析评价并形成测评报告,帮助教师精准地获取自身专业发展能力特质,分析能力发展动态,突破能力发展局限;校园信息化是围绕"教、学、考、评、管",构建互联化、泛在化、智能化、人本化智慧校园。

智慧建造
5G技术应用于建筑行业,融合视频+AI和AR、物联网、区块链等新技术,围绕施工过程的安全、质量、成本、进度管理,对施工现场的"人机料法环测"全要素进行实时性监测,打造一系列智慧建造新应用,实现工程施工可视化及智能管理。与中建公司合作,进行市场拓展,已有京东二期、万科向日葵小镇等成功案例。

![南京邮电大学]

省部共建有机电子与信息显示
国家重点实验室

省部共建有机电子与信息显示国家重点实验室由中国科学院院士黄维教授领衔，依托于南京邮电大学，前身为"江苏省有机电子与信息显示重点实验室"，于2007年9月获批，并于2010年2月获批提升为省部共建国家重点实验室培育基地。2016年11月列入省部工作会商会议，议定"围绕有机电子等建设省部共建国家重点实验室"。2020年12月，实验室召开了"省部共建有机电子与信息显示国家重点实验室建设运行实施方案论证会"，论证通过了运行实施方案。2021年2月，省部共建有机电子与信息显示国家重点实验室正式获批建设。

国家重点实验室是国家重要科研创新平台，是国家重要的科技力量。省部共建国家重点实验室是国家重点实验室体系的重要组成部分，也是国家区域创新体系的基础，对促进区域自主创新能力提升，深化科技体制改革，推进创新型国家建设具有深远意义。

省部共建有机电子与信息显示国家重点实验室面向新一代信息技术发展对新原理、新材料、新器件的重大创新需求，围绕"有机电子学""有机显示材料与器件"和"信息传感与成像技术"三个研究方向，重点推进高水平的有机电子与信息科学领域基础理论研究和应用基础研究，旨在引领有机电子学前沿发展和推进电子信息领域技术创新，为江苏乃至全国电子信息产业转型升级的重大发展需求提供有力支撑。

目前，重点实验室的固定人员为116人，固定人员具有博士学位的比例为100%，具有高级职称的人员为77人，其中获得中国科学院院士、"长江学者"特聘教授、"国家杰出青年科学基金"等人才称号的有22人次、获得省部级人才称号的有60余人次。重点实验室一直积极推行全球化战略，构建海外合作平台，与新加坡国立大学、南洋理工大学等研究机构合作成立"江苏-新加坡有机电子与信息显示联合实验室"。坚持实行"引进来""走出去"方针，与美国斯坦福大学、美国加州大学洛杉矶分校、美国西北大学、英国帝国理工学院、新加坡国立大学、新加坡南洋理工大学等国际顶尖学府及研究院建立了密切的研究合作交流关系，先后派出数十位骨干研究人员赴境外进行学术交流。

实验室现有建筑面积15000平方米，包括6500平方米的材料合成/制备实验室、4000平方米的仪器测试室和3200平方米的超净实验室。拥有各种材料表征和器件制备等仪器380余台套及一条OLED中试线，总价值约1.6亿元。经过十年的不懈努力，实验室现已建设成为电子信息领域中各方面基础设施齐全的高水平研究平台。

重点实验室具备学科交叉的优势，汇集了南京邮电大学具有化学、物理学、材料科学与工程、电子科学与技术、光学工程等学科背景的科学研究人员。在有机电子学、有机显示材料与器件及信息传感与成像技术等领域取得了多项代表性成果：提出并系统论证了有机半导体位阻功能化设计原理，研制出高性能有机蓝光器件，为解决蓝光稳定性这一世界难题提供了通用解决方案；研制出高性能磷光材料及发光器件，突破了传统荧光材料体系发光效率低等理论局限，为高性能和高稳定性OLED的设计提供了指导原则；制备出纯有机的"夜明珠"，在国际上开创了"有机室温磷光材料"（有机超长余辉发光）前沿研究领域；研制出钙钛矿LED，连续创造和保持钙钛矿LED效率的世界记录，开辟了钙钛矿材料在发光领域的研究新方向，并有望实现产业化；创制了系列高性能柔性印刷导电/显色介质，与喷墨印刷工艺相兼容，成功制备出大面积、高质量柔性印刷透明导电薄膜与有机发光薄膜，为发展环境友好、价格低廉、节约资源的绿色印刷技术奠定了坚实基础。近五年来，实验室先后承担国家"973"项目、国家重点研发计划等各类科研项目270余项，累计科研经费超过2.3亿元。获得国家自然科学奖二等奖2项、何梁何利基金科学与技术进步奖1项、高等学校科学研究优秀成果奖自然科学奖一等奖4项及其它省部级奖励10项；发表高水平论文700余篇，其中包括Nature、Science正刊及子刊30余篇；获授权发明专利300余件。

　　实验室汇聚优势力量，攻克了高性能光电材料与器件制备的"卡脖子"技术，打破了诸多领域世界纪录长期由国外机构垄断的格局，开辟了有机电子与信息显示研究的新领域和新方向。实验室以"科研顶天、服务立地"的科技创新模式和社会服务体系，政产学研联动，联合攻关OLED产业化瓶颈，加速产业发展。聚焦OLED产业发展需求，着力突破共性关键技术，与国内OLED龙头企业开展紧密合作，促进了我国和江苏省OLED产业的快速发展，开创了产学研合作新格局。建立了南京浦口先进材料研究院，与激智科技和龙腾光电等企业组建了产业联盟，推进OLED关键材料和装备制造的联合研发与市场拓展，实现专利技术成果转让20余项。重点实验室参与孵化的卢米蓝新材料有限公司，实现高纯度OLED材料量产，已向相关显示面板企业供货，产生了良好的社会经济效益。

　　实验室的总体建设目标是打造有机电子领域的科技创新中心、人才培养高地和产业引领阵地，为国家和江苏省创新驱动发展提供智力支持。目前，实验室已经开始按照国家重点实验室的标准进行建设，我们有信心、有决心按照科技部和省科技厅要求，高标准、高质量建设好省部共建有机电子与信息显示国家重点实验室。

南京邮电大学

NANJING UNIVERSITY of POSTS and Telecommunications

南京邮电大学是国家"双一流"建设高校和江苏高水平大学建设高校，其前身是1942年诞生于山东抗日根据地的八路军战邮干训班，是我党、我军早期系统培养通信人才的学校之一。学校秉承"信达天下 自强不息"的南邮精神，践行"厚德、弘毅、求是、笃行"的校训，发扬"勤奋、求实、进取、创新"的校风。办学78年以来，学校为国家输送了各类优秀人才24万余名，很多成为国内外信息产业和人口计生领域的领军人物、技术精英和管理骨干,享有"华夏IT英才的摇篮"之誉。

仙林校区地址：南京市亚东新城区文苑路9号　邮编：210023
三牌楼校区地址：南京市新模范马路66号　邮编：210003
锁金村校区地址：南京市龙蟠路177号　邮编：210042
联系电话：（86）-25-85866888
传真：（86）-25-85866999
邮箱：njupt@njupt.edu.cn

南京邮电大学官方微信　　南京邮电大学官方微博

华夏IT英才的摇篮

"双一流"建设高校　　江苏高水平大学建设高校

长飞光纤光缆股份有限公司

长飞光纤光缆股份有限公司(以下简称"长飞公司")成立于1988年5月,是专注于光纤光缆产业链及综合解决方案领域的科技创新型企业,也是光纤预制棒、光纤、光缆及综合解决方案提供商。

长飞公司主要生产和销售通信行业广泛采用的各种标准规格的光纤预制棒、光纤、光缆,基于客户需求的各类光模块、特种光纤、有源光缆、海缆,以及射频同轴电缆、配件等产品,公司拥有完备的集成系统、工程设计服务与解决方案,为世界通信行业及其他行业(包括公用事业、运输、石油化工、医疗等)提供各种光纤光缆产品及综合解决方案,为全球70多个国家和地区提供优质的产品与服务。

自成立以来,通过技术引进、消化、吸收与再创新,长飞公司探索出了一条振兴民族产业的成功之路,自主掌握PCVD、OVD、VAD三种预制棒制造工艺,是国家认定的企业技术中心、智能制造试点示范企业、制造业单项冠军示范企业,荣获国家科技进步二等奖(3次)、全国质量奖等权威奖项,获得700余项国内外发明专利,并成为光纤光缆制备技术国家重点实验室的依托单位以及国际电联ITU-T和国际电工IEC标准制定的重要成员之一。

长飞光纤光缆股份有限公司
YANGTZE OPTICAL FIBRE AND CABLE JOINT STOCK LIMITED COMPANY

地址 ADD: 中国武汉光谷大道9号 9 Optics Valley Avenue, Wuhan, China
邮编 PC: 430073　电话 Tel: 400-006-6869　Email: 400@yofc.com
网址 Web: www.yofc.com

智慧联接 美好生活
Smart Link Better Life.

秉持"智慧联接 美好生活"的使命，
长飞公司以"客户 责任 创新 共赢"为企业核心价值观，
致力于成为信息传输与智慧联接领域的领导者。

股票代码 Stock Code：
601869.SH   06869.HK

YOFC
Smart Link Better Life.

光纤预制棒、光纤、光缆业务

光纤预制棒

- 自主掌握PCVD、OVD、VAD三种主流预制棒制备技术,成功实现产业化

超低衰减大有效面积光纤

- 与中国联通合作,于"济南-青岛"和"新疆哈密-巴里坤"开展G.654.E光纤的陆地部署实验

- 与中国移动合作建设1539.6km皮长的陆地干线G.654.E光纤线路(京津济宁一级干线)

- 与中国电信合作建设上海金华河源广州干线光缆线路工程,是正式商用G.654.E新型光纤的超长距离省际干线

- 与国家电网合作建设雅中-江西±800KV特高压直流输电线路工程单跨距无中继光传输线路

- 与中国移动研究院、华为完成1100千米800Gbit/s光传输测试

全系列光缆

- 全干式光缆:应用于墨西哥国家宽带等工程项目

- 超大芯数光缆:在行业内实现批量化生产,助力横琴"智能岛"建设

- 气吹微缆:打造气吹微缆干线(武汉-荆门)

长飞光纤光缆股份有限公司
YANGTZE OPTICAL FIBRE AND CABLE JOINT STOCK LIMITED COMPANY

地址 ADD: 中国武汉光谷大道9号　9 Optics Valley Avenue, Wuhan, China
邮编 PC: 430073　电话 Tel: 400-006-6869　Email: 400@yofc.com
网址 Web: www.yofc.com

相关多元化业务快速发展

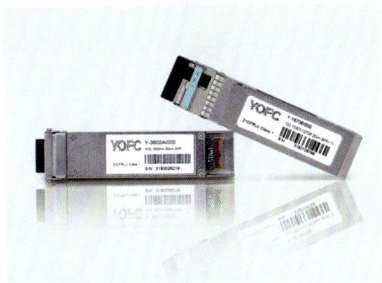

光模块

为通信设备提供高速的光接口互联，针对接入网、传输网、数据中心、无线网等应用为客户提供稳定可靠、高效灵活的光模块解决方案。

系统集成

积极拓展信息技术集成业务及相关产品的开发、研制，在多个5G垂直应用领域，形成基于5G网络的综合集成、智慧园区、智慧旅游、智慧社区、智慧政务、智慧教育等解决方案，赋能千行百业。

特种产品

长飞公司在以特种光纤为核心的特种产品领域精耕细作多年，已实现了特种光纤全系列化，具备完善的特种光纤预制棒及相关原材料—全系列特种光纤—特种光纤组件及系统模块的产业链结构。长飞特种产品已广泛应用于光纤通信、光纤激光、光纤传感、智能工控等不同领域。

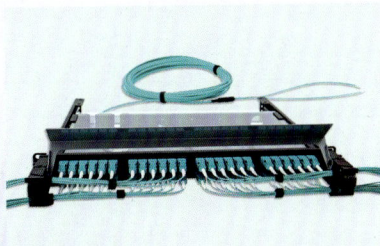

综合布线

iCONEC®综合布线，包含超五类系列，六类系列及超六类系列铜产品和光系统单模，多模(OM3,OM4,OM5)多系列产品，旨在为楼宇及数据中心提供高速互联、高密度、高可靠性的网络基础设施解决方案。

有源光缆

FIBBR品牌有源光缆，采用自研光电转换模组和特种抗弯光纤，可以大带宽、低时延、长距离传输4K/8K以及VR等信号。目前推出HDMI、DP、USB、VR、DVI等多种光纤数据线，广泛应用于影音娱乐、电竞、商用工程、VR等领域。

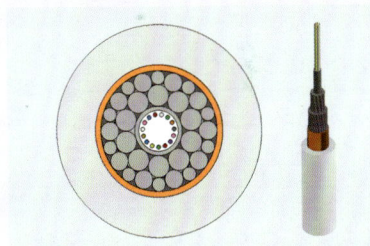

海缆

提供性能优异的海底电缆、光纤复合海底电缆、海底光缆、动态缆、脐带缆以及电缆接头、终端等海缆产品和配件，为海底传输网络保驾护航。

YOFC

Smart Link Better Life.

2021 年全国工业和信息化工作会议

2020 年 12 月 28—29 日，全国工业和信息化工作会议在京召开。会议以习近平新时代中国特色社会主义思想为指导，全面贯彻党的十九大和十九届二中、三中、四中、五中全会精神，认真落实习近平总书记重要指示批示精神和中央经济工作会议部署，总结 2020 年工业和信息化工作，分析形势，部署 2021 年重点工作。工业和信息化部党组书记、部长肖亚庆作工作报告。

会议总结了 2020 年工业和信息化工作和五年来所取得的成绩。2020 年，工业和信息化全系统坚决落实党中央、国务院决策部署，自觉践行"两个维护"，战疫情、促发展、保稳定、增动能，各项工作取得了新的进步。全力保障防疫物资支撑疫情防控。工业回稳向好支撑我国经济实现正增长。制造强国建设稳步推进。网络强国建设取得新成绩。政治机关建设持续加强。

经过 5 年持续奋斗，"十三五"规划主要目标任务如期完成，我国工业和信息化发展取得新的历史性成就。2016—2019 年，我国制造业增加值年均增长 8.7%，由 20.95 万亿元增至 26.92 万亿元，占全球比重达到 28.1%；数字经济规模年均增长 16.6%，由 22.6 万亿元增至 35.8 万亿元，占 GDP 比重达到 36.2%。提前两年完成钢铁去产能 1.5 亿吨目标，规模以上企业单位工业增加值能耗下降 16%。建成全球规模最大的光纤和 4G 网络，5G 产业整体实力跻身全球高端。嫦娥揽月、天问启程、万米深潜等重大创新成果亮点纷呈。

会议指出，工业和信息化战线既是实施创新驱动发展战略、推动高质量发展、构建新发展格局的主战场、主力军，又是基本实现"新四化"、全面建设社会主义现代化强国的排头兵和第一方阵。"十四五"时期，全系统要坚持以习近平新时代中国特色社会主义思想为指导，坚决贯彻党中央、国务院决策部署，坚定不移建设制造强国、网络强国，把科技自立自强作为战略支撑，全面推进产业基础高级化、产业链现代化，推动工业化和信息化在更广范围、更深程度、更高水平上实现融合发展。要突出抓好五个方面任务，一是保持制造业比重基本稳定。二是增强产业链供应链自主可控能力。三是加快制造业高端化智能化绿色化发展。四是培育壮大优质企业。五是构建新型信息基础设施及应用生态。

会议强调，2021 年工业和信息化工作的总体要求是，以习近平新时代中国特色社会主义思想为指导，全面贯彻党的十九大和十九届二中、三中、四中、五中全会精神，深入贯彻中央经济工作会议精神和党中央、国务院决策部署，坚持稳中求进工作总基调，立足新发展阶段，贯彻新发展理念，构建新发展格局，以推动高质量发展为主题，以深化供给侧结构性改革为主线，以改革创新为根本动力，以满足人民日益增长的美好生活需要为根本目的，坚持系统观念，更好统筹发展和安全，着眼制造强国和网络强国建设全局，把推进产业基础高级化、产业链现代化摆在突出重要位置，落实"六稳""六保"任务要求，增强重点产业和关键环节自主可控能力，更好支撑国民经济运行在合理区间，确保"十四五"开好局，以优异成绩庆祝建党 100 周年。

会议指出，2021 年要围绕构建新发展格局迈好第一步、见到新气象，突出抓好八个方面的重点工作任务。一是推动基础和关键领域创新突破。发挥科技自立自强对产业发展的战略支撑作用，聚焦基础技术和关键领域，大力提升制造业创新能力。精准实施产业基础再造工程，加快推进关键核心技术攻关，完善创新产品应用生态。二是着力稳定和优化产业链供应链。聚焦关系国计民生和国家经济命脉的重点产业领域，着力增强产业链供应链自主可控能力。全面系统梳理我国制造业发展状况，开展制造业强链补链行动，推动全产业链优化升级。围绕碳达峰、碳中和目标节点，实施工业低碳行动和绿色制造工程，坚决压缩粗钢产量，确保粗钢产量同比下降。加快发展先进制造业，提高新能源汽车产业集中度。三是加快制造业数字化转型。坚持智能制造主攻方向，夯实制造业数字化基础，增强产业链供应链的韧性。开展制造业数字化转型行动，加快工业互联网创新发展，发展智能制造和服务型制造，提升软件支撑能力。四是大力推动信息通信业高质量发展。编制实施网络强国建设行动计划，统筹推进技术产业、基础设施、产业应用、网络安全和治理等各项任务，做大做强数字经济。有序推进5G网络建设及应用，推动网络优化升级，加强信息通信行业监管，强化网络安全综合保障，加大无线电管理力度。五是加大支持中小企业发展。围绕"政策、环境、服务"三个领域，聚焦"融资、权益保护"重点工作，实现中小企业专业化能力和水平提升目标。六是坚定落实改革开放举措。深化改革扩大开放，加快产业政策转型，提升国内监管能力和水平，持续增强发展的动力和活力。七是做好常态化疫情防控保障支撑。抓好重点防疫物资保障，做好新冠疫苗生产准备，加大"通信行程卡"推广应用与信息共享。八是科学制定工业和信息化领域"十四五"规划。

会议强调，要以党的政治建设为统领，推动全面从严治党向纵深发展。把党的政治建设摆在首位，巩固拓展中央巡视整改成果，打造高素质专业化干部人才队伍，持之以恒正风肃纪，确保党中央决策部署有效落实。

部党组成员、副部长、国防科工局局长张克俭在会议总结时强调，此次会议主题鲜明，要求明确，内容丰富，是新时代工业和信息化事业凝神聚气、鼓足干劲、再谱新篇的重要起点。全系统要提高政治站位，强化责任担当，突出工作重点，牢牢把握明年重点任务，汇聚各方力量，提振精气神，认真学习领会，抓好会议精神贯彻落实。要做好岁末年初各项工作，毫不放松抓好常态化疫情防控，加强对重点行业安全生产的指导，坚决遏制重特大事故发生。

会议期间，部党组对工业和信息化系统抗击新冠肺炎疫情先进集体和先进个人进行了表彰。

部党组成员、中央纪委国家监委驻工业和信息化部纪检监察组组长郭开朗，部党组成员、副部长王江平、辛国斌、刘烈宏，部党组成员、国家烟草专卖局局长张建民，部党组成员、总工程师田玉龙，总工程师韩夏，总经济师许科敏出席会议。国防科工局、国家烟草专卖局党组成员，各省（区、市）及计划单列市、副省级省会城市、新疆生产建设兵团工业和信息化主管部门主要负责同志，部分省（区、市）大数据管理机构，各省（区、市）及计划单列市通信管理局主要负责同志，部属各单位和部属各高校主要负责同志，国防科工局综合司和国家烟草专卖局办公室主要负责同志，部机关各司局主要负责同志，中央有关单位和有关行业协会负责同志参加会议。

啃下"硬骨头"锻造新优势

工业和信息化部部长　肖亚庆

2021 年是"十四五"开局之年，迈好第一步，促进工业经济平稳运行，意义重大。我国明确提出增强产业链供应链自主可控能力，大力发展数字经济。

一、辨清一个趋势——工业经济长期向好

外部环境依然复杂严峻，国内经济总体处于恢复期，不确定不稳定因素依然较多。虽然制造业投资增长仍显乏力，重点高技术领域"卡脖子"仍然突出等，但这些是发展中的问题，保持工业经济平稳健康发展，仍具有很多机遇和有利条件。比如，抗疫斗争取得重大战略成果，新一轮科技革命和产业变革进入加速突破期，为制造业高质量发展提供了重要依托和广阔空间。持续推进的市场化改革和高水平的对外开放，有效激发市场主体动力和活力。完整的工业体系和强大配套能力、超大规模的国内市场等，为工业经济平稳运行提供了坚实保障。工信部将科学制定工业和信息化领域"十四五"系列规划，特别是突出抓好制造业总体发展规划，同时聚焦制造业重点领域和产业链关键环节，启动实施一批重大标志性工程，在提高供给质量和推动制造业数字化、网络化、智能化发展上下功夫。

二、聚焦一个关键词——产业链供应链

我国是制造业大国，拥有独立完整的工业体系，产业规模和配套优势明显，产业链供应链有较强韧性，但仍存在基础不牢、水平不高的问题，一些基础产品和技术对外依存度高、关键环节存在"卡脖子"风险，高端通用芯片、机器人高精度减速器等高端产品供给不足。

工信部将围绕产业基础高级化、产业链现代化，重点抓好三方面工作。

一补短板。实施产业基础再造工程，聚焦产业薄弱环节，开展关键基础技术和产品的工程化攻关，加强全面质量管理，布局建设一批国家制造业创新中心。

一锻长板。推动传统产业高端化、智能化、绿色化转型升级，加快新一代信息技术与制造业深度融合，聚焦产业优势领域深耕细作，培育打造一批先进制造业集群。

一强企业。支持大企业做强做优，培育一批具有生态主导力的产业链"链主"企业，支持中小企业提升专业化能力，形成一批"专精特新"小巨人企业和制造业单项冠军企业。

三、把握一个机遇——数字经济拓出新空间

面对疫情挑战，数字经济极大拓展和增强了我国经济发展的回旋空间和韧性。当前，新一代信息技术正进入迭代演进、融合创新加速的新阶段，要牢牢把握数字经济发展机遇。建网络、打基础，5G很关键。要按照适度超前的原则，尽快完成 5G 地级及以上城市深度覆盖，并逐步向有条件的县镇加速延伸。同时，与相关部门加强协作，共同推进 5G 应用试点示范，推动培育 5G 应用生态。

在产业数字化方面，深入实施智能制造工程，深化"5G+工业互联网"512 工程，聚焦 10 个重点行业，形成 20 大典型工业应用场景，争取在更多工业企业落地。

四、做好服务"加减法"——帮助中小企业渡难关

保市场主体的关键是保中小企业生存与发展。面对疫情严重冲击，我国果断出台一系列政策

措施,做好税费和欠款的"减法"、信贷和服务的"加法",全力助企纾困。比如,加大国有企业拖欠民营和中小企业账款清偿力度,2020 年 1~11 月,全国累计清偿拖欠账款 1841 亿元。实施对中小微企业贷款阶段性延期还本付息、加大小微企业信用贷款支持等政策,惠及 310 多万户企业。在政策推动下,中小企业加快恢复发展。

围绕"政策、环境、服务"三个领域,聚焦"融资、权益保护"两个重点,紧盯"中小企业专业化能力和水平提升"一个目标,着力构建中心企业"321"工作体系。

工信部将深化中小企业发展环境第三方评估,完善中小企业公共服务一体化平台;研究完善小微企业融资担保业务降费奖补政策,落实保障中小企业款项支付条例;力争通过 3~5 年时间,遴选公告万家"专精特新"小巨人企业,加快形成大中小企业创新协同、产能共享、供应链互通的产业生态。

五、围绕碳达峰、碳中和目标节点——做好工业低碳减排

中央经济工作会议将"做好碳达峰、碳中和工作"列为 2021 年重点工作之一。工业是碳排放重要领域,实现工业低碳减排至关重要。

5 年来,我国共建设 2121 家绿色工厂、171 家绿色工业园区、189 家绿色供应链企业,推广近 2 万种绿色产品,将超过 487 万辆新能源汽车纳入动力电池溯源管理平台,绿色制造体系初步形成。

2021 年,要全力做好工业领域节能减排。落实能耗"双控"政策,严控重化工行业新增产能规模,坚决压缩粗钢产量,确保粗钢产量同比下降,并发布新版钢铁产能置换实施办法,完善产能信息预警发布机制。

与此同时,制定重点行业碳达峰行动方案和路线图,鼓励工业企业、园区建设绿色微电网,优先利用可再生能源,在各行业各地区建设绿色工厂和绿色工业园区。

发展新能源汽车是推进节能减排的重点。将围绕碳达峰、碳中和目标制定汽车产业实施路线图,强化整车集成技术创新,推动电动化与网联化、智能化并行发展,同时通过制定配套法律法规、完善回收利用体系、发布相关标准等,推动新能源汽车动力电池回收利用。

中国电信集团有限公司 2021 年度工作会

柯瑞文

2020 年 12 月 27—28 日，中国电信集团有限公司（以下简称中国电信）在京召开 2021 年度工作会。会议以习近平新时代中国特色社会主义思想为指导，全面贯彻党的十九大和十九届二中、三中、四中、五中全会精神及中央经济工作会议精神，落实国资委中央企业负责人会议精神，总结 2020 年主要工作、回顾"十三五"，科学分析面临的新形势，展望"十四五"，研究部署 2021 年重点工作任务，全面实施云改数转战略，推进企业高质量发展，确保"十四五"开好局起好步，以优异成绩庆祝建党 100 周年。工业和信息化部副部长刘烈宏出席会议并讲话，工信部、审计署、国资委及财政部等相关领导出席会议。

刘烈宏在讲话中充分肯定了中国电信 2020 年工作取得的显著成绩，介绍了 2020 年信息通信业工信发展情况，分析了行业发展面临的新形势，通报了 2021 年工信部相关重点工作考虑。他指出，一年来，中国电信以习近平新时代中国特色社会主义思想为指导，牢固树立新发展理念，坚决贯彻落实党中央、国务院决策部署，认真落实工信部、国资委等部门有关工作要求，扎实履行政治责任、经济责任、社会责任，顺利完成全年各项工作目标，为加快网络强国、数字中国建设做出了重要贡献。面对严峻复杂的国际形势和新冠疫情的严重冲击，中国电信做了大量扎实有效的工作，取得了显著成绩，有力支撑疫情防控与复工复产复学，新型基础设施建设成效明显，民生服务水平稳步提升，转型创新步伐不断加快。对中国电信下一步工作，他提出"五个更加"：提升网络供给能力，促进基础设施建设者的根基更加稳固；提升科研攻关能力，促进技术创新推动者的能量更加强劲；提升业务拓展能力，促进融合生态塑造者的影响更加广泛；提升民生服务能力，促进优质服务示范者的口碑更加优良；提升企业治理能

力，促进机制改革探索者的活力更加迸发。刘烈宏强调，信息通信行业面临着新形势新挑战、肩负着新使命新任务，希望中国电信全体干部职工继往开来、奋力拼搏，深化改革创新、加快转型发展，开创企业高质量发展新局面，奋力谱写新时代网络强国、数字中国建设的新篇章。

中国电信董事长、党组书记柯瑞文作了题为《党建统领 守正创新 开拓升级 担当落实 全面实施云改数转战略 推进企业高质量发展》的讲话，带领大家深入学习党的十九届五中全会和中央经济工作会议精神，回顾 2020 年和"十三五"时期取得的主要成效，深化了对做好企业发展工作的八个规律性认识，包括坚持党的领导、坚持中国特色现代企业制度自信、坚持以客户为中心、坚持紧紧依靠队伍、坚持推进云网融合、坚持全面深化改革、坚持强化科技创新和坚持维护网信安全。重点分析企业当前面临的形势，描绘中国电信"十四五"发展蓝图，深入阐述云改数转战略，对做好 2021 年重点工作提出了明确要求。

中国电信总经理、党组副书记李正茂在会上做工作报告，总结并回顾了 2020 年主要工作情况，肯定了全年在疫情防控、拓展市场、改善服务、云网融合、网信安全、企业改革、科技创新、内部管理、社会责任和企业党建等方面取得的成绩，指出工作中的不足和问题，提出了 2021 年主要发展目标，并对重点工作进行了部署。

会议指出，2020 年是极不平凡的一年，全集团坚持以习近平新时代中国特色社会主义思想为指导，认真贯彻落实习近平总书记重要指示批示精神和党中央重大决策部署，自觉把工作放到"两个大局"中去谋划和推动，坚持党建统领、守正创新、开拓升级、担当落实的总体思路，积极实施云改数转战略，加快推动云网融合，持续深化企业改革，统筹推进

疫情防控和生产经营。历经千辛万苦，克服重重困难，保证了企业稳定发展和"十三五"主要目标的实现，红色基因接续传承发扬。

会议认为，当前信息通信业处于重要战略机遇期，中国电信亟须提前布局和深化改革。通过从经济发展、技术进步、客户需求、产业趋势、面临风险等方面的形势分析，提出中国电信要积极抓住垂直行业发展机遇，跨越连接向综合智能信息服务领域进军，赋能千行百业，拓展企业新空间。在新发展阶段，要增强机遇意识和风险意识，做好谋划、提前布局、深化改革、狠抓落实。

会议在充分分析当前面临形势的基础上，提出了中国电信"十四五"规划的指导思想、主要目标及具体举措。重点阐述了云改数转战略，这是具有中国电信特色的企业数字化转型战略，是践行中国电信初心使命的战略，是立足新发展阶段、构建新发展格局、推进高质量发展的战略，是党建统领、守正创新、开拓升级、担当落实的战略，其本质是以客户为中心的发展与改革，要以满足客户需求、提升客户体验作为一切工作的出发点和落脚点。

会议强调，2021 年是中国共产党成立 100 周年，是"十四五"规划实施的开局之年，是我国现代化建设进程中具有特殊重要性的一年，是中国电信全面实施云改数转战略、开创新局面的关键之年。全集团要以习近平新时代中国特色社会主义思想为指导，全面贯彻党的十九大和十九届二中、三中、四中、五中全会和中央经济工作会议精神，坚持稳中求进工作总基调，立足新发展阶段，贯彻新发展理念，构建新发展格局，以推动高质量发展为主题，以深化供给侧结构性改革为主线，以改革创新为根本动力，以满足人民日益增长的美好生活需要为根本目的，坚持系统观念，巩固拓展疫情防控和经济社会发展成果，更好统筹发展和安全，按照国资委工作部署和工信部工作要求，坚持党建统领、守正创新、开拓升级、担当落实，全面实施云改数转战略，深化企业改革，强化科技创新，打造高水平开放生态，全力推进企业高质量发展，为"十四五"发展开好局起好步。

会议明确了九个方面的重点工作：一是要发挥科技创新的战略支撑作用，实现关键核心技术突破；二是要坚持以客户为中心，加快服务升级和业务拓展；三是要加快云网融合新型基础设施建设，积极赋能内外部数字化转型；四是要切实维护网信安全，全力打造安全型企业；五是要扎实推进国企改革三年行动，为企业发展注入新的活力和动力；六是要强化企业管理，持续提升运营管理效率；七是要坚持依法治企和底线思维，防范化解企业风险；八是要坚持共创共享共赢，营造和谐发展氛围；九是要加强党的建设，为企业改革发展提供坚强保证。

本次会议以"云颁奖"方式表彰了中国电信全国抗疫先进个人、全国优秀共产党员和全国劳动模范，激励广大干部员工不忘初心、砥砺前行，在推动高质量发展新征程中建功立业，实现自身价值和企业价值的双赢。

中国电信一届四次职工代表大会于同期召开，全体职工代表认真聆听学习了工信部副部长刘烈宏和集团公司董事长、党组书记柯瑞文的讲话，听取并审议了总经理、党组副书记李正茂所作的工作报告、职代会工作情况报告等相关报告。大家表示，要认真学习、深刻领会董事长讲话精神，进一步认清形势，明确努力方向。按照工作报告要求抓好 2021 年工作落实，把握好难得的发展机遇，在推动企业高质量发展的新征程中再立新功。

中华儿女共筑复兴梦，红色电信再启新征程。会议号召全体干部员工以习近平新时代中国特色社会主义思想为指导，紧密团结在以习近平同志为核心的党中央周围，增强"四个意识"、坚定"四个自信"、做到"两个维护"，坚持党建统领、守正创新、开拓升级、担当落实，锐意进取、奋力拼搏，推进企业高质量发展，奋力开启"十四五"发展新篇章，以优异的成绩向建党 100 周年献礼。

本次会议以"现场＋远程"的形式召开。集团公司党组成员、外部董事、集团总部各部门、各省级分公司、各专业公司、直属单位等主要负责人在现场参会，其他会议代表通过视频会议远程参会。会议期间，举行了中国电信深入学习贯彻党的十九届五中全会精神读书班。读书班与工作会议程相结合，主要安排学习宣讲报告、辅导报告、学习研讨等环节。

中国移动通信集团有限公司 2021 年工作会议

杨 杰

2020 年 12 月 27 日，中国移动通信集团有限公司（以下简称中国移动）2021 年工作会议在北京召开。会议提出，以习近平新时代中国特色社会主义思想为指导，全面贯彻党的十九大和十九届二中、三中、四中、五中全会及中央经济工作会议精神，科学把握新发展阶段，坚决贯彻新发展理念，服务构建新发展格局，坚持和加强党的全面领导，坚持以人民为中心，坚持稳中求进工作总基调，以推进数智化转型、实现高质量发展为主线，加快"三转"，拓展"三化"，深化"三融"，提升"三力"，深入实施"5G＋"计划，加快构筑创世界一流"力量大厦"，以"十四五"良好开局迎接中国共产党成立 100 周年。工业和信息化部副部长刘烈宏出席会议并讲话，工业和信息化部、审计署和国务院国资委相关司局领导出席会议，中国移动董事长、党组书记杨杰作讲话，中国移动总经理董昕作工作报告。

刘烈宏副部长在讲话中充分肯定了中国移动 2020 年各项工作取得的成绩，通报了 2020 年信息通信业发展情况，介绍了 2021 年工业和信息化部相关重点工作考虑。他指出，2021 年是"十四五"开局之年，中国移动要以习近平新时代中国特色社会主义思想为指导，牢固树立新发展理念，坚决贯彻落实党中央、国务院重大决策部署，认真落实工业和信息化部、国资委等部门的有关工作要求，大力推进改革发展，为加快网络强国、数字中国建设做出重要贡献。面对错综复杂的国际形势，中国移动深度融入经济社会和行业发展大局，疫情防控保障有力，业务结构显著优化，技术产业创新取得突破，民生服务水平进一步提升，改革创新迈出坚实步伐。刘烈宏强调，2021 年是"十四五"开局之年，努力开好局、起好步，对于未来五年目标的顺利达成至关重要。希望中国移动深入贯彻党中央、国务院重大决策部署，努力做优做强世界一流"力量大厦"。

强化高质量发展支撑，锻造 5G 精品网络，加快云网融合，深化共建共享，做好安全保障，促进基础设施建设者的根基更加稳固。增强高质量发展动力，加快 5G 网络技术创新，加快关键核心技术攻关，促进技术创新推动者的能量更加强劲。拓展高质量发展空间，丰富消费应用场景，加快"5G＋工业互联网"融合创新发展，促进融合生态塑造者的影响更加广泛。打造高质量发展标杆，抓实抓好行风建设工作，以智慧运营推动服务能力创新突破，促进优质服务示范者的口碑更加优良。完善高质量发展治理，构建专业化的组织运营体系，构建生态化的投资布局，构建市场化的人才"选用育留"机制，促进机制改革探索者的活力更加迸发。

杨杰作了题为《推进数智化转型 加快高质量发展 担当网络强国数字中国智慧社会主力军》的讲话，他指出，2020 年面对错综复杂的形势特别是新冠肺炎疫情带来的冲击，中国移动以习近平新时代中国特色社会主义思想为指导，坚决贯彻落实党中央、国务院决策部署，在上级部门指导支持下，坚持稳中求进，主动融入党和国家事业发展大局，统筹推进疫情防控和改革发展党建工作，构筑创世界一流"力量大厦"取得新成效。勇担央企责任、做好"三个保障"，支撑疫情防控和复工复产扎实有力；加快转型升级、深化改革创新，转方式调结构、增动能激活力成效逐步显现；加强党的领导、提升党建质量，高质量党建引领保障高质量发展局面初步形成。"十三五"时期，中国移动各方面工作取得新进展，党建引领保障作用充分发挥，转型成效进一步彰显，深化改革取得积极进展，创新驱动发展迈出更大步伐，履行央企责任获得广泛认可，公司规模实力、核心能力和综合竞争力跃上新台阶，为如期打赢脱贫攻坚战、全面建成小康社会、实现第一个百年奋斗目标作出积极贡献。

"十四五"时期是我国开启全面建设社会主义现代化国家新征程、向第二个百年目标进军的第一个五年,也是中国移动创世界一流"力量大厦"从夯基垒台、立柱架梁进入全面筑牢、积厚成势的关键时期。杨杰指出,中国移动要做好"十四五"时期各项工作,要深刻领会中央部署要求,深入分析产业行业趋势变化,抓住用好有利因素,积极应对困难挑战,做到准确识变、科学应变、主动求变。党的十九届五中全会和中央经济工作会议作出系列战略部署,为信息通信业指明发展方向,对公司改革发展和党的建设提出新的更高要求,要进一步提高政治站位,勇于担当作为,切实担负起时代赋予的职责使命;新一轮科技革命和产业变革方兴未艾,经济社会数字化转型进程加速,信息服务迎来广阔蓝海,要把握新一代信息技术深度融入经济社会民生的历史性机遇,提升自主创新能力,培育壮大发展新动能;外部环境日趋复杂,市场竞争向多维度、全方位演变,公司转型发展面临新情况新问题,要坚持问题导向,抓紧推动问题解决,加快构筑面向未来的核心竞争优势。面对新机遇和新挑战,要坚持和加强党的全面领导,把中央决策部署贯彻到企业工作的各方面,把发挥党组织的领导核心和政治核心作用贯穿到全过程,科学制定"十四五"发展的目标和要求,坚定不移践行创世界一流企业,做网络强国、数字中国、智慧社会主力军的职责使命,稳中求进明确"十四五"时期的发展目标和2035年的远景目标,顺时应势把准"推进数智化转型、实现高质量发展"的主线,聚焦重点强化三转、三化、三融、三力"四个三"的战略内核,力争实现发展规模、结构调整、科创能力、运营效率、体制机制5个方面新突破。

杨杰要求,2021年要重点做好六方面工作。一是加快建设信息"高速",打造品质一流的新型基础设施。大力构建以5G为中心的数字化、智能化融合基础设施,坚持集约高效,深化融合创新,加强运维管理,推动网络规模、性能、体验均迈上新台阶。二是创新运营信息"高铁",以高质量供给创造新需求推动新发展。深化CHBN[C(移动市场)、H(家庭市场)、B(政企市场)、N(新兴市场)]全向发力、融合发展,打造价值经营基础;锻造头部平台型产品,丰富价值经营载体;提升营销服务水平,创新价值经营手段;构建开放合作生态,拓展价值经营空间。三是全力推进智慧中台构建,提升数智化转型支撑水平。要进一步统筹好"业务+数据+技术"智慧中台建设运营,积淀能力、支撑发展、注智赋能,促进公司数智化运营和全社会数智化转型。四是持续深化改革创新,激发高质量发展内生动力。坚持把改革作为推动高质量发展的关键一招,深入落实国企改革三年行动方案,提高改革战略性、前瞻性、针对性,构建形成与数智化生产力高度匹配的生产关系,释放改革红利,激发创新活力。五是扎实履行央企责任,主动服务支撑国家重大战略。统筹发展与安全,服务支撑区域协调发展,助力推进乡村振兴,促进全面脱贫与乡村振兴有效衔接,促进绿色低碳发展。六是全面加强党的领导,以高质量党建引领和保障高质量发展。突出围绕迎接中国共产党成立100周年、全国国企党建会召开5周年,聚焦"党建工作融合发展年"主题,以巩固深化党建质量为主线,以打造"和创""和格"升级版为重点任务,促进党建工作与改革发展高质量、全方位、系统性融合。

董昕总经理作了题为《守土尽责 担当作为 全力构筑创世界一流"力量大厦"》的工作报告。报告指出,极不平凡的2020年,中国移动交出了一份满意的答卷。一是经营业绩赢得稳增长,顺利完成全年各项目标任务,客户满意度持续向好。二是改革创新打造强引擎,各项改革向纵深推进,面向数字化转型的能力不断增强,管理提升取得新突破。三是5G发展驶入快车道,提前超额完成全年5G建设目标,开通5G基站超过39万个,为全国所有地级市和部分重点县城提供5G服务,牵头5G国际标准项目99个。四是党业融合营造新气象,"党建和创"结对共建单位超过2.2万家,"质量达标和格行动"实现网格党组织和党员全覆盖,一体推进中央巡视和"不忘初心、牢记使命"主题教育整治整改取得实效。五是责任担当助力攻坚战。累计派出约4700余名挂职干部、第一书记和驻村工作队成员奔赴脱贫攻坚第一线,通过推进"网络+"扶贫,助力13个县12个乡1786个村108万贫困人口脱贫,连续两年在中央单位定点扶贫考核中获最高等级评价。六是疫情防控守护生命线。全力做好疫情防控"三个保障",为各行各业复工复产复课和社会正常运转保驾护航。

围绕落实 2021 年中国移动工作总体要求和目标任务,董昕提出要把握好"三个坚持""七个强化""八个聚焦"。

"三个坚持"是创建"世界一流"企业的根本保障。一是坚持党的领导,始终牢记"央企姓党"的政治属性,加强政治建设。二是坚持战略引领,始终坚持前瞻性思考、全局性谋划,推动战略落地。三是坚持责任担当,始终以助力经济社会发展和服务好广大客户为己任,履行央企"三个责任"。

"七个强化"是聚力"四个三"战略内核的关键抓手。一是强化稳中求进,统筹推进稳存拓增,以稳促进、以进固稳。二是强化队伍建设,建设数智化人才队伍,完善多元化激励机制,开展全方位员工关爱,切实把人才优势转化为发展优势。三是强化创新驱动,创新经营发展模式,积淀关键核心能力,激发全员创新活力,加快推动发展方式从资源要素驱动向创新驱动转变。四是强化改革突破,全面落实国企改革三年行动实施方案,深化重点改革领域,不断释放改革红利。五是强化科学管理,重点抓分类管理,实施分类授权、分类指导、分类考核。六是强化开放合作,构建数智生态,坚持行业竞合,助力畅通国内国际双循环。七是强化党业融合,围绕中心抓党建,抓好党建促业务,把政治优势转化为竞争和发展优势。

"八个聚焦"是实现"十四五"良好开局的重点举措。一是聚焦推动公司高质量发展,精耕发展质量,精准资源配置,精确激励导向。二是聚焦推进CHBN 融合发展,落实做强做优做大要求,深化基于规模的价值经营,实现收入良好增长、结构持续优化。三是聚焦加快 5G 全面运营,深入实施"5G +"计划,打造精品 5G、好用 5G、开放 5G、安全 5G。四是聚焦提升产品竞争力,坚持产品为王,系统提升产品管理和运营能力。五是聚焦提供客户满意服务,牢固树立以人民为中心的发展思想,提升信息服务供给质量,确保客户综合满意度行业领先。六是聚焦补齐关键领域短板,加快数字基础设施、新型渠道体系和智慧中台建设,孕育面向未来的可持续发展能力。七是聚焦壮大管战建协同合力,深化管战建改革,完善对等式责权关系,充分调动各方的积极性和主动性。八是聚焦提升运营效益效率,统筹做好开源节流,全面防范经营风险,打造提质增效"升级版"。

新蓝图鼓舞人心,新征程催人奋进。会议提出,中国移动将全力推进创世界一流"力量大厦"战略实施取得新成效,奋力开创"十四五"时期发展新局面,以优异成绩迎接中国共产党成立 100 周年,为全面建设社会主义现代化国家、夺取新时代中国特色社会主义伟大胜利贡献更大力量。

中国联合网络通信集团有限公司2021年工作会议

王晓初

2020年12月21日，中国联合网络通信集团有限公司（以下简称中国联通）2021年工作会议在北京召开。工业和信息化部副部长刘烈宏出席会议并讲话，工业和信息化部有关司局及国家审计署有关领导出席会议，公司独立董事冯士栋、吕廷杰、陈建新应邀参加会议。

刘烈宏在讲话中充分肯定了中国联通2020年各项工作取得的成绩，介绍了2020年信息通信业的发展情况，通报了2021年工业和信息化部的相关重点工作考虑。他指出，一年来，中国联通以习近平新时代中国特色社会主义思想为指导，牢固树立新发展理念，坚决贯彻落实党中央、国务院决策部署，认真落实工业和信息化部、国资委等部门的有关工作要求，扎实履行政治责任、经济责任、社会责任，顺利完成全年各项工作目标，为加快网络强国、数字中国建设作出了重要贡献。面对错综复杂的国际形势和国内经济下行压力，中国联通高效统筹疫情防控与高质量发展，加速推进新型基础设施建设，服务民生水平持续提升。对中国联通下一步工作，他提出"五个深化"：深化网络转型，促进基础设施建设者的根基更加稳固；深化动力转型，促进技术创新推动者的能量更加强劲；深化业务转型，促进融合生态塑造者的影响更加广泛；深化服务转型，促进优质服务示范者的口碑更加优良；深化治理转型，促进机制改革探索者的活力更加迸发。刘烈宏强调，新的一年，网络强国建设站上新的历史起点，信息通信业面临新形势、新挑战，肩负新使命、新任务。希望中国联通全体干部职工牢记初心使命，强化责任担当，以奋发有为的精神状态、卓有成效的实际行动，不断深化改革创新、加快转型升级，切实推动行业高质量发展取得新进步，为建设社会主义现代化强国作出新的更大贡献。

中国联合网络通信集团有限公司党组书记、董事长王晓初在会上作了题为《深入贯彻落实党的十九届五中全会精神，奋力开启中国联通高质量发展新征程》的讲话，总结了2020年及"十三五"期间的工作进展情况，在分析形势的基础上，对新一年的工作任务进行了部署。集团公司领导班子其他成员出席会议。

会议指出，2020年是中国联通发展历程中极不平凡的一年。面对错综复杂的内外部形势，面对艰巨繁重的发展改革任务，特别是面对新型冠状肺炎疫情的严重冲击，中国联通坚持以习近平新时代中国特色社会主义思想为指导，统筹兼顾，砥砺前行，开拓创新，奋发有为，推进各领域工作向前迈出了一大步。一是党建与党风廉政建设工作全面加强。公司始终坚持站在高处、融在深处、做在实处，坚决贯彻落实习近平总书记的重要讲话和重要指示批示精神及党中央的决策部署，以党建引领、融入、推动工作全局。周密部署并认真落实疫情防控工作，持续巩固"不忘初心、牢记使命"主题教育和中央巡视整改成果，认真落实"六稳""六保"、提速降费等要求，深入开展政治监督和党组巡视，锲而不舍地落实中央八项规定精神，持续纠治形式主义、官僚主义，深入推动组织建设和作风提升，扎实践行新时代党的组织路线，如期完成定点扶贫县脱贫攻坚任务。二是生产经营发展成效显著。公司坚持疫情防控与生产经营两手抓，收入利润实现较快增长，客户感知和服务水平持续提升。三是行业生态建设与共建共享迈出重要步伐。行业生态建设卓有成效，网络共建共享成绩斐然。四是深化改革与全面数字化转型协同推进。公司六大专业线运营组织体系变革全面落地，市场化改革范围扩大。

会议认为，"十三五"时期特别是混合所有制改革以来，中国联通始终坚持政治建设统领全局，党建和党风廉政建设融入中心工作、推动中心工作的作用和成效显著增强，企业政治生态实现根本性好转；中国联通始终坚持提高站位、把握大势，实施聚焦战略、全面数字化转型等一系列战略性关键性重大举措，企业发展后劲、综合实力、品牌形象、社会影响力实现了历史性提升；中国联通始终坚持以改革为根本动力，全力推进"混改"试点，体系化建设"五新"联通，实现了央企"混改"标志性突破；中国联通始终坚持以人民为中心的发展思想，客户满意度以及员工队伍的精神面貌、奋斗激情、获得感得到了持续性跃升，涌现出一批在价值贡献、发展领先、扭亏增效、产品创新、管理创新、合作共建、脱贫攻坚等方面作出突出贡献的先进典型。会议指出，中国联通各方面工作取得跨越式发展，是习近平新时代中国特色社会主义思想科学指引的结果，是坚决贯彻落实党中央各项决策部署的结果，是广大干部员工共同奋斗的结果。

会议在分析形势的基础上，提出了中国联通"十四五"时期的发展目标及2035年远景目标，提出2021年中国联通要着眼全面塑造"五高"发展新优势，实现经营业绩稳定增长、发展质量全面提高、服务水平持续提升三大经营目标，并重点做好六方面工作：一是要坚定不移坚持党的全面领导，持续加强企业党建和党风廉政建设，为新阶段中国联通发展提供坚强保障。深入学习贯彻落实党的十九届五中全会精神，坚决贯彻落实习近平总书记重要指示批示精神和党中央决策部署，持续推进党建与中心工作深度融合，深入推进党风廉政建设，持续加强宣传思想、企业文化及职工队伍建设，坚持系统观念，提高突出重点抓落实的能力。二是要坚定不移贯彻新发展理念，着力实现高质量发展。三是要坚定不移践行以人民为中心的发展思想，着力打造高品质服务。四是要坚定不移发挥市场在资源配置中的决定性作用，着力实现高效能治理。五是要坚定不移落实创新驱动发展战略，着力打造高科技引擎。六是要坚定不移深化混合所有制改革，着力实现高活力运营。

会议强调，要坚持系统观念，实现发展质量、结构、规模、速度、效益、安全相统一；要突出工作重点，强力推进五大重点攻坚工程，面向未来锻造长板，集中资源快速突破，形成发展新优势。

结合疫情防控要求，本次会议以"现场＋远程"的形式召开。中国联通各省级分公司、集团总部各部门、各子公司主要负责人在现场参会，其他会议代表通过视频会议、云视频等形式远程参会。会议期间还举行了中国联通学习贯彻党的十九届五中全会精神读书班和专题研讨。中国联通第二届职工代表大会第八次会议同期召开。

中国广播电视网络股份有限公司 2021 年工作会议

宋起柱

2021 年 1 月 8 日，中国广电网络股份有限公司 2021 年工作会议在北京召开。国家广播电视总局党组成员、副局长，全国有线电视网络整合发展领导小组办公室主任朱咏雷出席会议并讲话。

会议强调，中国广播电视网络股份有限公司作为中央大型文化企业，要深入学习贯彻党的十九届五中全会精神，认真落实全国宣传部长会议、全国广播电视工作会议精神，进一步把握新发展阶段、贯彻新发展理念、融入新发展格局，坚定信念，凝聚共识，抓住机遇，发挥优势，积极推进全国有线电视网络整合和广电 5G 建设一体化发展取得新突破，为巩固壮大宣传思想文化阵地、满足人民群众对精神文化生活新期待作出新的更大贡献。

会议要求，中国广播电视网络股份有限公司要在完成挂牌的基础上，把握机遇，乘势而上，认真做好 2021 年的各项工作。一要加强党的建设，健全治理结构。要切实提高政治站位，增强政治判断力、政治领悟力和政治执行力，发挥党建引领作用，选好配强各级领导班子和领导干部，全力推进党风廉政建设，把党的领导和公司治理统一起来，不断完善企业治理体系，提升企业治理能力。二要把握内容导向，保障安全播出。要坚守宣传思想文化主阵地主渠道的定位，坚持有线电视网络和广电 5G 的意识形态属性，牢牢把握正确的政治方向、舆论导向、价值取向，坚决维护意识形态安全、文化安全和网络安全，确保宣传导向不出问题、安全播出不出问题。三要推动良性发展，提升经营效益。要以整合和 5G 建设为契机，坚持社会效益优先、双效统一原则，向整合要效益，向管理要效益，向创新要效益，加快新旧动能转换，实现转型升级发展。四要创新业务形态，提升用户体验。要紧扣国家重大战略需求，加强新一代信息技术在有线电视网络中的开发和应用，积极推动网络 IP 化、云化、智慧化、融合化升级，

大力发展新技术、新模式、新业态，增强核心竞争力。五要推进深度整合，实现融合发展。中国广播电视网络股份有限公司要继续发扬已经形成的"全国一网"精神，深入落实《全国有线电视网络整合发展实施方案》，积极做好后续深度整合工作。各省（自治区、直辖市）网络公司也要积极争取地方党委、政府支持，加快解决"一省一网"等各项历史遗留问题，推动全国有线电视网络整合和广电 5G 建设一体化发展实现新突破。

国家广播电视总局媒体融合发展司司长杨杰出席会议，中国广播电视网络股份有限公司董事长宋起柱向大会作工作报告，副董事长梁晓涛主持会议并作总结，总经理吕建杰布置 2021 年公司工作要点。

会议指出，刚刚过去的 2020 年，是广电网络发展史上具有里程碑意义的一年。一年来，在中国共产党中央委员会宣传部、国家广电总局的坚强领导下，中国广电及全国广电网络企业以习近平新时代中国特色社会主义思想为指导，积极克服新型冠状肺炎疫情带来的严重影响，迎难而上、积极进取、勇于担当，在抗疫、整合和 5G 三大攻坚战上全面发力，成效显著。中国广播电视网络股份有限公司顺利挂牌组建，广电 5G 建设各项基础性准备工作基本完成，广电网络在疫情防控中发挥了重要的服务性支撑作用，全国广电网络经营工作保持了总体平稳的良好态势，为推动广电网络行业高质量创新性发展奠定了坚实基础。

会议分析了广电网络行业当前和"十四五"时期面临的形势和任务，强调要把广电网络的发展放到中华民族伟大复兴大局和世界百年未有之大变局中去谋划、去思考。会议强调，2021 年是"十四五"规划开局之年，是开启建设社会主义现代化国家新征程的起步之年，也是中国广电乘势而上、决战"全国一网"整合和广电 5G 一体化发展的攻坚之年。

会议确定，2021年中国广播电视网络股份有限公司的总体工作任务是：科学制订实施广电网络"十四五"发展规划，全面实施"圆心战略"，建设智慧广电网络，以开局即决战、起步即冲刺的强大决心，围绕"良性发展、形成合力"两大目标，实施"管理体制重构、网络基础重建、业务形态重组、产业生态重塑"四大行动，强化"党建引领、人才支撑、制度护航"三大保障，加强内部管理，大胆改革创新，主动担当作为，理清各法人主体的权责边界，提升系统管理效能，全力推动全国有线电视网络整合和广电5G建设一体化发展实现新突破，奋力谱写广电网络产业高质量创新性发展新篇章，以优异成绩向中国共产党成立100周年献礼。

中国广播电视网络股份有限公司董事、监事及经营班子成员，中国广播电视网络有限公司有关负责同志，各省、自治区、直辖市和新疆生产建设兵团广电网络公司负责人，以及中国广播电视网络股份有限公司控股子公司负责人参加会议。

中国铁塔股份有限公司 2021 年工作会议

佟吉禄

2021 年 1 月 13—14 日，中国铁塔股份有限公司（以下简称中国铁塔）2021 年工作会议暨第一届职工代表大会第二次会议在北京召开。会议提出，高举中国特色社会主义伟大旗帜，以习近平新时代中国特色社会主义思想为指导，全面贯彻党的十九大及十九届二中、三中、四中、五中全会精神，立足新发展阶段、贯彻新发展理念、构建新发展格局，坚持和加强党的全面领导，坚持以高质量发展为主题，以改革创新为根本动力，以深化转型与市场化变革为抓手，实施"一体两翼"战略，做大共享协同文章，全力转方式、提质量、增效益、强管理、防风险，推动公司在建设成长型和价值创造型"两型企业"的道路上行稳致远。工业和信息化部副部长刘烈宏出席会议并讲话，工业和信息化部相关司局领导出席了会议。

刘烈宏在讲话中介绍了 2020 年信息通信业的发展情况，通报了信息通信行业 2021 年工业和信息化部的相关重点工作考虑，充分肯定了中国铁塔 2020 年各项工作取得的成绩，指出中国铁塔以习近平新时代中国特色社会主义思想为指导，认真贯彻落实党中央、国务院决策部署以及工业和信息化部、国资委等部门的有关工作要求，牢记共享使命，统筹集约建设，服务支撑能力和发展质量效益不断提升，为推动信息通信业高质量发展、支撑网络强国建设、服务经济社会发展大局作出了重要贡献。一是高效推动 5G 规模部署，争取政策与资源支持，统筹 5G 基础设施建设，为 5G 商用提供了坚实支撑。二是深化行业内共建共享、行业间资源合作，共建共享水平快速提升。三是企业创新发展成效显著，创新 5G 无源室分方案，"两翼"业务成为新的增长点，体制机制创新释放内生动力。四是特殊时期通信保障任务圆满完成。

刘烈宏强调，2021 年是"十四五"开局之年，希望中国铁塔：一要强化统筹集约，进一步提升 5G 网络建设服务水平，做好 5G 建设需求保障，助力行业降本增效，探索新型服务模式；二要深化业务拓展，进一步开辟企业发展空间，着力变"通信塔"为"数字塔"，向覆盖更多行业、更多领域的数字化服务延伸；三要创新技术产品，培育企业发展新动力；四要完善"铁塔模式"，打造现代企业管理标杆，健全集约高效的管理体制，加强数字化人才队伍建设，创新考核激励机制。

中国铁塔董事长、党委书记佟吉禄作了题为《以党的十九届五中全会精神为指引奋力开创新时期公司高质量发展新局面》的讲话，总经理、党委副书记顾晓敏代表公司管理层作了题为《贯彻新理念构建新格局坚定不移推动公司高质量发展》的工作报告。

会议从 6 个方面回顾了中国铁塔成立 6 年多来的改革发展成效。一是有力支撑网络强国建设。6 年来完成塔类建设项目 280 万个，使 3 家电信企业使用的站址总量增长 1.3 倍；完成了 270 多条、总里程超 2.6 万千米的高铁地铁线路覆盖，以及约 41 亿平方米的大型楼宇室内网络覆盖，助力我国快速建成全球最大的移动宽带网络。5G 商用以来，累计承建 5G 项目超过 76 万个，有力推动了 5G 网络的经济、高效部署。二是持续做大共享发展文章。推动新建铁塔共享水平从历史的 14.3% 大幅提升到 80%，其中 5G 建设中 97% 以上的站址通过共享实现，为行业节省大量投资，极大地提升了经济社会效益。同时依托资源优势，发展形成了服务全国的铁塔社会化共享平台和能源社会化应用平台，实现了"一体两翼"共享发展。三是显著提升通信设施地位。积极争取上级有关部委、各级地方政府的支持，推动移动通信基础设施"入规""入法"；协同电信企业推动 31 个省（自治区、直辖市）、381 个地市政府出台相关政策支持文件，促进公共资源开放、简化审批手续、电费减免优惠，推动全国绝大多数省级政府出台建筑物通信建设强规，360个地市铁塔公司代表行业进驻当地政务大厅。四是圆满完成重点改革任务。完成党中央和国务院交付的"三步走"改革任务，快速形成新建能力，完成存量资产清查注入，特别是顶压前行，在艰难环境下成功实现在香港上市。五是构建集约高效铁塔模式。始终坚持"穿新鞋不走老路"，持续创新建设服务模式，培育"低成本高效率优服务"的差异化优势；推进体制机制和管理模式创新，建立高度扁平化的组织体系，员工队伍精干高效；坚持互联网管理模式，依托一点支撑的IT系统，实现对各类资产资源数据化管理和建设运营全过程可视可管可控，人均管理效率明显高于国际同行。六是基本形成自我发展能力。从100亿元资本金起步，发展成为拥有超200万座通信铁塔、资产规模超过3300亿元的国际化公司，并保持稳健发展的良好态势。

会议强调，在极不平凡、极具考验的2020年，面对新型冠状肺炎疫情防控和5G规模建设两场"大战大考"，中国铁塔公司上下听党指挥、迎难而上，统筹做好疫情防控和5G建设发展工作，做到了"公司运营不停摆、通信支撑保障不掉队、服务质量不下降、正常业务发展不间断"，在"大战大考"中交出了圆满答卷。公司千方百计克服疫情带来的选址进场难、资源调度难、上站维系难等困难，坚决服务大局，全力以赴支撑5G网络建设，充分彰显了5G新基建"主力军""国家队"的责任担当。在经受两场"大战大考"的同时，公司各项发展改革工作稳步推进，较好地完成了2020年全年任务目标。一是经营业绩稳健增长，盈利能力进一步增强。二是竭诚为客户降本增效，与行业协同发展取得新成果。协同电信企业共同降低场租、电费等社会性成本，精心部署开展"降低5G铁塔使用费用、节约电费、节约场租费、提升服务质量节约维护成本"四个专项行动，用电单价同比下降9.1%，站均场租同比下降4%，其中新建站场租同比下降19%；持续提升维护质量，紧密协同电信企业抗击洪水、台风等自然灾害，圆满完成全国"两会"、进博会等重保任务。三是持续练好内功，自主选址维系、低成本优

服务、资源统筹、平台运营等核心能力与管理稳步提升。四是坚持党的全面领导，党建引领、从严治企更加自觉。

会议认为，通过六年多的改革发展，收获了许多深刻启示。第一，习近平总书记关于国企改革发展和党的建设的重要论述是中国铁塔高质量发展的根本遵循。第二，贯彻新发展理念是中国铁塔高质量发展的必然要求。第三，持续深化改革是中国铁塔高质量发展的强大动力。第四，竭诚为客户创造价值是中国铁塔高质量发展的重要体现。第五，团结带领全体员工艰苦奋斗是中国铁塔高质量发展的力量源泉。第六，坚持党的领导和加强党的建设是促进中国铁塔高质量发展的根本保证。

会议强调，深入学习贯彻党的十九届五中全会精神，推动公司迈向高质量发展新征程。一是着力打造"一体两翼"高质量发展新格局。聚焦主营主业，助力发挥国有经济战略支撑作用。运营商业务要立足与行业协同发展。强化共享发展导向，推进建设模式转型，打造新型服务模式，经济高效地满足客户需求，筑牢能力优势。跨行业业务要着力打造以铁塔视联、动环监控、数据采集等业务为代表的"数字铁塔"平台，培育壮大业务优势。能源业务要聚焦换电、备发电，推进专业化经营。二是全面强化资产运营。切实把存量资产用好管好；着力夯实数据基础；提升资产运营"数字化"能力，用信息技术全面重塑企业经营管理模式；全力防范资产运营及经营风险。三是深化改革创新，为高质量发展提供坚强支撑。持续完善中国特色现代企业制度；持续打造集约高效的管理体制；强化以效益为导向的绩效考核；突出抓好三项制度改革；提升创新发展能力。四是以高质量党建引领高质量发展。持续推动学习贯彻习近平新时代中国特色社会主义思想走深走实；坚持和加强党的全面领导，引领公司改革发展正确方向；持续打造政治强、业务精、作风优的干部人才队伍；坚持不懈推进全面从严治党。

会议部署了2021年要着力抓好的六方面重点工作。一是在支撑服务国家战略中推动公司高质量发展。发挥自身优势，助建精品5G。充分发挥存量站址资源优势和社会资源统筹共享优势，持续支撑5G网络规模建设、扩大覆盖；充分发挥重点场景牵头统

一进场作用，做好 5G 室内覆盖，推广 5G 无源室分。主动融入和服务地方经济社会发展，在与行业协同发展、促进信息通信建设与当地经济紧密融合中实现自身高质量发展。做大社会共享，服务国计民生。二是在加快运营商业务转型变革中推动公司高质量发展。加快转变服务模式，以实现移动网络综合覆盖为目标，与客户共商方案，改变传统"标准、高配"的建设模式，共同寻找资源经济适配、结果互利共赢的有效路径；强化主动服务，持续推进"四个专项行动"。加快转变投资模式。加快提升自主选址维系能力。三是在做精做专"两翼"业务中推动公司高质量发展。注重把精力和资源投入长期可持续领域，做精做专"两翼"业务，做强做优平台支撑，持续拓展社会共享，集聚高质量发展新动能。四是在强化创新驱动中推动公司高质量发展。加强技术业务创新；推进数字化管理创新；积极推进体制机制创新。五是在强管理、防风险中推动公司高质量发展。强化站址运营，抓好起租营收，夯实基础管理，强化依法治企。六是在强化党建引领中推动公司高质量发展。落实"中央企业党建创新拓展年"要求，推进党的建设工作向纵深拓展，加快推进人才强企工程，深入推进全面从严治企。同时，继续做好安全生产、企业稳定和疫情常态化防控工作。

中国铁塔第一届职工代表大会第二次会议同期召开，会议落实了职工代表大会制度，保障了职工民主管理权利。

会议落实疫情防控要求，以"现场＋远程视频"的形式召开。公司领导班子成员、各省级分公司、总部各部门及各直属单位负责人参加会议。相关人员通过视频参加会议。

信息通信综合篇

2021 年 ICT 行业十大趋势

展望 2021，洞察 ICT 行业的发展趋势！ 2021 年"十四五"规划出台将释放政策红利，5G 应用将百花齐放，科技创新将进一步推进。

中国通信企业协会会刊《通信世界》把脉 2021 年 ICT 行业发展动向，推出"2021 年 ICT 行业十大趋势。"

趋势一："十四五"释放科技强国信号，推动 ICT 行业高质量发展

"十四五"时期是我国新发展阶段开好局、起好步的重要时期。纵观之前发布的《中共中央关于制定国民经济和社会发展第十四个五年规划和二〇三五年远景目标的建议》，可以预见，建设科技强国将成为"十四五"时期浓墨重彩的一笔。

2020 年"新基建"加码，使 ICT 行业迎来飞速发展期。2021 年，随着"十四五"规划的出台，一系列政策红利将开启 ICT 产业增长新周期。

趋势二：科技创新成国家战略，产品自研力度将加大

科技创新作为国家战略任务，将是 2021 年乃至"十四五"规划的未来五年蓝图中的重点方向。2020 年中央经济工作会议明确提出了"强化国家战略科技力量"是 2021 年要抓好的八大任务之首。"十四五"规划和 2035 年远景目标建议也提出，科技创新在我国现代化建设全局中占据核心地位，强调"科技自立自强"。

科技创新是面对国内外形势复杂多变的核心战略支撑，是构建新发展格局的重要保障。2021 年，科技创新将在关系国家安全的领域和节点构建方面发力，补齐短板，使国内的生产供应体系实现自主可控、安全可靠。为实现"科技自立自强"的目标，产业界将在自研系统、芯片等产业链重点领域加强顶层设计，优化关键布局，深化改革创新动力，加快人才培养，打造国际一流的创新团队。

趋势三：5G 建设规模持续扩大，高质量发展成关键

5G 商用一年以来，5G 网络、终端和应用在中国实现了全面超预期发展。未来五年，中国的 5G 建设将从导入期进入规模发展阶段，在技术方面，2021 年会重点推进端到端网络切片和毫米波技术测试工作，5G 专网技术等也是值得关注的发展方向。在 5G 终端方面，2021 年是 4G/5G 手机规模更换期，5G 手机需求增大，手机厂商在积极推出 5G 手机的同时，其价格也将更加亲民。

目前各行业从 4G 向 5G 迁移的边际效益不明显，VR、工业互联网、8K 高清、云桌面等各种应用的普及将进一步拉动行业对 5G 网络的需求。2021 年，随着 5G 融合应用的不断发展和演进，5G 网络将深入到工厂、矿山、港口、医疗、电网、交通、安防、教育、文旅以及智慧城市等多个垂直领域，产业界将加速 5G 技术应用落地及"万物互联"智慧时代的来临。

趋势四：监管趋严，在监管新常态下寻找新增长

2020 年，ICT 行业监管趋严。《中华人民共和国民法典》《中华人民共和国数据安全法（草案）》《中华人民共和国个人信息保护法（草案）》等法律的陆续出台，加快了用户、企业、政府等多层级协作的个人信息保护体系的构建；工业和信息化部印发《电

信和互联网行业数据安全标准体系建设指南》《互联网应用适老化及无障碍改造专项行动方案》《工业互联网标识管理办法》等系列指南、方案,持续深化"放管服"改革,精准监管,着力优化营商环境。

2021 年,这一趋势势必将延续下去。2020 年中央经济工作会议明确了 2021 年要抓好的重点任务,其中指出要强化反垄断和防止资本无序扩张。具体要完善平台企业垄断认定、数据收集使用管理、消费者权益保护等方面的法律规范。要加强规制,提升监管能力,坚决反对垄断和不正当竞争行为。对于 ICT 产业来说,监管趋严已是新常态,需从自身出发,加快转型创新,保障用户权益,要在监管新常态下寻找新增长。

趋势五:网络建设步伐加快,持续缩小"数字鸿沟"

"新基建"堪称 2020 年最为热门的词汇。"新基建"包含信息基础设施、融合基础设施、创新基础设施,2020 年"新基建"政策的出台为 ICT 行业的发展带来了政策红利,2021 年"新基建"将进一步落地,信息网络基础设施建设将进一步加快。2021 年 5G 基站数量有望突破百万,千兆固定宽带网络将迎来规模普及,Wi-Fi 6 也将开启规模部署。

以 5G、千兆、Wi-Fi 6 为特征的三千兆时代,将为用户提供一站式高速上网服务。而信息网络基础设施的建设将缩小"数字鸿沟",助力老年人等群体融入信息化社会。

趋势六:产业互联网迎来快速发展浪潮

产业互联网把"互联网+"具体化,为各个产业和领域的结构升级、高质量发展提供了思路和途径。2020 年,产业互联网发展全面提速。新型冠状肺炎疫情让天然具备数字化基因的"产业互联网"加快了发展节奏,各行各业也进一步加快拥抱产业互联网,寻求新的增长曲线——产业互联网正在为我国传统产业转型和实体经济发展注入新的动能、释放新的活力,并在农业、制造业、文化、交通、旅游等领域展现出十分广阔的应用前景。随着各行

各业基础设施的逐渐完善,未来几年将是行业的格局重塑期。科技巨头下场造车会是产业互联网的重头戏,也会是必然趋势。

2021 年,随着 5G、工业互联网等持续深入推进,以及"新基建"等相关国家政策的大力扶持,产业互联网的价值将快速显现,发展潜力将进一步释放。但在发展过程中,也存在一些障碍和亟待解决的问题,单就产业链企业而言,还需深度挖掘用户、数据及商业价值红利,共建良性生态,共探产业互联网"新蓝海"。

趋势七:企业数字化转型是发展的必然趋势,需要以开放的心态加快融合

数字经济是经济发展的新引擎,企业数字化转型是顺应社会核心生产力变革的必然趋势。数字化深入传统企业、助力传统企业转型升级是数字经济实现可持续发展的重点任务。数字化将打破传统企业的商业模式、决策模式、研发模式、生产制造模式与服务模式,全方位地为企业搭建全新的组织架构、产业模式与服务关系。2020 年,新型冠状肺炎疫情加速了各行业线上业务的释放,让更多传统企业看到了推动数字化转型的价值与必要性。

2021 年,数字化发展推动了全球化进程,使更多企业成为全球产业链的一环,移动互联网、大数据、人工智能、产业互联网、区块链等技术将推动经济、产业高质量发展。数字化将改变工业制造、房地产、零售、教育等各行各业的产业形态,需要以开放的心态,才能加快传统企业与数字化融合,使技术成为产业发展的有力依托,加强企业的国际竞争能力与合作能力。

趋势八:云网融合深入推进,运营商转型加快

随着 5G 商用和企业上云的步伐日渐加快,产业互联网正快速发展,云网融合逐渐成为未来的发展趋势。以 5G 为代表的新兴信息技术和实体经济的深度融合,将促进智能连接、云网融合等深入贯穿各行业的生产环节,有效提升全要素生产率,促进

新旧动能转换，充分释放数字技术对经济发展的放大、叠加、倍增作用。

运营商充分发挥云网融合优势，推动 5G、大数据中心、工业互联网等数字化基础设施建设，为各行业提供全场景的云网服务，赋能全社会向数字经济转型。未来五年，电信运营商云网融合将往 SaaS（Software-as-a-Service，软件即服务）方向发展，电信运营商基于云网融合的政企业务将有较大的市场空间，而且在网络方面比互联网公司具有无可比拟的优势。

趋势九：6G 研发迎来窗口期，各国进入竞赛阶段

随着车联网、物联网、工业互联网、远程医疗等新业务类型和未来网络需求的发展，5G 网络显然无法满足 2030 年及未来的网络需求，研究人员已经开始关注第六代（6G）无线通信网络技术。

在 6G 的研发与实验上，世界各国先后发布消息，日本宣布要在 2030 年实现 6G 实用化，英国电信集团（BT）首席网络架构师尼尔已经在展望 7G；2020 年 11 月 6 日，全球首颗 6G 试验卫星"电子科技大学号"（星时代 -12/ 天雁 05）搭载了长征六号运载火箭先各国一步发射升空。此次研制发射的全球首颗

6G 试验卫星，是太赫兹通信在空间应用场景下的首次技术验证，标志着我国航天领域探索太赫兹空间通信技术有了突破性进展。2021 年，6G 将迎来研发窗口期。可以预见，中国移动、中国电信、中国联通等运营商，以及华为、中兴等通信企业都将加快 6G 通信技术的研究。

趋势十：量子信息技术蓬勃发展

近年来，量子信息技术已经成为全球各主要国家在科技领域关注的焦点之一，规划布局和投资支持力度进一步加大。量子信息技术的重点发展方向包括量子通信、量子测量和量子计算 3 个领域，分别面向保密通信、超强计算、精密探测。例如，在量子计算领域，2020 年"九章"量子计算机的问世使我国成为全球第二个实现"量子优越性"的国家，牢固确立了我国在国际量子计算研究领域的领先地位。量子计算在不同领域和行业开展了较为广泛的应用探索，未来将进入应用探索和成果涌现的"活跃期"，有望成为未来重大技术创新的"动力源"和"助推器"。2021 年将是量子信息技术蓬勃发展的一年。

（《通信世界》）

我国信息通信业 2020 年发展分析

2020 年，我国信息通信业快速发展，特别是新型冠状病毒肺炎（以下简称"新冠肺炎"）疫情发生后，在线教育、远程医疗、远程办公等应用快速发展，各领域对网络的依赖不断增强，产业技术创新十分活跃，对国民经济发展的贡献进一步提升。电信业发展进入新阶段，我国的固定宽带迈入千兆时代、移动宽带迈入 5G 时代；互联网服务业营收稳步增长，网民普及率加速提升；信息通信制造业规模增速回升，整体产业结构持续"软化"升级。展望 2021 年，我国将开启全面建设社会主义现代化国家新征程，信息通信产业将持续赋能传统行业。电信业以 5G、千兆光网为代表的"双千兆"网络建设将丰富应用场景，进一步推动国民经济数字化转型；互联网服务业由应用创新向技术创新转变，促使传统服务业加速向线上转型；信息通信制造业进入新升级周期，加快向汽车、工业等各行各业融合渗透。

一、2020 年信息通信业的发展情况

（一）我国信息通信业收入加速增长，产业结构持续软化

2020 年，我国信息通信业收入[1] 规模超 23 万亿元，同比增长 9.2%，产业规模稳步增长。其中，电子信息制造业、软件业、电信业、互联网及相关服务业的收入分别为 12.2 万亿元、8.3 万亿元、1.4 万亿元、1.3 万亿元。从产业结构上看，电信业、互联网及相关服务业、软件业的收入占比为 46.9%，较 2019 年提高 0.9 个百分点，产业结构持续软化。

（二）我国电信业务收入增速回升，云大物成为主要增长动力

2020 年，我国电信业务总量保持高速增长，按照 2019 年价格计算的电信业务总量为 1.5 万亿元，同比增长 20.6%。电信业务收入累计完成 1.4 万亿元，比 2019 年增长 3.6%，增速同比提高 2.9 个百分点。

2020 年，电信业务收入增长动力转换，除流量及宽带业务拉动作用外，包括云大物等新兴业务在内的固定增值及其他业务收入成为拉动收入增长的主要动力，数据中心、云计算、大数据以及物联网业务收入比 2019 年分别增长 22.2%、85.8%、35.2% 和 17.7%。2020 年，中国电信的云业务收入、中国联通的 IDC 及云计算业务收入均超过百亿级；中国移动的 DICT 收入超过 400 亿元，同比增长 66.5%。

（三）我国互联网企业营收稳步增长，网民普及率加速提升

2020 年，互联网及相关服务业发展态势平稳，业务收入稳步增长，利润保持两位数增长，研发费用增速回落。我国规模以上互联网及相关服务企业完成业务收入 1.3 亿元，同比增长 12.5%。细分领域呈现不同的增长态势，音视频服务企业、在线教育平台等保持较快增长，生活服务平台等受疫情影响较大。

2020 年，共 5 家互联网企业上市，部分企业选择在中国香港二次上市。2019 年以来，阿里巴巴、网易、京东、万国数据等中概股互联网企业陆续在中国香港二次上市，回归后企业市值均有所上涨，产生了较强的示范效应。同时，网络出行、直播、人工智能等领域出现了一批独角兽企业正积极寻求

1　电子信息制造业的收入统计口径调整为规模以上电子信息制造业企业营业收入数据（2020 及以前统计口径采用的是规模以上电子信息制造企业主营业务收入）；互联网及相关服务业收入，统计对象是规模以上持有增值电信业务许可证的企业。

上市，嘀嗒出行、快手已正式向中国香港交易所公开递交招股书，旷视科技、商汤科技拟在中国香港、科创板上市。

2020年，受疫情影响，互联网的普及程度进一步提升。截至2020年12月，我国网民规模达9.9亿人，相当于全球网民的五分之一，互联网普及率达70.4%，较2019年年底提升了5.9个百分点，提升幅度加大。尤其是农村网民加速普及，规模达3.1亿人，占比达31.3%，较2015年提高2.9个百分点。我国城乡数字鸿沟显著缩小，互联网变得更加普惠。

（四）我国电子信息制造业规模增速回升，企业经营效益转好

2020年，我国电子信息制造业的营业收入规模逆势增长。疫情形势下，全球电子信息制造业的规模受到一定的冲击，相比之下，因为我国疫情控制得较好，后疫情时代，加快复工复产、新基建、行业数字化转型等需求上升，带动了电子信息制造业的发展。2020年，规模以上电子信息制造业实现营业收入同比增长8.3%，增速同比提高3.8个百分点；利润总额同比增长17.2%，增速同比提高14.1个百分点。

2020年主要细分领域收入、利润增速均高于2019年。通信设备制造业的营业收入同比增长4.7%，利润同比增长1.0%。电子元件及电子专用材料制造业的营业收入同比增长11.3%，利润同比增长5.9%。电子器件制造业的营业收入同比增长8.9%，利润同比增长63.5%。计算机制造业的营业收入同比增长10.1%，利润同比增长22.0%。

■ 二、2021年信息通信业发展展望

2021年，我国开启全面建设社会主义现代化国家新征程，新型基础设施建设将激发和释放潜在经济动力和活力，成为信息通信业乃至整个社会的新增长引擎。预计2021年我国信息通信业将平稳增长，增速达10.2%，增速较2020年略有提升。其中，电

信业务收入小幅增长，互联网企业收入仍将保持较快速度增长，软件业营收增速持续提升，电子信息制造业的增加值仍将保持平稳增长。

（一）电信业方面，推动国民经济数字化转型

"双千兆"网络建设将支持制造、交通、医疗、教育、港口等垂直行业应用市场培育，给传统企业带来生产方式、经营管理的数字化变革，催生诸多新模式新生态，带动工业互联网、智能制造、智慧城市、智能家居等各个领域的创新创业，为赋能经济社会数字化转型注入新动力。

（二）互联网服务方面，由应用创新向技术创新转变

大数据、云计算、区块链、智能终端以及网络通信等技术的进步，为金融、医疗、交通、零售、教育等传统行业提供了突破信息互联网服务局限的新型科技产业形态，传统行业加速向线上转型，行业边界、产业链边界和专业化分工边界将进一步被打破，在细分领域和垂直行业市场将诞生一批由技术驱动的独角兽企业。

（三）信息通信制造方面，逐步进入新升级周期

底层基础方面，半导体、显示等加快向汽车、工业等各行各业融合渗透，催生大量芯片、元器件等应用需求；以手机、电视机、平板电脑、笔记本电脑及桌面显示为代表的新型显示传统五大应用市场进入瓶颈期，相比之下，虚拟现实、零售、公共、车载等新兴应用领域前景广阔，产品附加值高。整机设备方面，随着新型基础设施加快建设，工业、安防、医疗等智能化改造升级，带动了5G、工业互联网、边缘计算等需求增长，由此推动信息通信制造业升级发展。

2021年，信息通信业将持续赋能传统行业。信息通信技术创新以数字化服务需求为核心，加速推动产业生态融通变革，以人工智能、虚拟现实、工业互联网为代表的信息通信技术持续赋能传统领域，不断拓展出新的产业边界，医疗、金融、零售、制造等领域的应用效果将逐步显现。

（中国信息通信研究院　刘若朋）

中国电信 2020 年发展分析

中国电信 2020 年通信服务收入实现平稳较快增长，增速居行业之首；收入规模达至新高，行业份额持续提升。净利润止跌回升，除通服收入增长外，销售费用和网间互联结算支出大幅压降也为此做出了重要贡献。中国电信的移动业务为行业中唯一实现整体用户规模正增长的领域，其中，4G+5G用户规模及渗透率均有大幅提升；此外，数据流量规模大幅提升，ARPU 值跌幅显著缩窄，网络资源高效扩张。固网业务实现宽带接入营收、用户规模、ARPU 值全面提升，发展质量显著改善，但同时行业份额劣势也逐步凸显。产业数字化业务收入规模和市场份额继续保持行业领先，未来有望维持快速增长势头。展望未来，建议中国电信持续强化以关键技术攻坚为核心的科技创新；加快 5G、云和人工智能融合发展，激发融合场景下不断升级演化的社会信息化需求；持续构建数字化平台，积极赋能内外部数字化转型。

一、业务发展成绩

（一）通信服务收入平稳较快增长，增速居行业之首；收入规模达至新高，行业份额持续提升

2020 年，中国电信通信服务收入规模达到 3737.98 亿元[1]，继续保持平稳增长势头，同比 2019年规模增量 161.88 亿元，增幅 4.5%，较 2019 年的增幅回升了 2.5 个百分点；同时，这一增幅较全行业同类收入指标的增速（3.8%）高出 0.7 个百分点[2]，增速排名行业第一[3]。面对 C 端市场高度饱和、行业竞争愈趋激烈、"提速降费"政策深入推进以及新型冠状病毒疫情等挑战，公司取得收入增幅行业第一的佳绩殊为不易。

按可比的同类收入指标计算，中国电信的通信服务收入在行业中的份额进一步有所提升，较 2019年上涨 0.2 个百分点，达到 27.8%，创出新高。在 5G 开局之初这一关键时期，中国电信继续保持了较佳增长势头，为其未来转型升级和实现高质量发展打下了坚实基础。

如上所述，2020 年通信服务收入较 2019 年的规模增量为 161.88 亿元，其中，移动业务和固网业务分别贡献了 61.41 亿元和 100.47 亿元的收入增长，固网业务成为收入增长的主要贡献来源。而在固网业务中，"信息及应用服务"[4]的收入增幅最大，达到 13%，贡献了 84.56 亿元的收入增量，成为收入增长的核心动能；宽带接入服务的收入增幅为 5.1%，较上一年度实现止跌大幅回升[5]，贡献了34.59 亿元的收入增量，也是 2020 年收入增长的重要来源之一。

在移动业务中，手机互联网接入的收入增长6%，贡献 74.52 亿元的收入增量，是增长的另一核心动能。不过，该来源动能正呈逐渐衰减之势，其 2020 年的增幅和收入增量贡献分别较 2019 年下降了 4.8PP 和 45.33 亿元。目前，移动业务领

---

1 人民币，下同。

2 "全行业同类收入指标"的统计对象为：中国电信的通信服务收入、中国移动的通信服务收入以及中国联通的主营业务收入。2020 年，上述 3 大指标之和同比 2019 年增长了 3.8%。

3 2020 年，中国移动通服收入同比增长 3.2%，中国联通主营收入同比增长 4.3%。

4 固网服务收入项下的"信息及应用服务"主要包括 IDC、行业云、天翼高清及互联网金融等新兴业务。

5 2019 年度中国电信固网宽带接入服务收入增幅为 -7.9%。

域的增长仍过于依赖手机数据流量业务，该领域新的优势资源能力和业务增长点亟待加快培育形成；与此同时，中国电信还应加强与中国联通的网络共建共享共维合作，理性规范地与其他基础电信企业开展市场竞争，尽可能保护好相关业务的价值。

（二）净利润止跌回升，通服收入增长、销售费用和网间互联结算支出大幅压降均为此做出重要贡献

中国电信 2020 年的净利润为 208.5 亿元，同比 2019 年增长了 1.6%，避免了延续 2019 年净利润负增长的跌势。自 2018 年以来，中国电信的净利润规模均在 200 亿元这一门槛以上，保持了较好的净利润水平，为 5G 时期的网络建设和市场竞争打下了良好基础。由于与中国联通开展了网络资源的共建共享共维，双方享有与主流运营商中国移动基本相当的 5G 基站规模，同时 CAPEX（Capital Expenditure，资本性支出）没有大幅上升，为净利润的平稳增长提供了有力保障。

2020 年，中国电信的净利润在行业中的占比为 14.8%，这一份额与 2019 年基本持平，仍稳居全行业第二。实际上，自 2013 年 4G 商用以来，中国电信净利润的行业份额总体上保持了稳中有升的态势。目前，其降本增效和拓展新增长点的成效突出，展望整个 5G 阶段，中国电信有望保持净利润份额稳步提升的良好势头。

中国电信净利润水平的增长除去主要受益于通信服务收入的较大幅度上升外，其经营成本中，销售费用和网间互联结算支出[6]实现大幅压降也做出了重要贡献。这也表明公司的降本增效、运营提质和行业竞合取得了较佳成效。

（三）移动业务[7]：行业唯一用户规模正增长，数据流量规模大幅提升，ARPU 值跌幅显著缩窄，网络资源高效扩张

移动通信服务收入的增长仍主要来源于手机互联网接入业务的推动，见表 1。

表 1　中国电信 2019—2020 年的通信服务收入构成情况

RMB Mil	2019	2020	Change
Service Revenue	357,610	373,798	4.5%
Mobile Service Revenue	175,546	181,687	3.5%
Incl: Voice	26,721	24,832	-7.1%
Data	148,447	156,443	5.4%
Incl: Handset Internet Access	123,203	130,655	6.0%
Others	378	412	9.0%
Wireline Service Revenue	182,064	192,111	5.5%
Incl: Voice	18,425	16,034	-13.0%
Data	158,398	171,084	8.0%
Incl: Broadband Access	68,413	71,872	5.1%
Information & Application Services	65,245	73,701	13.0%
Others	5,241	4,993	-4.7%

（1）用户规模方面

2020 年中国电信的移动业务用户规模达到 3.51 亿户，较 2019 年增加了 4.6%，是三大运营商中唯一实现正增长的企业。

在全行业的移动业务用户份额中，中国电信 2020 年达到了 22%，较 2019 年度上升了 1.1 个百分点，同样是三家运营商中唯一取得份额增加的企业。

作为手机互联网接入业务主力的 4G 和 5G 用户，其规模 2020 年达到 3.3 亿户[8]，二者合计渗透率达到 94% 以上，其中，5G 用户规模 8650 万户，渗透率达到了 24.4%。而 2019 年，中国电信 4G+5G 的用户规模为 2.86 亿户，渗透率为 85.2%。相关的用户规模提升了 15.4%，渗透率提升了近 9 个百分点。

6　网间互联结算支出是指，因需要使用国内及国外电信运营商的网络来完成从本集团电信网络始发的语音及数据通信，而向其他电信运营商支付的网络使用费。

7　本部分主要就传统的手机数据流量及语音业务展开论述，涉及物联网等的"产业数字化业务"部分将在（五）中另作深入分析。

8　（1）中国电信官网注明，"为配合公司移动业务发展战略，进一步提升披露信息的精要度，公司推出 5G 服务后，将仅披露 5G 套餐用户数和移动用户数，不再披露 4G 用户数据。"因此，从 2020 年起，中国电信已不再披露 4G 用户数据。中国电信的 4G 用户规模根据工信部发布的《2020 年通信业统计公报》以及中国移动和中国联通发布的 4G 用户规模数据推导得出：2020 年全国 4G 用户总数达到 12.89 亿户。中国电信 4G 用户规模 =12.89 亿户 −7.75 亿户（中国移动公布的 4G 用户规模）−2.70 亿户（中国联通公布的 4G 用户规模）=2.44 亿户。

（2）中国电信自身披露，其 5G 用户规模为 8650 万户。因此，中国电信 4G+5G 的用户规模合共为 3.3 亿户。

（2）数据流量规模方面

受益于 4G+5G 用户用户规模和渗透率的大幅提升，中国电信 2020 年的手机数据流量规模达到 34690KTB，较 2019 年增长了 42.3%。尤其是 5G 的商用，显著拉升了手机数据流量规模。2020 年，中国电信 5G 用户 DOU 达到 13.4GB，较其自身 2019 年 4G 用户 DOU 提升了 5.5GB，升幅 69.6%，这一升幅高于中国移动的 5G 用户相较迁转前 DOU 的提升幅度 45.9 个百分点。

（3）ARPU 值方面

5G 公众市场发展良好，2020 年 5G 用户 ARPU 值高达 65.6 元，助力公司高质量拓展移动用户市场。在此带动下，中国电信整体移动业务用户 ARPU 值 2020 年为 44.1 元，较 2019 年虽仍有所下跌，但跌幅已大幅缩小 5.6 个百分点。随着 5G 用户规模和渗透率的持续提升，整体移动业务用户 ARPU 值有望未来 1~2 年止跌企稳，甚至实现回升。

（4）网络资源方面

2020 年，中国电信与中国联通深入推进 4G 及 5G 基站的共建共享共维，双方实现可用 5G 基站达 38 万站、开通共享 4G 基站约 17 万站，进一步完善网络覆盖。

（四）固网业务[9]：宽带接入营收、用户规模、ARPU 值全面提升，发展质量显著改善，但同时行业份额劣势也逐步凸显

表 1 数据显示，中国电信 2020 年固网通信服务收入较 2019 年提升了 100.47 亿元，增幅 5.5%，但传统的宽带接入和语音业务均非拉动该部分收入大增的主要来源。2020 年，中国电信固网宽带接入＋语音业务的营收为 879.06 亿元，较 2019 年只增加了 10.68 亿元，增幅仅 1.2%。其中：固网语音业务持续

萎缩已是大势所趋，2020 年，该业务营收再大幅下降 13% 至 160.34 亿元。

宽带接入业务方面，中国电信的发展质量得到有效提升。2020 年营收达到 718.72 亿元，同比增长 5.1%；用户规模接近 1.59 亿户，同比增长 3.5%；ARPU 值为 38.4 元，止跌回升 0.8%；实现自 2015 年以来，宽带接入业务营收增速首超用户规模增速，业务原量收剪刀差情况出现扭转。

不过，中国电信在固网宽带接入业务的市场竞争上已渐显劣势。2020 年，其用户新增规模及增速分别为 540 万户和 3.5%，远小于中国移动的新增规模和增速[10]。自 2018 年用户份额被中国移动超过后，差距逐年拉大，2020 年中国电信固网宽带用户的份额为 34.8%，较 2019 年下降了 1.3 个百分点，已连续多年处于下滑状态，双方的差距已高达 11.4 个百分点。

（五）产业数字化业务[11]：收入规模和市场份额继续行业领先，未来有望保持快速增长态势

2020 年，中国电信产业数字化业务营收规模达 839.68 亿元，同比 2019 年增长 9.7%，收入规模和市场份额继续保持行业领先。[12]

其中，IDC 业务目前是产业数字化收入的主要贡献来源，2020 年，该细分业务收入达 279.75 亿元，同比增长 10.1%，占到产业数字化收入的大约 1/3。组网专线是产业数字化业务的第二大收入来源，2020 年收入规模为 197.44 亿元，但其增速仅 0.3%，未来需要进一步提升其在智能控制、带宽时延、安全随选等方面的质量优势。

行业云则是收入增长最快的细分业务，其 2020 年的收入突破百亿元规模，达 111.75 亿元[13]，同比增长 58%，占到产业数字化收入的 13.3%。互联网金融和物联网业务的增速依次为 23% 和 16.1%，分

9　本部分主要就传统的宽带接入及语音业务展开论述，包括 IDC、行业云及互联网金融等在内的"产业数字化业务"将在（五）中另作深入分析。

10　2020 年中国移动固网宽带接入业务新增用户 2328 万户，同比增速 12.4%。

11　中国电信定义的"产业数字化业务"包括行业云、IDC、组网专线、物联网、互联网金融业务、集成等信息化业务。

12　2020 年，中国联通产业互联网收入为 427.2 亿元；中国移动 DICT（包括 IDC、ICT、移动云、大数据及其他政企应用和信息服务）+IoT 的收入为 530 亿元。

13　若考察云服务整体收入，中国电信 2020 年全网云（包括行业云、家庭云及与云直接相关的接入等）业务收入达 138 亿元，在国内公有云市场份额位居前列。

居第 2 和第 3 名，两大业务收入介于 16 亿~22 亿元之间，已初具规模，随着经济社会进一步加速数字化、网络化、智能化转型，未来相关业务有望保持快速增长态势。

除上述业务以外，中国电信的 5G 行业应用发展迅速，截至 2020 年年底，实现累计签约客户近 1900 家，落地场景超过 1100 个。

■ 二、特色经验举措

（一）全面实施"云改数转"战略

2020 年，中国电信提出"云改数转"新发展战略，加快基于云网融合的数字化升级，全方位构建新发展格局，着力提升市场竞争力和企业活力。

1. 加强云网能力布局，构建云网融合的新型基础设施

公司坚持"网是基础、云为核心、网随云动、云网一体"的战略方向，加快构建云网融合的新型基础设施。持续推进与中国联通的 5G 网络共建共享共维合作，实现节约投资和运营维护成本。全球率先规模商用 5G SA 网络，推出"致远""比邻"和"如翼"5G 定制网。按照"2+4+31+X+O"的总体布局[14]加快天翼云和 IDC 建设，截至 2020 年年底，中国电信已部署云资源池数量超 100 个，IDC 机架超 42 万架，其中近 80% 的机架部署在京津冀、长三角、粤港澳、陕川渝 4 个重点区域，能及时响应大部分客户需求，为其提供优质服务。基于海量的边缘机房，开展 MEC 建设，构建云边协同能力。在 280 个城市推进千兆光宽网络升级，建成覆盖全国的五大 ROADM（Reconfigurable Optical Add-Drop Multiplexer，可重构光分插复用器）区域传输骨干网，扩大政企 OTN 精品网络覆盖。

2. 打造数字化平台，赋能数字化转型

中国电信持续加强数字化平台布局，赋能内外部数字化转型。对内，推进运营数字化，借助 AI 与大数据，挖掘 5G 和智慧家庭的潜在需求，实现精准营销覆盖率超过 85%，营销资源拉动

增量收入的效能显著提升。加快建设新一代云网运营系统，支撑 5G SA 的规模商用，提高业务开通和产品加载效率，优化网络质量和用户体验，实现用户综合满意度继续保持行业领先；自研 AI 算法，推进 4G 基站节能降耗，探索 5G 基站智慧节能方案，逐步扩大试点范围，实施 IDC 机房智慧节能，电费占服务收入比处于行业低位；应用大数据实现精准投资建设，开展 4G 基站拆闲补忙 / 盲，提高光宽端口利用率。对外，带动客户上云、用数、赋智，打造数字化平台技术底座，以数字化平台为承载，聚合通信、安全、AI、大数据、物联网等内部原子能力，汇聚外部数字生态，以数注智、赋能产品服务，推动产业数字化、智能化转型，实现全网能力调用次数超 100 亿次。

3. 推进科技创新，加快向科技型企业转变

中国电信 2020 年进一步推进研发体系改革，激发科创活力，聚焦技术发展目标，加大研发投入，提高研发资源的投入产出水平，充实云网融合、安全等重点领域的核心技术攻坚，自研天翼云 3.0，掌控 PaaS 平台等 20 项核心技术。天翼云 PaaS 平台已广泛为内外部客户提供服务，平稳承载数亿用户，CDN 为众多互联网头部客户提供服务。公司自研 MEC 平台，试点垂直行业头部客户项目落地，逐步部署移频 MIMO 室分系统、扩展性小基站、轻量级 UPF 等设备，有效降低 5G 网络建设成本。全年完成 40 项国际标准化项目，新申请发明专利 882 件，在 GSMA 前头组织全球产业链制定并发布《5G SA 部署指南》。此外，联手生态伙伴在量子通信、网络安全领域开展产学研合作创新，与高校、研究机构进行战略合作，共同推动关键技术研究和应用创新。

4. 全面深化改革激发活力，拓展合作打造生态竞争力

中国电信 2020 年加快构建以客户为中心的新型组织体系，打造纵向一体化的政企事业群，基于数字化平台共享集成原子能力、产品和服务，增强

14　"2+4+31+X+O"布局中，"2"是指两个服务全球的中央数据中心；"4"分别是京津冀、长三角、粤港澳、陕川渝等四个重点区域节点；"31"是指每一个省份都有一个数据中心；"X"指广泛分布的边缘节点，部署在离用户最近的层面；"O"是指海外节点。

政企市场的信息化拓展能力和运营活力。有序推进专业公司改革，探索系统集成体系优化，增强核心技术能力；启动云公司改制，全面整合云资源，强化云业务研发运营与生态合作，深化市场化机制改革。精简总部部门和人员，启动运营管理流程再造，实施省公司授权放权改革，提升运营效率。创新市场化人才选用机制，加大年轻员工的选拔晋升，打造科技和创新人才梯队，优化绩效导向的薪酬体系，激发员工活力与效率。同时，加强生态布局，持续拓展企业边界，深化全产业链合作，依托核心能力与平台，繁荣家庭信息化、政企垂直行业等产业生态，强化以资本促进合作、聚合生态，加大新兴领域的创新合作，持续打造更大范围、更高水平的产业生态。

（二）融合 5G 和云激发用户日益丰富的综合智能信息服务需求

2020 年，中国电信以"5G+ 天翼云"为用户提供优质网络体验和差异化应用服务，打造中国电信特色 5G 会员权益体系，推出网络、安全和服务等专享权益，联合超过 30 家头部应用合作伙伴，推出超百款生态权益。发挥 5G 网络高网速、低时延特性和边缘计算能力，推出天翼云盘、天翼超高清、视频彩铃、天翼云 VR、天翼云游戏等 5G 特色应用。率先在业界推出 5G 云手机"天翼 1 号"，借助云网融合能力，突破终端性能瓶颈，促进 5G 终端加快普及。

（三）基于高速和融合服务提升智家业务价值

中国电信 2020 年进一步全面升级家庭信息化服务，推广 5G+ 光宽 +WiFi 6"三千兆"接入和全屋 Wi-Fi 服务，优化用户上网体验，打造集安全、影像、无线接入等功能为一体的天翼看家产品，激发家庭上云需求，构建智慧家庭 DICT 产品服务体系，满足家庭客户不断丰富的场景化需求。在此引领下，中国电信固网宽带接入业务价值得到重塑，智家业务价值逐步显现。

（四）以 5G 和云为拳头产品促进产业数字化业务加快发展

中国电信进一步把握经济社会数字化转型契机，融合 5G、云等新兴信息技术，构建数字化平台，封装原子能力，加快技术赋能。率先规模商用 5G SA，

推出 5G 定制网，满足垂直行业对于低时延、广连接、网络安全等差异化需求，发挥 5G"超级上行"、边缘云、物联网等技术特性，打造出工业互联网、智慧能源、智慧医疗、智慧园区等垂直行业标杆，实现远程控制、机器视觉、AGV 等 5G 创新应用逐步落地。

同时，聚焦企业上云的场景化需求，持续完善 IDC 和云的资源布局，强化公有云、私有云、专属云和混合云的全栈云服务能力，自主研发天翼云关键核心技术，联合 500 多家合作伙伴，构建起云、数、智一体化的云产品体系。

三、下一阶段发展策略建议

2021 年，我国进入"十四五"时期，中国电信需要立足新的发展阶段，紧紧把握数字经济蓬勃发展和社会加快数字化转型的机遇，进一步全面深入推进"云改数转"战略。建议中国电信下一阶段持续强化以关键技术攻坚为核心的科技创新；加快 5G、云和人工智能融合发展，激发融合场景下不断升级演化的社会信息化需求；持续构建数字化平台，积极赋能内外部数字化转型。

（一）强化科技创新战略支撑，打造科技创新核心能力

1. 技术/产品方面

一是集中优势资源，突破云基础核心技术，攻关超大规模多可用区（AZ）资源池管理、多样化算力调度等关键技术，打造核心技术自主掌控、国家关键业务的可信承载平台，全面满足各级政府和国家重点行业、企业的数字化转型需要。以云网运营系统的技术攻关和大规模工程实施为牵引，推进 IP 网络、传输网络、核心网的解耦以及一批云原生、5G MEC 及云边协同等领域的关键技术研发，实现端到端的多云多网统一控制和数据采集，统一业务编排、智能分析、策略控制以及统一的能力开放。

二是推动各类云应用软件与国产云基础软件、国产 CPU 及服务器等硬件的相互适配，形成自主可控的完整云技术生态，保障产业链和供

应链安全。

三是基于 SDN/NFV 技术，以白盒或灰盒模式定制部分网元设备，实现网关能力的自主可控和业务差异化。打造"天翼云、白盒/灰盒定制网、边缘云、泛智能终端"融合协同能力，实现"一键开通、一键诊断、一键调度"能力。

2.人才体系建设方面

在云网融合、5G、云网安全、产业数字化、前沿技术等领域培养和引进一批行业内高水平的领军人才和科研人员，提升公司产品研发和服务创新能力。同时，推动现有 IT 和网络维护人员向软件研发人才转型和逐年提升转型人才招聘比例双管齐下，以顺应电信行业网络运维和运营软件化和数字化趋势。建立健全市场化的科技成果转化和激励机制，市场化评估、按贡献分配，加大科技人员中长期激励力度；授予科研骨干更多资源分配权、人才招聘权、考核权；为科研人员开展创新工作提供各项保障、创造良好环境。

3.体制改革和机制创新方面

进一步深化云计算分公司、研究院等主要研发机构市场化改革，采取"赛马机制"，立足区域、面向市场，聚焦工业制造、智慧城市、卫健等领域的关键技术产品研发，推动研发运营一体化，提供端到端解决方案，成为产业数字化业务发展基础能力提升的重要支撑；加大研发投入和项目统筹、优化资源分配原则；加强研发考核，强化研发成果评估与预算配置的闭环反馈机制；落实好攻关任务"揭榜挂帅"机制；建立分类项目体系，构建核心攻关、协同创新、大众创新三类研发项目联动体系，推进能力整合和共用，推动研发高效协同；建设研发云平台，实现对全公司所有研发项目的集中管理、资源协同和成果共享。

4.产学研合作和研发生态建设方面

以开放心态联合高校、国家实验室等推动云计算、人工智能、下一代互联网、车路协同、超级光网、无线通信、大规模视频服务、工业互联网等领域关键技术研究和应用服务创新。探索牵引研究 6G、量子信息、区块链等下一代技术，实现前沿数字技术探索储备。同时，基于合作生态，高质量完成国家科研项目研发任务，发挥好企业作为国家科技创新主力军作用。

（二）加快推进云网融合，打造国家级新型信息基础设施

1.夯实一体化云网能力基础

加快推进高速泛在接入网络建设，建成世界领先的 5G SA 网络，部署覆盖城市及乡镇的千兆光网，优化支持数十亿全连接的物联网络；以云/IDC 为中心，优化网络架构，降低网络时延，推进"网随云动"，建成业内领先的 CN2-DCI 精品云骨干网，打造覆盖国内全部地市和海外重点区域的政企 OTN 精品网。

2.打造天翼云差异化核心优势

在现有的"2+4+31+X+O"云和大数据中心布局体系基础上，建设梯次化布局、云边协同、多种技术融合的算力基础设施体系；打造大数据及 AI 等高阶能力，形成领先的大数据和 AI 一站式开发平台；嵌入云网 POP，部署 MEC 平台，优化 CDN 架构，构建差异泛在、云边端协同、内生安全的智能算力体系和能力。

3.构建云网融合运营系统

完成网络/IT 云化，实现云网融合端到端一体化运营，打造简约敏捷、智能编排、云网端到端弹性适配的运营能力；推进平台化能力建设，加快网络能力开放，对内实现网络智能化、运维自动化，对外提供端到端可视、灵活随选的业务能力。

（三）持续构建数字化平台，积极赋能内外部数字化转型

1.夯实数字化基础

加强科技创新，强化数据驱动，推动业务要素数字化，实现云网资源数字孪生、能力开放共享、运营过程透明可评价；体系化推进数据生产要素的治理、安全和合规，建设合规的数据能力，促进数据能力运营价值最大化。

2.搭建数字化平台

汇聚智能连接、通信、IT PaaS、大数据、AI、视频、安全等内外部能力，推进原子能力平台、统一开发平台和 DCOOS（数字化能力开放运营平台）建设，统一标准，统一运营，多方协作，持续迭代。

3. 助力数字化转型

推动实物资产数字化管理，提升投资、成本资源配置效能。以客户为中心，构建云网端到端数字化运营体系，打造符合客户需求的数字化产品与服务，赋能千行百业，实现客户体验领先、运营智能高效。

（源起科创（北京）基金管理有限公司　梁张华）

中国移动 2020 年发展分析

中国移动 2020 年通信服务收入增幅有较大回升，初步显示走出低迷，其中个人市场收入、用户规模及行业用户份额虽均出现下滑，但渗透率、ARPU（Average Revenue Per User，每用户平均收入）值等发展质量指标有明显提升；家庭市场收入及用户规模保持较好增长势头，业务发展质量及价值有较大改善；政企市场 DICT+IoT 业务实现高加速增长，已成为"收入增长新动能、转型升级主力军"；新兴市场虽整体收入有所下降，但其国际业务、股权投资、数字内容、金融科技 4 大深耕领域亮点仍较多，未来发展可期。总而言之，家庭市场和政企市场成为中国移动增收的主要来源。在通信服务收入增长的带动下，中国移动实现净利润小幅回升；预计未来数年，其净利润或将出现规模增长但行业份额缩减的局面。展望未来，中国移动应顺时应势，把握"推进数智化转型、实现高质量发展"的主线，加快建设信息"高速"，打造品质一流的新型基础设施，形成信息技术、数据驱动的新增长模式。同时，强化"四个三"的战略内核，即三转、三化、三融、三力，持续加强技术能力及人才资源建设，以此推动业务、产品服务、市场、发展方式和资源能力转型升级和提质增效，力争实现发展新突破。

一、业务发展成绩

（一）通信服务收入增幅有较大回升，初步显示走出低迷；家庭市场和政企市场成为中国移动增收的主要来源

2020 年，中国移动通信服务收入规模达 6956.92 亿元[1]，同比 2019 年规模增量达 213 亿元，为三家基础电信企业中最多的；增幅为 3.2%，较 2018 年度的 0.4% 和 2019 年度的 0.5% 有较大回升，初步显示走出低迷。但是，中国移动该增幅较全行业同类收入指标[2]的增幅（3.8%）仍有一定差距，在三家基础电信企业中排最后[3]。与此同时，中国移动还面对 C 端市场高度饱和、行业竞争愈趋激烈、"提速降费"政策深入推进以及新型冠状病毒疫情等挑战，公司仍需进一步加快推动业务转型发展，扎实推进运营提质增效。

按可比的同类收入指标计算，中国移动的通信服务收入在行业中的份额有所下降，较 2019 年下降了 0.3%，降至 51.7%，为 2013 年以来的新低。与此同时，两家竞争对手中国电信及中国联通的收入行业份额均有所提升。中国移动在 5G 开局之初，竞争优势稍显减弱，公司亟待厘清优劣势所在，加快弥补竞争短板。

如上所述，中国移动 2020 年实现通信服务收入规模达 6956.92 亿元。其中，个人市场收入规模为 4769.66 亿元，占中国移动通信服务收入的 68.6%，为通信服务收入的绝对大头。该部分的收入规模较 2019 年有所下降，其规模值减量为 137.4 亿元，降幅为 2.8%。

家庭市场收入规模为 832.08 亿元，占中国移动通信服务收入 12% 的份额。该收入规模同比 2019 年增幅为 20%，继续保持了良好的增长态势；收入规模增量达 138.68 亿元，占中国移动收入规模增量的 65.1%，为收入增长的主要来源之一。

政企市场收入规模达 1129.2 亿元，在中国移动

---

1 人民币，下同。
2 "全行业同类收入指标"的统计对象为：中国电信的通信服务收入、中国移动的通信服务收入以及中国联通的主营业务收入。2020 年，上述 3 大指标之和同比 2019 年增长了 3.8%。
3 2020 年，中国电信通信服务收入同比增长 4.5%，中国联通主营收入同比增长 4.3%。

CHBN 四大市场中排第二，占中国移动通信服务收入的 16.2%。该部分的收入规模同比上一年度增长了25.8%，为四大市场中增幅最大的；收入规模增量达231.6 亿元，是中国移动收入规模增量的 108.7%，为收入增长的另一个主要来源。

新兴市场收入规模为 225.98 亿元，占中国移动通信服务收入的 3.2%，在四大市场中体量最小。该部分的收入较 2019 年有较大下降，其中，规模值减量为 19.4 亿元，降幅为 7.9%。

目前，家庭市场和政企市场已成为中国移动增收的主要来源，二者合计贡献出收入增量的173.8%；而个人市场及新兴市场则出现负增长，亟待走出不利处境，避免陷入衰退泥潭。"业务发展成绩"下的（三）~（六）将对中国移动在各细分市场的业务作进一步深入分析，以期提出更有针对性的策略建议。

（二）通信服务收入增长，净利润小幅回升，预计未来数年净利润或出现规模增长但行业份额缩减的局面

中国移动 2020 年的净利润为 1078.43 亿元，同比 2019 年略有回升，升幅为 1.1%，初步扭转了2019 年净利润大幅下滑的局面。虽然这一增幅在三家基础电信企业中排在最后，但从绝对规模来看，中国移动仍远远领先于竞争对手。实际上，近年来中国移动的净利润规模均在 1000 亿元以上，保持了较好的净利润规模水平，这将为其在 5G 时期进行网络建设和市场竞争打下良好基础。同时，中国移动与中国广电达成合作协议，双方将按照 1:1 的比例共同投资建设 700MHz 5G 无线网络，联合开展 5G 共建共享这将助力中国移动以较少数量的基站即可建立一张覆盖全国的 5G 网络，其 CAPEX 有望实现大幅节省，为净利润的平稳增长提供有力保障。

2020 年，中国移动的净利润在行业中的占比为76.4%，较 2019 年减少了 0.6%，稳居行业第一。但其份额下降的趋势较为明显，自 2016 年以来，中国移动的净利润行业份额持续下降，四年来累计下降了 9.1%。随着 5G 商用以及网络共建共享，中国移

动将有可能在政企市场迎来更大发展，带动收入增长，CAPEX 也将得到较好控制，确保净利润维持在较高水平。预计未来数年，中国移动的净利润规模仍将保持一定幅度增长，但与此同时，其面临的竞争也将更为激烈，净利润行业份额下降的趋势或仍将持续。

（三）个人市场[4]的收入、用户规模及行业用户份额均出现下滑，但渗透率、ARPU 值等发展质量指标有明显提升

中国移动 2020 年个人市场收入较 2019 年规模值减少了 137.4 亿元，降幅为 2.8%。

1. 在业务结构方面

无线上网业务基本保持稳定，2020 年同比仅微增 0.3%；语音及短彩信业务的收入大幅下降，2020年，该业务收入为 780.58 亿元，同比 2019 年规模值减少了 108.46 亿元，降幅高达 12.2%，这是个人市场收入下降的主要原因。语音及短彩信业务持续衰退已成为行业趋势。未来，保持个人市场收入稳定乃至增长的主力仍将是无线上网业务。

2. 在用户规模方面

2020 年中国移动的移动业务用户规模为 9.42 亿户，较 2019 年规模减量为 836 万户，降幅为 0.9%。这是中国移动历史上首次出现移动业务用户规模年度负增长，其原因一方面是受市场饱和、行业竞争激烈以及新型冠状病毒疫情等影响，大量双卡以及多卡用户转变为单卡用户；另一方面是企业自身调整策略，从重点关注客户增长数量改为重点关注客户发展质量和价值等。

3. 在行业用户份额方面

受移动业务用户较大规模减少的影响，中国移动 2020 年在全行业的移动业务用户份额进一步降至58.9%，较前一年度下降了 0.3%，已是连续 5 年下跌。

4. 在用户结构方面

受益于企业自身策略调整，中国移动从重点关注客户增长数量改为重点关注客户发展质量和价值。作为无线上网业务主力的 4G+5G 用户，其规模 2020年达 9.4 亿户。二者合计渗透率高达 99.8%，其中，

---

4 中国移动统计的个人市场收入主要包括个人客户语音收入、个人短信及彩信收入、个人无线上网收入、个人应用及信息服务收入、个人市场网间结算收入及其他。其中，语音 + 短彩信 + 无线上网三部分业务 2020 年的收入达 4536.89 亿元，占个人市场收入的 95.1%。因此，本文主要就无线上网、语音及短彩信三部分业务展开分析。

5G 用户规模达 1.65 亿户，渗透率达 17.5%。而 2019 年，中国移动 4G+5G 的用户规模约为 7.61 亿户，渗透率为 80%。相关的用户规模提升了 23.6%，渗透率提升了 19.8%。

5. 在手机上网流量规模方面

因 4G+5G 用户规模的大幅提升，中国移动 2020 年手机上网流量规模高达 906.6 亿吉比，较 2019 年提升了 37.6%。移动业务用户手机上网 DOU（Dataflow of usage，平均每户每月上网流量）达 9.4 吉比，同比增幅高达 40.3%。其中，4G 用户手机上网 DOU 达 10.2 吉比，较 2019 年增长了 32.5%；5G 用户 DOU 更高，较相关用户迁转前平均提升了 23.7%。受益于 5G 商用的带动，移动业务用户手机上网 DOU 的增幅高出 4G 用户 DOU 的增幅 7.8%。

6. 在 ARPU 值方面

随着 5G 商用，中国移动 5G 套餐客户的 ARPU 值较相应客户迁转前平均提升了 6%。受益于此，移动业务用户 ARPU 值的降幅小于 4G 用户 ARPU 值的降幅，同时，前者的降幅明显降低了 4%，如图 1 所示。随着 5G 用户规模和渗透率的持续提升，中国移动的移动业务用户的 ARPU 值有望在未来 1～2 年止跌，甚至实现回升。

（四）家庭市场[5]的收入及用户规模保持较好增长势头，业务发展质量及价值有较大改善

1. 收入规模及其份额方面

中国移动 2020 年家庭市场收入规模为 832.08 亿元，占通信服务收入 12% 的份额。其中，家庭宽带业务收入规模达 808.08 亿元，占通信服务收入的 11.6%。该业务的收入规模同比 2019 年增幅为 17.4%，继续保持了较佳增长趋势，如图 2 所示。收入规模的增量达 119.73 亿元，占通信服务收入规模增量的 56.2%，是促进收入增长的主要动能之一。

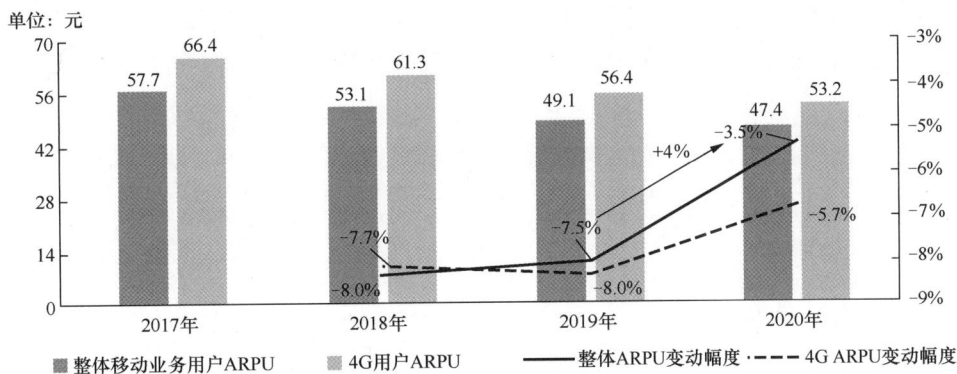

图 1　中国移动 2017—2020 年整体移动业务用户及 4G 用户 ARPU 值变动情况

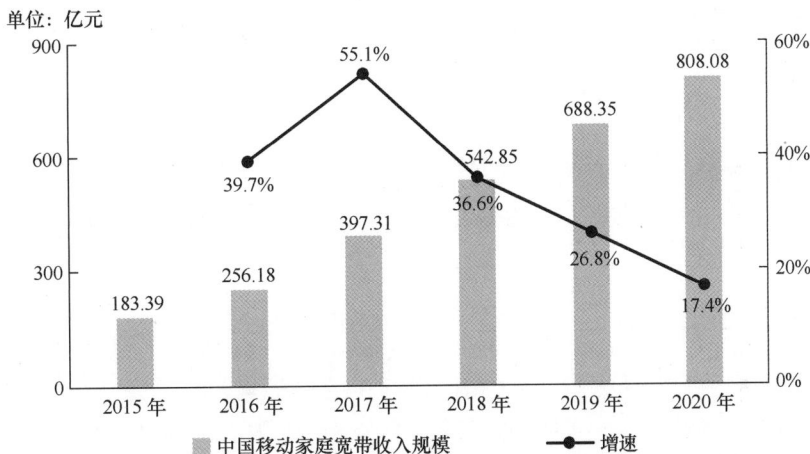

图 2　中国移动 2015-2020 年家庭宽带业务收入规模及增速情况

5　中国移动统计的家庭市场收入主要包括家庭客户固话收入、家庭宽带收入、家庭应用及信息服务收入、家庭市场网间结算收入及其他。其中，家庭宽带业务 2020 年的收入达 808.08 亿元，占家庭市场收入的 97.1%。因此，本文主要就家庭宽带业务展开分析。

2.用户规模方面

2020 年中国移动的有线宽带客户达 2.1 亿户，同比增长了 12.4%，保持了较好的增长势头，如图 3 所示。其用户行业份额提升 2.1% 至 46.2%，比第二名高出的份额从 2019 年的 8% 增至 2020 年的 11.4%，进一步巩固了中国移动在行业中的地位。

3.业务发展质量及价值方面

中国移动 2020 年有线宽带用户 ARPU 值为 34 元，较 2019 年的 32.8 元回升了 1.2 元，回升幅度为 3.7%，一举扭转多年来有线宽带业务 ARPU 值持续下滑的趋势。在此带动下，有线宽带业务的收入增速继续高于用户规模增速，高出幅度为 5%，

该业务的量收剪刀差得以保持一个较好的态势，如图 4 所示。

（五）政企市场[6]的 DICT+IoT 业务实现高加速增长，已成为"收入增长新动能、转型升级主力军"

2020 年，中国移动政企市场收入规模达 1129.2 亿元，同比上一年度增长了 25.8%，收入规模的增量达 231.6 亿元。其中，专线收入达 240 亿元，同比增长了 19.3%。而近年来被作为业务转型主力的 DICT[7] 和 IoT 业务，在 2020 年的收入高达 530 亿元，增速为政企市场收入增速的 2 倍，达 51.6%，实现加速增长。DICT+IoT 业务的收入占政企市场收入的比例由 2019 年的 39.1% 提升至 2020 年的 46.9%。

单位：万户

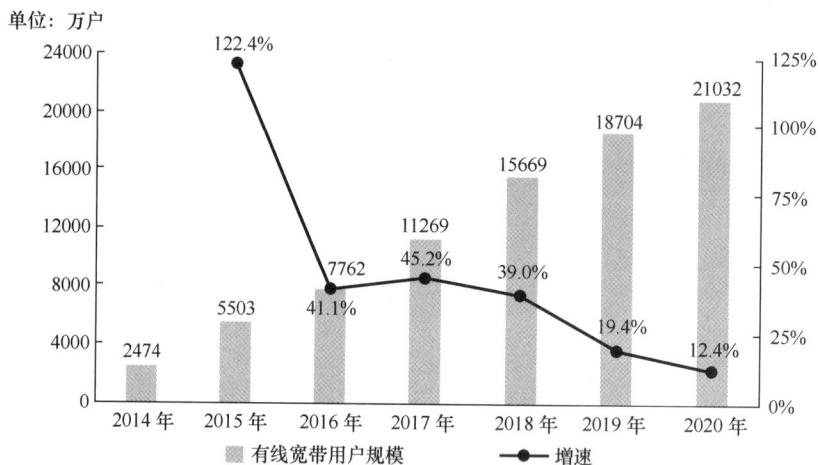

图 3 中国移动 2014-2020 年有线宽带用户规模及增速情况

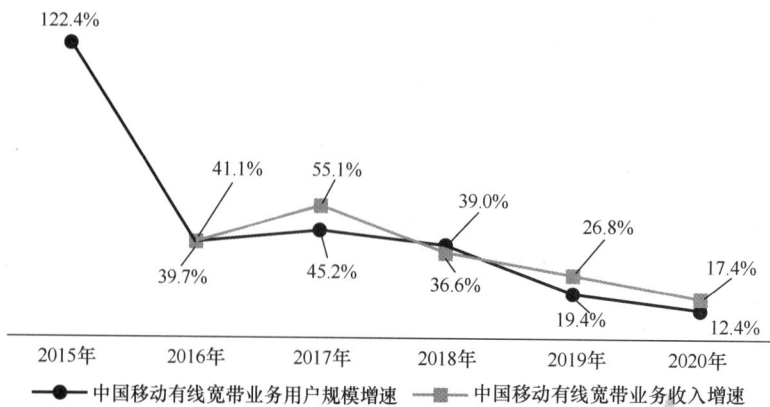

图 4 中国移动 2015-2020 年有线宽带接入业务的量收剪刀差走势情况

---

6 中国移动统计的政企市场收入主要包括政企客户语音收入、政企短信及彩信收入、政企无线上网收入、政企互联网专线收入、政企应用及信息服务收入、政企市场网间结算收入及其他。

7 中国移动定义的 DICT 业务包括 IDC、ICT、移动云及其他政企应用及信息服务。

在各项细分业务中，2020 年，IDC 业务实现收入为 162 亿元，同比增长 54.4%，占 DICT+IoT 业务收入的 30.6%。ICT 业务实现收入为 107 亿元，同比增长了 59.4%，继续保持快速发展态势。移动云业务收入达 92 亿元，同比大幅提升了 353.8%，自研 IaaS、PaaS、SaaS 产品达 200 款，引入合作的 SaaS 产品超 2000 款。物联网业务收入达 95 亿元，同比增幅稍低，为 7.4%，但连接数已超 8.7×10^9，为日后其他 DICT 业务的进一步渗透打下了坚实基础。

此外，截至 2020 年年底，中国移动政企客户已达 1384 万家，净增 356 万家。在 5G 垂直领域，中国移动打造的集团级龙头示范项目已完成 100 个，拓展的省级区域特色项目达 2340 个，落地 5G 专网项目有 470 个，沉淀的应用场景有 100 多个，实现 5G 带动的 DICT 合同总金额超 40 亿元。

（六）新兴市场[8]：虽整体收入有所下降，但其国际业务、股权投资、数字内容、金融科技 4 大深耕领域的亮点仍较多，未来发展可期

2020 年，中国移动新兴业务实现收入为 225.98 亿元，较 2019 年规模值减量为 19.4 亿元，降幅为 7.9%。当前，中国移动在新兴市场正深耕国际业务、股权投资、数字内容、金融科技 4 大领域，虽然收入方面未见起色，但已初步显现出良好发展势头。2020 年，新兴市场的国际业务收入达 111 亿元，同比增长了 16.6%，"牵手计划"实现全球用户覆盖超 29 亿户；股权投资实现投资收益对净利润的贡献占比达 11.8%；数字内容方面，咪咕视频月活跃用户数同比提升了 18.4%，视频彩铃及和彩云的用户规模分别突破 1.4 亿户和 1 亿户，云游戏用户规模达 5200 万户；金融科技方面，和包支付的月数活跃用户数同比提升了 39.1%，互联网金融产品销售额突破 106 亿元，信用购业务达 1806 万笔。

二、特色经验举措

（一）推动 CHBN 全向发力、融合发展，加快构建"三全"服务体系，大力提升客户满意度

2020 年，中国移动积极顺应经济社会数字化转型进一步加速的趋势变化，一方面加快建设信息"高速"，打造品质一流的新型基础设施；另一方面创新运营信息"高铁"，拓展信息服务新场景、新产品、新业态，加速拓展线上化、智能化、云化，深化基于规模的价值经营，持续推动 CHBN 全向发力、融合发展，快速突破重点业务，持续提升客户满意度。

1. 个人市场方面

中国移动深化"连接＋应用＋权益"融合发展，以"基于规模的价值经营""基于场景的客户运营"为抓手，推动 5G 量质并重发展，引领信息通信消费升级；大力开展内容、权益集中引入，着力构建全球通、动感地带、神州行品牌运营体系，提高综合运营能力、提升品牌价值，通过跨界联合、多维运营以及营造共鸣体验，促进客户价值和粘性的有效提升。

2. 家庭市场方面

中国移动着力"拓规模、树品牌、建生态、提价值"，加快构建"全千兆＋云生活"服务体系，聚焦智能组网、家庭安防、智能遥控器三大应用，深入布局智慧家庭运营，推动客户规模和收入规模均稳定增长。除上述有线宽带业务外，"魔百和"也取得较佳发展成绩，其用户规模达 1.41 亿户，渗透率达 73.3%。得益于宽带升级以及增值应用融合的拉动，家庭宽带综合 ARPU 值达 37.7 元，同比增长了 6.9%。

3. 政企市场方面

中国移动将政企市场定位为"收入增长新动能、转型升级主力军"，聚焦智慧城市、智慧交通、工业

8　中国移动统计的新兴市场收入主要包括以下几个部分。

（1）国际业务收入：国际语音业务收入、国际短信及彩信收入、国际无线上网收入、国际宽带及专线收入、国际应用及信息服务收入、国际漫游来访结算收入。

（2）数字内容收入：主要为咪咕 5 项业务——音乐、视频、游戏、动漫、阅读带来的收入。

（3）金融科技收入：目前主要为和包支付等互联网金融产品带来的收入。

（4）股权投资收入。

互联网等重点领域，深化"网＋云＋DICT"融合拓展。中国移动开展"决胜在云"行动，打造云网一体、云数融通、云智融合、云边协同的优势，加速智能云演进；开展"超越在5G"行动，推动5G垂直行业示范落地，构建面向垂直行业的"5G+AICDE"新型基础设施，加速规模推广。

4. 新兴市场方面

国际业务着力打通国内、国际两个市场，加快推动优质成熟能力出海，进一步提升国际化经营水平；股权投资方面，围绕云计算、人工智能、数字内容及信息安全等与主业高度协同的行业，基于"价值贡献、生态构建、产投协同"原则，着力完善并购、参股、创投平台，强化"直投＋基金"协作模式；数字内容和金融科技方面，积极培育优质互联网产品，持续推进产品品质，提升客户体验。

在各项业务实现良好增长的同时，聚焦提供客户满意服务，加快构建全方位、全过程、全员的"三全"服务体系，推动服务质量管理体系持续完善、整体服务水平稳步提升、客户感知持续向好。一是持续增强全方位服务能力，打造覆盖CHBN的10086全智能综合服务门户，减少互联网投诉处理体系，实现投诉受理入口的全覆盖；二是持续提升全过程服务质量，推动市场、政企、服务、网络、IT五大线条的端到端服务质量过程管理体系建设；三是持续深化全员服务文化，创新手段、丰富载体，开展全员服务文化系列活动，持续推选服务明星，有效促进服务文化落地，初步形成"心级服务"口碑。

（二）深入实施"5G+"计划，推动5G发展驶入"快车道"

2020年是5G商用发展的第一个完整年，中国移动以国家倡导的"加快以5G为代表的新型信息基础设施建设"为契机，深入实施"5G+"计划，积极推进5G共建共享。

1. 在5G网络资源建设方面

2020年，中国移动5G相关投资支出共计1025亿元；全年新建5G基站约34万个，累计开通5G基站约39万个，为全国所有地级市、部分县城及重点区域提供5G服务；基于云化、集中化的SA核心网于2020年9月投入使用，建成全球技术领先、规模最大的5G SA商用网络。同时，与中国广电签订了5G共建共享合作框架协议，双方2021—2022年拟联合采购700MHz基站40万站以上并陆续建成投产，真正迎来700MHz网络共建共享、业务生态融合共创的落地。

2. 在5G标准和技术方面

中国移动积极推动R16标准按时冻结，深度参与R17标准制定，在3GPP和ITU中牵头99个5G国际标准项目。中国移动还发布了业界先进的网络切片规范体系，为5G网络切片的部署提供全领域、跨专业的技术指引；业界首发N4解耦技术规范体系，显著提升用户平面功能部署灵活性，推动部署成本进一步下降。

3. 在5G业务发展方面

中国移动有序布局、稳步推进5G业务发展。面向公众市场，根据不同客户需求，有节奏地推进资费升级优化，同时积极推动终端产业链降低5G购机门槛，促进更多客户能够使用5G服务；率先推出5G+4K+VR超高清直播、5G超高清全面屏视频彩铃、5G云游戏以及5G新消息等新应用，不断为用户带来畅享新体验。面向政企市场，率先提出BAF[9]商业模式，成功实现5G专网的产品化；发布OneCity智慧城市、OnePower工业互联网等九大行业平台，打造超过2000个行业示范项目，其中"5G云赏樱""5G上珠峰""5G下深矿""5G进海港"等引起社会各界热烈反响。

（三）推动改革创新取得突破，不断增强可持续发展能力

为更加有力地支撑转型发展，中国移动加速构建协同高效运营体系，持续巩固提升基础能力，深入推进创新驱动发展，加强与产业各方合作，进一步深化机制改革，充分释放改革红利，为未来发展奠定坚实基础。

1. 不断优化运营体系

中国移动推动政企、市场、网络、研发、IT等改革举措落地实施，基本形成"总部管总、区域主战、

9　BAF商业模式是指基于"基础网络（Basic）＋增值功能（Advanced）＋个性化服务组合（Flexible）"的多量纲5G专网商业模式。

专业主建"的组织运营体系。中国移动全面实施网格化改革，实现责权利匹配，完善管理者为一线人员提供服务的倒三角支撑，有效激发微观主体活力。中国移动持续打造低成本高效运营模式，积极推进分类管理，显著提高标准化、规范化、信息化管理水平。

2. 持续提升基础能力

中国移动坚持打造精品网络，截至 2020 年年底，实现基站达 514 万座，国际、政企专用传送网带宽达 67.9Tbit/s，全国地级以上城市的 OLT 设备 100% 具备千兆宽带能力。中国移动加快新型基础设施建设，持续推动网络云 8 大区布局、"N+31+X"移动云布局和"3+3+X"数据中心布局不断完善，有效推进云网边融合一体化发展。中国移动着力打造"技术＋数据＋业务"智慧中台，构建 AaaS 服务体系，完成第一阶段 27 个应用场景上线，实现注智赋能初见成效。

3. 不断深化创新引领

关键技术研究方面，中国移动自主研发的"行云"自动化集成工具大幅缩短网络云资源池硬集周期，"云衡"云效能提升评估产品实现分钟级数据质量核查；自身提出的切片分组网原创技术的三项 ITU-T 核心标准获得通过，为切片分组网全球推广奠定基础；自主研发 CMChain 区块链技术中台，积极探索区块链应用场景和落地实践。产品创新方面，中国移动持续完善开发、运营、支撑、销售、服务"五位一体"管理运营体系，不断增强产品竞争力，推出 5G 公众领域新应用、垂直领域专网产品，联合产业发布《5G 消息白皮书》、推动超级 SIM 技术方案落地。

4. 巩固扩大开放合作

中国移动积极与地方政府、企事业单位建立／深化战略合作伙伴关系，围绕 5G 数字化创新开展合作，促进信息服务跨界协同，推动优势资源互补，助力经济社会发展。中国移动启动"5G＋绽放行动"，设立百亿级 5G 联创产业基金，实施"千亿"产业拉动计划，进一步做大"生态圈""朋友圈"，加速数智化纵深布局，打造百花齐放新生态。

5. 深入推进机制改革

中国移动围绕"创世界一流示范企业"，系统深化治理、用人、激励三大重点领域改革，激发企业高质量发展新动能。中国移动深入开展"科改示范行动"，成功争取物联网公司、云能力中心两家子企业纳入国家"科改示范行动"试点名单，设置先行区、分阶段实施改革方案正在稳步推进。中国移动构建业绩导向、分类管理、重点突出的差异化薪酬激励机制，实施新一轮股票期权激励，创新设立"百舸争流"人才特区计划，持续完善差异化、多元化激励体系。

6. 加强完善企业管治

应国家强化合规经营监管的要求，中国移动进一步加强诚信、透明、公开、高效的企业管治原则，严格按照上市公司规则要求，确保高水平的企业管治。在优化董事会成员结构方面，中国移动坚持董事会成员多元化和董事提名政策，充分发挥独立非执行董事的经验和专长，促进公司治理结构和决策机制进一步完善。在坚持合规经营、提升合规管理能力方面，中国移动深入推进"合规护航计划"实施，加强合规文化建设，聚焦 5G 新基建、携号转网、供应链安全、网络信息安全、基层网格化改革等重点，持续做好合规审查和指引，加强合规风险前瞻管控，不断完善合规管理体系。在风控能力建设方面，中国移动完善风险与内控管理体系，提升风险预判能力和风险管控效果，进一步强化重点业务、重点项目、重点领域的监督，管控经营风险和堵塞管理漏洞，保障企业健康运营。

■ 三、下一阶段发展策略建议

当前，以数字化、网络化、智能化为特征的新一轮科技革命和产业变革深入演进，5G、人工智能、物联网、云计算、大数据、边缘计算、区块链等新一代信息技术加速融入经济社会民生，千行百业开启数智化转型大幕，数字经济新蓝海空间广阔。在此推动下，预计到 2025 年，中国数字经济规模将增长到 65 万亿元、年均复合增长率超 10%，信息服务业收入规模将增长至 20.4 万亿元、年均复合增长率超 13%，中国移动的发展前景广阔。但与此同时，市场格局更加复杂多变，市场主体、信息服务形态与业务模式更加多元，拓展信息服务的机遇窗口期正加速收窄，这些给中国移动带来了挑战。下一阶段，中国移动需要顺时应势，把准"推进数智化转型、实现高质量发展"的主线，聚焦重点，强化"四个三"的战略内核，力争实现发展新突破。

（一）顺时应势，把准"推进数智化转型、实现高质量发展"的主线

面向新的历史方位，中国移动确立了"推进数智化转型、实现高质量发展"的发展主线，未来需要把准主线要求，一是加快建设信息"高速"，打造品质一流的新型基础设施，大力构建以5G为中心的数字化、智能化融合基础设施，坚持集约高效，深化融合创新，加强运维管理，推动网络规模、性能、体验均迈上新台阶。二是在持续夯实网络优势的基础上，进一步凸显数字化、智能化的转型方向，形成信息技术、数据驱动的新增长模式，有效发挥新型要素对资本、人力等传统要素效能的放大叠加倍增作用，为产品服务、运营管理等全领域、全环节注智赋能，促进全要素生产率显著提升。

（二）聚焦重点，强化"四个三"的战略内核

中国移动已明确了"四个三"的战略内核，下一阶段，一是需要加快"三转"，切实推动业务发展从通信服务向信息服务转变，业务市场从2C转变为CHBN，发展方式从资源要素驱动转变为创新驱动。二是拓展"三化"，加快实现产品和服务的线上化、智能化和云化，满足经济社会的数字化转型需求。全力推进智慧中台构建，提升数智化转型支撑水平；进一步统筹好"业务＋数据＋技术"智慧中台建设运营，积淀能力、支撑发展、注智赋能，促进公司数智化运营和全社会数智化转型；锻造头部平台型产品，丰富价值经营载体。三是深化"三融"，扎实构建基于规模的融合、融通、融智价值经营体系。深化CHBN全向发力、融合发展，不断提升家庭、政企、新兴市场收入的比重；提升营销服务水平，创新价值经营手段；构建开放合作生态，拓展价值经营空间。四是提升"三力"，持续打造高效协同的能力、合力、活力组织运营体系。持续深化改革创新，激发高质量发展内生动力。坚持把改革作为推动高质量发展的关键一招，深入落实国企改革三年行动方案，提高改革战略性、前瞻性、针对性，构建形成与数智化生产力高度匹配的生产关系，释放改革红利，激发创新活力。

（三）扭住根本，持续加强技术能力及人才资源建设

在技术能力方面，中国移动需要联合产业链伙伴加强创新，实现持续引领5G、6G等新一代网络信息技术发展，不断强化自身在AICDE、区块链等数智化领域的关键能力。在人才资源方面，中国移动应与高校、科研院所等进一步强化协作，打造国家级实验室和联合研究院，通过提供世界一流的科研环境来培养数智化人才，为未来的发展奠定充裕的人才基础。

（源起科创（北京）基金管理有限公司 梁张华）

中国联通 2020 年发展分析

中国联通 2020 年主营业务收入和净利润皆创出新高，增速均有较大幅度回升。其 5G 推广成绩超出预期，4G 渗透率跃居行业第一；固网宽带接入业务仍有稳定增长，量收剪刀差大幅缩小；产业互联网已成核心增长动能，"十四五"期间有望保持高速增长态势。与此同时，中国联通也面临着移动业务用户规模负增长、固网宽带市场份额劣势进一步凸显等问题。展望未来，中国联通应顺应行业发展大势，围绕 2021 年工作会议提出的"实现经营业绩稳定增长、发展质量全面提高、服务水平持续提升"的经营目标，全面塑造"高品质服务、高质量发展、高效能治理、高科技引擎、高活力运营"的"五高"发展新优势。

▨ 一、业务发展成绩

（一）主营业务收入创出新高，增速有较大幅度回升，未来数年有望保持平稳较快增长

2020 年，中国联通主营业务收入规模进一步创出历史新高，达到 2758.14 亿元[1]，同比 2019 年增加 4.3%，较全行业同类收入指标的增速（3.8%）高出 0.5 个百分比[2]，增速排名行业第二[3]，如图 1 所示。面对 C 端市场高度饱和、行业竞争愈趋激烈、"提速降费"政策深入推进以及新型冠状病毒疫情等挑战，公司取得这一收入增长佳绩殊为不易。

按可比的同类收入指标计算，中国联通的主营业务收入在行业中的份额稍有回升，由 2019 年的 20.4%

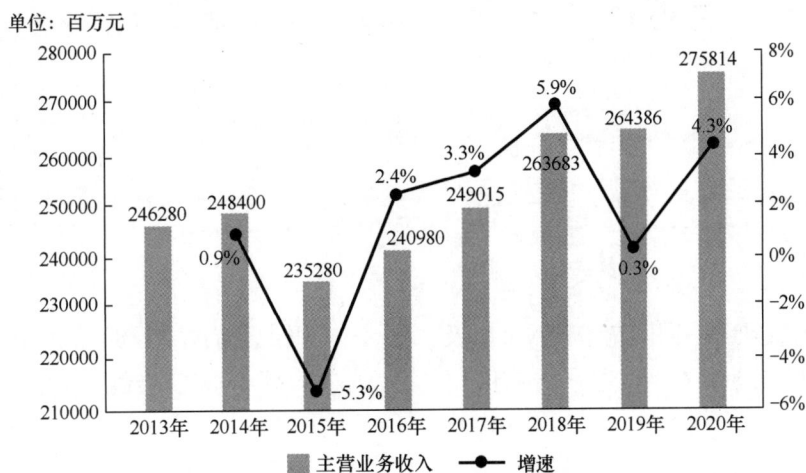

图 1　中国联通 2013—2020 年主营业务收入规模及增速情况

1　人民币，下同。

2　"全行业同类收入指标"的统计对象为：中国电信的通信服务收入、中国移动的通信服务收入以及中国联通的主营业务收入。2020 年，上述三大指标之和同比 2019 年增长了 3.8%。

3　2020 年，中国移动通服收入同比增长 3.2%，中国电信通服收入同比增长 4.5%。

微升至 20.5%，重回 2018 年水平。在 5G 开局之初这一关键时期，中国联通的发展势头有所提振，为其自身未来的良性发展打下了较好基础。

固网主营业务依然是中国联通 2020 年实现较好增长的主要来源，其中，IDC、IT 服务及云计算等产业互联网业务以及电路出租等业务是促进增长的核心动能，相关业务被归类到固网主营业务的"其他"项下，2020 年，相关业务的收入达 652.45 亿元，较 2019 年增长 19.1%。另外，2020 年移动数据流量业务收入 1058.95 亿元，同比 2019 年增长 2.4%；移动数据流量业务及固网宽带接入业务的收入增速由负转正（2019 年二者分别为 -2.0% 和 -1.7%）也是促成主营业务增收的两大重要因素，见表 1。随着 5G 商用、信息消费和数字中国等发展推进，产业互联网及固网宽带接入业务将迎来更大的发展空间和机遇；同时，参考历史经验和当前数据，个人用户迁转 5G 后，ARPU（Average Revenue Per User，每用户平均收入）值也将大幅提升[4]，未来数年我们看好中国联通实现高质量增长的前景。

表 1 中国联通 2019—2020 年的主营业务收入构成情况[5]

（亿元人民币）	2019	2020	同比变化
移动主营业务收入	1,563.81	1,566.71	0.2%
语音	301.64	263.98	-12.5%
数据流量	1,034.32	1,058.95	2.4%
其他	227.85	243.78	7.0%
固网主营业务收入	1,056.59	1,168.99	10.6%
语音	93.14	90.92	-2.4%
宽带接入	415.74	425.62	2.4%
其他	547.71	652.45	19.1%
其他主营业务收入	23.46	22.44	-4.3%
销售通信产品收入	261.28	280.24	7.3%
合计	2,905.15	3,038.38	4.6%

针对移动数据流量业务、固网宽带接入业务及产业互联网业务的深入分析将在下文进一步展开。

（二）净利润增幅远超主营业务收入，开源和节流均作出重要贡献

中国联通 2020 年的净利润为 125.25 亿元，达到自 2013 年 4G 商用以来的新高。其同比 2019 年的增速为 11.2%，继续保持了较快的增长势头，如图 2 所示。同时，也继续保持了远超行业同期净利润总额增速[6]的良好态势。

与此同时，中国联通的净利润在行业中的占比进一步提升至 8.9%，较 2019 年同期增加了 0.8 个百分比。自 2016 年以来，中国联通净利润占全行业的份额已实现"四连升"，由仅占 0.4% 升至自 2013 年 4G 商用以来的新高位。

除了主营业务收入有可观幅度的增长外，引致中国联通净利润大幅增长的重要因素还包括"投资收益"项较 2019 年有显著提升：2020 年，中国联通的投资收益达 28.47 亿元，较 2019 年增加了 6.72 亿元，增幅 30.9%；同时，"资产处置损失、其他收益、营业外收支净额及公允价值变动"大幅改善，由 2019 年的 -6.62 亿元转变为 2020 年实现正收益 1.75 亿元，实现减亏 8.37 亿元，见表 2。

表 2 中国联通 2019—2020 年重点财务信息

（亿元人民币）	2019	2020	同比变化
营业收入	2,905.15	3,038.38	4.6%
成本费用合计	(2,730.81)	(2,839.50)	4.0%
税金及附加	(12.36)	(13.54)	9.5%
资产及信用减值损失	(36.74)	(55.96)	52.3%
投资收益	21.75	28.47	30.9%
资产处置损失、其他收益、营业外收支净额及公允价值变动	(6.62)	1.75	-126.4%
所得税	(27.71)	(34.35)	23.9%
净利润	112.64	125.25	11.2%

下面，我们对"投资收益"和"资产处置损失、其他收益、营业外收支净额及公允价值变动"作进一步打

---

4 （1）中国联通曾于 2020 年上半年业绩解读会上表示："5G ARPU 当前来看将较 4G 提升 10%，未来，5G 用户发展有望继续将拉动 ARPU 回升。下半年随着 5G 网络的建设加快、5G 终端的普及、创新应用的推出，预计 5G 用户将于下半年快速发展，带来 ARPU 和移动主营业务的持续提升。"

（2）中国联通截至 2020 年年底的经营数据显示：其 5G 套餐用户数达 7083 万户，渗透率 23.2%，较行业均值高 3 个百分点，5G ARPU 约为 70 元。

（3）中国联通 2020H2 整体移动出账用户 ARPU 值为 43.3 元，结合（2）可知，5G 用户的 ARPU 值较整体移动出账用户的平均水平高出 61.7%，拉动移动业务收入企稳回升。

5 固网主营业务收入项下的"其他"业务主要包括 IDC、IT 服务、云计算及电路出租等。

6 2020 年三大基础电信企业净利润合计同比增速为 2%。

开分析："投资收益"项下主要包含"权益法核算的长期股权投资收益""其他权益工具投资在持有期间的股利收益"和"其他"。"权益法核算的长期股权投资收益"2020 年为 23.75 亿元，较 2019 年增加了 4.18 亿元；"其他权益工具投资在持有期间的股利收益"为 2.1 亿元，较 2019 年增加约 500 万元；"其他"为 2.61 亿元，较 2019 年提升了 2.49 亿元。"权益法核算的长期股权投资收益"是投资收益增加的最主要因素，见表 3。

表 3　中国联通 2019—2020 年投资收益情况

	注	2020 年	2019 年
其他权益工具投资在持有期间的股利收益	(1)	210,046,666	205,048,600
权益法核算的长期股权投资收益		2,375,149,156	1,957,008,332
其他		261,421,208	12,447,158
合计		2,846,617,030	2,174,504,090

其中，中国联通对中国铁塔股份有限公司和招联消费金融有限公司的投资收益是"权益法核算的长期股权投资收益"的最主要来源。2020 年度，中国联通收到铁塔公司宣布派发的现金股利人民币 5.29 亿元，按权益法核算投资收益为人民币 15.88 亿元。中国联通对招联消费金融公司的投资收益则受益于其业绩大增，2020 年，招联消费金融公司的营收达 128.16 亿元，同比增幅 19.3%，净利润 16.68 亿元，同比增幅 13.8%，支撑对企业投资的账面价值增加 8.34 亿元，见表 4。

表 4　中国联通 2020 年权益法下确认的投资收益／（损失）情况

		本年增减变动		
被投资单位	年初净额	增加投资	减少投资	其他变动
合营企业				
招联消费金融有限公司	4,679,853,157	-	-	-
云粒智慧科技有限公司	48,863,359	60,030,000	-	-
云际智慧科技有限公司	17,900,124	-	(17,900,124)	-
云镝智慧科技有限公司	24,312,390	20,000,000	-	-
云启智慧科技有限公司	-	36,566,200	-	-
其他	-			
小计	4,770,929,030	116,596,200	(17,900,124)	-
联营企业				
广联视通新媒体有限公司	44,051,641	-	-	-
中国铁塔股份有限公司	36,176,152,463	-	-	-
中国东盟信息港股份有限公司	59,936,611	-	-	-
联通航美网络有限公司	45,572,195	-	-	-
智慧足迹数据科技有限公司	47,068,263	-	-	-
联通光谷江控第五代通信产业基金（武汉）合伙企业（有限合伙）		1,280,000,000	-	-

促成"资产处置损失、其他收益、营业外收支净额及公允价值变动"由负转正的最主要因素在于，"其他收益"由 2019 年的 7.76 亿元大幅升至 2020 年的 19.09 亿元，实现净增 11.33 亿元，增幅高达 146%，见表 5。其中，增值税加计抵减及政府补助均为"其他收益"项的大增做出了重要贡献。

表 5　中国联通 2019—2020 年"其他收益"项变动情况

46、其他收益

	注	2020 年	2019 年
与资产相关的政府补助	附注五(29)(a)	242,115,290	188,612,073
与收益相关的政府补助	附注五(29)(a)	211,266,746	165,543,393
增值税加计抵减		1,455,818,502	422,204,569
合计		1,909,200,538	776,360,035

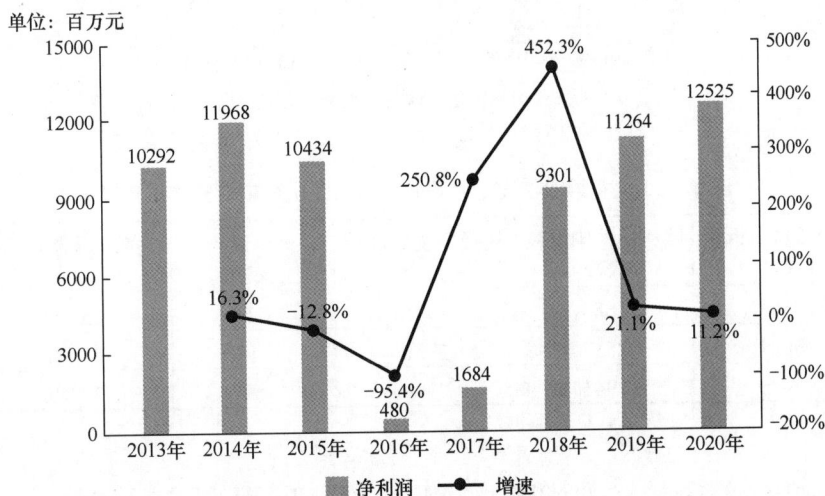

图 2　中国联通 2013—2020 年净利润规模及增速情况

（三）移动业务[7]：问题和成绩均较为突出，用户规模出现负增长，但5G推广超预期，4G渗透率跃居行业第一

表1中，中国联通2020年移动主营业务收入与2019年基本持平，仅略有提升。移动主营业务近两年已不再是拉动中国联通增收的主要来源。有以下三种原因。

一是因为移动语音业务收入持续大幅萎缩，语音业务进一步被基于OTT（Over The Top，互联网电视）的数据流量业务所替代。

二是因为受市场饱和、行业竞争激烈以及新型冠状病毒疫情等影响，大量双卡以及多卡用户转变为单卡用户。2020年中国联通的移动业务用户规模为3.06亿户，较2019年下降4%，减少了1267万户，这也是2016年以来的首次负增长，如图3所示。

由于移动业务用户的大规模减少，中国联通在全行业中的份额占比下降0.8个百分比至19.1%，为2013年以来的新低。

三是服务质量仍然问题较为突出。2020年第四季度，中国联通的服务问题申诉量为7527人次，占期全行业申诉量的比例达27%，远高于其移动业务用户占全行业的比例19.1%，见表6，是三大基础电信企业中唯一一个服务问题申诉量份额高于移动业务用户份额的，这也显示中国联通的服务质量问题仍较为突出，亟待加以改进和优化。

不过，中国联通在移动业务发展方面仍不乏亮点，促成其营收止跌回升。

一是5G用户发展超出行业此前的预期。截至2020年年底，中国联通5G套餐用户数达7083万户，渗透率23.2%，较行业均值高出约3个百分比[8]。值得注意的是，中国联通公布的5G用户数的统计口径，与中国移动和中国电信完全一致，三家基础电信企业该指标具有可比性。中国联通的5G用户规模较中国电信相差1567万户。

二是4G用户规模及渗透率进一步提升。2020年，中国联通4G用户规模达2.7亿户，同比2019年增长6.5%，如图4所示；4G用户渗透率达到88.3%，

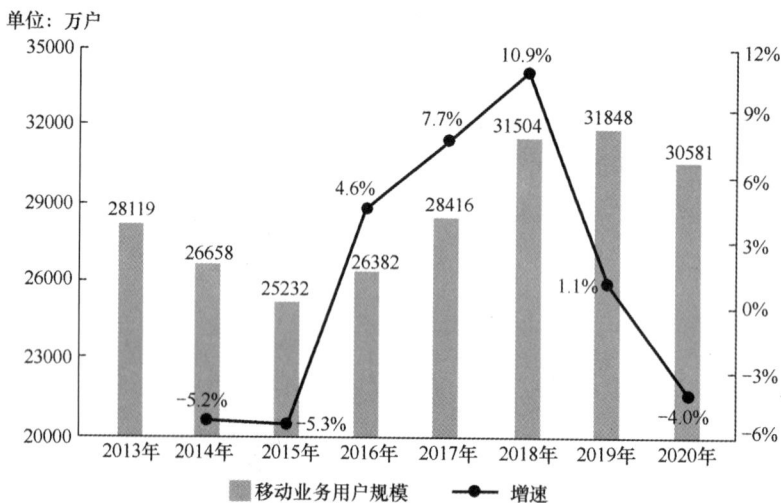

图3 中国联通2013—2020年移动业务用户规模及增速情况

表6 2020年第四季度三大基础电信企业用户申诉分类统计表

	用户服务申诉量（人次）	网络质量申诉量（人次）	收费争议申诉量（人次）	合计（人次）	服务申诉量全行业占比	移动业务用户全行业占比
中国电信	3553	1688	1915	7156	25.7%	22.0%
中国移动	6687	2537	3956	13180	47.3%	58.9%
中国联通	3488	1941	2098	7527	27.0%	19.1%

---

7 本部分主要就传统的手机数据流量及语音业务展开论述，涉及物联网的部分将在（五）中另作深入分析。

8 中国移动与中国电信的5G用户规模分别为1.65亿户和8650万户，相应的渗透率分别为17.5%和24.6%，全行业的5G用户渗透率约为20%。

为行业最高，如图 5 所示；同时，其 4G 用户在全行业中的占比上升了 1.4 个百分点，达到 21%，同样创出新高，并已超越中国电信[9]，如图 6 所示。

三是在持续促进 4G 迁转和 5G 推广的带动下，

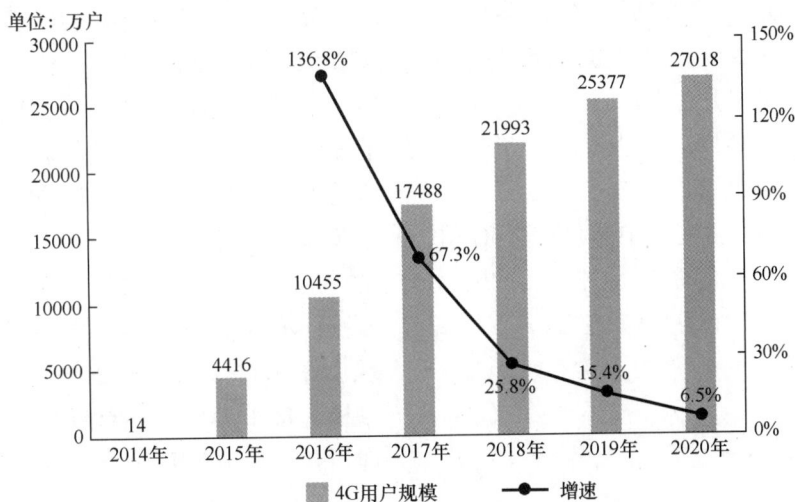

单位：万户

图 4　中国联通 2014—2020 年 4G 用户规模及增速情况

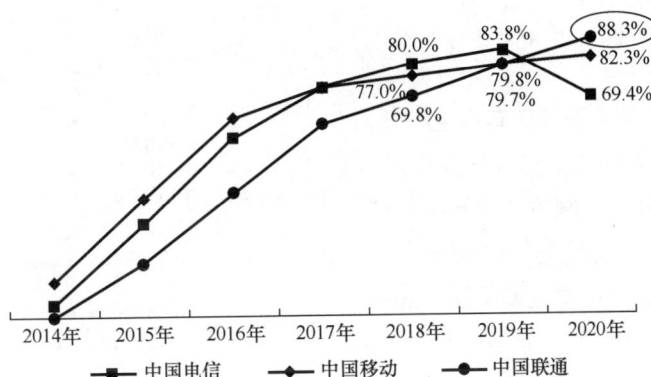

图 5　三大运营商 2014—2020 年 4G 用户渗透率情况

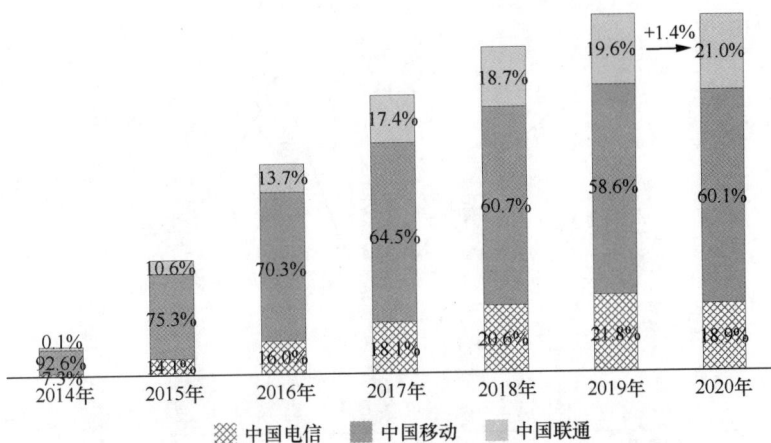

图 6　中国联通 2014—2020 年 4G 用户规模在全行业中的份额占比情况

9　中国电信官网注明，"为配合公司移动业务发展战略，进一步提升披露信息的精要度，公司推出 5G 服务后，将仅披露 5G 套餐用户数和移动用户数，不再披露 4G 用户数据。"因此，从 2020 年起，中国电信已不再披露 4G 用户数据。中国电信的 4G 用户规模根据工业和信息化部发布的《2020 年通信业统计公报》以及中国移动和中国联通发布的 4G 用户规模数据推导得出：2020 年全国 4G 用户总数达 12.89 亿户。中国电信 4G 用户规模 =12.89 亿户 − 7.75 亿户（中国移动公布的 4G 用户规模）− 2.70 亿户（中国联通公布的 4G 用户规模）=2.44 亿户。

DOU 继续稳步提升，4G 用户 DOU 达 12.2GB，同比增幅 14%；5G 用户 DOU 虽未公布，但整体移动手机用户 DOU 已达 9.7GB，同比增长 21.3%，这意味着 5G 用户的 DOU 将大大超过 4G 用户的水平。移动手机用户 DOU 的大幅提升也带动了移动出账用户 ARPU 值近 1 年来的节节攀升，该指标已由 2019 年下半年的 40.1 元升至 2020 年下半年的 43.3 元，升幅近 8%，如图 7 所示。尤其是，中国联通的 4G 用户迁转至 5G 后，其 ARPU 值更是大幅提升 59.1%[10]，目前其 5G 用户的 ARPU 值已达 70 元左右。

单位：元

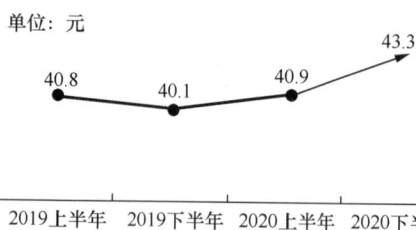

图 7 中国联通 2019 上半年—2020 下半年移动出账用户 ARPU 值

（四）固网业务[11]：宽带接入业务仍有稳定增长，量收剪刀差大幅缩小，但行业份额劣势进一步凸显

表 1 中，中国联通 2020 年固网主营业务收入较 2019 年大幅提升了 10.6%，但传统的宽带接入和语音业务均非拉动该部分收入大增的主要来源。2020 年，中国联通固网宽带接入 + 语音业务的营收为 516.54 亿元，较 2019 年只增加了 7.66 亿元，增幅仅

1.5%。其中：固网语音业务持续萎缩已是大势所趋，2020 年，该业务营收再下降 2.4%，至 90.92 亿元。

宽带接入业务方面，由于疫情防控常态化驱动宽带组网和提速需求明显提升，公司突出高速带宽与智慧家庭产品优势，加快智慧家庭系列产品推广，打造带宽 2I2H、2B2H 营销新模式，促进宽带接入业务和其他相关业务协同发展，宽移融合成为业务发展重点策略，2020 年融合业务在固网宽带用户中的渗透率达到 64%，同比提升 5 个百分比。在此引领下，2020 年，中国联通固网宽带接入业务营收实现止跌回升，同比上涨 2.4% 至 425.62 亿元；其用户规模达 8610 万户，同比增加 3.1%，如图 8 所示；同时，公司的量收剪刀差大幅缩小至 0.7 个百分比，图 9 所示为近年来的最小值。

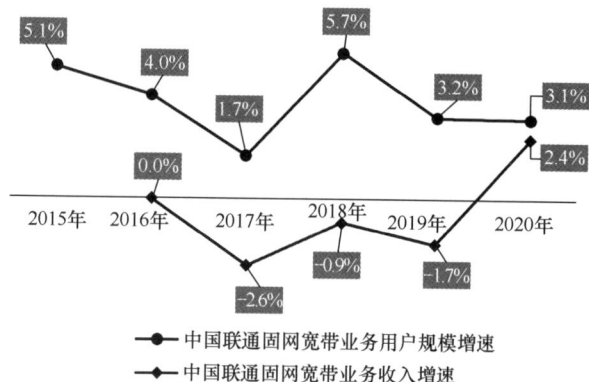

图 9 中国联通 2015—2020 年固网宽带接入业务量收剪刀差走势情况

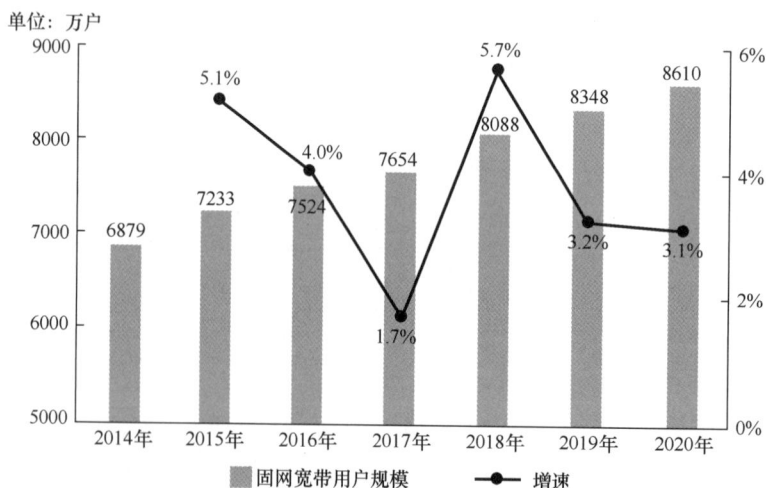

单位：万户

图 8 中国联通 2014—2020 年固网宽带用户规模及增速情况

10 中国联通 4G 用户 2020 年的 ARPU 值为 44 元。
11 本部分主要就传统的宽带接入及语音业务展开论述，涉及 IDC、IT 服务、云计算等的部分将在下文中另作深入分析。

不过，中国联通在固网宽带接入业务的市场竞争上仍然劣势突出。2020年，其用户新增规模及增速分别为262万户和3.1%，均小于中国电信（2020年新增用户540万户，同比增速3.5%）和中国移动（2020年新增用户2328万户，同比增速12.4%）。且用户份额差距被中国移动越拉越大，2020年中国联通固网宽带用户的份额为18.9%，较2019年下降了0.8个百分比，已连续多年处于下滑状态，双方的差距已高达27.3个百分比。

（五）产业互联网：已成核心增长动能，"十四五"期间有望保持高速增长态势

中国联通将固网主营业务"其他"项下的IDC、IT服务、云计算和大数据业务，以及移动主营业务下的物联网业务归类为产业互联网业务。近年来，各大运营商均已明确，未来创收的重点将更加集中于垂直行业。同时，叠加国家"新基建"战略和新冠疫情带来的影响，经济社会将进一步加速数字化、网络化、智能化转型，未来运营商产业互联网业务预计将保持高速发展。

2020年，中国联通产业互联网收入达427.2亿元，同比2019年增长30%，延续了近年来高速增长的良好势头，如图10所示；收入占比由2016年的5.8%大幅提升至2020年15.5%，已成为公司长期发展的重要动力来源。随着公司积极培育5G+垂直行业应用创新发展，"十四五"期间公司产业互联网营收占比有望进一步提升。

中国联通产业互联网下的各项细分业务均录得较佳增长成绩，IDC和IT服务为目前收入贡献的大头，二者2020年的营收合计达329.3亿元，占到产业互联网收入的77.1%，未来，二者发展前景值得我们进一步期待。以IDC为例，其迎来"新基建"发展战略机遇期，并叠加混改，有望推动机架数进一步快速扩张，实现更好发展：2020年，中国联通IDC机架数达27.7万架，同比增长18%。未来，公司机架数有望增长至31万架，其中，一线城市的机架数占比有望达41%。

云计算为增长最快的业务，其2020年营收38.4亿元，同比增速达62.7%，见表7。此外，大数据和物联网业务的营收增速也较高，二者均在39%以上，居于前3名。值得注意的是，中国联通在《互联网周刊》的大数据企业排名从此前的第12名提升至2020年的第3名，技术实力有大幅提升。未来，以云计算和大数据为基础的AI、区块链等新兴业务有望迎来快速发展，进一步壮大产业互联网的发展空间。

表7 2020年中国联通产业互联网各细分业务收入规模及增速

互联网细分业务	2020年收入规模（亿元人民币）	同比变化
IDC	195.8	20.7%
IT服务	133.6	33.4%
物联网	42.2	39.0%
云计算	38.4	62.7%
大数据	17.2	39.8%
合计	427.2	30.0%

单位：百万元

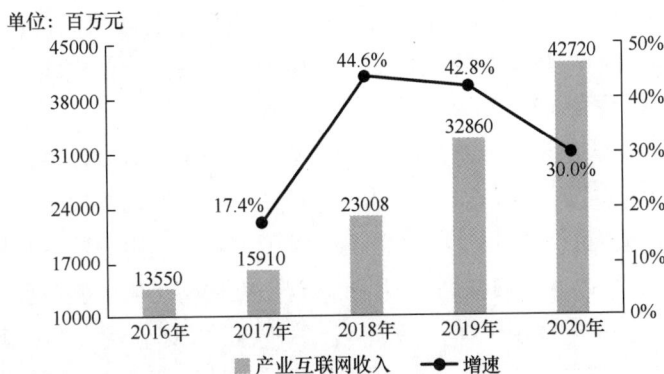

图10 中国联通2016—2020年产业互联网业务收入规模及增速情况

二、特色经验举措

（一）组织、运营、生态、技术等多管齐下，推动产业互联网业务在智能制造、智慧城市、智慧港口、智慧医疗等重点领域突破发展

因应经济社会数字化、网络化、智能化转型需求加速的大背景，中国联通近年持续大力发展产业互联网业务，抢抓数字产业化和产业数字化带来的发展机遇。2020年，中国联通一方面加强创新人才队伍建设，市场化方式吸纳首席技术官、架构师等领军和高端人才，实现创新领域人才特区累计超7000人。另一方面，全力推动组建联通数字科技有限公司，力图打造5G+ABCDE（人工智能、区块链、云计算、大数据、边缘计算）融合创新的差异化竞争优势，通过强化运营集约及"云网边端业"高度协同，以"云＋智慧网络＋智慧应用"的融合经营模式，拉动产业互联网业务和传统业务相互促进发展：在云计算方面，充分发挥"安全可信、云网一体、多云协同、专属定制"产品优势，打造并发布新基座、新PaaS、新云管，升级全新功能；在IT服务方面，全面构建自主集成能力交付体系，由一次性交付为主的传统集成服务向以"平台＋应用"为重点，提供可持续运营的新型集成服务转型；在大数据方面，发布了区块链产品和能力的统一承载平台"联通链"，并宣布中国联通（海南）创新研究院正式成立，正式布局区块链技术和业务发展，综合应用大数据、AI、区块链技术赋能政企客户数字化转型；在物联网方面，积极促成自研连接管理平台成为主力承载平台，自研设备管理平台投入商用。

同时，中国联通积极发挥资源禀赋优势，深度推进产业合作，与混改战略投资者加强资源共享和协同发展。在前期与混改合作伙伴和行业龙头成立多家合资公司的基础上，2020年进一步与相关方深化业务层面合作，加快5G+垂直行业应用的联合培育和融合创新发展，加深在云计算、物联网、AI、区块链等多方面的技术/业务布局和合作拓展。目前，公司与相关方聚焦工业互联网、智慧城市、智慧港口、医疗健康等领域，已成功打造多个5G灯塔项目，实现了5G 2B领域的商业化落地：

在工业互联网领域，中国联通推出了以质检AI和合规AI等技术中台为核心的"中国联通工业AI整体解决方案"，立足于解决制造业智能化发展和"5G＋工业互联网"建设中的共性需求和痛点问题，并具有自主可控、可复制推广、跨行业的适用性。

在智慧城市领域，中国联通发布城市大脑、政务大数据、遥感大数据平台、智慧消防、智慧文博、智慧医疗、智慧教育等20余款智慧城市应用成果和产品，通过数据筑基、场景牵引、生态营造，精心打造城市精细化治理新范式，全方位助力城市信息化向新型智慧城市发展。

在智慧港口领域，中国联通依托边缘计算、人工智能、计算机视觉等先进技术，积极推进国内多个港口向数字化、智能化、无人化方向转型升级。目前中国联通已成功在宁波舟山港等国内著名港口实施5G自动化码头行业实践。

在智慧医疗领域，中国联通利用5G做到"现场－急救车－当地医院－支持医院"的连续、实时、多方协作的远程急救，实现患者信息院前院内院间共享。中国联通依托5G医学三维影像重建平台和边缘云将CT的二维影像数据转换成三维影像，帮助医患沟通和选择手术方案，有效促进医疗资源共享和医疗工作效率的提升。

（二）调整传统业务经营策略，重点关注用户发展质量和价值，推进数字化转型，赋能营销和渠道提质增效

中国联通实际上自2019年下半年起，已开始调整传统业务的经营策略。2020年，面对市场饱和、行业激烈愈趋激烈以及新型冠状病毒疫情等挑战，中国联通进一步坚定执行此策略调整，由重点关注用户数量增长转为重点关注用户发展质量和价值，不断提升用户ARPU值，以强化公司长期可持续增长动能和加快向高质量协同发展迈进。同时，深化转型创新，利用大数据分析赋能精准营销和存量经营，提供简化自助服务和"跨域融合"服务，满足客户流动需求，提升客户满意度。另外，加强自律，坚持理性规范竞争，严控营销费用、无效低效产品和渠道。具体有以下三个方面。

一是通过5G创新应用引领消费升级、带动全

业务发展，借力内容、权益和金融工具提升产品价值、强化泛融合服务，加快公众创新产品供给，聚焦医疗卫生、信息娱乐、运动健康等热点领域提供丰富多元的终端体验。

二是强化宽移融合，并通过智慧家庭、视频、权益等组合强化家庭用户价值经营。北方公司发挥资源优势，主推宽带智家三"千兆"（千兆 5G、宽带、Wi-Fi 6）、5G 冰融套餐，持续提升高速宽带用户占比；南方紧跟新型城镇化需求步伐，适当补足接入和营销资源，提升市场份额、资源利用率和 ARPU，同时继续加大社会合作力度。

三是完成 cBSS 100% 迁转，横向拉通了 B/M/D 域数据，实现五大智能中台基础和核心能力完成率达 50%，进一步大幅提升了跨网服务、2I、大数据等优势能力。基本实现大数据分析赋能精准营销和存量经营，能高效地、有针对性地对重点区域开展营销。

（三）持续拓展与中国电信的网络共建共享共维，低成本、高效率推进网络资源扩张

2020 年，中国联通与中国电信深入推进共建共享共维 5G 网络，双方共建超过 25 万个，总体可用 5G 基站规模累计达到 38 万个，覆盖范围遍及全国所有地市，历史上首次实现覆盖规模与主导运营商基本相当。共建共享共维已累计为双方公司节省网络建设成本超 760 亿元，网络运营成本大幅降低，并大大缩短了网络建设周期。此外，双方还新增 4G 共享基站 17 万个，共节省投资 90 亿元；累计共建共享骨干光缆 7000 多公里、杆路 4.1 万千米、管道 2.1 万千米，共节省投资 22 亿元。

2021 年，双方将继续探索推进 5G 网络、农村和室分一张 4G 网络以及杆路和管道等传输资源共建共享共维。公司预计 5G 资本开支将达约 350 亿元，较 2020 年同比增长 3%。从建站量来看，2021 年预计新增 5G 基站 32 万个（其中中国联通建设接近一半），将充分利用 2.1GHz、3.5GHz 混合组网，拓展城市市区及室内深度覆盖、主要县城以及发达乡镇的 5G 覆盖；主要利用 2.1GHz 频段于广域和一般室内覆盖，有效降低总体拥有成本。

（四）全面落实国企改革三年行动方案，推动混改向纵深推进

2020 年，广西联通接棒云南联通，与公开招募

的联合体合作方"北京市电信工程局"和"华控投资"，以及合作方"中电兴发"分别签署了《中国联合网络通信有限公司广西壮族自治区分公司综合改革合作协议》。其中，与北京市电信工程局和华控投资在柳州市等 3 个市分公司、与"中电兴发"在贵港市等 4 个市分公司分别开展接入网资产投资、创新业务投资、委托运营等方面合作，首次合作期截至 2030 年 12 月 31 日。广西联通成为继云南联通之后，中国联通第二个实施社会化合作运营改革的省级分公司，也是中国联通持续放大国有资本、纵深推进混改的又一积极举措。基于云南经验进一步推进广西联通混改，有望优化网络覆盖、提升运营能力、增加用户份额、实现降本增效。随着公司改革步伐持续深入，有报道称中国联通未来可能对市场份额不满 10% 的省或者地市都进行混改，广西联通混改落地有望拉开更大范围加速混改的大幕。

与此同时，中国联通还在总部层面全面推进市场、政企、网络、IT、科技创新、资本运营六大专业线运营体系变革落地，实现总部管理部门减少 3 个，并相应地大幅精简省公司机构（市场 –14%，政企 –31%，网络 –12%）。创新建立总监制，深化契约化管理，促进纵向贯通、横向协同的运营效率显著提升，持续推进激励机制改革。

三、下一阶段发展策略建议

下一步，中国联通应围绕 2021 年工作会议提出的"实现经营业绩稳定增长、发展质量全面提高、服务水平持续提升"的经营目标，全面塑造"高品质服务、高质量发展、高效能治理、高科技引擎、高活力运营"的"五高"发展新优势。

（一）以智慧客服打造高品质服务

打造自助为先、人工辅助的优质服务，持续升级智能化、集约化、一站式的智慧客服体系，提供接入操作简单、语音引导智能、服务需求获取精准、个性化诉求有窗口、人性化接触更主动的舒畅体验。将自助服务能力提升作为核心的前端能力，潜心研究客户的互联网接触习惯，以服务大数据为基础，通过持续的模型训练，梳理并规范出灵活智能引导

流程，实现根据不通客户的偏好和诉求，匹配更适合的渠道，提供差异化服务。

（二）以深化合作和数字化转型推动高质量发展

中国联通持续加强与中国电信在5G/4G网络、杆路、管道等基础设施方面的共建共享共维合作，低成本、高效率扩张网络资源。中国联通加快提升智慧运营能力，加强构建现代化管理体系，提高资本效率、劳动效率和全要素生产率，激发数字化发展新动能。中国联通推进全国IT集中的一体化战略，建成业内领先的业务运营支撑系统，为数字化转型打造底座；以公众业务中台、政企业务中台、管理中台、网络中台、数据中台为基础，实现全业务、全客户、全云化的数字化运营；以大数据驱动多级联动生产调度、资源配置和经营决策；强化以5G为基础，以物联网、云计算、大数据、人工智能、区块链、信息安全为核心的数字化服务能力体系，持续夯实云网融合以及数据服务、数据安全等方面的优势，进一步创新产品应用，赋能千行百业转型升级。

（三）以数智驱动开启高效能治理

中国联通持续强化以"数据要素"为核心的能力体系，打造围绕数据"聚、治、通、用、安"的五位一体服务体系，加强在保障数据安全、提升服务效能、强化科学决策、助力可信监管等方面的探索与实践，以大数据智能服务政府数字化转型。

（四）以科技创新打造增长新引擎

中国联通树立"创新驱动发展、科技自立自强、核心自主可控、合作共创共享"的科技创新指导思想。中国联通深化科技创新体制机制改革，加强协调，解决研发分散、低效率、重复的问题。中国联通加快科研人才队伍建设，加强技术领导和科学家引进，构建新的数字研发模式和数字化的新IT。中国联通加强核心技术攻关和平台化的多边科研合作，与产学研各界专家学者、合作伙伴互携手共进，与科研院所、高校、企业共建良好生态，在国家重点实验室、国家级创新平台、核心技术攻关、产学研协同等方面进一步加强合作。

（五）深化混改促进高活力运营

中国联通针对市场份额低的省份/地市加快推进混改，聚焦各分公司内部存在的突出问题，坚持市场化方向，在引入社会资本、开放共享资源的同时，不断深化内部改革，建立更加市场化的体制机制，从而解决定位不清晰，职能错位、越位，机构臃肿、人员众多，管理链条长、横向协同差、办事效率低等问题。中国联通注重完善人才队伍建设的配套保障机制，通过培养、评价、选拔、考核、激励等一系列机制建设，打造一批"素质优良、能力突出、凝聚力强、富有活力"的市场前端人才队伍，加快解决适应业务转型要求的人才不足、人才能力需要提升等问题。

（源起科创（北京）基金管理有限公司　梁张华）

中国铁塔 2020 年发展分析

中国铁塔在"一体两翼"发展战略的指导下，2020年统筹疫情防控和生产运营，深化"共享"发展，紧抓"数字中国""网络强国""碳达峰/碳中和""新基建"等战略发展机遇，实现运营商业务稳健增长，跨行业及能源经营业务高速发展，业务多元化和可持续发展迈出坚实步伐。

中国铁塔2020年继续取得优异成绩，其重要经验在于以下几点。在业务发展方面，围绕"一体两翼"战略，紧抓5G机遇保持运营商业务稳步增长，积极培育跨行业及能源经营业务，这些业务成为可持续发展的新动能。在企业运营方面，从工具、资产、投资、服务和风控等多维度着手，体系化提升运营能力。在开放合作方面，进一步加强与政府部门和龙头企业在政策及业务等方面的协同互动和共享合作。在技术创新方面，围绕"一体两翼"核心业务，持续推进铁塔、室分、电源产品及解决方案的升级完善。

■ 一、业务发展成绩

（一）营收继续保持平稳较快增长，"一体两翼"战略落地成效突出，业务多元化发展迈出坚实步伐

2020年，中国铁塔实现营收810.99亿元，同比增长6.1%。在新冠疫情、国际贸易关系紧张、全球产业链/供应链稳定性风险剧增等不利影响下，中国铁塔仍保持了平稳较快增速。其中，作为"一体两翼"发展战略中的"一体"的塔类业务仍是中国铁塔营收贡献的主要来源，收入规模高达733.71亿元，同比增速2.8%，如图1所示。

作为"两翼"的室分业务和跨行业业务[1]及能源经营业务[2]在2020年中国铁塔的营收分别为35.28亿元和39.39亿元，二者分别同比增长32.7%和89.4%，保持了高速增长势头，如图2所示。

跨行业及能源经营业务的收入规模及增长势头均已领先室分业务。其中，跨行业及能源经营业务

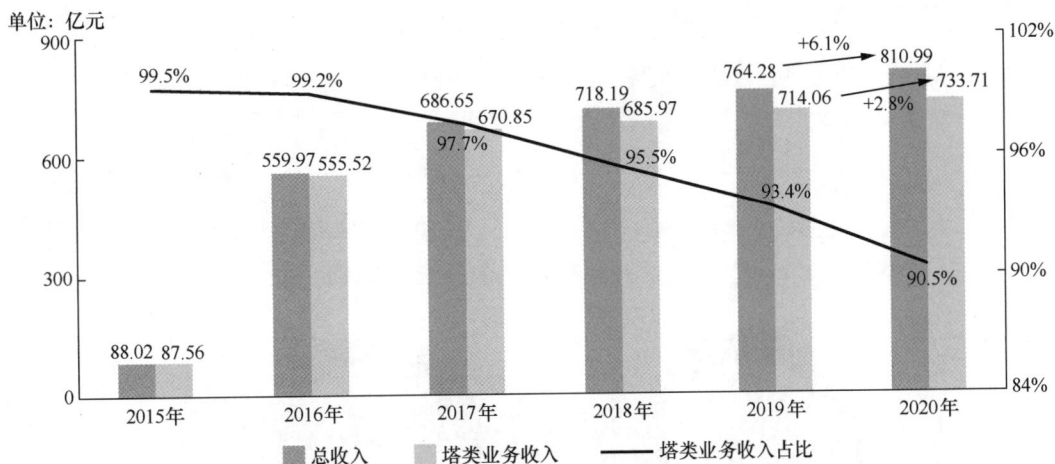

图 1　中国铁塔 2015—2020 年总收入及塔类业务收入情况

1　跨行业业务：随着信息化发展的加速，中国铁塔围绕"资源共享"和"数据信息"两类服务，聚焦环保、林草、国土、水利等国计民生重点行业的重点客户，提升综合信息服务能力。

2　能源经营业务：立足于站址资源元优势和专业化的电力运营保障能力，中国铁塔积极在扩展能源的社会化应用和服务，紧密围绕换电、备电能核心业务，持续优化产品平台。

在 2020 年的收入分别达 30.04 亿元和 9.35 亿元，同比 2019 年分别增长 59.2% 和 384.5%，二者已成为中国铁塔的重要"一翼"，如图 3 所示。

上述塔类、室分和跨行业及能源经营三大业务中，塔类业务收入在整体营收中的占比为 90.5%，但相较 2019 年已有较大幅度的下降，降幅为 2.9pct，如图 4 所示。室分业务和跨行业及能源经营业务二者占总体营收的比例则分别由 2019 年同期的 3.5% 和 2.7% 进一步升至 4.3% 和 4.9%，如图 4 所示。相

关业务结构的变动显示，中国铁塔"一体两翼"发展战略正得以有效落地，营收来源多元化迈出坚实步伐，公司业务体系稳步壮大，抵御风险能力不断增强，长期发展前景乐观。

在"一体两翼"业务体系的快速发展引领下，公司营业利润达 120.12 亿元，同比增长 6.5%；实现净利润 64.28 亿元，同比增幅高达 23.1%。二者增速均高于营收增速，这凸显了公司的精益管理能力出众，"共享"理念合乎行业发展逻辑，在边际成本管控、

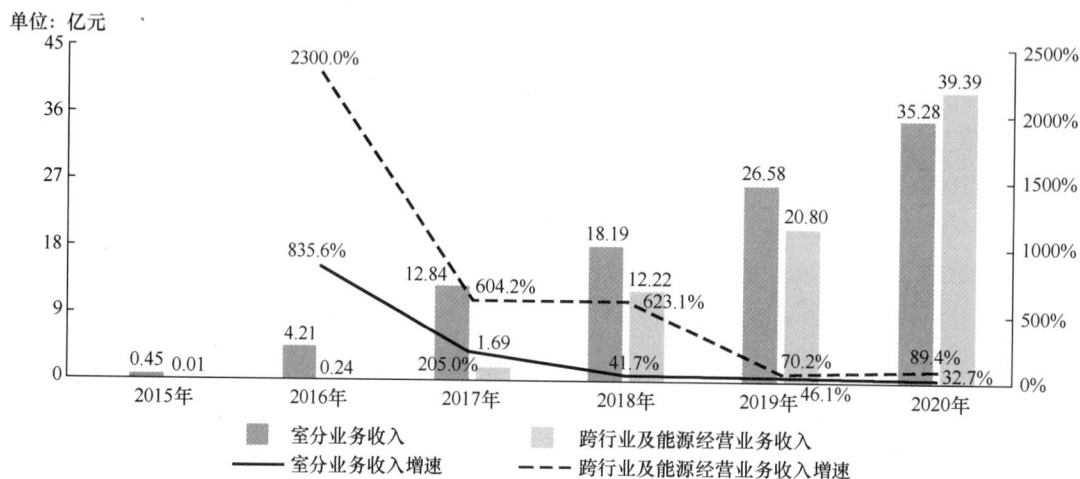

图 2 中国铁塔 2015—2020 年室分业务和跨行业业务及能源经营业务收入情况

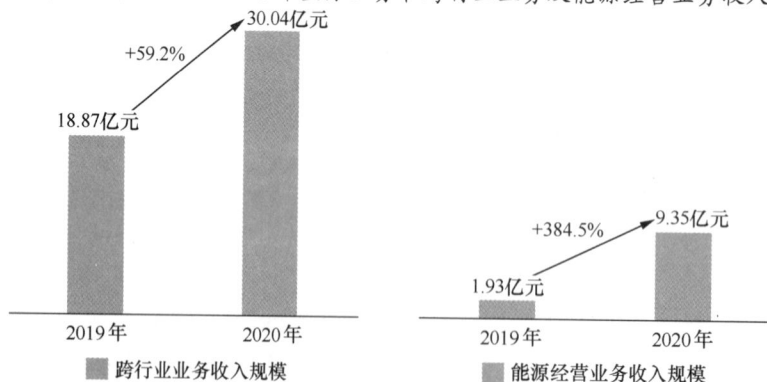

图 3 中国铁塔 2019—2020 年跨行业业务（左）和能源经营业务（右）收入情况

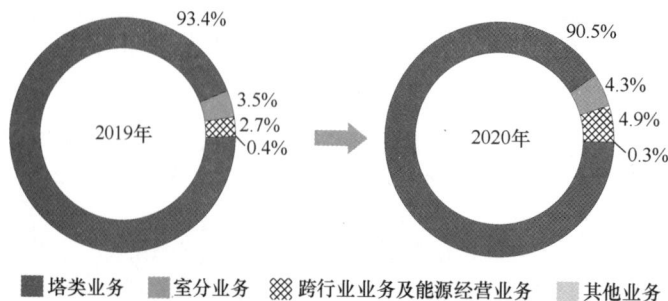

图 4 中国铁塔 2019—2020 年各业务收入份额占比情况

边际收益提升等方面均取得了较佳成绩。

（二）站址及租户数等核心资源稳步增加，室分覆盖范围持续快速扩大，铁塔建设共享化水平进一步提升

中国铁塔 2020 年塔类站址数达 202.3 万个，较 2019 年增加 2.9 万个，增幅为 1.5%。其中，累计承建的 5G 站址达到 76.6 万个，97% 为通过已有站址进行建设，具体见表 1。塔类租户数 2020 年达 336.1 万户，较 2019 年增加了 12.2 万户，增幅为 3.8%，其中，运营商租户数达 317.5 万户，保持平稳增长势头，同比 2019 年增加 3.7%；跨行业租户数达 18.6 万户，同比增幅为 5.7%，快于运营商租户数的增速。跨行业租户数在整体租户的占比中节节上升，由 2017 年的 0.7% 上升到 2020 年的 5.5%，跨行业业务已成为中国铁塔新的增长来源。

由于塔类租户数的上升更快，拉动塔类站均租户数在 2020 年达到 1.66 户 / 个，较 2019 年上升 0.04 户 / 个，同比增幅为 2.5%，如图 5 所示。中国铁塔建设的共享化水平进一步提升。

在塔类站址数、塔类租户数稳步发展的同时，室分业务的覆盖范围也在快速扩大。2020 年，室分站点覆盖的楼宇面积、地铁里程和高铁隧道里程分别达到 40.6 亿平方米、5881 千米和 6821 千米，同

比 2019 年增幅分别高达 58.0%、74.5% 和 28.3%。自中国铁塔成立以来，室分业务保持高速增长势头，2017—2020 年，上述 3 项指标的 CAGR 分别为 61.8%、44.6% 和 25.9%，具体如图 6 所示。

图 5　中国铁塔 2015—2020 年塔类站均租户数情况

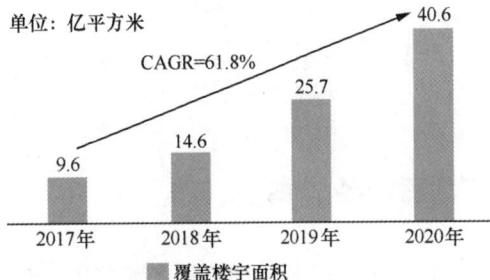

图 6　中国铁塔 2017—2020 年室分业务重点场景覆盖情况

表 1　中国铁塔 2015—2020 年站址数及租户数等情况

	2015 年	2016 年	2017 年	2018 年	2019 年	2020 年
塔类业务站址数（万个）	151.8	172.3	185.5	192.5	199.4	202.3
室分业务						
——站址数（万个）	0.25	1	1.7	2.3	—	—
——覆盖楼宇面积（亿平方米）	—	—	9.6	14.6	25.7	40.6
——覆盖地铁里程（千米）	—	—	1947	2887	3370	5881
——覆盖高铁隧道里程（千米）	—	—	3421	4376	5318	6821
站址总数（万个）	152.0	173.3	187.2	194.8	—	—
塔类业务租户数（万户）	193.9	240.3	266.4	297.8	323.9	336.1
——运营商租户数（万户）	—	—	264.5	283.7	306.3	317.5
——跨行业租户数（万户）	—	—	1.9	14.1	17.6	18.6
室分业务租户数（万户）	0.35	1.36	2.36	3.14	—	—
租户总数（万户）	194.26	241.65	268.74	300.94	—	—
塔类站均租户数（户 / 个）	1.28	1.39	1.44	1.55	1.62	1.66
站均租户数（户 / 个）	1.28	1.39	1.44	1.55	—	—

单位：千米

CAGR=44.6%

1947 2887 3370 5881

2017年 2018年 2019年 2020年

■ 覆盖地铁里程

CAGR=25.9%

3421 4376 5318 6821

2017年 2018年 2019年 2020年

■ 覆盖高铁隧道里程

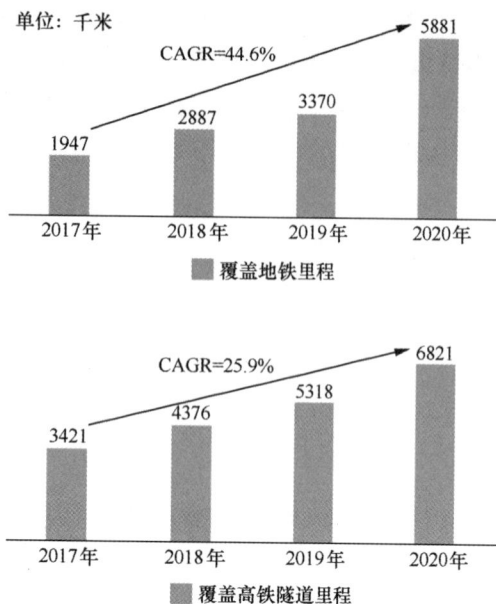

图6　中国铁塔 2017—2020 年室分业务重点
场景覆盖情况　（续）

■ 二、特色经验举措

（一）业务发展：围绕"一体两翼"，紧抓 5G 机遇保持运营商业务稳步增长，积极培育跨行业及能源经营业务成为可持续发展的新动能

一是重点把握 5G 网络加速部署及规模建设机遇，全面推进 5G 新基建战略布局。2020 年，中国铁塔积极争取国家部委、各级地方政府的政策支持，坚持深入推进与行业共享协同发展，高效率、规模化、低成本推进 5G 建设，支撑运营商快速形成 5G 覆盖能力。在塔类业务方面，中国铁塔以提升效益、创造价值为导向，积极统筹、利用自有资源与社会资源，坚持"能共享不新建"；根据 5G 网络部署特点，创新产品和建设方案，依托移动网络覆盖综合解决方案能力，丰富铁塔、电源配套、市电引入、接入传输、维护保障等一体化服务内容，集约高效地满足客户需求。2020 年，中国铁塔承建 5G 基站项目 50.1 万个，累计达 76.6 万个，97% 为利用已有站址资源改造实现。

在室分业务方面，中国铁塔依靠统筹进场优势，聚焦高铁、地铁、大型场馆、综合商业体等重点场景，充分发挥无源共享室分低成本优势，

采用有源无源相结合的灵活组网，为客户提供多样化室内覆盖解决方案，继续保持室分业务的快速增长。

二是持续加大对跨行业及能源经营业务的投入，驱动其成为增收的重要动力来源。中国铁塔依托共享协同的资源优势和集约高效的运营能力，积极开展信息应用服务和新能源应用服务。相关业务保持良好发展势头，已成为拉动收入增长和促进价值提升的重要驱动力。在跨行业业务方面，中国铁塔依托遍布全国的通信铁塔资源和专业高效的运营维护能力，加快打造运营平台和产品体系，加强产业生态合作，快速提升综合信息应用服务能力，聚焦服务国计民生的政企客户群，推动以中高点位视频监控为代表的数据信息服务规模的突破，带动跨行业业务持续快速发展。围绕资源共享服务和数据信息服务，中国铁塔强化统一平台支撑，聚焦重点客户，完善视频监控、数据监测、动环监控、边缘接入等重点产品体系，满足环保水利、地震应急、国土农林、交通石油、卫星定位、物联网等相关领域的信息化应用需求，实现跨行业业务快速、高质量增长。截至 2020 年底，中国铁塔超过 15 万个站址承载了环保、气象、地震、交通、卫星等跨行业应用，视频监控业务的站址数超过 3 万座。

在能源经营业务方面，中国铁塔依靠专业化的电力保障能力，强化共享协同，创新物联网应用，聚焦换电、备电等重点业务，深化产业链合作，加快产品迭代创新，持续优化运营平台，初步培育了低成本、差异化的市场竞争优势，推动业务规模实现有效突破，呈现良好的发展势头。2020 年，中国铁塔已在全国主要城市开通换电业务，累计部署换电网点 2.4 万个，发展用户突破 30 万户；备电业务累计发展备电点位 1.2 万个，形成了与全国性商业银行、地方商业银行、医疗机构、交通管理部门、石油石化以及中小型 IT 机房的广泛合作局面。

（二）运营提升：从工具、资产、投资、服务和风控等多维度着手，体系化提升运营能力

2020 年，中国铁塔从工具手段、资产管理、投

资效益、服务质量和风险防范等维度发力，全面提升运营能力。

一是加快运营管理的"数字化"转型，加大塔类及室分业务 IT 一体化平台支撑能力建设的同时，加快建设跨行业业务集中统一的视频监控平台，打造能源经营业务统一运营平台，依托全国统一的运营监控系统，不断强化大数据分析功能，让各类生产要素及资产运营状况实现"数据化"呈现、智能化管理，高效支撑生产运营和管理决策。

二是强调专业、高效的资产运营是支撑"一体两翼"战略实施、推动价值提升、实现高质量可持续发展的基础。2020 年，中国铁塔全面强化资产全生命周期管理，全面提升资产运营的数字化管理能力，聚焦设备设施的可用性、使用寿命、利用效率等进行精细化运营管理，合理配置资源，避免资产闲置，充分挖掘资产价值，提效率、增效益，全面加强成本管控，打造成本领先优势。

三是强化投资效益管控，将投资规模与发展效益相匹配，不断完善相关考核评价体系和激励机制，优化项目管理流程，提高资源配置效率，助力高质量可持续发展。

四是重点围绕客户需求持续提升维护服务质量，提高客户满意度。2020 年，中国铁塔全年断电退服率达到 4.7%，较 2019 年下降 9.6%；标准站址断电退服时长达标率为 99.5%，高等级站址断电退服时长达标率为 99.7%。

五是抓实抓细疫情防控、通信保障、生产经营等重点任务，层层压实工作责任，加强相关重点领域的风险防控。健全企业内控长效机制，持续致力于保持规范有效的治理机制，不断完善内部控制和法律合规体系，加大全方位、常态化审计监督力度。

（三）开放合作：进一步加强与政府部门和龙头企业在政策及业务等方面的协同合作

2020 年，中国铁塔把握"网络强国""5G 新基建"等战略机遇，积极争取有关的政策支持，促进社会公共资源开放，简化行政审批手续，实施电费减免优惠，推动各级政府部门出台建筑物通信建设规范，显著提升通信基础设施地位。

公司广开合作之门，积极拓展新的业务空间。跨行业业务上，中国铁塔与农业农村部、水利部、国家地震局、国家气象局、国家林业和草原局等开展了全面战略合作，依托全国最大的铁塔站址共享平台和视频监控平台，广泛服务于 30 多个与国计民生息息相关的重点行业，为社会治理体系建设和数字经济发展提供强有力的支撑。

在能源经营业务上，中国铁塔坚持"资源共享、优势互补、合作共赢、共促发展"的原则，与中国邮政、美团、顺丰、建设银行等客户建立了全面、长期和稳定的战略合作伙伴关系，助力能源经营业务的快速布局。

（四）技术创新：持续推进铁塔、室分、电源产品及解决方案升级完善

中国铁塔持续紧跟 5G 技术演进，积极适应运营商建网发展需要，不断创新铁塔、室分、电源产品及解决方案，助力 5G 低成本快速规模部署。在塔类业务方面，中国铁塔通过优化塔身结构、精细化挂载需求，针对不同场景推出创新的低成本铁塔产品。

在室分业务方面，中国铁塔提出 5G 无源共享室分创新解决方案，以较低的建设成本实现 5G 高速率的覆盖，全面满足运营商不同价值场景的室分建设需求。

在能源经营业务方面，中国铁塔推动智能模块化电源系统与差异化备电产品的落地应用，有效节省了电源系统硬件成本和安装空间，并实现区分不同通信系统、不同运营商按需差异化备电，进而满足低成本建设的需求。

三、下一阶段发展策略建议

展望未来，为更好地支撑我们实现"网络强国"和"数字中国"等战略目标，做好对基础电信运营企业的服务，以及为我们更好地"走出去"夯实基础，中国铁塔应致力于把自身打造成为世界一流的通信基础设施综合服务商。在近期内，中国铁塔紧紧抓住 5G、智慧城市、"新基建"等发展机遇，坚持共享协同发展和效率效益提升，以建设"成长型"

和"价值创造型"两型企业为目标，加强开放合作生态打造，锻造技术、产品和运营等方面的核心能力，推动自身经营业绩和行业协同发展效益的不断提升，着力开创"一体两翼"高质量发展的新格局。

（一）巩固 5G 网络建设核心优势，保持运营商业务稳定增长

围绕 5G 网络的规模建设，中国铁塔未来需要更加主动适应内外部环境变化，通过积极与中央部委和地方政府协同互动，营造更好的政策环境和更广的政企合作空间。

强化共享发展导向，中国铁塔坚持"能共享不新建"的原则，进一步拓展共享范围，持续提升对产业链上下游和生态体系的资源统筹共享能力，广泛利用存量和社会资源，坚持深化行业内共享，通过开放、共享和创新，将资源优势转化为高质量发展的优势。

以客户为中心，强化市场导向，不断挖掘、满足行业和客户的需求，乃至主动推动行业和客户的需求升级，创新建设服务模式，精准配置资源，不断提升移动覆盖综合解决方案能力，建立健全集约经济高效支撑运营商移动网络建设的考核激励指标体系，坚持久久为功，不断实现客户价值和多方共赢。

因应室内将是 5G 重点应用场景的趋势，中国铁塔要进一步强化对室分业务高质量发展的资源支持，为运营商提供有源无源结合的多样化方案，差异化满足 5G 逐步向室内延伸的覆盖需求。

（二）紧抓"数字中国"建设、"碳达峰 / 碳中和"等战略机遇，加快两翼业务规模化发展

面对数字经济和新能源产业的加速发展，中国铁塔要进一步统筹谋划借助资源能力的共享协同效应，在服务社会信息化、推动新能源应用等方面发挥积极作用。在跨行业业务发展上，顺应社会治理数字化、智能化转型进程加速的总体趋势，依托公司核心资源能力，加大研发投入，加强生态合作，积极运用大数据、云计算、物联网、人工智能等技术手段提升信息处理能力，打造"数字铁塔"的运营和支撑平台，完善以视频监控、数据采集、动环监控平台等为支撑的信息化应用产品体系，将中高点位监控打造为具有竞争优势的核心业务，全力打造自身成为以"数字铁塔"为依托的信息应用服务商；聚焦生态环保、林业草原、水利水务、农业农村、国土资源、地震应急等国计民生和社会信息化发展的重点行业，加快业务布局，加强战略合作，加大品牌推广力度，丰富营销服务形式，多方位高效满足客户需求。

在能源业务发展上，中国铁塔坚持以共享协同为基础，聚焦重点业务，积极开展产业链上下游合作，加快产品迭代和创新，强化平台支撑保障能力，不断提升客户使用体验，进一步锻造低成本、差异化的市场竞争优势，推动业务规模持续做大，全力打造自身成为具有核心竞争力的新能源应用服务商。具体在换电业务方面，中国铁塔在重点潜力区域进一步加大换电站址的布局建设力度，快速建成当地最大的优质换电网络；进一步推进与外卖行业、物流公司、电池生产商、运营平台、电动车生产商等产业链企业的深度合作，迅速扩大客户规模，锻造品牌优势；持续强化精细化运营，加速产品迭代升级，提升平台支撑能力，不断提高产品和服务质量，着力成为全国规模最大、口碑最好的换电业务运营商。在备电业务方面，中国铁塔面对广泛的社会化备电市场需求点位，全力打造标准化产品和服务，聚焦银行、卫生、交通、石油石化、中小型 IT 机房等重点行业市场，按需提供一站式解决方案，打造"备电、发电、监控、维护"一体的电力保障综合解决方案，全力树立服务口碑，着力成为国内一流的电力保障服务商。

（三）深化技术、产品和运营等的创新变革，持续增强公司发展动能

面对不断提速的数字经济发展趋势，中国铁塔需要紧紧扭住创新变革这一高质量发展的动力之源，持续强化技术创新的引领作用，聚焦"一体两翼"的战略布局，不断优化创新体制机制，加强在共享室分、5G 电源解决方案、塔型塔桅应用、铁塔视联、边缘计算、电池智能监控等方面的新技术、新产品、新应用的研发，以创新赋能业务发展。

中国铁塔持续打造集约高效的运营管理机制，

优化业务流程、加强 IT 系统支撑，不断提升公司经营管理的数字化、网络化、智能化水平，进一步打造面向未来的平台运营能力，助力资产运营管理效率效益的提升；持续强化市场化的激励约束机制，坚持以提升效益和创造价值为导向，推动资源布局不断优化，促进资源向关键岗位、高技能人才倾斜，激发人才创新活力，增强企业发展动力。

（源起科创（北京）基金管理有限公司　梁张华）

基础电信运营企业 2020 年发展概况及特点

中国电信、中国移动、中国联通 3 家集团于 2020 年分别实现通信服务收入 / 主营业务收入 3737.98 亿元、6956.92 亿元和 2758.14 亿元，较 2019 年度分别增长 4.5%、3.2% 和 4.3%。3 家基础电信运营企业收入的同比增速均较 2019 年度有明显回升。从整个行业来看，3 家企业共合实现通信服务收入 / 主营业务收入 13453.04 亿元，同比增长 3.8%，增幅较 2019 年度提升 2.9 个百分点，全行业均显示出良好的反弹势头。

3 家基础电信运营企业的通信服务收入 / 主营业务收入增幅明显回升，其背后的原因既有相同之处，又有所差异。中国电信增收的主要动能来源为移动业务中的手机互联网接入服务、固网业务中的宽带接入服务以及政企业务中的产业数字化服务 [1]。中国移动增收的主要动能来源为家庭宽带业务、政企专线业务以及 DICT [2] 和 IoT 业务。中国联通增收的主要动能来源为移动数据流量业务，以及政企产业互联网业务 [3] 和电路出租业务。政企业务中的 DICT、IoT 和专线服务均已成为 3 家基础电信运营企业的主要增长动力来源。除此以外，手机互联网接入服务 / 移动数据流量业务仍是中国电信和中国联通两家相对弱势运营商的主要增收来源；家庭固网宽带则是中国电信和中国移动两家固网资源覆盖相对较好的运营商的主要增收动能。

本文将主要从手机互联网接入服务 / 移动数据流量业务、家庭固网宽带业务以及政企 DICT+IoT+专线业务等方面，分析各企业 2020 年的发展成绩及其背后的特色运营策略，以为业界作进一步探讨和提出改进策略建议提供参考。

一、手机互联网接入服务 / 移动数据流量业务发展概况及运营策略特点

（一）发展概况：用户规模下降背景下，受益于 4G+5G 用户迁转成效好、数据流量规模及 ARPU 值上升 / 企稳，3 家企业均实现增收，且其成为中国电信和中国联通的主要增收来源

2020 年，中国电信、中国移动、中国联通的手机互联网接入服务 / 移动数据流量业务分别为自身贡献了 74.52 亿元、11.24 亿元和 24.63 亿元，各占到自身通信服务收入 / 主营业务收入增量部分的 46.03%、5.28% 和 21.55%。手机互联网接入服务 / 移动数据流量业务仍是中国电信和中国联通的主要增收来源，而该业务对中国移动的增收拉动作用已大幅减弱。

截至 2020 年年底，中国电信、中国移动、中国联通的移动业务用户规模分别为 3.51、9.42 和 3.06 亿户，较 2019 年增幅分别为 4.6%、-0.9% 和 -4%。3 家基础电信运营企业中，仅中国电信的移动业务用户规模有所增长，中国移动及中国联通均为负增长。3 家企业的移动业务用户规模合计达 15.99 亿户，较 2019 年度减少了 0.3%，为国内历史上首次出现移动业务用户规模年度负增长。背后的原因既有受市场饱和、行业竞争激烈以及新型冠状病毒疫情等影响，使得大量双卡以及多卡用户转变为单卡用户；也有企业自身调整策略，从重点关注客户增长数量改为重点关注客户发展质量和价值等所致。受

1　中国电信"产业数字化业务"包括行业云、IDC、组网专线、物联网、互联网金融业务、集成等信息化业务。该项业务主要由固网服务收入项下的若干"信息及应用服务"（主要包括 IDC、行业云、天翼高清及互联网金融等新兴业务）+ 组网专线 +IoT 服务等组成。

2　中国移动定义的 DICT 业务包括 IDC、ICT、移动云及其他政企应用及信息服务。

3　中国联通将固网主营业务"其他"项下的 IDC、IT 服务、云计算和大数据业务，以及移动主营业务下的物联网业务归类为产业互联网业务。

此影响，2020年，3家企业的移动业务用户规模在全国人口中的渗透率为113.24%[4]，较2019年度微降1.36个百分点。从用户渗透率等数据来看，移动业务用户规模的增长或已接近天花板，预计3家基础电信运营企业的移动业务用户增速未来将维持在较低区间，或者出现负增长。这也意味着，手机互联网接入服务/移动数据流量业务的发展已难以再通过大规模拉新实现，未来，需进一步做好内部挖潜，加快促进2G/3G用户向4G/5G（重点为5G）迁移，有效提升户均数据使用量（DOU）和套餐价值（ARPU）。

2020年，3家基础电信运营企业4G+5G的用户规模有进一步增长。截至2020年年底，中国电信、中国移动、中国联通的4G+5G用户规模分别达3.3亿户、9.4亿户和2.7亿户，增速分别为15.4%、23.6%和5.6%，3家企业4G+5G用户规模的增势均要相对好于各自移动业务用户规模的增势。同时，中国电信、中国移动、中国联通的4G+5G用户在各自整体移动业务用户中的渗透率分别达94%、99.8%和88.3%，较2019年度各提升了8.8个百分点、19.8个百分点和8个百分点。

受益于4G+5G用户用户规模和渗透率的大幅提升，3家基础电信运营企业的数据流量规模及ARPU值均呈现较好的上升/企稳势头。中国电信2020年的手机数据流量规模达到34690KTB，较2019年增长42.3%。尤其是5G的商用，显著拉升了手机数据流量规模。2020年，中国电信5G用户DOU达到13.4GB，较其自身2019年4G用户DOU提升了5.5GB，升幅69.6%。在此带动下，2020年其5G用户的ARPU值高达65.6元，助力公司高质量拓展移动用户市场。虽然2020年中国电信整体移动业务用户ARPU值为44.1元，较前一年仍有所下跌，但跌幅已大幅缩小5.6个百分点。随着5G用户规模和渗透率的持续提升，整体移动业务用户ARPU值有望

未来1～2年止跌企稳，甚至实现回升。

中国移动2020年手机上网流量规模高达906.6亿吉比，较2019年提升了37.6%。整体移动业务用户手机上网DOU达9.4吉比，同比增幅高达40.3%。其中，4G用户手机上网DOU达10.2吉比，较2019年增长了32.5%；5G用户DOU更高，较相关用户迁转前平均提升了23.7%。在此带动下，中国移动5G套餐客户的ARPU值较相应客户迁转前平均提升了6%；同时，其整体移动业务用户ARPU值的降幅较2019年大幅缩小4个百分点，或有望未来1～2年止跌企稳，甚至实现回升。

中国联通2020年移动手机数据流量规模为368526亿兆比，同比增长16.5%。DOU继续稳步提升，4G用户DOU达12.2吉比，同比增幅14%；5G用户DOU虽未公布，但整体移动手机用户DOU已达9.7吉比，同比增长21.3%，这意味着5G用户的DOU大大超过了4G用户的水平。移动手机用户DOU的大幅提升也带动了移动出账用户ARPU值近1年来的节节攀升，该指标已由2019年下半年的40.1元升至2020年下半年的43.3元，升幅近8%。尤其是，中国联通的4G用户迁转至5G后，其ARPU值更是大幅提升59.1%[5]，目前其5G用户的ARPU值已达70元左右。

可以看出，3家企业对原2G/3G用户向4G/5G的迁移初步取得了较好成效，一是受益于数据流量规模及ARPU值较好的上升/企稳势头，3家企业在手机互联网接入服务/移动数据流量业务上均取得了一定增长，尤其是中国移动和中国联通，在移动业务用户规模负增长的背景下，仍实现了正增长；此外，对于中国电信和中国联通，手机互联网接入服务/移动数据流量业务仍为二者的主要增收来源。二是各家4G+5G用户的渗透率普遍处于较高水平，为未来进一步推动用户主体向5G[6]迁转打下了坚实基础。

4　根据第七次全国人口普查数据，目前，我国全国人口（注：全国人口是指我国大陆31个省、自治区、直辖市和现役军人的人口，不包括居住在31个省、自治区、直辖市的港澳台居民和外籍人员）为141178万人。

5　中国联通4G用户2020年的ARPU值为44元。

6　截至2020年年底，中国电信、中国移动、中国联通的5G用户规模分别为8650万户、1.65亿户和7083万户，渗透率分别为24.6%、17.5%和23.2%，3家企业的5G渗透率未来仍有较大提升空间。

（二）运营策略特点：重视会员权益、5G 创新特色应用、5G 终端、内容资源等的打造、融合和优化升级

为保持和提升手机互联网接入服务 / 移动数据流量业务的价值，3 家基础电信运营企业继续对运营策略进行了优化完善。中国电信以"5G+ 天翼云"为用户提供优质网络体验和差异化应用服务，打造中国电信特色 5G 会员权益体系，推出网络、安全和服务等专享权益，联合超过 30 家头部应用合作伙伴，推出超百款生态权益。发挥 5G 网络高网速、低时延特性和边缘计算能力，推出天翼云盘、天翼超高清、视频彩铃、天翼云 VR、天翼云游戏等 5G 特色应用。同时，率先在业界推出 5G 云手机"天翼 1 号"，借助云网融合能力，突破终端性能瓶颈，促进 5G 终端加快普及。

中国移动在移动和家庭业务上的发展策略有较大调整，从重点关注客户增长数量改为重点关注客户发展质量和价值。通过深化"连接＋应用＋权益"融合发展，以"基于规模的价值经营""基于场景的客户运营"为抓手，推动 5G 量质并重发展，引领信息通信消费升级；大力开展内容、权益集中引入，着力构建全球通、动感地带、神州行品牌运营体系，提高综合运营能力、提升品牌价值，通过跨界联合、多维运营以及营造共鸣体验，促进客户价值和粘性的有效提升。

中国联通同样由重点关注用户数量增长转为重点关注用户发展质量和价值，不断提升用户 ARPU 值，以强化公司长期可持续增长动能和加快向高质量协同发展迈进。一是通过 5G 创新应用引领消费升级、带动全业务发展，借力内容、权益和金融工具提升产品价值，强化泛融合服务，加快公众创新产品供给。二是强化宽移融合，例如在北方发挥资源优势，主推 5G 冰融套餐和宽带智家三"千兆"（千兆 5G、宽带、Wi-Fi 6），持续提升高速宽带用户占比。

二、家庭固网宽带业务发展概况及运营策略特点

（一）发展概况：中国移动的用户规模、增速及营收均继续稳居行业第一，3 家企业发展态势较为分化；用户规模或将于 2 ～ 3 年后接近拐点；客户发展质量和价值开始真正成为关注重点

2020 年，中国电信、中国移动、中国联通的家庭固网宽带业务分别为自身贡献了 34.59 亿元、119.73 亿元和 9.88 亿元，各占到自身通信服务收入 / 主营业务收入增量部分的 21.37%、56.2% 和 8.65%。家庭固网宽带业务是中国电信和中国移动的主要增收动能，而该业务对中国联通的增收拉动作用已大幅减弱。

截至 2020 年年底，3 家企业的家庭固网宽带用户规模合计达 4.55 亿户，同比增长了 7.4%。其中，中国电信、中国移动、中国联通 3 者分别为 1.59、2.1 和 0.86 亿户。3 家基础电信运营企业在固网宽带领域继续保持了分化的态势。中国移动的固网宽带用户规模及增速均稳居行业第一，其用户规模的领先优势有扩大的趋势，用户增速达 12.4%，保持了大幅领先竞争对手的有利形势。中国电信和中国联通的增速较低，分别为 3.5% 和 3.1%。尤其是中国联通，与其他两家企业相比，弱势地位固化，业务发展承压较大。

同时，需要注意的是，3 家基础电信运营企业的用户增速均在继续走低，其中，中国移动 2020 年的增速较 2019 年下降了 7 百分点，减少幅度最大；中国电信和中国联通也分别下降了 1.5 百分点和 0.1 百分点。这意味着家庭固网宽带用户的增长有可能在 2 ～ 3 年后接近拐点，未来用户增速或将持续下降，个别运营商甚至可能面临负增长。至其时，行业将难再通过价格战等手段实现大幅拉新和提升业务收入，提供更为丰富的内容资源、终端产品、家庭信息服务以及用户权益将成为下一阶段市场竞争的重点。

但值得乐观的是，受益于发展理念的调整，各家的业务发展逐步从重点关注客户增长数量改为重点关注客户发展质量和价值，3 家企业在该项业务上的用户量与收入之间的剪刀差均有较大改善。2020 年，中国电信和中国移动的家庭固网宽带业务收入增速分别为 5.1% 和 17.4%，高出各自在该业务上的用户增速。

中国联通家庭固网宽带业务的收入增速为 2.4%，仍低于其用户规模增速，不过用户量 - 收入剪刀差

情况已有较大改善，二者差距已大幅缩小至仅 0.7 个百分点。

（二）运营策略特点：将家宽业务融入到家庭信息化业务体系中统筹布局，打造更为高速的带宽，夯实智慧家庭服务底座

中国电信把高速宽带融入到智家业务的整体发展统筹中，基于高速和融合服务打造家庭业务核心竞争力，为未来更为深入地挖掘用户价值打下坚实基础。2020 年，中国电信进一步全面升级家庭信息化服务，推广 5G+ 光宽 +Wi-Fi 6 "三千兆" 接入和全屋 Wi-Fi 服务，优化用户上网体验，打造集安全、影像、无线接入等功能为一体的天翼看家产品，激发家庭上云需求，构建智慧家庭 DICT 产品服务体系，满足家庭客户不断丰富的场景化需求。在此引领下，中国电信家庭固网宽带接入业务价值得到重塑，智家业务价值逐步显现。

中国移动在家庭市场方面，同样把宽带作为未来实现融合发展的基石。着力 "拓规模、树品牌、建生态、提价值"，加快构建 "全千兆 + 云生活" 服务体系，聚焦智能组网、家庭安防、智能遥控器三大应用，深入布局智慧家庭运营，推动客户规模和收入规模均实现良好增长。除上述有线宽带业务外，"魔百和" 亦取得较佳发展成绩，其用户规模达到 1.41 亿户，渗透率达到 73.3%。得益于宽带升级以及增值应用融合的拉动，家庭宽带综合 ARPU 值达到 37.7 元，同比增长 6.9%。

中国联通则强化宽移融合，并通过智慧家庭、视频、权益等组合强化家庭用户价值经营。北方发挥资源优势，主推宽带智家三 "千兆"（千兆 5G、宽带、Wi-Fi 6）、5G 冰融套餐，持续提升高速宽带用户占比；南方紧跟新型城镇化需求步伐，适当补足接入和营销资源，提升市场份额、资源利用率和 ARPU，同时继续加大社会合作力度。此外，公司还重视向内发力提质要效率，2020 年完成了 cBSS 100% 迁转，横向拉通了 B/M/D 域数据，实现五大智能中台基础和核心能力完成率达 50%，进一步大幅提升了跨网服务、2I、大数据等优势能力。基本实现大数据分析赋能精准营销和存量经营，能高效地、有针对性地对重点区域开展营销。

三、政企 DICT+IoT+ 专线业务发展概况及运营策略特点

（一）发展概况：DICT、IoT 及专线均成为 3 家企业增收的主要来源，未来相关业务有望保持快速增长态势

产业数字化服务是中国电信增收的主要动能来源之一。2020 年，中国电信该业务的营收规模达 839.68 亿元，同比 2019 年增长 9.7%，收入规模和市场份额继续保持行业领先。其中，IDC 业务目前是产业数字化收入的主要贡献来源，2020 年，其收入达 279.75 亿元，同比增长 10.1%，占到产业数字化收入的大约 1/3。组网专线是产业数字化业务的第二大收入来源，2020 年收入 197.44 亿元，但其增速仅 0.3%，未来需要进一步提升其在智能控制、带宽时延、安全随选等方面的质量优势。行业云则是收入增长最快的细分业务，其 2020 年的收入达 111.75 亿元，同比增长 58%，占到产业数字化收入的 13.3%。互联网金融和物联网业务的增速依次为 23% 和 16.1%，两大业务收入介于 16 亿元～ 22 亿元之间，已初具规模，随着经济社会进一步加速数字化、网络化、智能化转型，未来相关业务有望保持快速增长态势。

中国移动 2020 年政企市场收入规模达 1129.2 亿元，同比 2019 年度增长 25.8%。其中，专线收入 240 亿元，同比增长 19.3%；作为业务转型主力的 DICT 和 IoT 业务实现收入 530 亿元，增速为整体政企市场收入增速的 2 倍，达 51.6%，实现加速增长，DICT+IoT 业务的收入占政企市场收入的比例也由 2019 年的 39% 提升至 2020 年的 46.9%。在 DICT+IoT 各项细分业务中，IDC 实现收入 162 亿元，同比增长 54.4%，占到 DICT+IoT 业务收入的 30.6%，截至 2020 年年底，公司的可用机架已达 36 万架。ICT 业务实现收入 107 亿元，同比增长 59.4%，继续保持快速发展态势。移动云收入 92 亿元，同比大幅提升 353.8%，自研 IaaS、PaaS、SaaS 产品达 200 款以上，引入合作的 SaaS 产品超出 2000 款。物联网业务收入达 95 亿元，同比增幅稍低，为 7.4%，但连接数已超 8.7 亿个，为日后其他 DICT 业务的进一步渗透打下了坚实基础。

IDC、IT服务及云计算等产业互联网业务以及电路出租等业务是中国联通2020年实现较好增长的两大重要动力来源。其中，电路出租收入达140.28亿元，同比增长6%，收入占比达到4.62%。产业互联网收入达427.2亿元，同比2019年增长30%，延续了近年来高速增长的良好势头；收入占比由2016年的5.8%大幅提升至2020年15.5%。在产业互联网业务中，IDC和IT服务为目前收入贡献的大头，二者2020年的营收合计达329.3亿元，占到产业互联网收入的77.1%，未来二者发展前景值得进一步期待。以IDC为例，其迎来"新基建"发展战略机遇期，有望推动机架数进一步快速扩张，实现更好发展：2020年，中国联通IDC机架数达到27.7万架，同比增长18%。预计到2021年，公司机架数有望增长至31万架。云计算为增长最快的业务，其2020年营收38.4亿元，同比增速达62.7%。此外，大数据和物联网业务的营收增速也较高，二者均在39%以上，居于前3名。

（二）运营策略特点：重点推进云网融合，加快推动5G在垂直行业示范落地/商用

中国电信2020年以5G和云为拳头产品促进产业数字化业务加快发展，融合5G、云等新兴信息技术，构建数字化平台，封装原子能力，加快技术赋能。率先规模商用5G SA，推出5G定制网，满足垂直行业对于低时延、广连接、网络安全等差异化需求，发挥5G"超级上行"、边缘云、物联网等技术特性，打造出工业互联网、智慧能源、智慧医疗、智慧园区等垂直行业标杆，实现远程控制、机器视觉、AGV等5G创新应用逐步落地。同时，聚焦企业上云的场景化需求，持续完善IDC和云的资源布局，强化公有云、私有云、专属云和混合云的全栈云服务能力，自主研发天翼云关键核心技术，联合500多家合作伙伴，构建起云、数、智一体化的云产品体系。

中国移动将政企市场定位为"收入增长新动能、转型升级主力军"，聚焦智慧城市、智慧交通、工业互联网等重点领域，深化"网＋云＋DICT"融合拓展。开展"决胜在云"行动，打造云网一体、云数融通、云智融合、云边协同的差异化优势，加速智能云演进；开展"超越在5G"行动，推动5G垂直行业示范落地，构建面向垂直行业的"5G+AICDE"新型基础设施，加速规模推广。

中国联通则从人才、组织、技术、生态等方面多维度发力，推动产业互联网业务在智能制造、智慧城市、智慧港口、智慧医疗等重点领域突破发展。一方面加强创新人才队伍建设，市场化方式吸纳CTO、架构师等领军和高端人才，实现创新领域人才特区累计超7000人。另一方面，全力推动组建联通数字科技有限公司，力图打造5G+ABCDE（人工智能、区块链、云计算、大数据、边缘计算）融合创新的差异化竞争优势，通过强化运营集约及"云网边端业"高度协同，以"云＋智慧网络＋智慧应用"的融合经营模式，拉动产业互联网业务和传统业务相互促进发展：在云计算方面，打造并发布新基座、新PaaS、新云管，升级全新功能；在IT服务方面，全面构建自主集成能力交付体系，由一次性交付为主的传统集成服务向以"平台＋应用"为重点，提供可持续运营的新型集成服务转型；在大数据方面，发布了区块链产品和能力的统一承载平台"联通链"；在物联网方面，积极促成自研连接管理平台成为主力承载平台，自研设备管理平台投入商用。同时，深度推进与混改战略投资者加强资源共享和协同发展，2020年进一步与相关方加快5G+垂直行业应用的联合培育和融合创新发展，加深在云计算、物联网、AI、区块链等多方面的技术/业务布局和合作拓展。与相关方聚焦工业互联网、智慧城市、智慧港口、医疗健康等领域，已成功打造多个5G灯塔项目，实现了5G 2B领域的商业化落地。

（源起科创（北京）基金管理有限公司　梁张华）

2020 年中国互联网发展情况综述

一、中国互联网发展概况

（一）基础情况

1. 网络普及程度进一步提高

截至 2020 年 12 月，我国网民规模达 9.89 亿人，较 2020 年 3 月新增 8540 万人，互联网普及率达到 70.4%，较 2020 年 3 月提升 5.9 个百分点。其中，手机网民规模达 9.86 亿人，较 2020 年 3 月新增 8885 万人，我国网民使用手机上网的比例达 99.7%，较 2020 年 3 月提升 0.4 个百分点。

按城乡划分，截至 2020 年 12 月，我国农村网民规模为 3.09 亿人，占网民整体的 31.3%，较 2020 年 3 月增长 5471 万人；城镇网民规模为 6.80 亿人，占网民整体的 68.7%，较 2020 年 3 月增长 3069 万人。

截至 2020 年 12 月，我国城镇地区互联网普及率为 79.8%，较 2020 年 3 月提升 3.3 个百分点；农村地区互联网普及率为 55.9%，较 2020 年 3 月提升 9.7 个百分点。城乡地区互联网普及率差异较 2020 年 3 月缩小 6.4 个百分点。中国互联网网络信息中心第 47 次《中国互联网络发展状况统计报告》显示，截至 2020 年年末，电信普遍服务试点累计支持超过 13 万个行政村光纤网络通达和数万个 4G 基站建设，其中约 1/3 的任务部署在贫困村；全国贫困村通光纤比例及深度贫困地区贫困村通宽带比例均提升至 98%，提前超额完成"十三五"规划纲要的宽带网络覆盖目标。截至 2020 年年末，电子商务进农村实现对 832 个贫困县全覆盖。全国农村网络零售额由 2014 年的 1800 亿元，增长到 2020 年的 1.79 万亿元。

截至 2020 年年底，全国移动电话用户达 15.94 亿户，普及率为 113.9 部 / 百人，高于全球平均的 102.4 部 / 百人。我国蜂窝物联网用户达 11.36 亿户，

全年净增 1.08 亿户，蜂窝物联网连接数占移动网络连接总数的比重已达 41.6%，比 2019 年提高 2.5 个百分点，与移动手机用户规模差距不断缩小。其中，应用于智能制造、智慧交通、智慧公共事业的蜂窝物联网终端用户占比分别达 18.5%、18.3%、22.1%。在政策、技术推动以及疫情的影响下，服务于公共事业的智慧终端如智能水表、电表、气表等应用明显加快，增速达 19.2%。5G、云计算、人工智能等数字技术加速万物互联进程，未来移动网络连接的重点转向"物"。

2. 网络提速和普遍服务向纵深发展

2020 年，全国电话用户净减 1640 万户，总数回落至 17.76 亿户。4G 用户总数达 12.89 亿户，全年净增 679 万户，占移动电话用户数的 80.8%。固定电话用户总数为 1.82 亿户，全年净减 913 万户，普及率降至 13 部 / 百人。2010—2020 年固定电话及移动电话的普及率如图 1 所示。

单位：部/百人

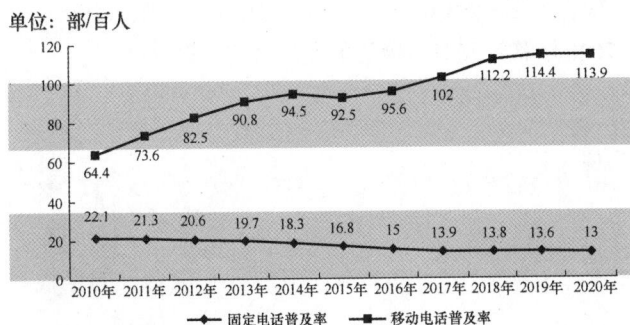

数据来源：工业和信息化部

图 1　2010－2020 年的固定电话及移动电话普及率

网络提速步伐加快，千兆宽带服务推广不断推进。截至 2020 年年底，3 家基础电信企业的固定互联网宽带接入用户总数达 4.84 亿户，2020 年净增 3427 万户。

截至 2020 年年底，全国农村宽带用户总数达 1.42 亿户，2020 年净增 712 万户，比 2019 年年末增长

5.3%。全国行政村通光纤和 4G 比例均超过 98%，电信普遍服务试点地区平均下载速率超过 70Mbit/s，农村和城市实现"同网同速"。

3. 新兴业务驱动互联网业务持续增长

截至 2020 年年底，我国互联网宽带接入端口数量达 9.46 亿个，其中光纤接入（FTTH/O）端口达 8.8 亿个，占比由 2019 年年末的 91.3% 提升至 93%。3 家基础电信企业的固定互联网宽带接入用户总数达 4.84 亿户，其中光纤接入（FTTH/O）用户为 4.54 亿户，占比由 2019 年年末的 92.9% 提升到 93.9%，远高于全球平均的 67.5%。光纤接入速率稳步提升，截至 2020 年年底，我国 100 Mbit/s 及以上接入速率的固定互联网宽带接入用户总数 4.35 亿户，占固定宽带用户总数的 89.9%，占比较 2019 年年末提高 4.5 个百分点。千兆网络覆盖范围不断扩大，1000Mbit/s 及以上接入速率的用户数达 640 万户，比 2019 年年末净增 553 万户。

移动互联网应用需求激增，线上消费异常活跃，短视频、直播等大流量应用场景拉动移动互联网流量迅猛增长。2020 年，移动互联网接入流量达 1656 亿吉比，比 2019 年增长 35.7%。全年移动互联网月户均流量（DOU）达 10.35GB，比 2019 年增长 32%；12 月当月 DOU 高达 11.92GB/（户·月）。其中，手机上网流量达 1568 亿吉比，比 2019 年增长 29.6%，在总流量中占 94.7%。2009—2020 年移动互联网流量的发展情况如图 2 所示。

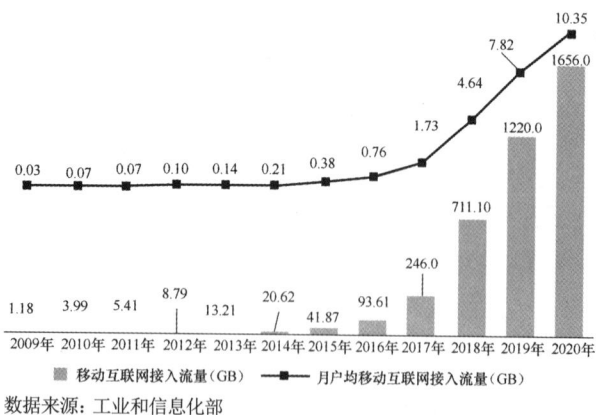

数据来源：工业和信息化部

图 2 移动互联网流量的发展情况

2020 年，固定数据及互联网业务实现收入 2376 亿元，比 2019 年增长 9.2%，在电信业务收入中占

比由 2019 年的 16.6% 提升至 17.5%，拉动电信业务收入增长 1.53 个百分点，对全行业电信业务收入增长贡献率达 42.9%；固定增值业务实现收入 1743 亿元，比 2019 年增长 26.9%，在电信业务收入中占比由 2019 年的 10.5% 提升至 12.9%，拉动电信业务收入增长 2.82 个百分点，对收入增长贡献率达 79.1%。其中，数据中心业务、云计算、大数据以及物联网业务收入比 2019 年分别增长 22.2%、85.8%、35.2% 和 17.7%；IPTV（网络电视）业务收入 335 亿元，比 2019 年增长 13.6%。2015—2020 年固定数据及互联网业务收入情况如图 3 所示。

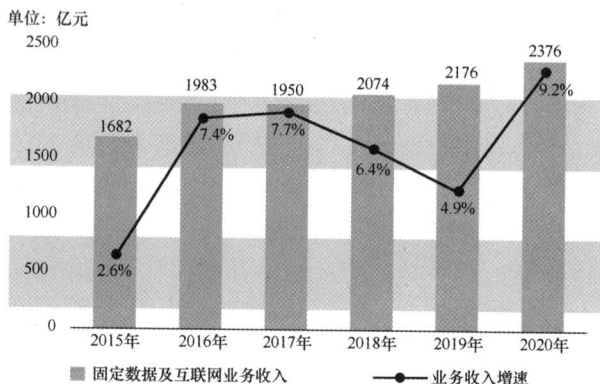

单位：亿元

数据来源：工业和信息化部

图 3 2015—2020 年固定数据及互联网业务收入发展情况

4. 在线服务细分领域更加丰富

互联网细分领域用户稳步增长。据 CNNIC 第 47 次《中国互联网络发展状况统计报告》，截至 2020 年 12 月，我国即时通信用户规模达 9.81 亿户，较 2020 年 3 月增长 8498 万户，占网民整体的 99.2%；手机即时通信用户规模达 9.78 亿户，较 2020 年 3 月增长 8831 万户，占手机网民的 99.3%。

据 CNNIC 分类统计，截至 2020 年 12 月，我国网络新闻用户规模达 7.43 亿户，较 2020 年 3 月增长 1203 万户，占网民整体的 75.1%；手机网络新闻用户规模达 7.41 亿户，较 2020 年 3 月增长 1466 万户，占手机网民的 75.2%。

截至 2020 年 12 月，我国网络购物用户规模达 7.82 亿户，较 2020 年 3 月增长 7215 万户，占网民整体的 79.1%；手机网络购物用户规模达 7.81 亿户，较 2020 年 3 月增长 7309 万户，占手机网民的 79.2%。

截至 2020 年 12 月，我国网络支付用户规模达 8.54 亿户，较 2020 年 3 月增长 8636 万户，占网民整体的 86.4%；手机网络支付用户规模达 8.53 亿户，较 2020 年 3 月增长 8744 万户，占手机网民的 86.5%。

截至 2020 年 12 月，我国网络直播用户规模达 6.17 亿户，较 2020 年 3 月增长 5703 万户，占网民整体的 62.4%；我国在线教育用户规模达 3.42 亿户，占网民整体的 34.6%；我国在线医疗用户规模达 2.15 亿户，占网民整体的 21.7%。

（二）基础资源情况

1. 网络基础资源持续增长

截至 2020 年 12 月，我国 IPv6 地址数量为 57634 块 /32，较 2019 年年底增长 13.3%，稳居世界第一；我国 IPv4 地址数量为 38923 万个，较 2019 年年底增长 0.4%。

截至 2020 年 12 月，我国域名总数为 4198 万个。其中，".CN" 域名数量为 1897 万个，占我国域名总数的 45.2%。网站数量为 443 万个，其中 ".CN" 下网站数量为 295 万个，占网站总数的 66.6%。网页数量 3155 亿个，较 2019 年年底增长 5.9%。

2.5G 网络建设稳步推进

2020 年我国加快 5G 网络建设，以提升网络质量和服务能力，新一代信息通信网络建设不断取得新进展。2020 年，新建光缆线路长度 428 万千米，全国光缆线路总长度已达到 5169 万千米。截至 2020 年年底，我国互联网宽带接入端口数量达到 9.46 亿个，比 2019 年年末净增 3027 万个。其中，光纤接入（FTTH/O）端口达 8.8 亿个，比 2019 年年末净增 4361 万个，占互联网接入端口的比重由 2019 年年末的 91.3% 提升至 93%。xDSL 端口数降至 649 万个，占比降至 0.7%。

2020 年，全国移动通信基站总数达 931 万个，全年净增 90 万个。其中，4G 基站总数达 575 万个，如图 4 所示，城镇地区实现深度覆盖。5G 网络建设稳步推进，按照适度超前原则，新建 5G 基站超过 60 万个，全部已开通 5G 基站超过 71.8 万个，其中，中国电信和中国联通共建共享 5G 基站超过 33 万个，5G 网络已覆盖全国地级以上城市及重点县市。

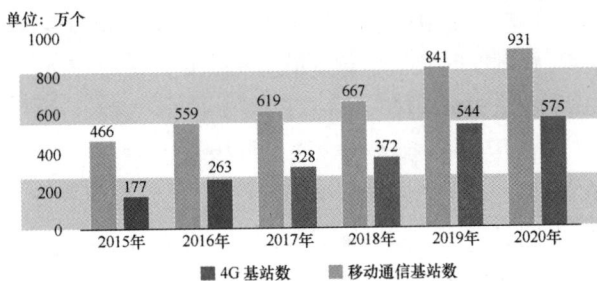

单位：万个

数据来源：工业和信息化部

图 4 移动通信基站发展情况

3. 移动应用程序质量不断提升

移动应用程序（App）数量持续小幅减少。截至 2020 年年底，我国国内市场上监测到的 App 为 345 万个，其中，本土第三方应用商店 App 为 205 万个，苹果商店（中国区）App 为 140 万个。12 月，新增上架 App 为 8 万个，下架 App 为 9 万个。

游戏类应用数量保持领先。截至 2020 年年底，排在前 4 位的 App 数量占比合计达 59.2%，其他 10 类 App 占比为 40.8%。其中，游戏类 App 继续领先，达 88.7 万个，占全部 App 数量的比重为 25.7%，比 11 月增加 2 万个。日常工具类和电子商务类 App 分别达 50.3 万个和 34 万个，分列第二、第三位，生活服务类 App 数量超过社交通信类，达 31 万个，上升为第 4 位。

游戏类应用分发总量居首位。截至 2020 年年底，我国第三方应用商店在架应用分发总量达 16040 亿个。其中，游戏类下载量达 2584 亿次，排第 1 位，环比增长 6%；音乐视频类下载量达 1993 亿次，排第 2 位；日常工具类、社交通信类、系统工具类、生活服务类、新闻阅读类分别以 1798 亿次、1790 亿次、1493 亿次、1434 亿次、1245 亿次分列第 3 至 7 位，电子商务类下载量首超千亿次，达 1007 亿次。在其余各类应用中，下载总量超过 500 亿次的应用还有金融类（806 亿次）、教育类（690 亿次）和拍照摄影类（586 亿次）。

二、中国互联网应用服务发展情况

（一）网络应用生态进一步多样化

2020 年以来，我国网络应用生态进一步丰富。其中，即时通信类应用发展态势良好，用户规模和普及率均在互联网应用中排名第一。截至 2020 年 12 月，我国即时通信用户规模达 9.81 亿户，较 2020 年 3 月增长 8498 万户，占网民整体的 99.2%；手机即时通信用户规模达 9.78 亿户，较 2020 年 3 月增长 8831 万户，占手机网民的 99.3%。

即时通信产品逐渐从沟通平台向服务平台拓展，在商业化服务和专业化产品方面获得长足发展。在个人用户方面，"视频号"拓宽了内容变现形式，该功能上线后半年日活跃用户就突破 2 亿户，"微信小商店"拓展线上零售功能，推动即时通信产品成为用户数字化生活的基础平台。在企业用户方面，即时通信应用与云服务融合，成为企业数字化转型的得力助手。即时通信产品在企业日常运营管理、数据信息互通共享、团队远程协同办公等方面发挥的作用日渐凸显，从而帮助企业提升运营质量与效率，赋能传统行业转型升级。

以社交为基础的电子商务带动线上线下融合发展，直播电商、社交电商、跨境电商等电子商务新模式的出现，激发面向个性化、多元化的消费需求。在消费升级、消费创新的新趋势中，社交电商已进入主流的热点场景和潜在商业价值领域，在社区、直播等领域已获得资本的高度认可。商务部最新数据显示，2020 年我国网络零售市场发展持续向好，市场规模再创新高。2020 年全国网上零售额达 11.76 万亿元，同比增长 10.9%。在此期间，我国网络零售新业态、新模式发展迅猛，2020 年重点监测电商平台累计直播场次超过 2400 万场，在线教育销售额同比增长超过 140%，在线医疗患者咨询人次同比增长 73.4%。

在网络视频行业，用户渗透率进一步提高，网络视频内容品质迅速提升，长短视频平台业务呈融合发展趋势。截至 2020 年 12 月，我国网络视频（含短视频）用户规模达 9.27 亿户，占整体网民的 93.7%，其中，短视频用户规模达 8.73 亿户，占整体网民的 88.3%。网络视频平台商业模式进一步成熟，长短视频平台业务相互渗透、融合发展。一方面各大平台推出优质短视频内容，如爱奇艺推出短视频内容社区"随刻"、微信推出"视频号"；另一方面，短视频平台涉足综合视频业务，逐步进入长视频领域，如抖音平台开放 15min 的视频拍摄权限，快手平台上线社会题材纪录片、网络电影等长视频节目。

以电商直播为代表的网络直播行业在 2020 年蓬勃发展，截至 2020 年 12 月，我国网络直播用户规模达 6.17 亿户，网民渗透率达到 62.4%。其中，电商直播用户规模为 3.88 亿户，游戏直播用户规模为 1.91 亿户，真人秀直播的用户规模为 2.39 亿户，演唱会直播的用户规模为 1.90 亿户，体育直播的用户规模为 1.38 亿户。政府高度重视蓬勃发展的直播行业，先后多次针对直播平台不良内容采取整治措施，密集出台多个网络直播行业管理规范，这些规范文件有助于网络直播行业淘汰不良从业者，实现长期繁荣发展。

（二）生活服务在线化水平进一步提高

2020 年新冠肺炎疫情促使各行各业对数字技术的重视达到了前所未有的高度，"在线""远程""网络"等成为了 2020 年出现最频繁的词语之一。根据国家统计局统计，2020 年全国网上零售额为 117601 亿元，比 2019 年增长 10.9%，增速比 1—11 月回落 0.6 个百分点。其中，实物商品网上零售额为 97590 亿元，比 2019 年增长 14.8%，占社会消费品零售总额的比重为 24.9%；在实物商品网上零售额中，吃类、穿类和用类商品分别增长 30.6%、5.8% 和 16.2%。

在生活方面，防疫要求促使网民更加倾向于在线化，用户的上网意愿、上网习惯加速形成。利用网络新闻媒体获取信息，借助网络购物、网上外卖解决日常生活所需等成为当下社会发展的趋势。数据显示，截至 2020 年 12 月，我国网络购物用户规模达 7.82 亿人，较 2020 年 3 月增长 7215 万人，占网民整体的 79.1%。

受疫情影响，2020 年我国用户对"送货到家"服务需求攀升，网上外卖用户呈爆发式增长。据 CNNIC 数据显示，截至 2020 年 12 月，我国网上外卖用户规模达 4.19 亿人，较 2020 年 3 月增长 2103 万人，占网民整体的 42.3%；手机网上外卖用户规模达 4.18 亿人，较 2020 年 3 月增长 2106 万人，占手机网民的 42.4%。外卖业务不仅为美团、饿了么等平台积累了千万用户、百万商家和配送体系等重要资源，更是平台收入的重要保障，为平台逐步构建本地生活服务生态体系奠定了基础。

（三）企业积极推动数字化转型

在企业数字化转型方面，受到疫情影响，远程办公模式为企业在特殊时期保持正常转型提供了支撑。远程办公得到企业用户的普遍认可，市场规模仍保持高速增长，并逐渐向基础应用方向沉淀，融入企业日常运营活动。数据显示，截至 2020 年 12 月，我国远程办公用户规模达 3.46 亿人，较 2020 年 6 月增长 1.47 亿人，占整体网民的 34.9%，下半年远程办公用户规模增长率达 73.6%。

2020 年，我国互联网企业迈入高质量发展的新阶段。一是互联网上市企业市值再创历史新高。据统计，截至 2020 年 12 月，我国境内外互联网上市企业总数为 147 家，其总市值达 16.80 万亿元人民币，同比增长 51.2%。二是互联网企业呈集群化发展态势，北京、上海、深圳、杭州、广州等经济发达地区的互联网企业数量居领先位置，这些企业主要集中在电子商务、企业服务、汽车交通、金融科技和医疗健康 5 个领域。

在政务服务方面，我国在线政务服务指数由全球第 34 位跃升至第 9 位，迈入全球领先行列。截至 2020 年 12 月，我国互联网政务服务用户规模达 8.43 亿人，占整体网民的 85.3%。各类政府机构积极推进政务服务线上化，服务种类和人次均有显著提升，政务服务水平得到大幅提升。截至 2020 年 12 月，我国共有政府网站 14444 个，主要包括政府门户网站和部门网站。各行政级别政府网站共开通栏目 29.8 万个，主要包括信息公开、网上办事和政务动态 3 类。以健康码为例，疫情发生以来，全国一体化政务服务平台推出"防疫健康码"，累计申领近 9 亿人，使用次数超过 400 亿人次，支持全国绝大部分地区实现"一码通行"，政务大数据在疫情防控和复工复产中作用凸显。同时，为化解老年人"数字鸿沟"困扰，及时上线"老幼健康码助查询"功能。

（四）公共服务数字化程度持续增强

在交通方面，因疫情防控取得积极进展，全年网约车用户数量先降后升，截至 2020 年 12 月，我国网约车用户规模达 3.65 亿人，占整体网民的 36.9%。随着无人驾驶技术的日趋成熟，2020 年广州、上海、武汉、北京等多个城市逐步开放自动驾驶载人测试许可，部分城市出现测试自动驾驶出租车服务。

在教育方面，在线教育行业发展态势良好，截至 2020 年 12 月，我国在线教育用户规模达 3.42 亿人，占整体网民的 34.6%，其中手机在线教育用户规模达 3.41 亿人。截至 2020 年 11 月底，全国中小学联网率为 99.7%，学校网络基础环境基本实现全覆盖，更好地促进了教育现代化。大规模在线教育活动的顺利开展，吸引众多机构及资本进入在线教育行业，竞争激烈。据统计，2020 年前 10 个月，我国在线教育企业新增 8.2 万家，线上教育的个性化教学服务进一步加强。

在医疗方面，线上线下医疗服务进入融合发展阶段。截至 2020 年 12 月，我国在线医疗用户规模为 2.15 亿人，占整体网民的 21.7%。各大企业结合自身优势，积极布局在线医疗。一方面以京东健康为代表，以医药电商为核心发展医药零售业务，并逐步提供在线医疗健康服务；另一方面以腾讯医疗、丁香园、平安好医生等为代表，借助线上流量平台优势，细化医疗服务应用场景，盘活优化问诊、挂号、医保等医疗服务环节，构建完整的医疗服务生态。

三、结束语

当前，新一轮科技革命和产业变革加速演进，人工智能、大数据、区块链、5G、物联网等新技术、新应用、新业态蓬勃发展，互联网迎来了更加广阔的发展空间。在新的历史时期，我国互联网产业发展需要牢牢把握战略机遇，在数字经济、技术创新、网络惠民、在线政务等方面取得更多重大突破，从而有力推动网络强国建设迈上新台阶。

（国家互联网应急中心 陆希玉）

2021 年国内外物联网发展现状及趋势分析

在全球疫情持续蔓延的情势下，以智能物联网为代表的信息通信技术深刻改变着传统产业形态和社会生活，催生了大量的新技术、新产品、新模式，推动全球数字经济高速发展。全球物联网市场进入稳步增长阶段，产业物联网进入纵深发展阶段，以低功耗、广覆盖为代表的蜂窝无线通信技术应用场景不断扩展，智慧城市、智能家居和智慧工业等垂直行业应用规模不断扩大，国际主流电信运营商逐步选择混合组网模式以满足物联网碎片化需求。在我国，各级政府部门持续推出物联网发展政策，设备提供商、终端厂商、网络及业务运营企业协力共同推进物联网网络部署，逐步突破终端发展瓶颈，并积极推进物联网系列标准，工业互联网和车联网开始大范围商用，物联网产业呈现健康有序发展的态势。

一、全球物联网发展现状分析

（一）从产业结构来看，产业物联网进入纵深发展阶段

根据 GSMA 预测，产业物联网的设备规模将在 2024 年超过消费物联网的设备规模。近年来，随着物联网技术逐步应用于各个行业，特别在疫情期间，远程诊疗、公共场所热成像体温检测、信息溯源、救援灾备等需求不断推动物联网应用深入发展。智慧工业、智慧交通、智慧健康、智慧能源等领域将有可能成为产业物联网连接数增长最快的领域。

（二）从网络接入技术来看，低功耗广域接入技术占比逐步提升

全球物联网连接设备保持稳步增长，截至 2020 年，全球物联网连接总规模达到 126 亿个，同比增长 18%，物联网网络接入仍以无线接入为主，且在未来一段时间内继续保持以 Wi-Fi、蓝牙和 Zigbee 等近距离无线接入方式为主要连接方式。随着 5G 及 6G 的技术特性不断增强、应用场景不断增多，授权的 LPWA（Low Power Wide Area，低功耗广域）无线接入技术占蜂窝无线接入技术市场的份额逐步提升，由 2017 年的 10% 提升到 2020 年的 15%。

长距离无线接入技术主要包括授权频率的蜂窝技术以及 LoRa 和 SigFox 等非授权频率的 LPWA 无线接入技术。长距离无线接入市场发展如下。

①受疫情影响，全球授权蜂窝物联网连接市场整体增速放缓，其中授权 LPWA（Low Power Wide Area，低功耗广域）技术市场的发展前景看好，增速及占比显著提升。根据 GSMA 统计，截至 2020 年年底，全球授权物联网网络连接规模接近 19 亿个，同比增长 10%，预计 2021 年达到 24.6 亿个。2020 年年底，授权 LPWA 技术连接市场规模逼近 2 亿个，同比增长 105%，预计到 2021 年年底，连接市场规模接近 2.5 亿个，占蜂窝移动无线接入技术市场的比例提升到 15%。

②非授权频率无线接入市场稳步增长。其中，LoRa 市场保持稳步发展，根据公开资料显示，2020 年，全球 LoRa 芯片出货量超过 90 亿，在 157 个国家和地区部署 80 多万个网关，部署终端节点超过 1.5 亿个。SigFox 发展势头一般，2020 年，在 72 个国家实现 580 万平方千米的地理覆盖，在中国市场的发展处于停滞状态。

以 Wi-Fi 6、Bluetooth LE 和 Zigbee 等为典型代表的近距离无线接入市场稳步发展。根据相关联盟公开发布的数据显示，2021 年，Wi-Fi 产品年度出货量达 42 亿台，累计出货量达 375 亿台（Wi-Fi 6 产品累计出货量超过 20 亿台，Wi-Fi 6E 产品累计出货量达 3.38 亿台）；蓝牙产品出货量为 45 亿台，预计 2025 年出货量达到 64 亿台（其中低功耗产品出货量以 3 倍速迅猛增长）。

（三）从产业应用来看，智慧城市、智慧工业和智能家居等应用场景需求旺盛

不同物联网技术具有不同的特性见表1，彼此相互补充，以满足物联网碎片化的各种应用场景，最终实现万物互联。从全球统计来看，当前应用较为广泛的场景包括智慧公共事业、智慧供应链/智慧物流、智能家庭/智能楼宇、智慧农业、智慧城市、智能环境、智能工业控制和智慧医疗等。

表1　典型 LPWA 技术特性对比

特性 \ 技术	NB-IoT	LoRa	SigFox
技术	开放式架构	专网	专网
授权频谱	是	否	否
最大有效载荷长度	>1Byte	51Byte(EU)/11Byte (US)	12Byte
下行容量	不限	低	低
链路预算（上行）	164dB	141～146dB	163dB
链路预算（下行）	164dB	151～156dB	158dB

数据来源：德国电信

①在长距离低功耗无线接入技术中，NB-IoT 具有海量连接、超低功耗、稳定可靠、深度覆盖的优势，其覆盖范围达到 1km～10km，平均传输速度达 70kbits，主要应用于抄表、烟感等公共事业等领域。LoRa 适用于功耗低、距离远、大量连接以及定位跟踪等应用，最大行业应用领域为表计类，其次为智慧城市、智慧社区/楼宇、车辆跟踪和宠物跟踪、智慧酒店、智慧园区、智慧农业、环境监测等。SigFox 相对 LoRa 而言，具有成本较高，自建专网且传输距离可达 50km 等特点，主要应用于专有园区的应用场景。

②在近距离无线接入技术中，Wi-Fi 主要应用场景包括智能家居、智慧城市、超高清视频、智慧工业等；蓝牙技术主要应用场景包括手机、PC 和平板电脑、耳机等音频设备以及智能家居、资产跟踪、智能汽车、智慧楼宇、智慧工业等。

另外，物联网与 5G、云计算、大数据、人工智能、区块链等新一代信息通信技术互促融合发展趋势日益凸显，这将促进物联网朝着万物智联、云边协同、智能决策方向发展，既可满足自动驾驶、工业精准控制等低时延、高可靠类应用场景需求，又可满足智慧安防、智慧水务、城市管网监测等对时延不敏感类应用场景的需求。

（四）从企业网络部署来看，NB-IoT 成为多数国际电信运营商选择的蜂窝物联网部署方式

越来越多的国际电信运营商采取混合技术组建物联网网络，其中选择 NB-IoT 组网模式的企业数量占据近 7 成的比例。根据 GSMA 公开发布数据显示，截至 2021 年 3 月，全球采用 LPWA 技术部署物联网的运营商数量滑落到 122 家（2019 年为 127 家），仅采用 LTE-M 技术部署蜂窝物联网的运营商数量从 2019 年的 35 家滑落到 16 家，仅采用 NB-IoT 技术部署蜂窝物联网的运营商数量由 2019 年的 92 家减到 71 家。同时部署 NB-IoT 和 LTE-M 的蜂窝物联网的运营商数量从 2019 年的 17 家提升到 35 家。总体来看，混合组网是全球基础电信运营商唯一实现正增长的组网方式。

二、我国物联网发展分析

（一）政策持续推进物联网全面发展

物联网作为新基建中实现万物互联和智能化的关键基础设施，可以推进信息化与工业化深度融合，促进传统产业优化升级，实现生产力和生产方式的变革，是激发我国经济高质量发展的催化剂。随着国家部署"新基建"的脚步加快，各级政府部门相继出台系列政策推动物联网基础设施建设、技术标准、行业安全及产业政策持续健康发展。

（1）物联网基础设施建设进入发展快车道

2020 年，国家发展和改革委员会明确"新基建"范围，物联网成为"新基建"的重要组成部分，从战略新兴产业角度被定位为新型基础设施，成为数字经济发展的基础，重要性进一步提高。2020 年 5 月，工业和信息化部印发的《关于深入推进移动物联网全面发展的通知》（以下简称《通知》）提出，推动 2G/3G 物联网业务迁移转网，建立 NB-IoT、4G（含 LTE-Cat1）和 5G 协同发展的移动物联网综合生态体系，加快移动物联网建设，加强移动物联网标准和技术研究，提升移动物联网应用广度和深度。

（2）物联网技术标准问题进一步完善

2020 年 5 月，工业和信息化部印发的《通知》中提出，制定移动物联网与垂直行业融合标准，推动 NB-IoT 标准纳入 IUT IMT-2020 5G 标准，推进移动物联网终端、平台等技术标准及互联互通标准的制定与实施。2020 年 7 月，在国际电信联盟无线通信部门 (ITU-R) 国际移动通信工作组 (WP5D) 第 35 次会议上，NB-IoT 技术正式被接受为 ITU IMT-2020 5G 技术标准，与 NR 携手成为万物互联智能世界的基石，是 5G 标准的核心组成部分。

（3）物联网行业安全多措并举

各方通过建立安全管理机制、加强安全监测、支持网络安全核心技术攻关、开展产品安全测评等加强移动物联网安全防护和数据保护，并不断通过建立移动物联网安全标准框架、加大安全技术手段研究等举措夯实移动物联网行业基础安全。

（4）各省因地制宜推出物联网产业发展政策

各地根据国家部署，相继发布各类政策文件积极推动物联网产业发展。上海市聚焦智慧城市建设，以新一代信息基础设施助力城市发展；北京市整合创新资源，大力推动物联网行业发展；广州市抢抓产业发展机遇，拓展物联网行业发展新空间；深圳市重点发展核心产业，促进物联网产业链形成。在政策不断发力下，各地在物联网关键技术研发、应用示范推广、产业协调发展和政策环境建设等方面取得了显著成效。

（二）物联网市场规模稳步增长

我国物联网市场规模持续稳定增长，工业和信息化部发布的《2020 年通信业统计公报》显示，截至 2020 年年底，3 家基础电信企业蜂窝物联网用户达 11.36 亿户，全年净增 1.08 亿户。根据运营商公开资料显示，截至 2021 年 3 月底，3 家基础运营商物联网用户数合计为 11.9 亿户，其中，中国移动为 6.91 亿户，中国电信为 2.52 亿户，中国联通为 2.47 亿户。

整体来看，我国物联网市场具有良好的前景，芯片、模组、运营商、方案提供商等均布局物联网，搭建各自的产业生态。我国已有超过 15 家的 NB-IoT 芯片厂商、20 家的 NB-IoT 通信模组厂商。芯片方面，紫光展锐和翱捷科技发布 Cat·1 芯片，海思和联发科在全球首发 5G 芯片。模组方面，移远通信和日海智能是全球出货量较大的蜂窝物联网模组供应商，移远通信 2020 年报显示，公司模组出货量超过 1 亿片。网络建设方面，截至 2020 年年底，

我国 4G 基站数量达 575 万个，城镇地区实现深度覆盖，为 Cat·1 规模化部署实施提供了良好的接入基础。新建 5G 基站 60 万个，已开通 5G 基站超过 71.8 万个，其中，中国电信和中国联通共建 5G 基站超过 33 万个，5G 网络已覆盖全国地级以上城市及重点县市。

（三）移动物联网应用场景不断丰富

工业和信息化部发布的《2020 年通信业统计公报》数据显示，我国蜂窝移动物联网主要应用于智能制造、智慧交通、智慧公共事业三大垂直行业，其终端用户占比分别达 18.5%、18.3%、22.1%。其中 NB-IoT 已广泛应用于电表、水表、燃气表、消防烟感、智能井盖、智能门锁等行业。NB-IoT 正式被纳入 5G 标准，成为海量机器类通信场景核心技术，其规模化应用将扩大。Cat·1 已重点应用于移动支付 POS 机和对讲机等金融支付、新零售、共享经济等行业。新零售、智能家居、智能穿戴、共享经济等信息消费领域也不断发力，疫情期间需求加大。

三、我国物联网未来发展

随着"新基建"的部署加快，物联网成为全面构筑经济社会数字化转型的关键基础设施，物联网产业规模持续扩大，应用范围不断提升。

网络覆盖方面，随着 5G R16 标准冻结，技术层面支持物联网全场景网络覆盖。物联网基础设施建设加速，5G、LTE、Cat·1 等蜂窝物联网部署重点推进，推动传统基础设施"数字+""智能+"不断升级。产业应用方面，物联网不断深化在工业制造、仓储物流、智慧农业、智慧医疗等领域的应用，推动设备联网数据采集，提升生产效率；物联网加大在能源表计、消防烟感、公共设施管理、环保监测等领域的应用，提高公共服务能力和应对突发事件的能力。物联网在智能家居、可穿戴设备、儿童及老人照看等领域应用，不断惠及民生，提升民众生活幸福感。产业链方面，当前我国物联网产业链已较为完善，政策的不断出台利好行业发展的同时，也在推动成本降低和技术发展。未来，物联网发展需依靠产业链多方发力和企业积极布局。

（中国信息通信研究院　姬　彬　马思宇）

我国电信新业务发展趋势分析及发展建议

一、电信新业务界定

广义的电信新业务包括新型电信业务、新应用、新业态以及新模式。

①新型电信业务：主要指利用新型信息通信技术衍生出具备新的业务属性的电信业务，例如云服务。

②新应用：主要指原有电信业务基础上开发新的增值服务，例如云服务中衍生的云原生等新应用。

③新业态：主要指新型信息通信技术在垂直行业的应用，例如云服务技术在交通领域的互联网平台业务和工业领域应用的工业互联网平台业务。

④新模式：主要指新的经营主体合作和产品组合等商业模式的创新，例如云网融合业务是基础电信网络服务和云服务叠加的融合类业务，需要基础电信运营商和云服务共同提供的服务。

总体来看，新型电信业务更注重电信颠覆性的技术新特性、新应用侧重于一种通信技术在一个电信业务种类衍生的新应用新形态，新业态强调技术在某个垂直行业的应用，新模式强调不同的经营主体联合提供融合类的业务。

二、电信新业务发展影响要素分析

一个电信新业务从上市到退出市场，其完整的生命发展周期要经历萌发期、发展期、成熟期和衰退期4个阶段。我们通过梳理历史上各个阶段出现的电信新业务发现，其受技术、价格和终端等因素影响较大。

（一）技术是衍生电信新业务的核心要素

技术是贯通和影响电信新业务整个生命周期的核心要素。我们将已有电信业务依据技术演进脉络大体可分为三类：一是模拟信号转向数字化信号的技术，二是固定和电路交换转向移动化及IP化的技术，三是语言向综合数据的技术（包括文字、声音、图片、图像、符号等）。受技术更新速度影响，每类电信业务替代周期呈现逐步缩短态势。例如：移动电话替代固定电话花费长达近100年的时间，手机替代寻呼机发短信时隔20年，移动蜂窝通信业务从1G演进到5G平均替换周期在10年左右，手机替代电脑上网用时不到5年。

（二）资费是加速电信业务替代周期的关键要素

在电信业务发展过程中，除了技术影响要素外，资费是加速电信新业务替代传统电信业务的另一关键影响要素，且会出现阶段性影子替代业务。

1. 语音类业务

典型代表业务有无线寻呼、小灵通和IP电话等，替代业务的生命周期在20年左右。

①作为固定电话首个"影子"替代业务，寻呼业务凭借其终端价格和业务资费的比较优势，自1984年开始投入市场，以每年翻番的速度增长，直到2000年，市场出现其替代的"影子"产品——移动短消息，寻呼业务开始出现负增长，2007年寻呼业务退出市场，整个业务生命周期长达23年。可以说，作为阶段性替代电信新业务，寻呼业务在当时可以有效地满足用户能够及时收到通知的业务需求。

②作为固定电话和移动电话的中间过渡产品，小灵通业务凭借定位于限定服务区域的资费优势，从1996年面世，到2014年最后退出市场经历了18年。作为阶段性替代电信新业务，小灵通有效地满足了当时只有本地话音的低端细分市场用户需求。

③作为长途话音的"影子"替代产品，IP电话是语音互联网化的业务雏形，凭借价格比较优势，IP电话自1999年进入市场，发展到2008年达到高峰，受市场推出长市话合一的资费变化的影响，IP电话业务开始出现负增长，发展到现在，通信

业务泛 IP 化，IP 电话业务作为阶段性"影子"替代产品，在当时有效地满足用户降低长途电话支出的需求。

2. 数据类业务

替代业务的典型代表是消息类业务。消息类业务的演进路线是沿着传真、电报、寻呼业务（数字和文字）、电子邮件、移动短消息业务、MMS 多媒体消息业务，再到 PC 端互联网的 MSN、QQ、飞信等即时通信业务，发展到现在的微信和 5G RCS 等移动即时通信业务，呈现出两条演进路线交融发展的路径：一条是沿着固定通信、移动通信和互联网通信的融合通信发展路径；另一条是消息内容从数字、文本、图片、图像，再拓展到综合业务（包含语音）服务内容的演进路线。我们看出，电报业务向寻呼业务演进用时将近 100 年，寻呼业务升级到移动短消息业务和桌面互联网消息业务大约经历 20 年左右的时间，而 QQ 和微信等业务代际迭代周期在 5～10 年，数据类替代型新业务生命周期呈现逐步缩短的态势。

（三）终端是影响新业务发展的重要因素

迄今为止，通信业务沿着固定电话（固定话音业务）、寻呼机（移动数据业务）、大哥大（模拟移动话音业务）、功能手机（数字化移动话音业务）、小灵通（本地移动话音业务）、智能手机（短消息业务）、电脑（固定互联网业务）、智能终端（移动互联网）的路线演进，可以看出终端成为每代通信业务的代名词，是新业务上市且进入发展期的重要影响要素，其中芯片及模组成本是突破终端发展瓶颈的关键要素。

三、以新技术驱动的电信新业务创新发展趋势分析

基于电信新业务影响要素的分析发现，技术是驱动电信新业务不断创新的根本源动力，并持续作用于整个电信业务生命周期，因为没有技术上的创新，新业务没有产生和发展的基础，为此，本文进一步分析新技术对电信新业务的影响。

（一）全球信息通信技术发展趋势分析

电信新业务发生质变的核心影响要素是技术。我们通过梳理总结 2021 年年初国内外相关政府研究机构、行业协会、咨询机构及典型企业关于信息通信技术与网络发展趋势，预测发现产业链上下游各方技术关注的落脚点，见表 1。

一是聚焦在人工智能、量子计算、边缘计算和零信任等新型云类技术应用等领域。

二是关注焦点从单纯技术基础研究领域扩展到技术在个人市场和垂直行业的应用。例如，受

表 1　2021 年全球技术趋势预测分析总结

预测机构	典型代表	关键词
咨询机构	国际数据公司、高德纳、弗雷斯特研究公司、贝恩公司、德勤咨询、埃森哲等	云（分布式云、边缘云、零信任架构）、先进计算（边缘计算、隐私计算）、人工智能、IoB(行为互联网)、网络安全、远程技术
行业协会	电气和电子工程师协会、美国计算机行业协会	人工智能（机器训练）、VR/AR、物联网、云（零信任架构）
互联网企业	亚马逊、谷歌、阿里巴巴达摩院、百度、腾讯	人工智能（机器训练）、量子计算、云（云原生、安全）、AR/VR
媒体	麻省理工科技评论、德国法兰克福汇报	IoB（行为互联网）、量子计算、远程技术、人工智能（推荐算法）
设备提供商	思科及联想	远程技术、云（弹性、分布式）、网络自动化、隐私计算
政府研究机构	美国白宫科技政策办公室、EC、英国国防科学与技术实验室、中国信息通信研究院	人工智能、量子技术、云

数据来源：各大机构在官网公开预测的研究报告。

表2　典型机构2019—2021年技术趋势关键信息预测

机构	2019年	2020年	2021年
国际数据公司	数字化转型将把IT转变为利润中心、数据泄露将更频繁地发生且规模更大、私有云将收回公有云的部分成本、主机托管将实现混合IT、5G将改变人们的生活	企业数字化转型创新、云融合、边缘计算、应用层创新、人工智能、聚合平台等	向以云为中心的转变加速、边缘成为重中之重、智能数字工作区、弹性计算、自主IT运营的转变、机会型人工智能扩展等
美国计算机行业协会	云、边缘计算、5G、物联网、人工智能	物联网继续重新定义IT架构、人工智能、对集成系统需求推动对自动化的需求、网络安全变得更具可操作性、深度伪造和5G加剧了数据管理的挑战等	云为王、零信任塑造了网络安全计划、托管服务提供商将建立深厚的网络安全专业知识
高德纳	自主设备、增强分析、人工智能驱动开发、数字孪生、边缘强化、沉浸式体验、区块链、智能空间、数字道德和隐私、量子计算	超自动化、多重环境体验、专业知识民主化、人体增强、透明度和可追溯性、被授权的边缘计算、分布式云、自主的事物、实用区块链、人工智能安全	行为互联网、全面体验、增强隐私计算、分布式云、随处运营、网络安全网格、人工智能工程化等
电气和电子工程师协会	深度学习、辅助运输、行为物联网、利用人工智能人脸识别等生物特征识别数据的社交信用算法、先进材料对物联网设备和沉浸式计算产生影响、AR/VR、主动安全防护、自动语音垃圾邮件防护	边缘人工智能、非易失性存储器产品、接口和应用程序、数字孪生、人工智能和关键系统、实用快递无人机、增材制造、机器人认知能力、人工智能/ML适用于网络安全、反映安全和隐私的法律相关启示	远程工作实现技术、AIoT(可低功率穿戴设备和传感器的大规模分布式智能框架、促发存储和计算设施与产品增加)。自治系统可靠性和安全性、数据甄别、高性能计算系统、人工智能和机器训练的可靠性及在数字工厂等领域应用、网络空间安全等

数据来源：各大机构在官网公开预测的研究报告。

疫情影响，远程办公、医疗、文娱等个人应用领域及工业和交通领域等垂直行业应用领域市场需求增长明显。

我们进一步分析美国典型咨询机构和行业协会连续3年的技术关键信息预测演变特征，量子计算、分布式云、人工智能和物联网是预测持续关注的焦点，见表2。

（二）电信新业务技术创新发展趋势分析

以2021年各机构预测的新技术为主线，可将电信新业务大体分为4类。

第1类是以脑机接口为代表的颠覆性技术衍生的新型电信业务，该类技术从研发到最后商用至少需要20年左右时间。

第2类是以量子信息为典型的下一代信息通信技术衍生的新型电信业务，这类技术商用时间周期大约为10年。

第3类是以6G技术为代表的代际更新业务，这类技术商用时间在5年左右。

第4类是有效提升现有网络的接入、传输与承载能力的数字化转型技术，这类技术多是改善现有电信业务属性，提供增值服务，由这类技术衍生的增值应用周期都在5年以下。典型技术包括人工智能和先进计算等信息通信技术。通过梳理现有新业务形态，发现这种技术衍生的新应用多与云服务相关，并大体可分为以下两种情况。

①云类新应用。以零信任、分布式计算、异构计算、隐私计算和弹性计算等先进算力信息通信技术均会改善云服务的计算能力和灵活性，衍生新型云服务应用。例如，边缘计算与人工智能结合提供边缘人工智能云应用，可以实现为用户提供边缘场景的人工智能服务部署平台，包括镜像构建、资源分配、模型服务和状态监测等服务，实现高效率的云资源调用与管理。

②以云为底座的新应用。例如，语音与云融合的融合通信业务UCaaS，通过云计算和人工智能技术的融合，以SIP方式提供融合通信服务，典型业务组网特征是由原有局域网内的CTI平台演进到分布式的云虚拟化平台，呼叫中心客户服务

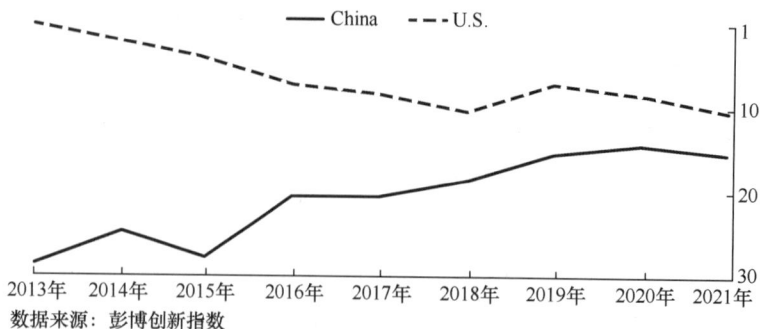

数据来源：彭博创新指数

图 1　2013—2021 年彭博创新指数中美对比分析

座席由集中式演进到分散式的云座席。再如，行为互联网，将应用场景从物理世界扩展到人类社会，利用 AR/VR 等全息通信技术通过物联网设备搜集与人相关的行为特征，将物联网面向服务对象分为两类，用数字展示面向人与面向物的世界，并通过零信任网络等新型信息通信技术保障网络及平台安全。

四、中美电信新业务创新能力差距分析及相关建议

（一）中美电信新业务创新能力差距分析

根据本文前面的分析结论，可以通过对比中美创新能力来衡量双方电信业务创新能力差距。通过分析彭博社（Bloom berg，前身是美国创新市场系统公司，目前是全球最大的财经资讯公司）2013—2021 年连续发布的创新指数可以发现：我国创新实力不断提升，且与美国的差距不断缩小。如图 1 所示，2021 年，在接受调查的 60 个国家和地区中，美国排名第 11 位，中国位居第 16 位，中美两国排名差距由 2013 年的 30 位缩小到 2021 年的 5 位。

通过进一步细化分析：中美主要创新差距体现在美国在尖端技术专注度（第 1 位）、专利活动（第 2 位）和劳动生产率（第 5 位）等方面排名靠前且领先于中国；但在制造业附加价值（第 24 位）和教育效率（第 47 位）排名靠后于中国；另外，美国在研发强度（第 9 位）、研究专注度（第 32 位）排名略高于中国，见表 3。

表 3　2021 年中美彭博创新指标排名对比分析

指标＼国家	研发强度	制造业增加值	劳动生产率	尖端技术专注度	教育效率	研究专注度	专利活动	总分
中国	13	20	45	9	17	39	3	79.56
美国	9	24	5	1	47	32	2	83.59

（二）相关建议

1. 有效引导我国电信新业务市场健康有序发展

相关政府管理部门应遵循电信业务生命周期发展特点，做好电信新业务配套的市场准入、事中和事后管理工作，特别是要重视以云为核心衍生的新应用、新业态和新模式的管理，加强对网络、平台和数据管理，为鼓励企业开展电信业务创新搭建良好的发展环境。

2. 快速提升我国电信新业务核心竞争能力

如前所述，技术创新是电信新业务根本源动力，为此，国家层面需要加强我国前沿信息技术领域基础研究能力，面对日益复杂的国际竞争环境，建议在国家层面统筹推出资金、技术、人员和组织体系等系列保障举措，聚焦以 6G、人工智能和量子计算为代表的新型信息通信技术基础研究，快速提升我国企业自主创新全球竞争实力。

3. 发挥我国电信新业务应用市场优势

美国创新领先优势在于尖端技术领域研究和专利转换度，而我国的领先优势在于技术产业应用。为此，针对近期美国在人工智能、量子计算、云计算为代表的算法和算力等信息通信领先技术战略布

局，我国应充分发挥后发优势，聚焦人工智能、量子计算和云计算的技术在工业领域和教育领域的新应用、新业态和新模式的推广，实现通信行业技术驱动的内涵式增长，全面推动我国通信行业高质量发展。

（中国信息通信研究院　马思宇　陈　辉）

我国电信运营商 2020 年网络转型情况分析

2020 年，我国三大运营商在推进网络建设、转型和升级方面，呈现出较多共性特点：三者均高度重视加强云网资源能力建设，促进云网协同、深化云网融合，实现巩固夯实自身的竞争根基。同时，三者还均强调深入推进 5G 网络共建共享；注重打造数字化中台 / 业务平台，赋能网业协同发展；追求网络制式简化和频率资源优化配置等。此外，部分运营商同样也对加强网络和信息安全、确保供应链安全可控、继续推进基于开源与白盒打造新一代云原生网络等予以了高度重视。

一、中国电信网络转型情况分析

2020 年，中国电信提出"云改数转"新发展战略，云网融合、数字化平台、网络安全等的建设成为其中的重点，如图 1 所示。

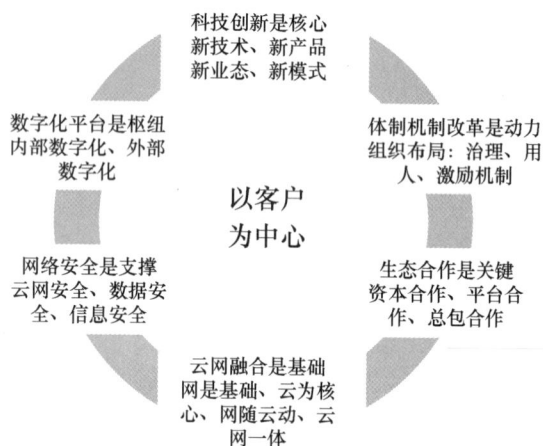

图 1 中国电信 "云改数转" 战略示意

（一）加强云网能力布局，构建云网融合的新型基础设施

中国电信坚持"网是基础、云为核心、网随云动、云网一体"的战略方向，加快云计算、云网融合、云边协同、算力技术等领域的技术创新。

1. 在天翼云资源能力建设方面

自研天翼云 IaaS+PaaS+ 大数据 /AI 等 50 余项核心技术，形成丰富的云服务能力，见表 1。

表 1 中国电信重要云服务能力建设概览

	自研核心技术	云服务能力
弹性计算技术	• 自研云计算资源管理调度平台，对 "2+4+31+X+O" 布局的全网资源池统一管理、统一监控、统一分析； • 基于 Linux 和 KVM（Keyboard Video Mouse，键盘、视频和鼠标）、QEMU（Quick Emulator，虚拟操作系统模拟器）、OVS、DPDK（Data Plane Development Plane，数据平面开发套件）等开源软件打造自研操作系统发行版和虚拟化软件，提供支持 X86、ARM、GPU、国产 CPU（Central Processing Unit，中央处理器）等不同计算架构的云主机服务； • 自研裸金属、弹性容器引擎、专属云、E-HPC（弹性高性能计算）等技术，提供多种形态的弹性计算服务	计算
分布式存储技术	• 基于分布式存储技术，针对结构化、非结构化数据存储场景，研发块、文件、对象多种存储能力； • 自研高可靠对象存储 OOS（Operation Support Syetems，系统即操作支持系统）技术，结合公司的网络资源优势，建设覆盖全国的存储资源网络并实现统一管理调度能力； • 组织研发跨广域网的元数据环服务能力，为用户提供就近服务，实现就近快速读写能力； • 自研广域网环境下，跨资源池的数据强一致性与存储服务可用性平衡优化算法，为服务稳定性提供有力保障； • 自研大规模集群元数据调度算法，提升元数据可靠性和吞吐能力，单容器实存数据达到 EB 级	存储

（续表）

	自研核心技术	云服务能力
云网融合技术	• 自研掌握虚拟化网络、SDN/NFV、IPv6 等技术，基于自研能力提供 VPC、NAT、弹性 IP、弹性负载均衡、VPN、SD-WAN、共享带宽等一系列网络服务； • 自研掌握云网编排器和控制器技术，实现 Overlay 网络统一编排和控制，支持入云、云内、云间、企业组网等全场景网络服务	网络
云原生数据库	• 自主研发云原生国产化数据库，在行列混存、弹性调度等技术领域实现关键技术突破，承载数亿用户数据，支持千万级并发能力	数据库
容器云服务引擎技术	• 自研云原生容器网络、存储插件，提供更高性能、更低时延、更加具备弹性可靠的网络和存储能力	容器与中间件
CDN 和大视频技术	• 基于云原生技术提供全栈视频能力，实现 CDN、媒体存储、边缘计算等产品能力随需一键下沉； • 自主掌控内容分发、CDN 流量精准调度等关键技术； • 面向大容量存储场景研发分布式集群弹性扩容技术，在海量视频并发写入频繁删除场景下保证系统的高可用性	CDN
云终端技术	• 自研攻关高性能视频编解码技术、自适应数据传输以及多帧关联编码等核心技术，提升弱网场景下的用户体验；实现 4K/60fps 高品质画质能力； • 实现业界领先的 USB 总线映射技术，广泛兼容各类复杂外设	云终端
大数据和 AI 技术	• 自研大数据平台实现从 CDH 商业版到 Apache 开源版本的技术突破，持续技术攻关超大规模集群调度管理技术 • 以公有云、专属云、私有云多种模式，提供数据采集、数据存储、数据治理、数据开发、数据可视化的大数据平台服务 • 自研 AI 开发平台，实现从数据标注、模型开发、模型训练、模型推理的全流程服务，帮助客户快速构建行业智能应用能力	大数据和 AI
私有云/混合云技术	• 自研私有云/混合云平台，并与业界主流公有云、私有云平台对接，提供混合多云管理能力	私有云/混合云
云虚拟化技术	• 面向云化网元承载的高性能服务器虚拟化平台，助力建设可控的、弹性的、共享的云资源池，逐步实现对 5GC 网络和其他云化网元三层解耦的全面支撑	公有云

2. 在 5G 网络覆盖方面

中国电信持续加大 5G 网络建设，通过共建共享共维，快速形成网络覆盖能力。截至 2020 年 12 月 31 日，中国电信在用 5G 基站 38 万个，5G 网络已实现全国所有地级以上城市覆盖、部分发达县城室外基本连续覆盖、重点楼宇室内覆盖，具备良好的 5G 网络感知和客户体验。在 5G 业务平台方面，中国电信依托天翼云能力底座，建设基于 CDN 分发网络、GPU 渲染资源池及边缘计算的 5G 云应用能力平台，向广大用户提供感知良好的超高清视频、云游戏和云 VR/AR 等创新应用。在 5G 核心技术创新和 5G 云化网元自主研发方面，逐步部署 5G 移频 MIMO 室分系统、扩展性小基站、轻量级 UPF 等设备，有效降低 5G 网络建设成本。自研 MEC 边缘云平台，在广东、江苏等十余个省市完成预商用试点，并在重点行业客户落地。自主研发基于 AI 的 5G 基站智慧节能系统，支持 4G/5G 协同分析，优化 5G 节能指令效率，经济效益显著，见表 2。

表 2 中国电信自研 5G 云化网元产品核心技术简介和创新性

核心技术	技术特点和先进性
UPF	自研轻量级 UPF（User Plane Function，用户面功能）产品与华为、中兴 5GC 全兼容，并具备低成本、功能开放、按需定制、云边安全协同的特点，支持容器化灵活部署、快捷交付、极简运维，提供边缘安全防护及差异化专网功能，有效解决了 5G 行业网络建设成本高、客户化定制等难题。本产品与天翼云、MEC 等自有业务产品的深度融合，可共同推动 5G 行业专网及 MEC 应用落地，快速构筑中国电信边缘云生态体系

（续表）

核心技术	技术特点和先进性
MEC	自主研发 MEC 系统，构建边缘云 PaaS 核心平台，实现核心节点业务和应用高效编排和管理，汇聚层业务和应用高效分发，边缘节点业务和应用加载运行。MEC 系统通过云间高速与天翼云等中心云对接，实现应用、业务、智能、数据、安全等方面的云边协同；同时，通过云间高速实现跨边缘节点之间的协同及业务负载平衡。自研 MEC 实现了与自研 UPF、自研 5G 小基站等 5G 网元的云网融合，以及与 5G 核心网的集成对接，使得 MEC 可以向用户提供 5G 切片、5G QoS、流量引导、位置订阅等网络服务，能够充分发挥中国电信云、网资源优势，以"连接＋计算"作为切入点，向平台及能力销售的模式拓展，突破业务边界，向产业价值链上游延伸
5G 移频 MIMO	针对存量无源室分不支持 3.5GHz 频段的问题，5G 移频 MIMO 室分系统将 3.5GHz 5G 信号移频至 2GHz 以下的频段，利用现有单通道无源室分实现 3.5GHz 大带宽双流覆盖。系统通过中频优化设计及使用定制滤波器实现 2G/3G/4G/5G 多系统单缆无干扰传输，使用定制化芯片满足 TDD 高精度时频同步要求，并通过多天线集约化设计提高集成度，在保证高数据速率性能的同时降低设备成本和运行能耗，提高实施便利性，降低 5G 室内覆盖建设成本和运营成本
AI 节能	在基站智慧节能方面，针对基站能耗大的难题，基于运营商多维数据优势和云资源能力，首创全国级云边协同的基站智慧节能系统，云端构建智慧节能大脑（分析决策引擎），基于 B/O 域数据融合、AI 算法，创新实现多维度小区画像和智能预测；边缘层分省部署节能小脑（节能控制引擎），提供 20 多项创新功能，实现基于低时延数据的在线感知、个性化策略、智能刹车、4G/5G 协同智能唤醒、跨厂家节能指令自动生成。在机房节能方面，实现区别于经验管理的智能化节能，通过大数据分析和 AI 建模建立机房画像，通过 CFD 建模，精细分析机房能耗分布和气流特征，输出能耗优化方案。定制化节能网关，实现 IDC（Internet Date Center，互联网数据中心）级别数据的统一纳管和汇聚，打通数据上传和节能策略下发。创新云边架构的智能控制系统实现机房统一管理。实现自研 AI 能力在资源效能提升领域的应用规模，为实际生产赋能

3. 在光纤网络覆盖方面

中国电信加快千兆网络建设，推动智能连接不断升级，2020 年中国电信新建 FTTH 端口 1345 万个，累计 FTTH 端口达 3.03 亿个，基本实现光网全覆盖；在超过 200 个城市部署千兆网络，宽带带宽服务能力和宽带品质持续提升，满足客户高速宽带网络、全屋千兆 Wi-Fi 网络覆盖需求。

4. 在家庭业务平台方面

中国电信打造的智慧家庭平台实现融通网关连接、物联网、数字乡村、智慧社区等其他平台，在打通云网环境，并沟通数据、AI、信息安全能力的基础上，汇聚多种内部核心能力，方便合作伙伴智能终端快速接入，推动建设更加开放的智慧家庭生态。

5. 在政企云网资源能力建设方面

按照云网一体化布局，持续加强云网关键技术突破，不断提升自主研发的云服务能力，完善云和 IDC 资源池建设，加快推进云边协同和多网入云。其中，中国电信在云服务能力打造方面，以天翼云打造业界领先的数字化底座，为政企客户提供自主研发的公有云、私有云、专属云和混合云的全栈天翼云服务能力。中国电信在云和 IDC 资源池建设方面，加快"2+4+31+X+O"的云网一体化规划、建

设与运营能力，发挥 IDC 国内数量最多、分布最广的资源优势，结合区域一体化发展，优化资源部署，强化区域协同。在加快推进云边协同方面，中国电信除拥有近 700 个 IDC 机房外，还拥有 3000 个边缘机房作为云边机房，具备边缘云快速部署的先发优势；拥有行业领先的公有云，强大的公有云生态可快速向边缘云延伸，为客户提供低时延、数据本地化、安全性、差异化服务。在多网入云解决方案方面，中国电信推出 OTN 精品专线、云专网、智能专线、云间高速、SD-WAN 等产品，在多网接入、网随云动、带宽随选、状态可视等方面形成差异化优势，具备全方位的云网融合产品体系；同时，全面推进"5G＋云"专网能力建设，推出"致远""比邻""如翼"这 3 种 5G 定制网模式，面向重点垂直行业，提供多业务、多场景的差异化入云服务。

（二）打造数字化平台，赋能内外部数字化转型

中国电信自主研发面向敏捷开发的企业数字化能力运营平台（DCOOS）是基于全公司内部所有 API 形成统一的数据开放，供内外部用户调用，并建立内部 API 价值变现通道。平台实现 API 能力的一点注册、一点监控、一点管理，对接 6 大试点省 EOP2.0，承载能力超 6400 个 API，月均调用量超

140 亿，对接 26 个非试点省 EOP1.0，月均调用量超 60 亿。同时，平台实现 API 能力商品化包装与灵活定价，支撑多量纲灵活计费和实时出账。

中国电信自主研发物联网使能平台，提供了面向 5G 的物联网泛在全连接能力和连接管理、应用使能服务。平台面向客户的物联网应用提供物联网连接感知、连接控制和连接诊断服务、海量终端多协议接入和管理、在线开发等服务，并以标准接口向物联网应用开发者提供大数据、AI 安全等能力，助力物联网应用快速构建和高效运营，该平台现已汇聚千万级终端，管理上亿物联网卡，日均调用上亿次 API。

此外，中国电信还持续打造关键数字化平台及核心能力基座，包括攻关大数据、AI、区块链、大视频、大连接、数字化运营等数字化核心技术；着重自主打造工业互联网、车路协同等数字化平台和应用开发平台。

（三）打造云网边端用一体化的安全能力，做优做强安全服务

中国电信持续建设覆盖"云、网、边、端、用"的融合安全技术能力，打造横跨平台、网络、应用、业务多个层面，涵盖事前预防、事中阻断、事后追溯的网络安全防护体系。其中，平台层面方面，中国电信自主研发威胁情报赋能平台，打破省分公司数据孤岛、拉通 BO 数据，实现移动 / 家庭宽带动态 IP 端口至用户账号的对应关系映射，溯源网络安全攻击实体。同时，中国电信建成国内规模最大的 Passive DNS，基于平台实现异常域名解析的秒级全网修正和企业 DCN 内网跨域连接可视化，并提供失陷信息、攻击数据、钓鱼网站访问等能力。网络层面方面，中国电信在全球拥有多个抗 DDoS 防护节点和先进的移动恶意程序检测以及木马、病毒、僵尸网络监测能力。应用和业务层面，引入软件定义安全（SDS）理念，致力于安全能力的云化、池化、原子化，通过集约化部署、云边协同的方式提供面向内外部客户的安全 SaaS 化产品。基于此，实现以下几点。

① 面向个人客户，中国电信围绕骚扰信息拦截、恶意程序阻断、用户数据保护等重点安全需求，结合大数据和 AI 等技术，提供天翼防骚扰、安全提醒、隐私哨兵等安全产品，打造安全、绿色的通信服务环境。

② 面向家庭客户，中国电信聚合漏洞检测、双向认证、访问控制、恶意网站拦截等安全能力，打造"云、网、边、端、应用、数据"的全域安全体系，全面保护家庭网络、终端和应用安全，提供用户可感知的防网络欺诈、防终端入侵、防隐私泄漏、防网络沉迷等安全管家服务。

③ 面向政企客户，中国电信基于天翼云，以自主可控的技术平台构建安全能力体系，为政府、金融、医疗、教育、工业、交通、互联网等重点行业提供云安全、云等保、云灾备等专业化的安全服务。中国电信持续扩展云安全应用，加大在量子通信、区块链等新兴领域布局，强化核心技术研发，提高云安全服务整体解决方案供给能力。

二、中国移动网络转型情况分析

（一）当前阶段以云网和中台为重点，巩固夯实基础能力，促进注智赋能

1. 在云网资源能力建设方面

中国移动积极打造 5G 精品网络，面向家庭宽带、传输网、数据中心、国际设施等进一步夯实能力，增强网络竞争优势，有力支撑业务发展。2020 年，中国移动新建约 34 万个 5G 基站，累计开通约 39 万个 5G 基站，为全国所有地级市、部分县城及重点区域提供 5G 服务。基于云化、集中化的 SA 核心网于 2020 年 9 月开始投入使用，并已建成全球规模最大的 5G SA 网络。NFV 正式进入规模商用，云专网、IP 专网率先引入 SDN 技术，中国移动提出的切片分组网（Slicing Packet Network，SPN）原创技术三项 ITU-T 核心标准获得通过，为 SPN 全球推广奠定基础。业界首发 N4 解耦技术规范体系，显著提升用户平面功能部署灵活性，推动 5G 部署成本进一步下降。此外，中国移动总计建成传输线路长达 1994 万皮长公里，全国地市以上城区 OLT 设备 100% 具备千兆宽带能力，国际海缆带宽能力持续增强，实现国际 + 政企专用传送网带宽达 67.9Tbit/s。

与此同时，中国移动高度重视强化云计算统筹规划，加大云能力建设力度，一是开展"决胜在云"

行动，持续推动网络云 8 大区布局、"N+31+X"移动云布局和"3+3+X"数据中心布局不断完善；二是不断创新关键技术，基于自主研发的"行云"自动化集成工具大幅缩短网络云资源池硬集周期，基于"云衡"云效能提升评估产品实现分钟级数据质量核查。通过深化"网+云"融合拓展，努力打造云网一体、云数融通、云智融合、云边协同的新型基础设施和差异化竞争优势，积极推动网络云化、智能化转型，加速智能云演进。

2. 在智慧中台打造方面

为适应新型增长模式要求，中国移动围绕"积淀能力、支撑发展、注智赋能"定位，中国移动构建了具有运营商特色、中国移动特点的"业务＋数据＋技术"智慧中台，形成 AaaS（能力即服务）服务体系。截至 2020 年年底，智慧中台第一阶段 27 个场景完成上线，其中，业务中台积淀客户、订单、产商品等 15 类领域中的近百项能力。数据中台汇聚全网价值数据，存储超过 230PB，沉淀 8000 多个数据模型。此外，自主研发 CMChain 区块链技术中台，积极探索区块链应用场景和落地实践；搭建 AI、容器云等技术中台，支撑精准营销、精细服务、精益网运、精确管理落地稳步推进，有效促进数智化运营。

（二）下一阶段将进一步追求网络极致＋极简，以及融合创新

2020 年 11 月，中国移动发布了《中国移动网络技术白皮书（2020 年）》，进一步清晰勾画公司的网络发展愿景和技术发展规划，给产业在网络技术发展、技术引入规划和产品解决方案设计等方面提供参考和指引。面向下一阶段的网络技术发展，中国移动认为性能极致化、算网一体化、平台原生化、网络智能化、安全内生化和网络定制化等技术发展趋势应予以重点关注。基于此，中国移动提出了三大网络技术发展策略：求解最大值问题，追求极致网络；求解最小值问题，追求极简网络；求解化学方程式，追求融合创新。

1. 在追求极致网络上

中国移动明确将以构建端到端网络高速率、低时延高可靠和大连接能力三角为目标，通过引入 3GPP R16 新技术、端到端千兆宽带接入、400GB 传输等手段，实现端到端网络性能提升。

（1）速率容量提升方面

中国移动将面向无线接入网络以载波聚合技术为主实现多载波间协同，从而有效提升用户峰值速率从 1Gbit/s+ 至 3Gbit/s+。中国移动面向传输承载网络，传输接入网方面，推动支持 10G PON+ 千兆智能网关 +Wi-Fi 6，并实现与 GPON 网络共基础设施；传输骨干网方面，实现以光交叉为基座的光电混合组网，结合新型光纤、光放大技术实现骨干层面 400GB 长距离传输，扩展光纤频谱可用资源，并推进实现具有顶层编排能力、跨域协调控制的 SOTN 管控架构。承载网络方面，在保持骨干和省网两级架构的基础上，适时引入 400GB 接口。

（2）时延和可靠性优化方面

将在无线网引入特殊帧结构、调度算法优化等技术，中国移动以满足行业应用低时延性能要求，中国移动实现局部场景下环回时延降低至毫秒级；SPN 技术基于 66B 原子码块的交叉，实现 TDM 和分组的有效融合，单节点时延低至 us 级，满足 uRLLC 业务要求。

（3）大连接性能提升方面

中国移动将构建 4G 和 5G 协同发展的移动物联网技术体系，低速率业务由 NB-IoT 承载，中速率业务 4G Cat1/1bis 承载，高速率业务由 4G Cat4 及 5G NR RedCap 承载，而超高速率业务由 5G NR 承载。此外，中国移动还制定了详细的规划，以提高其语音、网络覆盖、定位、差异化服务体系和基础网络服务等能力。

2. 在追求极简网络上

随着 5G 业务的发展，为实现资源利用最大化，中国移动计划将通过简化制式、节能降本和降复杂度的方式实现极简网络。

（1）简化制式方面

中国移动明确将根据"简化优化、协同高效"的总体原则，通过采取两方面措施，实现网络制式简化和频率资源优化配置：一方面是制式简化，实现从"四世同堂"到"二代协同"，从"一频多制"向"一频少制 / 一制"。2G 方面，中国移动通过 NB-IoT 和 4G Cat1/1bis 技术承接 2G 物联网业务，实现 2G 物联网业务迁移，主动干预、加速 2G 退网；4G 方面，4G/5G 将长期并存、协同发展，中长期根据业务发展需要逐步重耕为 5G。5G 方面，2.6Hz 和

4.9GHz 频段兼顾 2B 和 2C 网络的发展需求，尽快形成 2C 网络优势，打造 2B 场景特色。另一方面是频谱资源优化配置，力争单制式高低协同，各频段物尽其用。通过单制式高低协同，让覆盖、容量、上行和时延等方面各有所依，实现配置优化；各频段力争各司其职，实现利用率优化。

（2）节能降本方面

由于典型场景下，5G 基站的带宽大、通道多、功率高。为此，中国移动明确未来将联合产业界持续开展降低基站功耗的关键技术研究，提出"设备级节能、站点级节能和网络级节能"3 层次节能技术体系，推动 5G 网络向绿色、高效方向不断发展。

（3）降复杂度方面

伴随全球最大规模的网络云商用，NFV 由技术创新转向集成创新，中国移动一方面构建了以"流程规范化、数据标准化、工具自动化"为核心的新型集成体系；并发布了 AUTO"行云"平台中，合作伙伴可以基于 AUTO 的基础能力和工具能力，将自身设备的自动化能力和数据和"行云"平台对接，保证持续集成、持续测试、持续交付的控制和数据自动化流转，实现效能提升。后续自动化集成将进一步从中心扩展到边缘，全面提升云/网/边的集成效率和质量，保证云网的快速迭代和演进。此外，因应 5G 网络参数和业务场景更加繁多的特点，中国移动还提出了自动化运维（i-SON）技术体系，进一步增强传统 SON 能力，降低网络优化成本，提升网络性能和用户体验。

3. 在追求融合创新上

中国移动计划通过进一步推动 5G 网络与云计算、人工智能技术紧密协同，实现云网、云边、云数、云智融合，达到网络领域基础资源的重构和优化效果；基于数字化对于产业的新赋能，通过行业融通，面向丰富的垂直行业新需求，实现产业颠覆性的资源优化配置。

（1）云网融合方面

中国移动将持续积极推进云网融合，在驱动自身数字化转型的同时，加速千行百业的数字化转型。中国移动计划将在 2025 年达到网络云化比例 100%，同时面向业务发展需要及上云需求，优化完善中国移动网络云技术架构。促成 5G 和云计算的高速发展

与产业格局的重建，促使云网融合需求日益显现。

（2）网智融合方面

5G 网络在突破性能和灵活性的同时，运营与维护也面临前所未有的挑战，中国移动明确将积极推动 5G 与人工智能技术深度融合，通过算力的灵活调度，实现 AI 模型在 5G 网络中训练、迭代和推理，逐步实现网络智能化。一方面，中国移动将联合产业各方，围绕研发网络智能化平台，开展技术攻关，打造智能化标杆应用，推进规模化应用落地，研究网络智能化平台、架构、数据、算力的协同共融方式，推动网智、云智、云网深度融合，力争实现网络智能化规模化应用。另一方面，还将与产业各方在 3GPP、ITU、CCSA、AIIA 等国内外标准组织积极协同，共同制定端到端网络智能化标准。

（3）行业融通方面

为使 5G 融入千行百业，与客户共同创造新的蓝海市场，中国移动将加快构建和完善一张承载 2B 业务、端到端弹性可变的 5G 行业网，形成具有运营商特色的技术、速度、质量、规模和服务领先优势，同时促进中国移动网络能力、运营管理和商业模式转型升级。5G 行业网将不断升级优化"优享""专享""尊享"3 个等级的服务模式与 BAF 的灵活套餐，提供可定制、分等级、多样化的菜单组合，实现客户"按单点菜"。

■ 三、中国联通网络转型情况分析

（一）2020 年：全面推进多项网络资源共建共享共维，强化运营集约及"云网边端业"高度协同，打造差异化网络竞争优势

1. 切实落地与中国电信的网络共建共享共维，低成本、高效率推进网络资源扩张

中国联通 2020 年践行网络新发展理念，落实新基建要求，与中国电信建成全球首张规模最大的 5G 共建共享网络，总体 5G 基站规模累计达到 38 万个，历史上首次实现覆盖规模与主导运营商基本相当。共建共享已累计为双方公司节省网络建设成本超 760 亿元，网络运营成本大幅降低，并大大缩短了网络建设周期。目前，公司已率先实现全球首批 SA 规模商用，5G 核心网 100% 实现 NFV 化。年内，与中国

电信 4G 网络共享实现规模突破，新增 4G 共享基站 17 万个，双方共节省网络投资 90 亿元。此外，中国联通还积极推进光缆共建、纤芯共享及云基础设施共享，双方累计共建共享骨干光缆 7000 多千米、杆路 4.1 万千米、管道 2.1 万千米，共节省投资 22 亿元，网络资源利用效能显著提升。

2. 坚持聚焦、精准投资、提质增效，打造差异化网络竞争优势

中国联通坚持聚焦重点，精准配置，以效益为导向，实现投资弹性迭代安排，网络质量明显提升，网络服务支撑能力持续增强。移动网方面，中国联通坚持聚焦战略，致力于实现 4G/5G 网络融合及语音 IMS 统一承载。固网宽带方面，中国联通北方在覆盖、速率、用户体验和服务继续保持领先，南方聚焦补短板、提能力。政企精品网方面，中国联通持续完善深化云基础设施及 DC 布局，提升网络竞争能力。同时，中国联通顺应网络发展趋势，加大网络数字转型和创新力度，持续推进网络云化演进，促进云网一体基础架构不断完善；系统性推进网络线运营体系变革，完成 cBSS 100% 迁转，横向拉通 B/M/D 域数据，实现五大智能中台基础和核心能力完成率达 50%，进一步大幅提升跨网服务、2I、大数据等优势能力，推动网络运营效率效益持续提升。

3. 推进"云 + 智慧网络 + 智慧应用"融合，强化运营集约及"云网边端业"高度协同

在云计算方面，中国联通充分发挥"安全可信、云网一体、多云协同、专属定制"产品优势，打造并发布新基座、新 PaaS、新云管，升级全新功能；在 IT 服务方面，全面构建自主集成能力交付体系，由一次性交付为主的传统集成服务向以"平台 + 应用"为重点，提供可持续运营的新型集成服务转型；在大数据方面，发布了区块链产品和能力的统一承载平台"联通链"，正式布局区块链技术和业务发展，综合应用大数据、AI、区块链技术赋能政企客户数字化转型；在物联网方面，积极促成自研连接管理平台成为主力承载平台，自研设备管理平台投入商用。

（二）2021—2023 年：聚焦 5G 做优和共建共享，深化 4G 频谱重耕和电联覆盖互补，完成 2/3G 退网打造极简网络

中国联通对于未来 3 年的无线网络转型发展明确提出如下规划策略。

1. 秉持"以聚焦战略为引领，全面深化共建共享，坚持网业协同，打造具有竞争力、TCO 最优的精品网"的总体原则

未来 3 年中国联通将坚持聚焦，即聚焦 5G 网络建设，严控非 5G 网络建设的投入；聚焦重点城市群 / 经济带、重点城市、重点场景和重点用户精准建设网络资源，提升投资有效性。深化共建共享，中国联通将促成基础资源最大化共享，发挥协同优势，实现提能力、降成本；深入推进 5G 及 4G 共建共享，确保 5G 开通即共享。业务引领，中国联通将加快实现快速敏捷响应市场需求；2C 加快 4G 流量迁移，推动移动业务 5G 化；2B 围绕重点行业、产业集群区域构建专网产品能力。确保竞争力，中国联通将确保 5G 部署规模及节奏与行业同步，要求实现感知、口碑领先；4G 通过共建共享、资源盘活补齐短板，确保口碑场景、用户聚集区域网络竞争力。TCO 最优，中国联通将实现 5G TCO 总成本不高于行业；简化网络、精简设备，打造极简网络。

2. 推行"5G 做优、4G 共享、2G/3G 退网，构建感知领先、覆盖完善、结构极简、弹性开放的匠心网络"的总体发展策略。

未来 3 年，中国联通在 5G 做优方面，将深化频率、站点、基础资源充分共享，实现规模、覆盖、带宽、速率翻倍；紧跟行业部署节奏，实现覆盖广度、深度与友商相当，规划期末除偏远农村外，实现 5G 全覆盖，人口覆盖率达 98%；推进室内外协同、高低频协同（初期 3.5G+2.1G，逐步推动 1.8GB/900MB/800MB 重耕和共享）、多种配置协同提升网络质量；确保速率和用户感知领先，在品牌口碑区域打造 3Gbit/s+ 标杆示范区，重点城市群、省会城市核心区域打造 2Gbit/s+ 精品区域，城区打造 1Gbit/s+ 优质区域；构建超高速率、超低时延、超强上行、高可靠性、按需定制的 5G 专网产品能力，赋能垂直行业转型发展；以业务和用户为中心开展网络建设，敏捷响应和及时全量满足具有良好业务或应用的 2B 需求。

3. 4G 共享及 2/3G 退网方面

中国联通将促进 2.1GHz 重耕，深化电联 4G 网络共建共享共维，开展电联覆盖互补、低业务量站址合并等；坚持网业协同，以市场业务需求为引领，重点聚焦口碑商务场景以及千户住宅等投诉热点场景、城区拓展区域、新开通地铁、新增建筑物等，加大4G网络资源优化调配力度，按需跟随覆盖，实现低成本完善4G网络覆盖、确保VoLTE感知和网络整体总拥有成本的降低。同时，中国联通在2020年实现231个本地网2G网络精简的基础上，力争于2021年完成2G退网、2023年实现3G退网。

（三）中长期：构建基于开源与白盒的云原生网络

开放与开源是网络IT化转型的重要趋势，中国联通2020年再次明确，中长期将基于开源与白盒打造新一代云原生网络，培育新的产业生态和业务模式。

1.在开放无线接入网领域

中国联通将研究基站白盒化和虚拟化存在的关键性问题，实现软、硬件参考设计，推动白盒基站参考设计和联合研发，探索白盒基站低成本解决方案，并在现网试点部署白盒基站，验证成熟度。其中，在标准与开源工作方面，中国联通将参与ONF、TIP组织，启动5G白盒室内微站开源项目，推进制定开放前传接口标准，为基站前传解耦采购奠定基础。在原型设计与研发方面，中国联通将加快完成白盒室外微站硬件设计，为垂直行业客户提供定制化的解决方案；同时，评估基站设备全国产化的可行性，制定自主可控实施计划。在应用与落地推广方面，中国联通已在雄安市建成业界最大云化接入

网试验网，并且，将推动白盒基站在某制造企业工厂内的落地应用。

2.在轻量化核心网和白盒领域

中国联通积极推动N4接口解耦，研发白盒UPF、白盒虚拟化产品和轻量化核心网原型机，探索不同软硬件平台和专网场景的部署方案，同时，还将搭建虚拟化平台试验环境，构建自动化测试平台，进行原型系统验证。其中，在轻量化核心网开发方面，中国联通目前已完成业内首个轻量化核心网的技术标准及轻量化核心网的企业标准制定，并已率先实现国内轻量化核心网专网方案的试点落地，当前正在推动产品研发和启动业界功能性能评估。在白盒UPF及白盒虚拟化加速产品开发方面，中国联通已制定3种N4接口解耦及白盒UPF的企业标准，并率先组织白盒UPF及N4接口兼容性测试，覆盖14家设备厂商。同时，中国联通还根据网络演进需求定制白盒样机设备，基于开源软件开发适配软件系统，推动基于白盒交换机转发面的虚拟化加速产品开发。在原型系统验证方面，中国联通已完成轻量化核心网和白盒UPF系统架构和功能模块的设计，目前正在制定技术规范书进行设备联合研发；推进搭建虚机/容器虚拟化平台，部署虚拟化形态的轻量化核心网和白盒UPF，与白盒基站、MEC平台形成端到端的5G试验网；加快构建自动化测试平台，组织厂家进行白盒UPF和轻量化核心网测试。

（源起科创（北京）基金管理有限公司　梁张华）

我国信息通信业发展分析与展望

2020年，我国信息通信产业整体增速有所放缓，但随着研发投入不断增加，产业技术创新保持活跃，对国民经济发展的贡献进一步提升。我国电信业进入高质量发展阶段，云计算、大数据、物联网等新业务收入占比不断提高；消费互联网数字化程度全球领先，我国部分互联网巨头市值已进入全球前十；电子信息制造业发展进入从低价值环节向高价值环节实质突破的新阶段。2021年，我国信息通信产业将继续保持平稳发展态势，以大数据、5G、云计算、人工智能为代表的新一代信息通信技术与经济社会各领域不断深度融合，催生新产品、新业务、新模式。

一、2020年信息通信业发展情况

（一）受疫情影响，我国信息通信产业规模增速持续回落

2020年，我国信息通信产业受新冠疫情的影响，收入增速继续下降，信息通信产业收入增长5.6%左右，较2019年下降2.2个百分点。产业结构持续软化，信息通信服务业收入（软件业收入＋电信业务收入＋互联网服务收入）达10.3万亿元，同比增长9.6%，占产业收入比重超过39.0%，较2019年提高1.2个百分点；信息通信制造业收入增长2.5%，占产业收入比重为61.0%左右，比2019年同期下降0.9个百分点。

目前，我国已成为信息通信专利申请大国，专利申请量年增速远高于全球平均增速，"十三五"期间，我国发明专利申请量、商标注册申请量、研发人员总量均稳居世界第一。世界知识产权组织发布的全球创新指数排名中，中国创新指数排名跃升至第14位，连续两年位居世界前15名，是跻身综合排名前30位的唯一中等收入经济体。

（二）电信业进入高质量发展阶段，电信业务收入呈稳中向好的局面

2020年，面对新冠肺炎疫情造成的严重冲击和经济逐步恢复增长的形势，我国信息通信业保持平稳向好的发展势头，电信业务收入增长3.6%左右，较2019年上升2.9个百分点。从收入结构来看，固定通信业务增速持续高于移动通信业务，占比持续提高。2020年，固定通信业务收入同比增长12.0%，在电信业务收入中占比达34.5%，占比较2019年提高2.8个百分点；移动通信业务收入下降0.4%，受流量红利结束的影响，移动数据及互联网业务收入持续下降，流量收入对于移动通信业务收入的拉动力已大幅减弱；疫情期间云学习、云办公对于电信运营商的固定业务收入形成拉动，固定数据及互联网业务收入增长9.2%，较2019年上升4.3个百分点；疫情加速各行业的数字化转型发展，拉动电信运营商的新业务收入占比逐渐加大，固定增值业务收入增长26.9%，占比由2019年的10.5%提升至12.9%。

疫情期间云学习、云办公等线上行为的激增，提高了用户对网络带宽升级的需求，推动固定宽带进入全光纤时代，千兆接入加快普及。截至2020年12月底，互联网宽带接入端口数量达到9.46亿个，FTTH/O占比由2019年年末的91.3%提升至93.0%。100Mbit/s及以上接入速率的固定互联网宽带接入用户占比达89.9%，较2019年年末提高4.5个百分点。1000Mbit/s以上接入速率的固定互联网宽带接入用户达640.0万户，比2019年年末净增553.0万户。我国已形成5G网络全国所有地级及重点县区的广泛覆盖，截至2020年年底，全国新建5G基站超60.0万个，已开通5G基站超过71.8万个，基站总规模在全球遥遥领先。5G套餐用户规模同步快速扩大，用户规模呈爆发式增长，截至2020年12月底，5G套餐用户超3.5亿户。随着新一代信息技术与制造业深度融

智能制造

智慧农业

江苏移动打造百个

高质量5G
"样板房"

自动驾驶

智慧教育

推进5G项目**超800个**
18个项目斩获2020年"绽放杯"大奖
5G创新应用满足大众对**美好生活的向往**
助力江苏千行百业发展一路疾驰

中国移动 China Mobile 5G

POTEVIO
中国普天　中国普天信息产业集团有限公司

中国普天信息产业集团有限公司(以下简称"中国普天")是中央企业,其前身源于中国邮电工业总公司,1999年9月更名为中国普天信息产业集团公司,2017年12月更名为中国普天信息产业集团有限公司。

中国普天通过不懈努力,逐步建立了新中国完整的邮电通信工业制造体系,在不同历史阶段为国家信息通信产业的发展壮大做出了贡献,不断推进从传统通信设备制造商向智慧化整体解决方案提供商转型,业务覆盖信息通信与网络安全、智能装备与终端、智慧应用、创新创业园区服务、新能源汽车充电服务等领域。

作为国家创新型高新技术骨干企业,中国普天拥有上市公司5家,员工约2万人。集团在京津冀经济圈、长江三角洲、珠江三角洲、中西部地区和国外均建立了研发和产业基地,产品和服务遍及全球100多个国家和地区。

面向未来,中国普天将坚持"以市场为导向、以客户为中心",提升集团核心竞争力,致力于发展信息通信产业,创新在政府和电信、金融、能源、交通、物流等行业的智慧应用服务,持续为各行各业提供具有自主知识产权的产品和解决方案,完善信息通信领域的业务布局,优化数字化渠道平台,培育产业技术和服务能力的全球竞争力,持续推动集团产业做强做优做大。

◎ 信息通信与网络安全

中国普天作为信息通信产业重点企业,提供从系统设备、终端配套到工程服务的系列公网和专网通信产品。

通信配套光纤产品生产线

普天TETRA(PDT)集群系列产品

普天智慧物流服务于现代物流中心

◉ 智能装备和终端

中国普天融合新一代信息通信技术与现代制造业、生产性服务业,服务于现代物流、轨道交通、政务金融等智慧社会建设。

智能家居面板产品

◉ 智慧应用

中国普天积极推动"互联网+"与传统行业交互融合,实现"互联网+政务""互联网+行业""互联网+民生"等广泛应用。

互联网政务和商超结合的"服务公社"

◉ 园区平台

中国普天积极开展全国双创示范基地的建设,盘活存量资产,获取政策性资源,为产业链上下游提供市场、技术潜在合作伙伴,为企业发展提供资源保障。

普天在杭科技产业园区

FiberHome

共创数字连接新价值

烽火通信凭借在信息和通信领域的深厚积累，坚持"客户导向、诚信敬业、持续创新、增量发展"的核心价值观，
致力于让人人享有通信技术发展带来的美好。

售后技术支持及咨询热线：
800-8800787　400-8890787

烽火通信科技股份有限公司总部通讯地址 www.fiberhome.com　　地址：湖北省武汉市东湖新技术开发区高新四路6号

经销商查询电话：+86-27-87703169（工作日）　　邮箱：qdgl@fiberhome.com　　邮编：430205

中国卫通竭诚推出"1+3+N+1"平台
全方位满足您多样化、个性化通信需求

电信级宽带
卫星基础运营平台

大波束
综合服务平台

"海星通"
综合服务平台

微信公众号

iOS下载　　安卓下载

iOS下载　　安卓下载

星地一体化仿真验证平台

中国卫通集团股份有限公司
China Satellite Communications Co., Ltd.

中国航天

股票代码：601698

中国卫通集团股份有限公司（简称：中国卫通）是中国航天科技集团有限公司从事卫星运营服务业的核心专业子公司，具有国家基础电信业务经营许可证和增值电信业务经营许可证，是我国拥有通信卫星资源且自主可控的卫星通信运营企业，被列为国家一类应急通信专业保障队伍。2019年6月28日，中国卫通成功登陆上交所主板挂牌交易，股票代码：601698。

中国卫通运营管理着14颗优质的在轨民商用通信广播卫星，覆盖中国全境、澳大利亚、东南亚、南亚、中东以及欧洲、非洲等国家及地区。公司拥有完善的基础设施、可靠的测控系统、优秀的专业化团队、卓越的系统集成和7×24小时全天候高品质服务能力，为广大民众提供安全稳定的广播电视信号传输，为国家政府部门和重要行业客户提供专属服务，为重大活动和抢险救灾等突发事件提供及时可靠的通信保障，赢得了广大客户的好评和高度信赖，树立了良好的信誉和品牌形象。

中国卫通秉承"以国为重、以人为本、以质取信、以新图强"的核心价值观，充分发挥卫星运营国家队的主导作用，坚持"做好卫星运营服务、搭好地面应用平台、推动综合信息服务"三位一体发展路径，努力完善多频段、多轨位、广覆盖、安全可靠、服务多样的天地一体化综合信息服务体系，全力推进我国卫星通信、卫星互联网产业的发展。

◎ 地址：北京市海淀区知春路65号中国卫星通信大厦A座21层
℅ 电话：010-62586600
🖨 传真：010-62586677
✉ 邮编：100190

让发展成果更多更公平惠及全体人民

中国电信四川公司
加快"云改数转"助力社会经济数字化转型

随着经济与技术的快速发展，百姓的生活水平不断提升。不断涌现的消费新业态、新模式，在满足消费者多样化需求、提升消费便利度的同时，对消费安全提出了更高要求。中国消费者协会将2021年全国消协组织消费维权年主题定为"守护安全 畅通消费"。

四川综合智能信息服务体验中心，观展群众
与5G智能机器人互动

"让发展成果更多更公平惠及全体人民"。中国电信四川公司作为四川省信息化建设主力军，始终围绕"成为受人尊敬的企业"目标，满足群众美好生活新需求，这是中国电信四川公司孜孜不倦的追求。

中国电信四川公司快速推进新基建新消费新产业行动计划，加快部署云网融合的新一代信息化基础设施。在网络建设方面，中国电信四川公司充分发挥自身优势，建成全光网省、综合智能信息服务精品网和全国大规模5G示范网，推进5G网络共建共享，深耕4G、5G协同，扩能千兆光网，提升5G+三千兆的网络服务能力，打造以云锦天府为品牌的大数据和云计算集群，创新推动5G、人工智能、物联网、AR/VR、8K等新技术的应用，加大网络重构力度，不断夯实云网融合的网络基础。

疫情期间，四川大学华西医院放射科利用5G双千兆+远程CT扫描助手，为湖北黄冈新冠肺炎患者进行远程CT扫描

在扶贫重点工作中，中国电信四川公司充分发挥"网络和信息化能力"优势，实施"1+X"大扶贫，坚决打赢脱贫攻坚战。几年来，在全省农村通信基础设施建设中投入近100亿元，业务优惠近亿元，定点帮扶投入资金2000余万元。

中国电信派驻盐源县泡尔湾村第一书记王平
与彝族群众沟通交流

中国电信四川公司基于天虎云商，承接全国信息进村入户总平台（益农社）在全国范围内的运营，打造益农社3.7万家。2015年至今销售农副产品超10.18亿元，其中扶贫产品约1.96亿元。中国电信打通"悬崖村"信息天路入选国家"砥砺奋进的五年"大型成就展和"伟大的变革——庆祝改革开放40周年"大型展览。

中国电信打通"悬崖村"信息天路，悬崖村幼教点与北京展会
现场视频连线

在社会担当方面，中国电信四川公司助力打造四川农民工服务平台、天府通办等信息化应用，助力社会经济发展和民生改善。中国电信四川公司心系公益，通过整合营业厅资源，在全省21个市州营业厅开通"户外工作者驿站"等，传递正能量；联合设立"四川省慈善总会•点心关爱基金"，为阿尔兹海默症患者和自闭症儿童送爱心，让企业更有温度，这些行动让生活更有爱，让社会这些行动更和谐。

中国电信成都分公司新华营业厅户外工作者驿站，电信工作人员为环卫工人提供服务

中国电信四川公司始终坚守"以客户为中心"的初心，扎实推进"两深入 两服务""好口碑""万分努力 十分满意"等服务工作，不断提升客户体验感知，渠道服务能力、网络品质和服务质量都迈上新台阶。2020年6月，中国电信四川公司被评为"四川省优秀服务业企业"。

中国电信四川公司践行央企责任和担当，始终以优质的网络、便捷的服务让用户舒心满意；以透明的消费、专业级的安全保护，为用户提供高品质的智能通信服务，让用户信赖。值得一提的是，中国电信四川公司在全省开通"尊长专席"，65岁以上老年人拨打10000号一键进人工，通过专业化答疑解惑，让老年客户获得更好的服务体验和感知。

中国电信四川公司10000开通"尊长专席"

"桃李不言下自成蹊"，中国电信四川公司连续四年被中国电信集团公司授予"年度业绩优秀奖"，连续两年被授予"价值贡献奖"。中国电信四川公司扶贫工作连年考核被省委评为"好"的等次。中国电信四川公司在全国率先开通"精准扶贫"电视专区，积极推进凉山州"学前学会普通话"项目，先后荣获全国精准扶贫影响力企业、全国扶贫创新奖、中央网信办网络扶贫典型案例等重要奖项。《打通悬崖村信息天路》入选央视"厉害了我的国"特别节目，荣获中组部第十四届全国党员教育电视片观摩交流活动展播优秀作品奖；助力盐源脱贫攻坚宣传片《希望之光》，在央视多个频道黄金时间播出，充分展示中国电信助力凉山脱贫攻坚工作成效。

中国电信天虎云商"消费扶贫'翼'起来直播"活动盐源专场

支撑产业数字化、数字产业化，提升数字化平台能力助力数字经济发展。中国电信四川公司以魔镜慧眼、智慧家庭、天翼高清、互联网金融等平台为重点，提升供给侧能力，为各行各业的数字化提供原子能力，强化全产业链合作。中国电信四川公司作为关键信息基础设施的建设者、提供者、运营者，强化网络信息安全责任体系建设，公司领导担任网络安全官，设立四川公司网络信息安全日；着力提升网络和信息安全保障能力，建立集防护、感知、处置、溯源的网络安全防线；全面落实国家用户个人信息保护要求，坚决打击垃圾短信、骚扰电话、通讯信息诈骗等违法违规行为，切实保护用户的合法权益。

随着携号转网、提速降费等举措不断推行，作为有责任担当的运营商，中国电信四川公司不断强化内部管理，规范促销行为，保护消费者知情权、选择权，让信息技术发展惠及广大百姓。

2020年2月，中国电信成都分公司营业厅正常营业，工作人员用心服务用户

2021年是中国共产党成立100周年，是"十四五"开局之年，也是开启全面建设社会主义现代化国家新征程的第一年。2021年明确提出"切实增进民生福祉""持续改善人民生活""让发展成果更多、更公平惠及全体人民"。

2019年5月17日，数字四川5G智能+拓展大会期间，观展群众在体验5G应用

站在"十四五"开局的新起点，中国电信四川公司将继续坚持以人民为中心，勇担央企责任，持续推进云改数转战略，助力社会经济数字化转型，不断创新推出新的信息化应用和产品，满足人民日益增长的美好生活需要，以优异成绩迎接党的百年华诞，为实现"十四五"规划和2035年远景目标做出更大贡献。

中国移动四川公司
助力经济社会高质量发展

中国移动四川公司(以下简称"四川移动")是中国移动通信集团的全资子公司之一,负责中国移动在四川省的普遍通信服务、党政机要通信、应急通信等任务。2020年,四川移动以"践行党的宗旨、履行央企责任、融入四川战略、服务治蜀兴川"为行动纲要,扎实履行国有企业的政治责任、经济责任和社会责任,在保持自身良好发展势头的同时,努力为四川省经济社会发展贡献行业主力军力量。截至目前,四川移动已累计在川投资超2000亿元,手机客户达5300万户,5G客户达800万户,宽带客户达1300万户,互联网电视客户达1250万户,带动就业岗位近50万个,作为二级独立法人单位在四川当地累计纳税达335亿元,其中2020年纳税达11亿元,已成为中西部网络规模大、服务客户多、运营能力强的通信运营商。

发力新基建全速开展5G规模建设

5G+工业互联网助力攀钢数智化转型升级

5G不断融入百业、服务大众

5G网联无人机高空灭火,智慧应急救援

全面服务于数字经济,锻造全国"加速器"

四川移动充分发挥四川5G产业联盟理事长单位作用,全力以赴推动四川5G"五个走在前列",助推四川构建国家战略性新兴产业发展聚集高地。

一是5G网络建设走在前列。以"打造全国5G精品网"为目标,投资重心全面转向5G等"新基建", 5G基站突破2.1万个,率先连续覆盖所有市州主城区,实现所有区县全部开通5G、重点区县城区连续覆盖。

二是5G产业发展走在前列。已与57家政府机构、109家头部企事业单位签署5G战略合作协议,建立6个5G联合创新中心,协助开展"全球5G产业创新峰会暨黑科技马拉松大赛"等交流研讨会共156场;积极推动5G与人工智能、物联网、云计算、大数据、边缘计算等紧密融合,在15个细分行业109个场景,开展了280余项5G应用实践。

三是5G惠民应用走在前列。加速5G"融入百业、服务大众",实现出门5G千兆、回家宽带千兆无缝连接,已累计上线5G资费产品50余档,并打造了一系列5G示范应用。结合四川"三九大"等独特旅游文化资源,推出了全球5G+4K+VR大熊猫直播,目前已形成了"5G+VR景区直播、5G+文旅平台、景区智能服务、VR文创"等系列成熟应用超20项,并在第六届四川国际旅游交易博览会进行了集中展示,得到与会人员一致好评。

四是5G成渝赋能走在前列。协同重庆移动、中移成都产业研究院、中移物联网公司建立了助力成渝地区双城经济圈建设四方联合工作机制,完成《中国移动支持成渝地区双城经济圈建设专项规划纲要》,积极以"5G领先"为成渝地区双城经济圈注入更强动力。

五是5G社会贡献走在前列。推动5G在防险减灾、社会治理、疫情防控等方面发挥积极作用,实现5G社会价值最大化。与四川省应急管理主管部门联合打造"云视讯+物联网+5G+大数据+应急通信车"全方位应急管理体系,移动5G+无人机在抢险救援服务应用中已逐步成熟,在凉山防火管理中进行了应用。

全面服务于乡村振兴，注入信息扶贫"新动能"

四川移动坚持把脱贫攻坚作为头等大事，全面落实并完成了各项扶贫攻坚任务。

高质量完成"普遍服务"任务。累计投资超15亿元，推进电信普遍服务试点，承担四川省一半任务，包括建设难度较大的甘孜、凉山等地区，克服地理位置偏僻、气候条件严酷、自然灾害频发等高难度施工，全面完成电信普遍服务五期工程、积极推六期建设，2020年实现全省行政村4G网络覆盖率达100%，获工信部通报嘉奖。

高水平实施"信息扶贫"工程。创新打造了具有四川特色的"农村电商+精准扶贫"的信息化扶贫之路，试点县农产品销售均额超300万元。助力"医疗扶贫"，在四川省卫健主管部门主导下，创新开展5G+智慧医疗项目，远程为山区患者快速诊疗，促进优质医疗资源共享。助力"教育扶贫"，依托5G+VR、教育云平台等，为30所贫困地区中小学提供名校教育资源、远程互动教学，保障了疫情期间"停课不停学"；投入835万元，为223所贫困地区中小学建成379个多媒体教室，提高教育信息化水平；累计组织6472名贫困地区中小学校长参加培训、提升能力。助力"综治扶贫"，完成52个扶贫县的"雪亮工程"建设，实现县-乡-村三级监控，解决了贫困地区群众安全感"最后一公里"问题。

高标准推进"定点帮扶"工作。累计投入近700万元，对帮扶村开展基础建设、产业发展、教育扶持等，助力帮扶村脱贫摘帽，1名下派驻村干部被评为省级"优秀第一书记"。结合自身优势，推出扶贫专属套餐，惠及330万人，全年让利9900万元。

移动抢险队员防汛保通信冲锋在前

在甘孜藏区架起奔康"信息桥"

全面服务于疫情防控，筑牢应急保障"防护屏"

新冠肺炎疫情发生以来，四川移动坚决发挥央企的功能和作用，全力做好通信保障、服务保障、防控保障"三个保障"，利用大数据、信息化等手段助力疫情防控，高效保障了疫情防控和复工复产，为夺取抗击疫情斗争全面胜利贡献了企业力量。

全力狠抓通信网络保障。积极利用5G、信息化等手段，高效满足疫情防控工作需要，服务疫情防控大局。圆满完成抗击新冠肺炎疫情和特大暴雨洪涝灾害等各类应急通信保障超1000次，保障各级政府、卫健委等重大视频会议超20万分钟，面向四川省300余家医联体单位开放5G远程诊疗平台，为17家新冠肺炎定点收治医院开通5G远程视频和监控系统。与中日友好医院搭建的远程诊疗平台被国家卫健主管部门国家远程医疗与互联网医学中心指定为"新冠肺炎重症危重症患者国家级远程会诊平台"。

全力狠抓信息服务保障。想方设法保障特殊时期群众居家及企业远程办公通信需求。为四川省超5300万客户提供免停机服务，向所有电视客户免费开放互联网电视付费内容，减免138万家中小企业专线费用，发送疫情防控公益短信35.8亿条。家宽、集客服务工程师坚守岗位，为四川省客户提供上门服务超16万次。

全力狠抓内部防控保障。公司党委全面负责，逐级夯实主体责任，构筑群防群控严密防线，全力以赴确保防控、生产两不误。第一时间建立健全组织机构，及时启动一级应急响应机制。全面加强一线窗口防控，细化疫情防控要求，积极做好线下营业厅防控和线上渠道分流服务，降低人员聚集风险。

2021年是"十四五"开局之年，四川移动将立足发展新阶段、贯彻发展新理念、融入发展新格局，以服务治蜀兴川为己任，充分发挥"网络强国、数字中国、智慧社会建设主力军"作用，持续满足人民群众的获得感、幸福感、安全感。

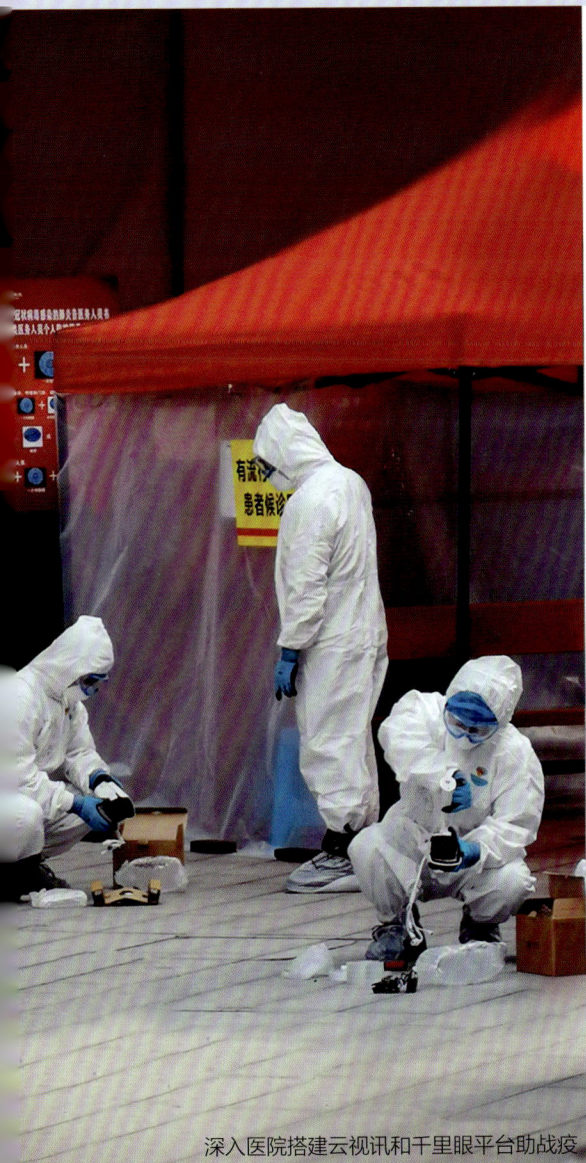
深入医院搭建云视讯和千里眼平台助战疫

与时俱进
携手共

中国电信
CHINA TELECOM

赢机

EXPLORING
SUCCESS
TOGETHER

业务遍及**41**个
国家和地区

全球拥有
47条 海缆

跨洲容量
74T

建设的海外POP节点
218个

www.chinatelecomglobal.com

中国移动国际有限公司（China Mobile International Limited, CMI）是中国移动的全资子公司。为进一步拓展中国移动的全球网络和国际业务，并更好地服务中国移动用户，CMI于2010年12月正式在全球通讯枢纽——中国香港设立，目前在全球37个国家和地区开展业务。凭借中国移动的强有力支持，CMI为全球企业、运营商、个人用户提供全方位的国际电信服务和优质的解决方案，是可信赖的合作伙伴。

中国香港数据中心　　　新加坡数据中心　　　英国伦敦数据中心　　　德国法兰克福数据中心

CMI致力于打造"路、站、岛"立体结合的信息高速通道，积极推动全球网络向"云化""智能化""线上化"转型，并着力打造"数字丝绸之路"。目前，CMI在全球拥有70多条海陆缆资源，成功突破90TB国际传输总带宽，PoP点数量达180，并在全球已建成4个自有数据中心，其中亚太区的新加坡数据中心于2019年7月正式启用，欧洲区的英国伦敦数据中心和德国法兰克福数据中心也分别于2019年12月和2020年12月启用。CMI以中国香港为起点，加速全球核心区域数据中心建设，高起点打造云化数据中心网络。

中国移动国际有限公司
China Mobile International Limited, CMI

通过iConnect运营商业务品牌，CMI为全球运营商伙伴提供全面整合的专业服务和连接全球的能力。

以"业务融合"为理念，携手全球合作伙伴，CMI为企业客户提供整合、一站式的通信产品和服务。怀着协助企业高效无缝连接全球的愿景，iSolutions意在为中国企业走向世界以及外资企业进入中国市场搭建通信连接桥梁，打造属于中国移动国际企业业务的全球名片。推出了超过48个行业解决方案，除了传统连接和数据服务外，覆盖云、ICT、物联网等方面，面对疫情及时拓展新方案，支持各行各业企业用户根据自身需求定制化服务，让全球超过2000家企业拥有更好的连接体验。以"平台融通"为理念，CMI mCloud云网融合业务于2019年5月诞生，mCloud连接世界8家云计算服务商，包括阿里云、华为云、腾讯云、百度智能云、微软Azure、谷歌云、优刻得UCloud等，提供包括云连接、SD-WAN、多云服务、SaaS云上应用等，覆盖了企业客户上云的全面需求。

个人出行方面，CMLink和无忧行两大产品也为用户提供了优质的连接全球境外通讯体验。无忧行是CMI面向所有用户推出的一站式出入境生活服务线上平台，提供境外通讯、出境资讯、机酒预定等一系列便捷出行的产品服务，平台注册用户超3000万，产品覆盖200+目的地。立足于中国移动优势通讯资源场景，无忧行提供全球优惠流量套餐及境外语音电话，app内可一键拨打全球各领馆航司，免去出行通讯烦恼。信号覆盖全球150+目的地，服务用户超过2500万，不换卡不换号轻松与世界相连。无忧行致力于打造可信、便捷的服务平台，在通讯的基础上，向出行全链路做延伸，提供机票、酒店及度假类产品服务，在工具服务上提供导航、翻译、汇率换算等支持，在资讯上联合国家旅游局提供目的地游乐玩法及情报，营造"无忧行—无忧出行"旅游生态。未来还将加入社交元素，以兴趣为圈层，引领出游新方式。

在全球经济新格局下，运营商机构之间的联系越来越密切。CMI于2015年7月成立"牵手计划"，吸引了来自全球各地的27个电信、终端、互联网行业内领先合作伙伴参与，覆盖逾29亿移动用户。牵手计划为成员提供相互连接的契机，成员在合作中提供资源及专业知识，共同打造无缝、无忧、无国界的产品和服务。

CMI成立已超过十年。十年来，CMI持续优化服务、提升定制化能力及客户服务能力以更好地满足全球客户的需要，着眼于行业市场所需，融合技术与服务，坚守创新理念，并获得了多项行业褒奖。

面向未来的数字化进程，CMI将积极构建数字化发展的底座，与客户合作伙伴一起面对数字化的挑战，持续提供高质量的服务，与客户共同成长，共建数字经济产业的新生态。

hi-H PROGRAM

10th

中国移动
China Mobile

如欲了解更多信息，
请访问www.cmi.chinamobile.com
网站或关注"中国移动国际"
微信公众号。

27 分支机构
为全球客户提供专业服务支撑

8 云网一体产品
赋能行业数字化转型

50+ 国际海缆系统
构建全球高速传输网络

130+ 全球业务接入点
增强国际业务疏通能力

通道

www.chinaunicomglobal.com

Achieve a Better Future.
Together

云改数转，为奔跑的数据装上"大脑"
中国电信浙江公司勇做"数字浙江"建设主力军

杭州亚运村
5G基站建设施工

近年来，中国电信浙江公司充分发挥网络强国"主导者"、数字浙江"主力军"、网信安全"国家队"的作用，积极助推浙江经济社会数字化转型、高质量发展，努力为建设"重要窗口"尽责任、办实事、作贡献。

一是发挥网络强国"主导者"作用，升级智能网络基础设施，助建新一代数字基础设施先进省份。

浙江公司紧跟《浙江省新型基础设施建设三年行动计划》要求，积极推动5G、数据中心等新基建发展，为浙江建设新一代数字基础设施先进省份提供强有力的网络基础保障。

公司发挥技术领先优势，积极推动与联通开展全省5G网络共建共享，双方充分利用3.5GHz室外200Mbit/s、室内300Mbit/s的频率带宽优势，为客户提供全新的高速体验，200Mbit/s带宽峰值达2.7G，平均下载速率达800M。加快网络建设进度，全力打造一张覆盖更广、速度更快、成本更低、体验更好的5G精品网络。截至目前，浙江省已具备5G基站2万余个，实现所有市区、县城以及部分发达乡镇的连片覆盖。公司优化5G产业生态，实施5G生态"双百计划"（100个5G示范项目、100个生态合作伙伴），大力构建5G行业新生态。公司挂牌成立12家5G联合创新实验室。

公司持续发展云网融合优势，加快新一代千兆光网建设，浙江省光纤接入端口达2000万个，已实现浙江省光网全覆盖。公司大力推进云基础设施建设，在浙江省内形成"2个区域节点+11个地市核心节点"的云基础设施布局，积极推进边缘云布局，启动地市边缘DC改造，试点云网边端融合方案，打造"边缘+"云网一体化能力节点，提升产业数字化升级的DICT能力。公司构建智能随选网络，通过创新组网方式、引入云网POP，加速网络云化，实现设备解耦，打造新一代云网运营系统。公司推进新型大数据中心建设，按照"4+X"（"4"是杭州、宁波、温州、金华四个核心数据中心与网络枢纽节点）的布局，建成从骨干到边缘的专用网络，通过IDC专网联动区域边缘数据中心。目前，公司IDC网络能力位于集团前列。

二是发挥数字浙江"主力军"作用，推动智慧应用赋能百业，助建基础设施智慧化融合应用示范省份。

浙江公司深入推动5G、云计算、大数据、物联网等信息化技术在浙江经济社会的全面应用，强化数字赋能，助建数字浙江，为浙江省数字化转型走在全国前列作出积极贡献。

公司助推政府数字化转型，助力"最多跑一次"改革，承建地市政务云，为省级局委办和市县级单位提供上云服务；整合升级"12345"平台，方便老百姓"一号接入，最多拨一次"；以"中国蓝电信电视"为载体，打造家庭电视智能终端办事服务平台，助推"最多跑一次"改革再深化。公司助力基层治理，承建开发平安建设信息系统、人民调解系统、政法舆情导控平台、基层治理四个平台（54个区县），参与建设浙江省矛盾纠纷调解平台等应用平台，完成平安通、警务通、流管通等信息采集的终端超10万部。公司助力智慧城市重点项目，承建温州市级、西湖区、钱塘新区等城市大脑平台；完成雪亮工程、天翼看家监控点100多万个。公司助力应急通信保障，与应急主管部门联合成立浙江省应急通信保障基地，建设市、县级可视化调度平台，安装近5000个避灾点监控，超1万部卫星电话。

公司助推数字经济发展，加快工业互联网发展，打造经编、纺织、电气等10个领域工业互联网平台，梳理5G+工业互联网十大场景，并在吉利、正泰等企业实践落地，兆丰集团5G智慧工厂等4个应用项目在央视播出。公司开启万物智联时代，为物联网产业链上下游合作伙伴提供定制开发、平台联调、产品展示、参观交流、项目对接、技术支撑、5G环境测试等服务，全省物联网用户近3000万，超百万级规模市场7个，杭州、宁波实现"物超人"。公司推动企业上云，发挥云网融合、安全可信、专享定制三大独特优势，助力企业上云超10万家。

公司助推数字社会建设，推动教育、医疗、农村等领域的数字化转型，为浙江省域治理现代化提效。公司承建浙江省80%以上教育骨干网，为全省近2000所学校提供数字校园服务，覆盖师生超200万；推进互联网+医疗云服务，浙江省已服务多家医疗机构及卫健主管部门，区域医疗云覆盖卫健主管部门，医院上云渗透二三级医院；加快美丽城镇建设，打造全国乡村治理示范县安吉、示范村刘家塘，实现部分县、村全面数字化治理；打造文旅综合服务体系，建设智慧文旅生态圈，建设区县全域旅游信息化。

自疫情发生以来，浙江公司坚守初心使命，积极履行央企责任，全力保障通信畅通，用心做好客户服务，有序推进复工复产，以走在前列的担当确保"两手硬、两战赢"。

杭州5G叉车智能车间

位于浙江的一家县域医共体5G远程智慧病房

乌镇5G农业试验场

三是发挥网信安全"国家队"作用，强化网络信息安全保障，助建新型基础设施安全保障体系。

"没有网络安全就没有国家安全"。浙江公司高度重视网络和信息安全工作，致力于成为信息基础设施的保卫者、清朗网络空间的守护者、智能安全服务的提供者、网络安全生态的建设者。

公司全面打造智云护航体系，智云护航体系认证上岗工程师近2000人。该体系打造自主可控的"两平台一中心"，围绕以我为主、自主可控的目标，建立安全服务平台、运营支撑平台和设备物料供应中心，从根本上确保信息化接入的稳定性和安全性，打造全方位的网信安全服务能力，针对客户的不同信息化需求，提供可视化、可定制化的信息安全服务。目前，公司"智云护航"体系为近10万家党政军及重要企事业单位客户提供从网络到信息化建设的一站式全程服务。

公司深入开展防范打击通讯（网络）诈骗专项行动。公司相继设立语音安全管理中心、400安全中心，建设防诈骗平台、重点业务管理系统；派专人驻各地市公安反诈中心，不断完善快速查询处置机制；推送公安涉诈线索3.1万条，准确率达80%；完成恶意网址预警浙江省推广，累计预警提醒67.25亿次。同时，公司根据"断卡"行动要求，建立"不良信用通信网用户"处理流程，完成九批不良信用用户的号码处置工作。

践行央企责任担当

中国电信福建公司三大战线齐发力

2020年，中国电信福建公司（以下简称"福建公司"）切实履行央企职责使命，决战疫情防控、5G新基建与扶贫攻坚，推动新时代"数字福建"快速发展，充分满足福建人民的美好信息生活需要。

在疫情防控方面，福建公司第一时间响应各级党委政府、疾控中心、定点收治医院通信需求，出动通信保障人员3万人次，"逆行"支撑防疫应急指挥、远程诊疗与视频会议；积极开展"暖春行动"，推出九项服务，全力满足政府、企事业单位、中小学复工复产复学信息化需求。各项信息化应用成为抗疫的科技尖兵，"天翼看家"在福建省362个乡镇、88个街道办事处的795个隔离点位、卡口使用。"天翼大喇叭"覆盖福建省内1200多个街道社区和乡、镇、村，用于基层防疫广播和重要通知。"热成像人体测温系统"为人员通行提供"无接触"快速测温，助力企业复工复产。

在5G新基建方面，福建公司全速推进5G基站及配套设施的建设施工，建成开通5G基站累计超一万个，实现福建省所有城市、县城、重点乡镇及以上区域5G网络全覆盖。9月30日，福建公司宣布全福建5G网络规模商用。同时深入开展5G应用合作，成功打造智慧城市、数字工厂、智慧警务、智慧医疗、媒体直播等5G行业创新应用。

开展5G基站建设

通过"党建翼联"活动扶持下党乡青年创业

光纤网络全面通达全省乡付

为乡镇安装"天翼大喇叭"

维护人员奔赴抢修点

龙岩壮畲村村民使用电信网络直播

宁德霞浦动车站使用电信5G热成像测温系统

　　在扶贫攻坚方面，福建公司全力帮扶挂钩贫困县、贫困村、贫困户，选派驻贫困村第一书记，开展党建扶贫、网络扶贫、通信业务扶贫、信息化与产业扶贫、公益扶贫"五大行动"，真帮实干助力脱贫攻坚。同时，为贫困地区提供"用得上"的通信网络，实现2201 个建档立卡贫困村、革命老区 6783 个行政村、原中央苏区 3679个行政村通光网和4G覆盖。福建公司以益农信息社为载体，共同推进信息进村入户工程，已承建益农信息社站点 1.2 万个。

海南联通聚焦5G创新应用
引领行业深度融合和示范推广

(一)海南省基于5G物联网的基层医疗卫生机构能力提升工程项目(A包)

海南联通中标海南省基于5G物联网的基层医疗卫生机构能力提升工程项目A包,中标金额1.45亿元。该项目是5G商业应用项目,项目的建设将覆盖海南省2500余家村卫生室和340家乡镇卫生院医疗机构的基于5G医疗远程诊断平台,成为基于5G覆盖全省所有基层医疗机构的远程诊断信息化项目,树立了海南联通在5G行业应用的坚实地位。

(二)海南炼化乙烯项目5G网络服务

海南炼化百万吨乙烯项目是海南省和中国石化重点工程项目,列入了国家石化产业规划,是海南省打造千亿产业集群、中国石化构建"一基两翼三新"发展格局的支撑项目。2020年8月,海南联通成功中标海南炼化100万吨年乙烯及炼油改扩建项目5G网络服务项目。该项目是海南省5G工业互联网应用的一个案例,是海南工业园区5G工业互联网MEC专网应用案例,也是国内石化行业的典型创新应用。该项目依托联通5G大带宽、低时延、广连接的技术特性,利用边缘计算、网络切片、物联网、云计算、大数据、人工智能等核心技术,推动实现六项5G智能应用。

海南联通携手海南炼化打造石化行业创新应用项目

(三)北京师范大学海口附属学校5G同步课堂项目

为进一步探索利用信息化手段提升乡村小规模小学和薄弱中学的学校教育质量与办学水平,海南联通与海南省教育主管部门携手建设5G同步课堂试点示范应用项目。该项目主要建设内容为海南省中小学5G同步课堂管理平台、远程同步课堂、VR/AR沉浸式互动课堂、全息投影互动课堂、5G智慧平安校园等试点应用,通过试点探索5G网络+教育的示范性应用模式。试点选取北京师范大学海口附属学校,实现超清视频全景课堂录播与直播,与甲子中心小学、三沙永兴学校进行远程互动授课;同时,通过5G网络和同步课堂平台,海南联通创新性地联合中国(海南)南海博物馆,开设了南博优质教学资源进学校的互动课堂,充分带动了学生学习积极性,开创了5G同步课堂的新领域。

北京师范大学海口附属学校5G同步课堂项目

(四)中国(海南)南海博物馆5G创新应用

利用5G大带宽、低时延的特点,融合VR、AR、AI等前沿技术,海南联通联合中国(海南)南海博物馆,打造博物馆5G创新应用项目。建设5G+VR全景直播、5G+AR文物修复助手、5G+AI游记助手及5G+感知安防等创新应用,提升了南海博物馆在安保、管理、服务领域的智慧化水平,给观众带来更好的参观体验,更好地展示南海人文历史和自然生态。保护南海文化遗产,更是用科技文博助力"智慧海南"建设,为海南自贸港建设贡献文博力量。

(五)5G无人驾驶观光车项目

"5G+无人驾驶"体验项目在海南呀诺达雨林文化旅游区正式投入运营。游客乘坐无人驾驶车,可按固定线路往返于多个站点之间。该项目由海南联通、海南呀诺达圆融旅业股份有限公司、联通智网科技有限公司共同打造,是海南新一批实现商业化运营的无人驾驶项目。该体验项目运用了5G、边缘计算、车路协同、无人驾驶、AR等大量前沿技术,将无人驾驶和5G应用进行有机结合。该项目依托联通智网的车路协同控制系统,使无人驾驶车能够及时感知周边环境,作出正确的驾驶判断,确保车辆安全稳定运行。同时,借助5G高速网络,联通智网开发的车辆运行监控系统可实时采集车内外高清视频和车辆运行的状态信息数据,景区工作人员可在监控中心利用该系统远程实时监控车辆的基础运行状态并采取相应措施。

5G无人驾驶观光车项目

(六)5G院前急救系统建设项目

海南联通利用5G、高清视频等技术构建急救车与急救中心、上级医院之间的高速、实时、便捷的沟通渠道,实现急救环境下多方协作的远程急救、远程会诊和远程指导,并在博鳌会场和海南省琼海市人民医院之间5G网络覆盖的范围,验证和展示基于互联网+5G的远程院前急救应用。通过对院前急救信息进行采集、处理、存储、传输、共享,从而为急症患者赢得宝贵的救治时间,医院可根据掌握的患者情况同步做好救治准备,建立院前院内一体化绿色通道,实现"上车即入院",提高急危重症救治效率,提高科学调度水平,加强信息共享联动,提升社会急救能力。

5G院前急救系统建设项目

追梦新时代 奋战新征程
——海南联通以扶贫优势 筑脱贫攻坚胜势

崎岖扶贫路,联通中国心。2020年是全面建成小康社会目标的实现之年,也是全面打赢脱贫攻坚战的收官之年。惟有凝心聚力,才堪担当重任。回首扶贫历程,海南联通人秉承家国情怀,勇担历史使命,用辛勤和汗水,铸就改变贫困的力量。

全面脱贫 海南联通真抓实干决战收官

"海南联通深入落实央企责任,始终坚持把打赢脱贫攻坚战作为一项重大政治任务抓落实。截至目前,海南联通共派出脱贫攻坚和乡村振兴工作人员共计87人,在全省16个市县25个行政村,129个自然村开展扶贫和乡村振兴工作,带领建档立卡扶贫户共553户2211人在2019年12月前实现全部脱贫。

海南联通借助行业优势,在"互联网+扶贫"方面,完成了白沙县惠农超市信息化平台项目、琼中全域乡村Wi-Fi项目、东方农村大喇叭信息化应用等项目,通过网络和信息化手段,打通信息扶贫"最后一公里"。

海南联通累计投入300余万元,筹措资金500余万元,聚焦网络、产业、就业、信息、教育、文化六大领域开展扶贫工作,充分发挥自身行业优势,在网络扶贫、资费扶贫和"互联网+扶贫"方面积极作为,大胆创新,助力扶贫工作成效显著。"

2020年517电信日,海南联通以线上直播带货方式,助力脱贫攻坚。现场共吸引46.52万人次通过手机营业厅观看直播,2个小时成功销售扶贫产品36.5万多元。临高文新村驻村第一书记抓党建促扶贫案例入选海南省"十佳优秀案例"。四年来,全省共获得脱贫攻坚先进集体奖23个,脱贫攻坚先进个人奖30人次。

琼中公共WiFi项目(第一期)开通仪式,项目"最后一公里"

海南联通开展"增花添绿再行动"活动

定点扶贫 从积贫积弱到"比城里面还好"

临高县临城镇文新村是海南联通定点扶贫村。文新村委会地处临城镇南部,共管辖7个自然村小组。初始文新村的主要经济收入为政府的财政拨款,村里基础设施落后,生活条件差。

自定点帮扶以来,海南联通结合文新村缺水、土地贫瘠等实际情况,因地制宜发展特色产业,带动文新村产业发展。海南联通先后投资100多万元帮扶资金,陆续在文新村建设4G基站、乡村Wi-Fi覆盖、文新联通休闲广场,把原文新村头榕树下"脏乱差"区域,打造成了村民休闲好去处,打通信息扶贫最后一公里。

海南联通发展特色产业,增强"造血"功能。一是成立专业合作社。文新富泽种养殖专业合作社成立后,先后淘汰100多亩纸浆林等其他低效作物,盘活的土地用于发展智能化养猪场和菊花种植产业。2019年合作社的发展更加多样化,进一步做大做强"百香果""木瓜"和"九品香莲"等产业,年底为村集体经济增值20万元建成三个椰子产业基地共30亩1950株椰子。二是发展休闲旅游产业。海南联通结合本村特点谋划集特色产业旅游、田园风光为一体的美丽乡村发展思路,打造种植药用和观赏为一体的高山药菊和50亩荷花观赏基地,2020年"五一"小长假期间到村参观人数达1000人次,文昌洋50亩荷花基地和高山药菊园已成为文新村的一张新名片,村民在自家门前卖起了自产的农产品,实现增收。

海南联通盘活资产资源,提升"输血"质量。一是打造冬季"菜篮子"基地。驻村以来,海南联通完成了村内三个常年瓜菜基地的改造升级,积极对接省内各大蔬菜批发市场,保证了销售渠道。二是发展庭院经济。通过党员先行、贫困户和普通农户跟进的方式,海南联通动员大家利用各自房前屋后闲置土地发展庭院经济,先后种植了8400株红心柚子、菠萝蜜、杨桃等高效特色水果,不但美化乡村环境,还增加农民收入。

海南联通建设文新联通休闲广场、文化长廊、国学堂和图书室、建设老人之家,解决村里孤寡老人的吃饭问题。海南联通开展支部"一对一"帮扶,解决特困户因病致贫、因学致贫等难题。海南联通持续组织各党委各支部开展"我和美丽乡村有个约会——劳动最美丽"定点帮扶活动,参加人数达1000人次,助力把文新村打造成临高县集民宿、休闲、观光、乡村国学讲堂等为一体的旅游新农村。

发展特色产业—种植高山药菊

海南联通党员身体力行参与共建美丽扶贫村活动

文化激活力 数转增动力
湖南联通发挥"乘数效应"推动企业高质量发展

惟楚有才，于斯为盛。湖南是中部地区重要省份，在中部崛起的大背景下，湖南联通抢抓机遇，认真贯彻集团聚焦战略，深化企业文化建设，加快全面数字化转型，以"乘数效应"充分激发高质量发展的活力和动力，为实施湖南"三高四新"战略积极贡献联通力量。

一、企业文化引领，持续迸发新活力

莲发藕生，必定有根；企业长青，必定有魂。在湖南联通，企业文化就是企业基业长青之魂。湖南联通始终把坚持党的领导、坚持文化引领贯穿始终，作为破解风险和战胜困难的"定海神针"，筑牢"根"与"魂"，以鲜明的企业文化持续从公司内部激发发展活力，让公司在激烈的市场竞争中保持强劲的战斗力，实现稳健发展，主要经营指标连续十余年名列集团前茅。

奋斗，是刻在湖南联通人骨子里的精气神，存在于公司发展的每个阶段。湖南联通人传承优质奋斗基因，秉持"爱生活爱工作，越奋斗越美好"的认真态度，践行多年沉淀的"五个坚持"核心理念，为争做南方标杆、打造最幸福企业努力奋斗，共同实现让员工工作更有尊严、生活更有面子的目标。

湖南联通"基业长青"青干班培训

一是"五个坚持"入脑入行

坚持以奋斗者为本，持续艰苦奋斗。无论前线还是后台，无论60后还是90后，奋斗是常态，让奋斗者享受胜利的果实。	坚持业绩导向，干部能上能下、薪酬能多能少、员工能进能出。运用市场机制选贤任能，优进劣退，持续深化三项制度改革，激发队伍活力。	坚持效益为先，精准投资、精打细算。以保证用户感知为前提，提高成本效能。	坚持高质量发展，做有质量的用户、有效益的收入、有现金流的利润。加强过程管控，确保发展质量。	坚持开放合作，团结一切可以团结的力量。搭建平台，与社会各界广泛开展战略合作。

湖南联通隆重举行"奋斗者之歌"表彰大会

湖南联通举行大型嘉年华活动

二是员工满意度持续提升

以人为本是企业文化的重要内容。湖南联通认真落实"党组20条"，坚持以办实事好事温暖员工，解决员工"急难愁盼"问题，不断提升员工满意度，激发员工凝聚力和创造力，以"内部员工满意度提升"推动"外部客户满意度提升"。

2020年，湖南联通研究制定了94项加强职工队伍建设具体实施计划，通过立台账、建清单，明确责任，纳入督办，及时跟进，督促相关部门逐项落实。员工成长方面，实施"基业长青"人才培养计划，以青干班为载体，搭建年轻管理人才进阶通道；统筹5大在线学习平台资源，依托公司内训师和外部培训师2支队伍，定期开设湖南联通大讲堂，为员工赋能。员工福利方面，在已推行高考陪考假的基础上，2020年进一步加强对职工子女和父母的关爱，增设子女中考陪考假、员工父母住院陪护假等。此外，盛大的奋斗者颁奖晚会、大型嘉年华、新年登高、趣味运动会等活动，已成为员工最期待的大型活动。湖南联通还打造了"幸福429"员工福利活动品牌。

幸不幸福自己才知道,满不满意员工来评价。湖南联通是为数不多持续开展员工满意度测评的省分公司,通过企务发布会的方式,将广大员工关注的福利提升情况和"党组20条"落实成效以现场和线上直播的方式进行发布,确保广大员工知根知底。此外,湖南联通还以刀刃向内的精神采取无记名评价的方式,组织全省职工代表对"党组20条"落实成效和员工满意度进行评价,并将满意度得分纳入各市州分公司总经理考核评价。2020年满意度调查得分85.62分(满分90分),保持八年稳步提升,整体得分达到非常满意层级。

在员工满意度调查结果中,得分最高的四项是鼓励员工享受国家规定的带薪年休假,实施陪考假并落实到考勤管理中;在当前纪律建设引导下,公司各级干部员工的纪律意识和规矩意识明显增强;领导干部履行党风廉政建设"一岗双责"比较到位,能带头遵规守纪,廉洁自律;纪检工作能有效结合生产经营与管理,较好地防范廉洁风险,助推企业持续健康发展。

风清气正的良好政治生态,共同奋斗的浓厚文化氛围,不断攀升的幸福满意指数,这是湖南联通的活力源泉,也是湖南联通在劳动生产率持续处于集团评价优异区的背景下,经营发展态势持续保持稳健的密码。

二、全面数字化转型,加速注入强动力

2020年,湖南联通全面数字化转型顺利开局,势头良好。公司坚持以客户为中心,以问题为导向,结合自身资源禀赋,构建了"1+5+6+N"数字化转型战略布局,以数字化转型蓄势提能、提速换档,实现高质量发展。

湖南联通全力参与新基建,重磅迈入三千兆时代,做好数字湖南建设者,致力于成为服务地方经济数字化转型的"产业互联网专家",以数字化平台赋能千行百业,在推进湖南产业数字化过程中进行了很好的探索实践,与全省14个市州政府签订了战略合作协议。在5G+工业互联网方面,助力黑茶集群打造的安化黑茶工业互联网平台,入选2020年湖南省"数字新基建"100个标志性项目名单。在5G+智能制造方面,基于5G网络切片,实现了挖掘机远程操作、机器人远程控制、智能头盔远程指导、在线检测与诊断等工业级应用,打造了多个创新项目。在5G+智慧城市方面,湖南联通致力于打造新型智慧城市运营服务商,可满足现代化城市建设一云集约共享,一数智融全域,一屏指挥协同,一体运营联动的治理需求。同时,能够提供特色治理服务如水质管理、停车管理、消防安全、垃圾分类等,实现感知数据汇集、事件上报管理、智能告警联动、设备管理及数据可视化。在大数据治理方面,由湖南省发展研究中心牵头,湖南联通共同发起筹建了湖南省政务大数据研发基地。在云计算赋能万企上云方面,打造了一批整体云化企业,降低了企业管理成本,实现了企业数字化转型。在物联网方面,湖南联通帮助大型车企实现了电动汽车的车内、车与车、车与路、车与人、车与服务平台全方位网络连接。此外,在智慧教育、智慧医疗、区块链等领域,湖南联通也打造了一批新基建典型案例。湖南联通加快5G基础网络建设,打造了中南地区中国联通云数据中心,以及中南马栏山数字视频产业集群,并已建立"省、市州、区县"三级服务支撑体系,全省产品服务人员超4000人,将为各行业提供专业整体信息化、数字化解决方案。

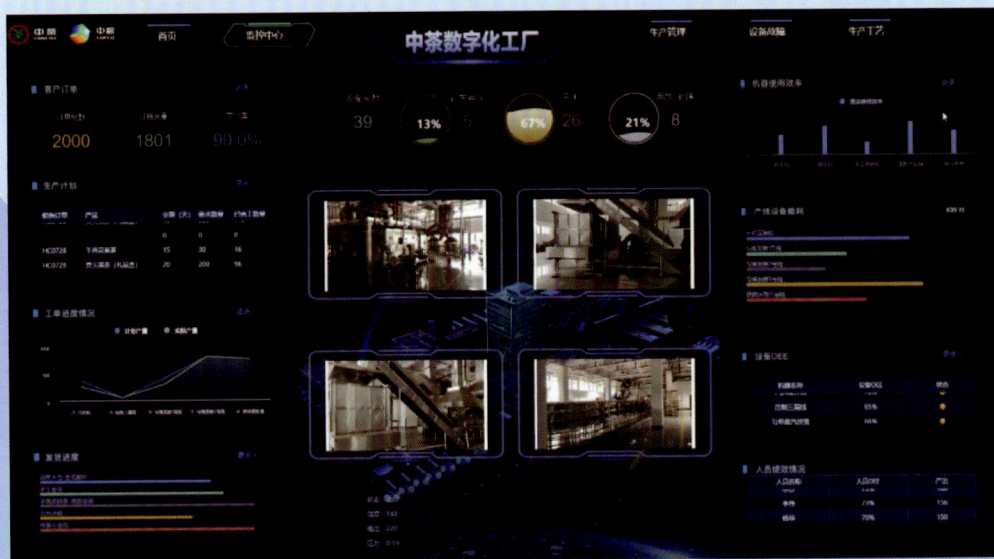

安化黑茶工业互联网平台

湖南联通混改和数字化转型工作受到各方的关注和认可。2021年初,湖南联通作为唯一电信运营商在省属监管企业市州国资委负责人会上,作国企混改+数字化转型经验分享。2021年度在湘央企座谈会上,湖南联通党委书记、总经理谭明进行了经验发言。

下阶段,湖南联通将坚持聚焦战略,落实高质量发展要求,传承优质文化基因,加快推进全面数字化转型,争当数字化领军者、智慧生活排头兵,为建设现代化新湖南贡献联通力量,奋力把宏伟蓝图变为美好现实。

引领物联网技术创新 赋能千行百业
共创万物互联的美好生活

—— 中移物联网致力于成为值得信赖、具价值的物联网科技企业

中移物联网有限公司（简称中移物联网）是中国移动通信集团有限公司出资成立的全资子公司。公司于2012年在重庆成立，注册资金30亿元，是由运营商成立的专业物联网运营企业。公司按照中国移动整体战略布局，坚持"物联网业务服务的支撑者、专用模组和芯片的提供者、物联网专用产品的推动者"的战略定位，围绕客户需求，以物联网平台（OneLink、OneNET、5G专网运营）为核心，持续锻造芯片、模组、操作系统、信息安全、应用集成等能力，构建了覆盖"云、网、边、端、用"的5G+IoT通用能力和产品服务体系，年营业收入超50亿元。

近年来，中移物联网在新时期党建引领下，以列入国企改革科改示范行动名单为契机，以服务客户需求为中心，坚持拓展连接边界，锻造核心能力，赋能垂直行业，奋力开启高质量创新发展新征程。

中移物联网有限公司
China Mobile IoT Company Limited

面对5G开启的广阔空间，中移物联网充分发掘5G支持经济社会高质量发展的巨大潜力，为社会提供更加优质的物联网技术、产品及服务。持续探索和研究前沿物联网技术，打造优质的产品和服务，密切协同中国移动各省公司及专业公司，以开放、合作、共享的发展理念，广泛开展国际、国内企业合作，推动物联网在各行业的规模应用，为千行百业数智化转型注智赋能，全力支持5G+IoT成为引领融合创新、激发新型信息消费的新动力和促进产业升级、驱动经济秩序增长的新引擎。

行业应用

平安乡村

本区域展示的是平安乡村行业应用。千里眼平安乡村是一套部署、使用、管理均方便的治安防控体系。实现了全村视频监控系统的"全域覆盖，不留死角"，真正形成人防、物防、技防三合一的治安防控体系。

数字小镇

本区域展示的数字小镇行业应用。该应用为小镇智慧文旅综合大脑平台，主要面向使用者为政府监管部门和景区管理者，同时配套手机APP面向游客。帮助优化景区服务体验，提高运营管理效率。

智慧工地

本区域展示的是智慧工地行业应用。智慧工地项目级平台，主要是面向施工单位和建设单位，提供对施工现场的多维度管理，帮助管理人员对项目现场实现信息化管理。

千里眼火瞳

本区域展示的是千里眼火瞳平台及终端。该解决方案以人脸识别技术为核心，为企业、政府、学校等客户提供刷脸开门、考勤、消费、测温、人脸布控、人证比对、身份验证等细分场景方案，为其打造安全、便捷、高效的全刷脸体验。

行业应用

智慧出行

本区域展示的是智慧出行解决方案。智慧出行业务涵盖三大板块：行车卫士产品、车务通及云镜业务等解决方案。为涉车渠道行业客户打造精准营销与运营保障服务。

智慧安消

本区域展示的智慧安消行业应用。智慧消防利用"人防、物防加技防"的手段提供智能分析监管，消防智能巡检、消防数据汇聚分析等能力，去提升单位自主管理效能，促进警务效能提升，降低管理成本。

智慧酒店

本区域展示的是智慧酒店行业应用。从入住到离店整个环节的智能化服务，如给客人提供人脸选房、自助入住、智能服务以及自助退房等。给酒店提供差异化竞争优势。也可为酒店经营管理方提供智能化管理。

智慧办公

本区域展示的是智慧办公解决方案。当前我们以智能会议场景为切入点，自主研发了企业组网、控制、会议等解决方案，帮助企业办公实现智能化转型。

目前，中移物联网基于5G+IoT通用原子能力，打造了智慧园区、智慧社区、智慧工地、地质灾害监测、平安乡村等场景化解决方案，落地了雄安智慧城市物联网平台、重庆国土地质灾害监测系统等标杆项目。在服务政企客户的同时，公司用户规模、业务规模也在不断增长，自主物联网平台（OneLink、OneNET）累计连接数超8亿，芯片、模组销量累计超6000万片，智能行业终端累计销量超1亿台。成立了中国移动物联网联盟，汇聚产、学、研会员单位近1700家，携手共创万物互联的美好生活。

中国移动通信集团设计院有限公司

中国移动通信集团设计院有限公司(以下简称"设计院"),是中国移动通信集团有限公司的直属设计企业,中国移动研发机构之一的"网络规划与设计优化研发中心"。设计院是国家甲级咨询勘察设计单位,具有承担各种规模信息通信工程、通信信息网络集成、通信局房建筑及民用建筑工程的规划、可行性研究、评估、勘察、设计、咨询、项目总承包和工程监理任务的资质;持有电子通信广电行业(通信工程)甲级、电子系统工程专业甲级和建筑行业(建筑工程)甲级资质;具有信息系统集成及服务一级资质;具有委托投资咨询评估资格;也已通过ISO9001国际质量体系认证;持有《中华人民共和国对外承包工程经营资格证书》,可承接对外承包工程业务。

设计院基于自身资源禀赋,精准把握新发展定位,作为新型信息基础设施数智化服务专家、数智化网络建设与运维技术专家,在"数字化信息能源""工业化数据中心""信息化基础设施""智能化网络运维"和"智慧化网络服务"五大板块精准布局,推出系列产品和服务,加快转向"新型信息基础设施数智化科技型企业"。

5G基站一体化能源柜

产品介绍: 5G基站一体化能源柜系统由1套多输入多输出(MIMO)直流电源、1~4个智能磷酸铁锂电池模块、机柜以及配套等设备组成,并预留BBU、PTN等通信设备安装空间。根据使用场景,系统分为室内机柜、室外机柜。

产品功能: 基于MIMO理念,提出5G基站一体化能源机柜产品。

免市电改造: 一方面通过叠加新能源进行补充,一方面通过智能削峰实现市电与储能能量协同,智能调度多种能源输入,避免市电改造。

免电源改造: 整合现网直流电源剩余容量,多路电源互补满足5G供电需求,避免对现网直流电源扩容改造。

免电池更换: 备用电池容量动态匹配计算,现网电池与智能锂电联合保障5G备电时长要求,避免现网电池更换。

与传统改造相比,一体化数字能源机柜产品解决方案将改造周期缩短约90%、CAPEX降低30%、能效提升8%~17%。

工业化数据中心整体解决方案

产品介绍:

将数据中心建设转换为工业化生产过程,更好控制数据中心建设成本和质量。通过产品预制化、交付总成化、运维智能化三大措施,为客户提供绿色、安全、高效的工业化数据中心解决方案。

产品功能:

产品预制化:微模方产品是具备独立运行功能的微模块,由机柜、电源、配电、空调末端、综合布线、消防、监控管理等系统组成,PUE低至1.20。

交付总成化: 工程总承包以微模方系列产品为依托,打造"工程服务+产品"端到端交付模式,提供包投资、包工期、包质量、包安全、包交付的"五包服务"内容,工期缩短30%以上。

运维智能化: 数据中心智慧运维AIR平台,具有节能诊断、健康诊断、预警诊断、故障诊断四大功能。部署后空调节能效率提高20%以上。

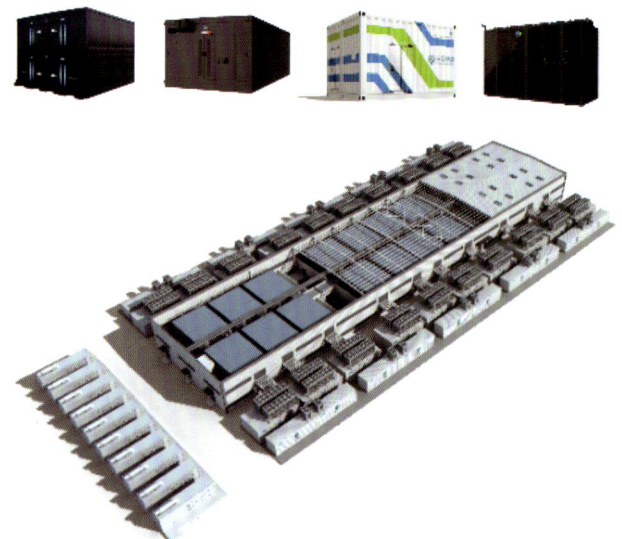

DICT一体化解决方案

产品介绍：面向垂直行业定制化需求的诸多特点，进行核心网、无线网和传输网络端到端的一体化方案咨询、规划和设计工作，为客户提供基于 DICT 的售前、售中和售后服务，包括专网及集成项目的技术咨询、方案设计、工具平台定制化、系统集成和优化、系统部署和运维、业务运营等服务，及相关软硬件平台的交付，提供覆盖云管端的综合技术服务能力。

产品功能： 针对政企行业用户，可通过建立专业的售前售中售后服务体系，提供端到端专网方案咨询、规划与设计服务，结合技术方案、系统定制化、运维监控、业务运营等能力，提升 5G 专网建设、ICT 业务服务能力和效率，降低运营成本，提高系统服务质量；通过售前技术服务，提升产品和市场能力；通过系统定制化服务，提高信息化产品能力；通过系统运维和监控平台，提升系统保障能力。通过上述服务，帮助政企客户提升市场、业务、技术、运营和保障能力。

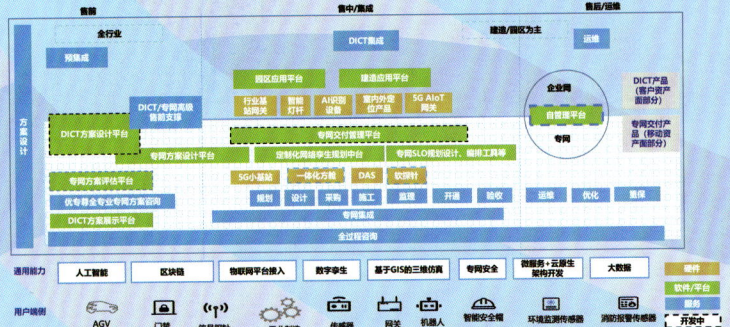

BSN区块链专网

产品介绍

区块链服务网络(BSN)是一个跨云服务、跨门户、跨底层框架，用于部署和运行区块链应用的全球性公共基础设施网络，目的是极大降低区块链应用的开发、部署、运维、互通和监管成本。

BSN区块链行业专网，基于BSN核心技术，在用户现有通信网络内搭建包括区块链基础网络底座、管理与能力平台、应用开发界面在内的区块链应用部署与运行的整体解决方案，以数据信任"新中枢"建设智慧大脑2.0，赋能数据治理现代化。

产品功能

提供具备"一键化"区块链应用部署功能的应用服务平台，打造应用合作生态资源。

建设具备集中管理、运维、监管功能的系统，构建行业安全管理体系。

基于用户通信环境、跨云部署的定制化区块链底层基础设施。

软件工作量评估服务

产品介绍：软件工作量评估服务是基于国际标准(ISO/IEC)功能点分析方法、国家标准(GB/T)软件开发成本度量规范以及软件度量基准数据库"中国移动软件度量过程基准数据库"打造的一款"服务+平台"的产品。为客户提供权威、客观、科学的定制化软件的规模度量和工作量评估服务，打开软件黑匣子，助力客户把握软件管理能力，提高企业效益、降低成本、避免开支风险。

技术：较早进行软件评估应用化研究，产品迭代始终走在行业发展的前沿。

核心资源：拥有行业基准数据库，所有数据均来自项目实践反馈。

发布：严格遵循国际、国家标准，输出客观、详尽、全面的第三方评估报告。

专业团队：成立设计院软件虚拟中心，整合设计院高端资源，专职专攻，服务全国。

产品功能

第三方软件工作量评估服务
投资估算：合理估算、降低估算偏差
变更管理：过程管控、变更心中有数
商务谈判：降低成本、谈判有据可依
归档审计：避免风险、审计合理合规

软件度量体系建设咨询服务
体系建设：建设匹配企业管理的软件评估体系
基准数据库建设：建设企业自身的基准数据库

软件度量应用技术培训服务
方法培训：提高员工软件评估业务水平
实施培训：提高员工项目管理实施水平

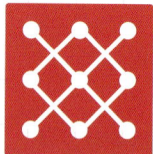

中时讯通信建设有限公司是中国通信服务股份有限公司(00552HK)旗下具有独立法人资格的全资成员企业。中时讯(前身"广州市内电话局工程队")创立于1956年,是中国ICT(信息与通信)基础网络建设及综合智慧服务商,我们致力于把数字信息智慧化服务带给每个组织和企业,构建万物互联的智能世界。

中时讯现有员工约**3000**人，业务遍及中国全境及海外**8**个国家区域，服务客户超千。公司业务涵盖通信网络建设、信息系统集成、装维、ICT服务、运营支撑等各个领域，公司立足信息化行业，推行跨界经营，为电力、广电、交通、水利、机电、信息安全、智慧建筑、智慧产业园、智慧教育、智慧云、智慧安防、智慧城市、智慧政务等提供全方位一站式解决方案。

中时讯公司是政府、企事业可信赖的最佳合作伙伴。

中时讯通信建设有限公司
你单位承建的中国电信西宁—格尔木—吐鲁番干线光缆线路工程　荣获
2018—2019年度国家优质工程奖。
特发此证。

中国建筑业企业管理协会
二〇一九年十二月

中时讯
中国·时代·讯息
新一代综合智慧服务商

面向未来，中时讯将持续聚焦湾区，拉观全球，努力提升企业产品和服务的竞争力，聚焦为客户和社会创造更大价值，为员工提供广阔发展平台，以共生共赢的方式，夯筑公司发展的根基，打造中国"新一代智慧化服务"的国家品牌。

博浩科技　博浩科技有限公司
BOHAOTECHNOLOGY

　　博浩科技成立于2006年,位于晋商之都龙城太原,注册资本8000万元。是一家以通信运营服务、物联网及智慧城市建设为主的国家高新技术企业。

　　博浩科技坚持以"博爱之心、浩然正气"的价值观向前迈进。现拥有以博士后1人、博士1人、硕士5人为领队的高素质专业人才队伍。博浩目前形成通信、电力、市政三大板块,山西集团总部、北京研发中心、山东生产基地三大中心,通信工程、通信产品、信息化(政企)、大数据四大模块,华北北京、东北沈阳、西北西安、华中武汉、西南成都、华东南京、华南深圳、海外八大区域为核心的产业布局。

通信工程模块

通信工程
| 基站铁塔建设 | 传输线路建设 | 无线网络覆盖 | 通信管道建设 | 泛电力物联网 | 铁路通信信号 |

通信网络维护
| 通信线路维护 | 通信机房巡查 | 通信设备巡检 | 通信管道维护 |

网络优化
| 无线网络质量评估 | 数据分析 | 方案制订 | 问题处理 | KPI指标提升 | 专项外场测试服务 |

通信工程设计
| 智能化产品设计 | "集客"接入线路设计 | 传输线路设计 |

信息化模块

智慧+系列

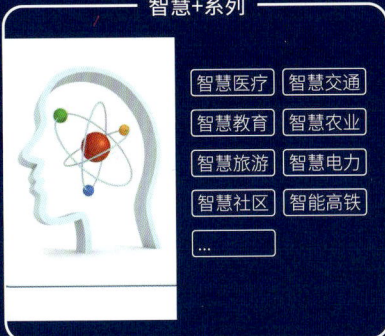

智慧医疗	智慧交通
智慧教育	智慧农业
智慧旅游	智慧电力
智慧社区	智能高铁
...	

政企融媒体建设
地市级、县级以上政府融媒体建设、国企央企融媒体建设及维护等

大数据模块

数据安防　大数据分析　云计算服务　智慧储能

识别数千种应用,涵盖社交、金融消费、出行、游戏、下载等多个领域。

BOHAOTECHNOLOGY

标杆工程

- 京雄高铁沿线传输建设
- 大兴机场传输管线工程
- 北京世园会传输管线工程
- 第二届全国青运会主会场传输管线工程
- 全国高速公路通信部联网维护项目
- 大张高铁外电引入项目、动力配套项目
......

　　公司具备通信工程施工总承包一级等诸多企业资质,在激烈的市场竞争中博浩科技拥有了参与国家通信干线投标等的先决条件及更多优势。

　　一颗红心向党,一颗红心建网。博浩科技有限公司党支部始终不忘初心、牢记使命,铸成一个"党建强、人才强、企业强、品牌强,员工有信仰、团队有力量、公司有希望"的企业。2020年,博浩科技荣获太原市"双强六好"区级示范党组织。

　　博浩科技以优质的通信工程服务为支撑,积极推进电力、市政的市场开拓,利用核心技术成果延伸物联网领域,大力发展智慧城市。伴随"新基建"按下加速键,博浩科技积极开展5G基础设施建设,加快5G天线、5G小微基站、云计算、大数据等系列产品的研发合作与应用,与北京理工大学、北京邮电大学、西安电子科技大学、太原理工大学、中北大学等高校密切合作,以榜样的力量引领博浩人不断探索。

中浙信科技咨询有限公司

中浙信科技咨询有限公司于2014年3月19日正式注册成立，前身为杭州市电信规划设计院有限公司，是隶属中国通信服务集团旗下的专业信息技术公司和集团级智慧产品研发基地，持有国家通信工程设计甲级、建筑工程设计甲级、工程勘察甲级、工程咨询甲级、等多项从业资质的老牌国有设计咨询企业。

公司目前员工有700余人，现有博士硕士48人、高级职称70余人、中级职称150余人，一级建筑师、一级结构师、注册咨询工程师、一级建造师等国家注册类人员50余人。

公司经营范围涵盖通信设计和施工、网络规划、智慧产品研发、绿色建筑、信息安全、软件开发等方面的技术方案和集成总包，提供通信与信息化综合解决方案。业务区域覆盖全国多个省份，在全国共设立40余个办事处。

中浙信公司以"成为以咨询设计为引领，打造一揽子解决方案的集成总包商"为战略发展目标，致力为各大运营商、广电集团、各级政府机关、公安、交通、学校、大中型通信设备厂商等政企客户提供咨询设计、系统集成、产品解决方案等，从业三十年来，工程咨询设计项目多次获得各级荣誉。近年来，在G20杭州峰会、一到七届世界互联网大会、丝绸之路敦煌文博会、第19届亚运会等多项大型会议中，中浙信公司项目团队多次承担前期规划和导则编制、通信设计和通信保障等工作，得到客户诸多好评。

2021年，中浙信公司将秉承上善若水的乙方文化，竭诚为客户服务。

公司核心资质

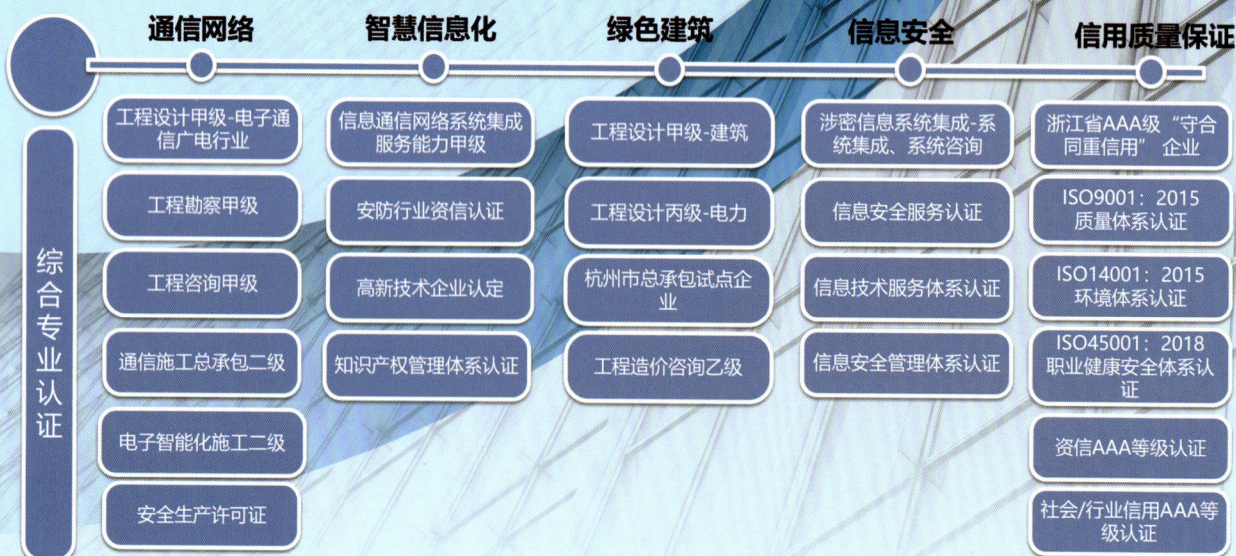

	通信网络	智慧信息化	绿色建筑	信息安全	信用质量保证
综合专业认证	工程设计甲级-电子通信广电行业	信息通信网络系统集成服务能力甲级	工程设计甲级-建筑	涉密信息系统集成-系统集成、系统咨询	浙江省AAA级"守合同重信用"企业
	工程勘察甲级	安防行业资信认证	工程设计丙级-电力	信息安全服务认证	ISO9001：2015质量体系认证
	工程咨询甲级	高新技术企业认定	杭州市总承包试点企业	信息技术服务体系认证	ISO14001：2015环境体系认证
	通信施工总承包二级	知识产权管理体系认证	工程造价咨询乙级	信息安全管理体系认证	ISO45001：2018职业健康安全体系认证
	电子智能化施工二级				资信AAA等级认证
	安全生产许可证				社会/行业信用AAA等级认证

业务联系人：陈建彬　　　电话：13306815837　　　邮箱：chenjianbin.zjzzx@chinaccs.cn

中贝通信 Bester Group
BESTER

ABOUT US
公司简介 ▸▸

　　中贝通信集团股份有限公司成立于1992年，是专业从事通信网络技术服务的高新技术企业。公司业务以5G网络建设为主，含网络规划与设计、网络优化与维护和EPC总承包，同时深化推进5G行业信息化应用、智慧城市与ICT系统集成业务。

　　中贝通信集团2018年11月在上海证券交易所主板上市，拥有交换、传输、无线网络、光通信、数据与存储、电源供电等专业工程师近1000名，其中一、二级建造师与项目经理近300名；配备各类系统测试仪表和车辆机械装备1000多台（套）；业务区域涉及全国二十多个省（市）、自治区，形成了南方、北方、中部、西南、西北、东部六大业务区，面向全国主要省市设置了二十多个办事处/事业部为客户提供驻地服务。公司着力开展国际业务EPC总承包，目前已设立八家海外公司，涵盖中东、东南亚、非洲等区域，逐步形成武汉管理中心、北京营销中心、香港国际中心三足鼎立协同发展的经营格局。

　　2020年公司逐步并购武汉恒讯通与荆门锐择，布局光模块和波分产品与元器件；和广州世炬、福建安科讯在5G微小站与室分系统达成战略合作，与葛洲坝、中交二航局、湖北交投、湖北广电等在新基建领域形成战略合作伙伴关系，同时引进战投持续深化5G网络建设与行业应用服务。

TRADE QUALIFICATION
行业资质 ▸▸

通信工程施工总承包	一级资质
通信信息网络系统集成	甲级资质
信息系统集成及服务	二级资质
电子与智能化专业承包	一级资质
安防工程	一级资质
对外通信工程	承包资质
通信网络代维	甲级资质
有线通信规划设计专业	甲级资质
工程咨询	甲级资质
通信行业工程勘察	甲级资质
通信建设工程企业安全生产服务	甲级资质
通信行业工程设计	甲级资质

BUSINESS DOMAIN
业务领域 ▸▸

通信网络建设
4G/5G移动通信网络、交换与智能系统网络、光网络传输系统、光缆线路与通信基础设施、通信网络优化与维护、通信网络规划与设计。

通信与信息化集成
5G行业应用、信息化系统集成、专用通信网络集成、建筑智能化系统集成、智能交通系统集成、智慧城市等总承包。

国际业务总承包
在一带一路沿线多个国家，提供通信网络建设、数据网络建设和智能化与信息化等项目总承包服务。

上海理想信息产业（集团）有限公司成立于 1999 年，为中国电信全资子公司，员工 1700 余人，年收入超过 10 亿，同时也是上海互联网大数据工程技术研究中心，聚焦于电信、政府、金融、教育、医疗、制造等多个行业，拓展 ICT 业务。

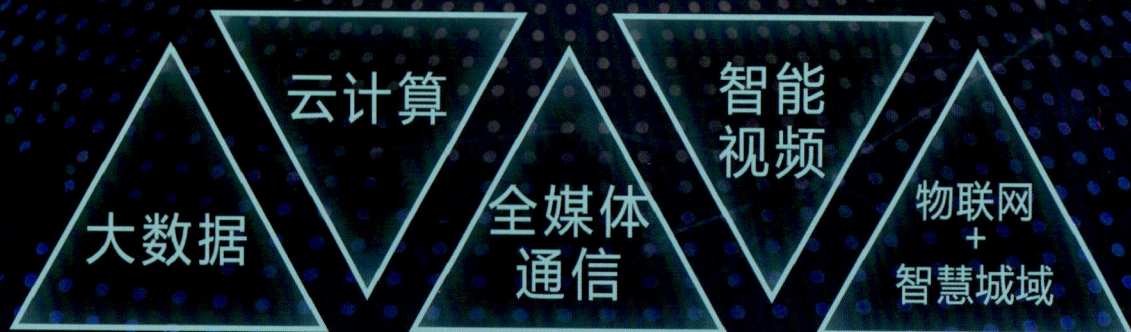

合，物联网应用在智能制造、智慧交通、智慧公共事业等领域不断渗透。截至 2020 年年底，蜂窝物联网连接设备达到 11.36 亿户，全年净增 1.08 亿户。

（三）互联网和相关服务业发展态势平稳，业务收入稳中有落

互联网业务收入增长稳中有落。2020 年，我国规模以上互联网和相关服务企业收入达到 1.3 万亿元，同比增长 12.5%，较 2019 年同期下降 8.9 个百分点。行业利润为 1187.0 亿元，同比增长 13.2%，增速比 2019 年下降 3.7 个百分点。从收入结构来看，互联网信息服务（包括网络音乐和视频、网络游戏、新闻信息、网络阅读等服务在内）收入同比增长 11.5%，占比达 55.1%。在线教育、网络销售、生产服务等互联网平台为保障人们正常生产生活秩序发挥重要作用，相关企业也迎来新的发展契机，联网平台服务企业（以提供生产服务平台、生活服务平台、科技创新平台、公共服务平台等为主）收入同比增长 14.8%。"新基建"驶入快车道，数据要素已成为推动经济高质量发展的新动能，互联网数据服务快速增长，同比增长 29.5%，为产业互联网推进奠定了良好基础。整体来看，我国互联网企业营收保持平稳增长，成为驱动经济发展的新动能。

持续加大科研投入，关键核心技术能力稳步提升。2020 年，我国互联网行业研发费用达 788.0 亿元，同比增长 6.0%。互联网企业积极探索人工智能、大数据、云服务、区块链等前沿技术的研发应用，部分研发成果在国际上占据领先地位。《2020 年中国互联网领军企业》数据显示，2020 年中国互联网领军企业的研发投入突破 1200 亿元，平均研发强度突破 11.9%，比我国研发经费投入强度高出近 10 个百分点。

我国互联网企业的国际影响力不断提升。在 2020 年《财富》世界 500 强排行榜中，共有 7 家互联网企业上榜，其中包括 4 家中国互联网企业：阿里巴巴、腾讯、京东和小米。并且，这些上榜企业的排名较 2019 年均有提升，阿里巴巴、腾讯、小米分别实现 40~50 位的增幅，领跑增幅排名。

（四）软件应用融入经济社会各领域，驱动数字经济蓬勃发展

我国软件和信息技术服务业持续恢复，逐步摆脱新冠肺炎疫情负面影响，呈现平稳发展态势，2020 年，全国软件和信息技术服务业规模以上企业收入规模达到 8.2 万亿元，同比增长 13.3%。利润增速稳步增长，2020 年行业利润总额达 1.1 万亿元，同比增长 7.8%；人均实现业务收入 115.8 万元，同比增长 8.6%。

随着信息技术加速渗透到经济和社会生活的各个领域，我国软件产业呈现出网络化、服务化、平台化、融合化等趋势。2020 年，软件产品收入实现同比增长 10.1%，占全行业比重为 27.9%。其中，工业软件产品实现收入增长 11.2%，为支撑工业领域的自主可控发展发挥了重要作用。云计算、大数据、人工智能等技术逐渐成熟，新业态、新技术不断演变出更多综合性的新应用，信息技术服务实现收入同比增长 15.2%，增速高出全行业平均水平 1.9 个百分点，占全行业收入比重为 61.1%。信息安全产品和服务收入增速略有回落，同比增长 10.0%。嵌入式系统软件收入同比增长 12.0%，已成为产品和装备数字化改造、各领域智能化增值的关键性带动技术。

（五）在新冠疫情和中美经贸摩擦的挑战下，我国电子信息制造业保持了平稳快速增长

2020 年，规模以上电子信息制造业营业收入同比增长 8.3%，利润总额同比增长 17.2%；增加值同比增长 7.7%，增速比 2019 年回落 1.6 个百分点；固定资产投资同比增长 12.5%。从结构来看，通信设备制造业营业收入同比增长 4.7%，利润同比增长 1.0%；电子元件及电子专用材料制造业营业收入同比增长 11.3%，利润同比增长 5.9%；电子器件制造业营业收入同比增长 8.9%，利润同比增长 63.5%；计算机制造业营业收入同比增长 10.1%，利润同比增长 22.0%。

从整体需求来看，疫情激发的居家办公和远程学习需求带动了消费电子产品（笔记本电脑、平板电脑、智能手机等）市场的需求增长，我国台式电脑、平板电脑、笔记本电脑等产品的出货量不断提升。从技术应用来看，5G 的应用场景、基站网络建设等诸多方面还不成熟，软硬件适配还需要一系列的探索，用户仍保持观望状态，我国智能手机市场销量连续出现下滑。

■ 二、2021年信息通信业发展展望

2021 年，我国信息通信产业将保持较快增长态势，基础软件生态加快构建，互联网和相关服务业创新活跃，一批大数据、云计算、人工智能企业快速成长，对数字经济发展的支撑作用不断增强，预计信息通信业增速在 9.0% 左右，占比将超过 40%。其中，电信业务收入将小幅提升，互联网企业收入保持较快增长，软件业营业收入持续提升，电子制造业增加值将保持平稳增长。

在电信业方面，5G 将从基站建设、发展 5G 用户规模，向 5G 应用进行拓展，通过将不同的场景需求与基础设施能力相结合，在应用、内容等层面与其他厂商进行直接竞争。运营商不断提升产业数字化的集成解决能力，向工业互联网、智慧城市、智能家居、智慧园区等数字化应用及服务进行延伸，从传统的电信网络运营商向数字服务提供商转型。通信业在加速推进移动通信和固定通信基础设施升级的时代背景下，也将面临基础设施建设成本过高、垂直行业数字化转型需求不成熟等挑战。

在互联网服务方面，伴随数字化进程，整个互联网发展也从围绕消费产品的流通领域，进入了围绕工业和消费产品的生产领域。以制造业为例，该领域将会出现以数字内需为驱动的制造业生态转型升级，依托原有的产业链进入数字空间，打造面向数字空间的新产品、新服务。互联网巨头逐步加大对上游供应链的改造，企业加速数字化进程和云上转型，产业互联网将迎来爆发。

在软件业方面，随着软件和信息技术服务业"十四五"发展规划的布局的启动，我国软件产业的产品形态、服务模式、竞争格局势必加速演进，软件在数字经济发展、社会运行保障方面的作用将愈发显著，对"新基建"发展的支撑作用将进一步增强。同时，我国信创产业规模和产业结构将进入发力期，基础软件和工业软件短板环节的集中突破将取得有效进展，重点行业应用创新工作深入推进，创新应用工作逐步完善，信创产业链和供应链进一步提质增效。

在电子信息制造业方面，随着 5G、人工智能、VR/AR、超高清视频等大批新技术应用的日趋广泛和成熟，可穿戴设备等移动终端、智能家居、行业电子等领域有望孕育出现颠覆式、前沿型、集成化的新型产品，再次激起一轮消费热潮。同时，在畅通国内大循环的发展新格局引领下，半导体等电子元器件、电子材料、电子设备等领域有望实现加速增长，产业基础能力不断夯实，我国电子信息产业逐渐形成由点及面的网络体系。

2021 年，信息通信技术将加快对传统行业的渗透，推动数字经济与实体经济不断融合，以 5G 为代表的新一代信息技术将在制造、能源、交通、医疗、教育等领域不断赋能，形成一批可复制推广的创新应用模式，打造以信息通信技术为核心的应用生态系统，培育新的经济增长点。

[工业和信息化部网络安全产业发展中心
（信息中心）刘今超　张　弢]

大宽带及网络
融合篇

千兆宽带光网技术和业务的发展

面对各类新兴业务的不断出现，宽带接入网络技术将继续向更大速率、更多波长、更低时延方向演进，同时结合各类软件定义网络（Software Defined Network，SDN）/网络功能虚拟化（Network Functions Virtualization，NFV）及大数据技术，我国也在规建维优一体化方面取得了长足的进步。运营商正在推动千兆宽带光网向最优化承载 4K/8K 等超高清视频、VR/AR 及 5G 小微基站等新兴业务的精品宽带接入网转型。

一、发展概述

（一）FTTx 网络大规模建设已基本完成，宽带业务市场竞争激烈

经过近年来的大规模光改和精准建设，根据工业和信息化部于 2021 年 1 月 26 日发布的数据，截至 2020 年年底，我国互联网宽带接入端口数量达到 9.46 亿个，其中，光纤接入（FTTH/O）端口达到 8.8 亿个，占比由 2019 年年末的 91.3% 提升至 93%。3 家基础电信企业的固定互联网宽带接入用户总数达到 4.84 亿户，其中光纤接入（FTTH/O）用户达到 4.54 亿户，占比由 2019 年年末的 92.9% 提升到 93.9%，远高于全球平均的 67.5%。光纤接入速率稳步提升，截至 2020 年年底，我国 100Mbit/s 及以上接入速率的固定互联网宽带接入用户总数达 4.35 亿户，占固定宽带用户总数的 89.9%，占比较 2019 年年末提高了 4.5 个百分点。千兆网络的覆盖范围不断扩大，1000Mbit/s 及以上接入速率的用户数达到 640 万户，比 2019 年年末净增 553 万户。根据目前的固定宽带用户数与光纤端口数之比，以及监测的宽带用户平均流量来分析，固定宽带网络的大规模建设已基本完成，后续需要结合具体的市场发展需求进行精准建设，以有效控制资本投入（Capital Expenditure，CAPEX）并提升网络效能。

目前国内宽带接入市场竞争激烈，中国信息通信研究院发布的《中国信息消费发展态势报告（2020年）》显示，截至 2020 年 8 月，我国固定宽带月户均支出为 35.3 元，较 2017 年年底下降 19.2%，较 2019 年同期下降 1.4%；移动流量平均资费水平从 2017 年年底的 22.3 元/GB 下降至 4.1 元/GB，降幅达 81.8%。市场主要表现如下所述。

一是各运营商业务和技术的同质性强，价格竞争较为激烈。

二是客户忠诚度低，宽带市场已趋于饱和，价格敏感性的占比较高，客户对服务质量要求呈上升趋势。

三是替代品初具苗头，随着各种"不限流量"套餐和 2I（面向互联网）套餐推出，移动宽带流量资费进一步下降，部分客户开始采用移动互联网代替固网宽带。

基于上述原因，相对于宽带网络建设的大规模投入而言，部分运营商开通传统业务的固网宽带用户的增长规模低于预期。

（二）宽带接入网技术继续向超大带宽和多业务分级承载方向探索

下一代无源光纤网络（Passive Optical Network，PON）技术体制的选择涉及现网的平滑演进，关系到对已规模部署的 10G PON 投资的保护。2018 年 1 月，中国运营商推动 50G TDM PON 在 ITU-T SG15 全会上立项，它具备以下主要参数：能重用现网 ODN 并与 10G PON 共存；单波下行速率达到 50Gbit/s，上行速率包括单波 10Gbit/s/25Gbit/s/50Gbit/s 等多个选项。该立项确保了下一代接入网主力设备能够具备充分的能力被提升，届时 10G PON 设备能够共存和平滑演进以充分保护投资，并能够积极应对 5G 小微基站承载等多种未来应用场景。IEEE 的 10GE PON 设备可以与 ITU-T 的 50G TDM PON 通过共用同一光模块的"Combo"方式或单独的分合波器件来实

现共存，即不再保留和新部署 10GE PON OLT 设备，结束接入网产业链 ITU-T 系列和 IEEE 系列长期分化的局面。

50G TDM PON 关于需求的标准——G.9804.1 已于 2019 年 11 月获得批准。目前物理层和协议层的标准在持续进行中，目标是在 2021 年 4 月的 ITU-T SG15 全会完成第一版。

随着各种新型业务的出现与发展，接入网面临多业务承载现状，不同业务所需的 QoS 保障及管控需求也各不相同。接入网结合虚拟化技术，可为多业务承载提供相应的解决能力。

一是物理网络虚拟切片，可支持多业务承载和差异化服务。引入网络切片技术，单一物理 OLT 设备在逻辑上可分为多个虚拟分片设备，并采用虚拟分片来承载多个独立业务，从而满足多业务在业务规划、运行、维护等多种场景下的隔离和差异化要求，也可满足特殊客户的差异化要求。

二是 VXLAN 可保证网络的扩展性与穿透性。接入网和城域网的虚拟化是指将在网络中引入部署虚拟设备的数量和位置的变化，原有的大二层网络在扩展性和穿透性上可能会遇到问题，而 VXLAN 可以很好地解决大二层网络以下问题：虚拟机规模受网络规格限制；网络隔离能力限制；虚拟机迁移范围受网络架构限制。VXLAN 技术的引入可为客户所需入云的相关业务提供支持。

三是接入网控制编排器可实现虚拟集群和统一的网络管理。软件定义的接入网将接入远端 / 终端设备（例如 ONU 和 MxU 等）的转发与控制分离，接入节点的控制面集中在收到控制器（Access Controller，AC）中，以实现用户会话转发可编程。基于统一的 Netconf/Yang 协议模型，面对不同业务的各类新型接入设备及管控需求，接入网控制编排器可实现海量接入设备与业务的解耦，并加快业务推出速度，同时实现合理管控。多业务、多接入、各种客户定制化模式都可以统一到虚拟的接入节点，从而归一化各种 FTTx 的控制与管理模式，简化运维，以适应未来接入技术的无缝演进。

（三）虚拟现实等新兴业务方兴未艾

运营商均已将 TV 视频定位为战略性基础业务，IPTV 正在跨过标清和高清阶段，开始进入超高清阶段。虚拟现实也正在从业务演示向运营方向发展，为用户带来全景视频和互动体验，主要分为 3 个阶段。

1. 起步阶段

内容以 4K VR 为代表，终端屏幕分辨率为 2K ～ 4K，用户看到的画面质量相当于在传统 TV 上观看 240P/380P 的效果。

2. 舒适体验阶段

内容以 8K VR 为代表，终端屏幕分辨率为 4K ～ 8K，终端芯片性能、人体交互有所提升，画面质量相当于传统 TV 上观看 480P 的效果。

3. 理想体验阶段

内容以 12K VR 为代表，终端屏幕分辨率为 8K ～ 16K，终端和内容的发展可使用户获得最佳使用体验。预计 H.266 视频编码标准、视场角（Field of View，FOV）将广泛应用。

（四）聚焦室内覆盖的 5G 小微基站产品陆续问世

5G 时代室内覆盖具有以下重要性：高价值商用客户主要集中在室内；室内覆盖可以精确控制室内信号的分布，提高业务质量；良好的室内覆盖是吸引新客户、留住老客户的关键。根据 4G 建设经验，宏站在完成基础覆盖后建设将趋缓，网络建设进入补盲、吸热阶段，不同类型小站的建设规模将呈现逐年上升趋势，微宏比（小微站 / 宏站）逐年提升。

5G 室内覆盖是运营商打造精品网络、提升用户体验的重要方向。提前对 5G 小微基站与室分系统的技术进展、产品能力、发展趋势进行研究，做好网络承载准备，已成为运营商的迫切要求。室内 5G 新业务及传输速率模型见表 1。

表 1　室内 5G 新业务及传输速率模型

5G 新业务	子业务	传输速率
Cloud VR	入门级	60 ～ 180Mbit/s
	终极	1 ～ 4Gbit/s
超高清视频全景直播	1080P	6Mbit/s
	2K 视频	10Mbit/s
	8K 视频和云游戏	50 ～ 100Mbit/s
无线医疗	远程内窥镜，360 度 4K+ 触觉反馈	50Mbit/s
	远程超声波，AI 视觉辅助，触觉反馈	23Mbit/s

（续表）

5G 新业务	子业务	传输速率
智能制造	无线工业相机	1 ～ 10Gbit/s
	工业穿戴设备	1Gbit/s
室内定位	精度5m，（带宽：20MHz）	不依赖
	精度1m	不依赖

从时延角度来看：工业互联网的时延要求较高，低的小于 1ms，高的为 10ms；室内定位对于时延和抖动要求较高，对相位同步精度要求是几个 ns 级别；VR 强交互业务的时延要求为 20ms。

针对以上要求，目前业内已有多款 5G 小微基站产品和方案陆续问世。

二、面临的问题及挑战

（一）新兴业务对网络能力提出更高要求

视频传输质量对网络的要求主要为带宽、时延、丢包率。4K 视频点播对带宽的需求达 22.5Mbit/s ～ 50Mbit/s，双向时延需求为 30ms，丢包率不大于 3E-4。

VR 弱交互业务（例如 VR 视频）和 VR 强交互业务（例如 VR 游戏）的多种编码和传输方式对网络提出更高的要求，需要综合考虑分辨率、帧率、色深、视场角、编码、传输方式等。VR 视频对网络的需求见表 2。

由表 2 可见，VR 在不同发展阶段对网络带宽有不同的要求，对于现网实际带宽的需求涉及以下 3 个关键因素：一是 VR 业务的渗透率（即固宽端口开通 VR 业务用户比例）；二是用户高峰时的并发率；三是业务的实际流量。综合以上因素，我们需对现网设备承载 VR 能力进行密切跟踪研究。

（二）传统网络难以满足业务定制化、差异化需求

目前接入网发展迅猛：针对公众客户，接入网目前主要提供宽带、语音、IPTV 三大类基础服务及其他服务；对于中小型企业客户，接入网可同样提供企业级宽带、语音、VPN、QoS 等服务；根据各区域业务的发展需求与成本运营现状，公众客户与企业客户的业务存在共享同台 OLT 的情况。以上情况带来的问题与挑战：承载用户数量庞大、业务类型复杂、技术架构相对复杂、设备数量庞大。

表 2　VR 视频对网络的需求

		起步阶段	舒适阶段	理想阶段
典型视频全景分辨率		4K	8K	12K
典型强交互业务内容分辨率（双目）		3K	4K	8K
主流终端屏幕分辨率		3K	4K	8K
主流终端视场角		100 ～ 110°	100 ～ 110°	120°
色深（bit）		8	8	10
编码标准		H.264	H.265	H.265/H.266
帧率（FPS）		30（视频），50 ～ 60（游戏）	30（视频），60（游戏）	60（视频），90（游戏）
VR 弱交互业务	码率	全视角：≥ 40Mbit/s	全视角：≥ 120Mbit/s FOV：≥ 80Mbit/s	FOV：≥ 280Mbit/s
	带宽要求	全视角：≥ 60Mbit/s	全视角：≥ 180Mbit/s FOV：≥ 120Mbit/s	FOV：≥ 420Mbit/s
	网络双向时延建议	≤ 30ms	≤ 20ms	≤ 20ms
	丢包要求	≤ 10^{-4}	≤ 10^{-5}	≤ 10^{-6}
VR 强交互业务	码率	≥ 40Mbit/s	≥ 65Mbit/s	≥ 270Mbit/s
	带宽要求	≥ 80Mbit/s	≥ 130Mbit/s	≥ 540Mbit/s
	网络双向时延要求	≤ 20ms	≤ 20ms	≤ 10ms
	丢包率	≤ 10^{-6}	≤ 10^{-6}	≤ 10^{-7}

与此同时，当前由各种智能设备、云服务、光纤网络和无线通信网络共同构成的全球互联网呈现爆发式发展，极大地刺激了网络业务的多样化与复杂化。随着用户对综合业务通信需求的与日俱增，以及定制化、差异化需求的出现，光网络的数据转发面朝着超长距离、超大容量、超高速率的方向发展，控制管理面则朝着智能灵活、软件定义、用户交互、安全可靠、高效节能的方向发展，因此开放化和低成本已成为未来网络发展的核心目标。

随着互联网 OTT（Over The Top）厂商的兴起，传统网络运营商逐步"被管道化"，并面临"剪刀差"的困境。与此同时，接入网的服务质量直接关系到电信运营商和宽带用户的切身利益。如何实现用户的快速接入、快速故障定位及恢复、方便快捷地进行用户终端的配置、提高用户体验、控制运营成本并提高网络的收益率，也成为接入网亟待解决的问题。

综上所述，接入网作为用户接入互联网的第一道门户，是用户网络体验的核心，是联系业务与用户的纽带。因此，接入网需要进一步具备智能、开放、服务化等特点。

（三）市场竞争带来降低 CAPEX 和 OPEX 的压力

FTTH 发展初期的资本性支出（Capital Expenditure，CAPEX）较高，随着逐渐应用，运营成本（Operating Expense，OPEX）高的矛盾逐步凸显：安装、建设留下的隐患多，或产品质量差，矛盾被转移到运维；用户分散、数量大，服务到户的难度较大；用户知识水平不同，多数用户对 FTTH 技术了解甚少，需要服务的工作量大；点到多点的故障定位难度较大，维护成本较高。

目前，运营商在宽带网络建设、运维、业务和用户发展上面临着如何提高宽带网络维护管理质量、建设投资的精准性和宽带网络的支撑能力等迫切问题。为了从宽带接入网的网络质量、用户体验、工作流程、支撑系统等多个横向维度，综合地评估宽带网络建设、维护、运营、管理，我们需要建立多个评估模型。评估模型的输入参数应尽量来源于宽带网络常用的系统和平台；评估模型和算法、流程应简单明了，概念和定义应明确，计算方法和软件易处理、易实现，还要减少人为静态数据的输入，以便后续应用于各类支撑系统。

随着网络的大规模扩展，网络设备和平台的建设工作如何既能满足近期业务的需要，又能在期望的时间区间内优化 CAPEX 和 OPEX，已成为影响宽带接入网规划与建设工作的问题。

（四）家庭网关提供的 Wi-Fi 与用户需求有差距

由于 Wi-Fi 工作在非授权频段，与移动网络相比，在抗干扰、QoS、网优、运维等方面存在不足，主要应用在家庭企业、居民区、写字楼等室内场景。IEEE 已经制定了 802.11a/b/g/n/ac/ax 的系列 Wi-Fi 协议标准，Wi-Fi 联盟按代际划分，依次被命名为 Wi-Fi 1 至 Wi-Fi 6；国内运营商 PON 系列企标已要求家庭网关支持 Wi-Fi，在企标等指引下，集采的家庭网关的 Wi-Fi 规格初步统计见表 3，由于家庭网关的产品生命周期、运营商的集采流程、成本等因素，与电子市场的家庭路由器相比，国内运营商集采的 PON 网关（包括家庭网关、企业网关）的 Wi-Fi 模块的技术（主要是 Wi-Fi 协议类型）大致晚一代。

表 3　集采的家庭网关的 Wi-Fi 规格初步统计

	2019 年	2020 年
1G PON 家庭网关	Wi-Fi 4 单频出货量占比 60% ~ 85%	Wi-Fi 5 双频占比增加；尚未考虑 Wi-Fi 6
	Wi-Fi 5 双频出货量占比 30% ~ 40%	
10G PON 家庭网关	Wi-Fi 5 双频分别为 3（11n）+3（11ac）、2（11n）+2（11ac）、2（11n）+3（11ac）等类型	Wi-Fi 5 双频为主，在万级到十万级规模；Wi-Fi 6 双频，规格 2.4G/5G 都为 2×2

除了协议类型，影响 Wi-Fi 速率的关键因素还包括 MIMO 数量、距离、障碍物、Wi-Fi 干扰，导致用户的 Wi-Fi 体验与用户需求有一定差距。

（五）5G 小微基站承载对光接入网构成多方位挑战

5G 的高速率、高频段等特性对承载网提出了以下关键要求：超高速率（20Gbit/s）、超低时延（ms 级）、高精度同步（100ns 级）、灵活路由、网络切片和低比特成本。面向 5G 的光纤网除了连接外，其网络架构、功能分布、拓扑、设备形态以及传输媒质都将发生重要变化。

由于 5G 的标准、频谱划分、设备形态尚未完全确定，因此光接入网可能会面临多种形态的 CU、

DU、RU 设备承载任务。5G 的巨大容量和新架构特性给光接入网同时带来了发展机遇和成本压力，主要表现为：光纤与机房资源紧张；运维和熔纤成本高；5G 回传 / 前传容量扩大几十倍，达到数十上百 Gbit/s 量级，需引入基于 25Gbit/s/50Gbit/s 的 WDM 技术等，对相关可调激光器和 WDM 等器件需求巨大，价格敏感。

5G 宏站主要实现大范围的连续覆盖，能够吸纳较均匀分布的用户业务。对于室内和人口密集区域覆盖不均衡、容量不均衡等场景需要进行补盲和吸热（针对性地实现精准覆盖）。5G 小微基站主要用以实现室内覆盖和固移融合。相同覆盖范围的小微基站数量预计远大于宏站。小微基站方式的困难为回传成本高、站点选址难、取电和维护不方便等。现有回传网络可能难以及时提速以满足小微基站的需求。

三、发展建议

（一）大力推动 ITU-T 50G TDM-PON 研发和 PON 融合，降低建维成本

标准工作涉及网络设备的功能、性能要求和实现方式，对于器件成本、设备研制成本、运营商 CAPEX 和 OPEX 均有影响，我们建议国内运营商和设备厂商继续加大宽带接入网标准研究的投入力度，紧密关注涉及重大技术路线选择等重要标准的进展，着眼中国发展需求及时发声。

运营商和系统设备商、芯片和器件生产商等联合业界力量，组织团队牵引重大标准走向，具体包括以下工作：推动 XGS-PON、50G PON 的技术发展与器件、设备研究，积极参与系列国际国内标准研究制定；研究接入网承载 5G 方案，包括 10G PON 和 50G TDM-PON 承载 5G 小微基站中 / 回传，积极参与 Co-DBA（协作动态带宽分配）等相关研究。

（二）推动运营支撑体系向投资精准、运维高效的规建维优一体化发展

为了促进支撑系统智能化以提高 CAPEX 效能，同时提升运维效率以降低 OPEX，运营商需要推动运营支撑体系以规建维优一体化为远期目标，努力完善相关功能，例如，业务质量监测、故障诊断、网络效能及网络承载能力评估和用户行为分析等。

为了提升用户感知，我们可在原有 IPTV 等业务质量监测系统研究和部署建设工作的基础上，继续完善对新兴业务的质量监测和用户感知监测，以提升业务质量和改善用户感知，增强用户黏性和运营的市场竞争力。

国内运营商已在部分省份部署建设了接入网故障端到端自动诊断功能，包括宽带、语音与 IPTV 三大基础业务的故障诊断和质量检测分析能力，可提供全面的接入网故障自动诊断功能和解决方案，对承载网的端到端网络状况和平台的服务能力进行监测，迅速诊断和辅助解决故障，协助精准派单，提升运维效率，大幅减少 OPEX。我们建议继续推动完善相关功能，扩大部署应用范围，减少无效派单，进一步降低 OPEX。

为了提升投资和建设的准确性，聚焦精准规划的网络承载业务能力评估功能，我们还需加大研究力度。

与传统室外网络相比，5G 小微基站在同一楼宇内的部署数量可能较多，室分网络设备的进场部署需要与物业协调、安装和调试过程复杂，进场维护的成本很高。因此，网络的快速部署和可视化运营维护成为 5G 室内网络的基本要求，也推动了相关的管理及评测功能需具备 3D 评估验证能力。我们可结合无线相关管理系统能力，探索未来 PON 统一承载家客及 5G 小微基站、室分系统的实现方式，对宽带接入网管理系统的能力提升进行预研。

（三）推动接入网多业务承载与业务质量保障

针对目前接入网现状，接入网应平滑演进，从而在不影响目前业务的情况下，不断提升接入网的相关能力。平滑演进的关键内容包括：一是多业务承载时的业务及管控的独立隔离；二是业务的 QoS；三是接入网运维的智能化、自动化；四是新业务的一键式开通与定制化管控。

接入网将有效通过网络切片来实现多业务间的独立承载；通过 Telemetry+AI 技术实现更加高效及准确的数据采集与分析，掌握网络运行状态；通过接入网控制器实现业务的灵活部署、网络的自动化配置，并可作为灵活开放的软件平台，为支撑未来互联网化新业务打下基础。

接入网通过引入各类新技术，预期可达到以下

效果。

一是提升接入网资源利用率：实现网络切片之间业务资源、业务规划、业务运行、业务维护和切片管理的独立隔离以及差异化设置。通过大数据分析，掌控网络状态，提高网络管理维护的自动化程度。

二是实现网络快速自动化部署、灵活调整：通过接入网 SDN 控制器，完成业务的下发和配置，以及和城域设备控制面的互联互通；提供按需分流的功能和动态灵活的 QoS 策略部署。

三是能力开放及融合场景：一方面通过协同编排层的网络能力开放 API，将接入网的能力，例如接入带宽调整、接入网络切片等开放，或者是最终用户自助服务等；另一方面通过融合的 SDN 控制器进行处理和控制，支持接入网及城域网类似的控制功能协议栈或者相应的管理配置策略。

目前，国内运营商接入网已开始大规模部署 10G PON 技术的相应设备，主要以华为、中兴、烽火、诺基亚贝尔 4 家为主。我们可在相应设备上对上述接入网虚拟化技术及应用场景进行相应验证。未来 50G PON 设备上可加大应用虚拟化技术，提升网络能力，满足客户需求。

（四）以新兴业务驱动网络演进与固移融合

由于 VR 强交互业务对网络端到端时延和网络丢包率提出了更高的要求，例如将 VR 头盔到 VR 业务平台的时延控制在 20ms，即家庭网关到 VR 业务平台之间的双向时延控制在 10ms，VR 头盔到家庭网关的 Wi-Fi 时延控制在 10ms；采用 Wi-Fi 6 的空口切片技术以及配置网络端到端的 QoS 应运而生。

5G 除了带宽的提升，还可以通过切片、边缘计算为 FOV、区分编码等视频技术提供更靠近用户侧的部署方案，以降低视频传输时延、节约带宽。美国、英国、澳大利亚等多个国家的运营商尝试"5G 固定无线接入"，即"最后一千米"采用毫米波代替光纤入户，中心机房和家庭的设备和架构基本不变。

我们建议现有 FTTx 网络继续稳步从 1G PON 向 10G PON 演进以满足日益增长的业务带宽需求；建议密切跟踪和推动 5G 固定无线接入、50G PON、Wi-Fi 6E/Wi-Fi 7、固移融合的 CDN 等新技术的标准和产业发展，及时评估成熟度，把握演进和引入时机。

（中国联通研究院　贾　武　程海瑞　孙　越）

2020 年 F5G 技术发展及市场走势

2020 年，数字化成为各行业产业升级的主要途径，特别是年初暴发的新冠肺炎疫情，让各行各业都意识到数字化转型的重要性。

一方面，我国固网宽带的服务质量和用户需求都在快速提升。2020 年年底，中国已经有 29 个省的 70 家省级电信运营商推出了千兆宽带商用套餐，中国千兆用户数达到了 643 万户，比 2019 年年末净增 553 万户。另一方面，全球主要国家和运营商都在同步推动 5G 网络和 F5G 发展。2020 年年初以来，在发布的新基建政策中，促进光纤宽带网络的优化升级成为重要目标。

可以看出，想要拥抱数字化，首先需要稳定的网络作为基础。纵观 2020 年网络建设发展，除了火热的 5G 网络之外，以 F5G 为代表的固定网络同样稳步发展。5G 与 F5G 成为千行百业奔向数字化浪潮的"两条腿"。2020 年，在新基建的大潮下，两者相互配合成为一种常态，加速推进 F5G 发展已成为行业共识。

一、F5G 成为趋势

在数字经济时代，F5G 作为一种信息基础设施，将构建起各行业数据的高速通道。特别是 2020 年年初行业再次明确 F5G 定义，为其发展奠定了坚实的基础。

（一）F5G 的概念和典型场景

F5G 全称是 The 5th Generation Fixed Networks，可以理解为第五代固定网络技术，也可以称为 F5G 全光网，是面向产业互联网场景提出的新一代通信标准。而这里的 F 是英文 Fixed 的缩写，此处表达的意思就是固定网络。

F5G 具有固定性、大带宽、低时延、高安全的特点，可以广泛地运用于工业互联网、数据中心互联、企业园区等场景，可以很好地解决企业应用中的诸多难题。

与移动网络不同，固网发展一直没有明确的迭代概念。2019 年，华为率先将 10G PON 技术与 Wi-Fi 6 技术整合，提出与 5G 相对应的 F5G 概念。F1G 到 F5G 的标志见表 1。

表 1　F1G 到 F5G 的标志

阶段	代表技术	速率水平
F1G	以 ISDN 技术为代表的窄带时代	64kbit/s
F2G	以 ADSL 技术为代表的宽带时代	10Mbit/s
F3G	以 VDSL 技术为代表的超宽带时代	30 ～ 200Mbit/s
F4G	以 GPON/EPON 技术为代表的超百兆时代	100 ～ 500 Mbit/s
F5G	以 10G PON 技术为代表的千兆超宽时代	1 ～ 5Gbit/s

此外，在 F5G 概念提出之前，固网领域并没有 F1G 到 F4G 的概念。F5G 概念提出之后，专家才将此前的固网技术做了一个"对号入座"，定义了 F1G 到 F4G。

（二）F5G 市场需求

F5G 概念虽然提出不久，但推动 F5G 发展已形成行业共识：以 10G PON 为核心的 F5G 建设将创造出巨大的直接和间接经济效益，进而提高国民经济的整体效益。

在国家政策层面，国家多次强调大力发展 F5G 技术的必要性。2020 年 4 月，国家发展和改革委员会、工业和信息化部等多次发声，特别强调"新基建"还包括了千兆光纤宽带，业界也要发力千兆光网。在"新基建"概念提出后，国家发展和改革委员会在会议明确指出，在"新基建"发展中，其中一项重点工作是抓好项目建设，加快推动 5G 网络部署，促进光纤宽带网络的优化升级。

在国务院新闻办举行的 2020 年第一季度工业通信业发展情况新闻发布会上，工业和信息化部高层指出了网络适度超前建设的发展策略，明确工业和信息化部将按照国家的部署加快 5G、千兆光纤网络、数据中心等新型基础设施的建设。

F5G 技术是构建"新基建"的基础已经得到行业专家普遍认可。国务院发展研究中心产业经济研究部研究室主任魏际刚表示，"F5G 是构建新基建的光底座，也是构建数字经济的底座，更是推动我们从数字经济迈向智能经济的坚实底座。发展 F5G 保持通信领域在全球竞争中的优势。"

中国信息通信研究所所长敖立表示，2019 年到 2025 年，F5G 千兆固网建设每年将创造的经济价值（含直接经济价值和间接经济价值）达 3249.91 亿元，在此建设期间，创造的总经济价值将达到 22749.37 亿元。

（三）F5G 技术发展必要性

固定网络发展一直存在多个标准组织，包括 ITU、IEEE、BBF、OIF 等，各个组织之间缺乏协同，多种媒介并存，产业代际演进不清晰，投资被分散，难以形成规模效应，应用和产业生态的繁荣度相比无线网络产业存在较大差距。

行业发展 F5G 技术可解决产业碎片化难题，发展 F5G 成为固网行业的必然选择。首先，F5G 成为 5G 创新应用场景落地的先导者。F5G 与 5G 是协同发展、场景互补的，是驱动国家进步的"两只手"，两者可一起带动消费升级、孵化创新应用和创新业态。

其次，F5G 是国家构建数字世界的坚实基础，有力支撑着全国各行业对网络的需求。特别是在新冠肺炎疫情期间，F5G 成为保障居民生产和生活的助力，有力支撑重点民生。

最后，F5G 已经成为支持行业数字化转型，撬动数字经济发展的引擎。据世界银行研究表明，宽带人口普及率每提升 10%，平均带动 GDP 增长 1.38%。

对于 F5G 发展的重要性，华为常务董事汪涛曾表示，F5G 的提出，正是构建完整光产业生态的最佳时机。此外，敖立也表示，中国也在全面加速 F5G 的应用创新，将推动中国数字经济的发展。

（四）F5G 主要技术

行业想要构建 F5G，需要多种技术。

第一，10G PON：无源光网络技术，目前多个省份正在推进 10G PON 技术。

第二，Wi-Fi 6：Wi-Fi 6 即第六代 Wi-Fi 技术，Wi-Fi 6 能带来更快的速度、更高的吞吐量、更大的覆盖范围、更好的安全性和更低的时延。

第三，200G／400G：主要指骨干承载网，可促进单波大带宽技术。

第四，OXC，即光学交叉连接，目前运营商正将 ROADM 网络升级到该技术。

第五，OXC 全光交叉网络，主要通过全光背板代替 ROADM 连接光纤，实现光端口的无光纤和全互连。

第六，NG OTN，即下一代 OTN（光传输网络），该技术具有更低的时延，更高的效率，支持无损带宽调整并且更智能。

二、三大运营商 F5G 技术发展

固网业务一直是运营商收入的重要来源。工业和信息化部正式发布《2020 年通信业统计公报》，数据显示，固定带宽业务收入为 4673 亿元，同比增长 12%，在电信总业务收入中占比达 34.5%，连续 3 年提升。

运营商一直希望在固网业务方面能够为用户提供更为稳定的网络体验，因此，2020 年，三大运营商均在积极探索 F5G 发展。

（一）中国移动

截至 2020 年 6 月，北京移动全网 OLT 平台对 10G PON 技术的支持率已达 96.7%，网络能力足以支持已覆盖的楼宇和社区开通千兆业务并保障用户体验。

在"F5G 产业发展创新高峰论坛"上，中国移动杭州分公司联合华为发布了业界首个"双 5G 数字城市白皮书"，率先实现了"F5G+直播电商""F5G+智能制造""F5G+智慧家庭""F5G+智能亚运"等应用场景的落地，未来将进一步推动"F5G+X"的规模商用。

（二）中国电信

早在 2019 年，中国电信启动 10G PON 网关集采，在重点城市形成规模千兆覆盖能力，大力推进 10G PON 建设。

2020 年 5 月，中国电信组织了 OSU 关键技术性能验证和 M-OTN 设备样机测试，验证了下一代 M-OTN 技术在低时延、无损带宽调整、提升承载效率方面的典型优势。与此同时，中国电信还在进一步推动 M-OTN 标准化工作。

在高带宽方面，中国电信坚持"网随云动、云网协同"的建设方向，在多省重磅推出千兆"5G+千兆宽带＋千兆 Wi-Fi"的"三千兆"服务；在全业务承载方面，中国电信牵头工业 PON 的技术创新与应用，繁荣工业 PON 产业生态。

（三）中国联通

在 F5G 探索方面，中国联通 2018 年率先发布基于 SD-OTN 的金融精品网，并于 2019 年推出全球政企精品网，覆盖国内 220 个城市、海外 17 个城市。

2020 年，中国联通全光接入已经覆盖了家庭、工厂、楼宇、大型企业、5G 基站等多元化接入场景。

在"F5G 产业发展创新高峰论坛"上，中国联通广东分公司以服务粤港澳大湾区产业数字化为目标，以 F5G 为纲，实施"业务网＋基础网"双轮驱动战略，构建了全球最大的一体化 SD-OTN 全光网。

三、设备厂商 F5G 技术发展

设备厂商作为 F5G 技术的有力实现者，在 F5G 技术和产业发展方面起着重要作用。2020 年设备厂商积极探索 F5G 技术创新。

（一）华为

2020 年 8 月，华为正式推出"星光计划"并宣布在未来 5 年投入 25 亿元用于全光产业生态建设。华为传送与接入产品线总裁靳玉志表示，5G 与 F5G 互为补充，在不同的业务场景发挥着不可替代的作用。

2020 年 8 月 5 日，在 F5G 时代企业光网旗舰产品发布会上，华为推出智简全光网的新产品和解决方案：业界首款 F5G 加持的工业级智能光终端——华为星光系列天机 T863E，及下一代硬管道技术 Liquid OTN。

2020 年 11 月，在第十七届光博会上，华为展示了"F5G+ 智慧政务""F5G+ 智慧矿山""F5G+ 智慧园区""F5G+ 智慧家庭"等千兆全光组网多个应用场景的解决方案。

此外，华为面向深圳发布了智简全光网"F5G+3+X"战略，以第 5 代固定网络技术 F5G 为基础，对全光数据中心、全光承载和全光园区三大解决方案进行了全面升级。

（二）中兴通讯

中兴通讯提出"PON+"理念，对光接入进行系统化技术创新和能力增强，为 F5G 构建坚实的技术底座，并积极推动行业光纤化商用实践，包括校园、社区、行业以及园区。

例如，"PON+"在社区。家庭与社区物理上天然连接，可以利用家庭 PON 光纤宽带覆盖 ODN，从分纤箱将光纤铺至小区各信息点位，在促进小区数字化转型的同时，低成本打造"智慧社区"。

在千兆时代，中兴通讯推出一系列产品方案，其中包括业界首款全分布式高端路由器架构的光旗舰平台 TITAN，支持 GPON/10G PON/50G PON 的跨代演进。例如，2020 年 10 月，中兴在发布了一款叫作超级"光猫"的产品，提供万兆光接入，近两千兆 Wi-Fi 接入能力，为游戏宽带、主播宽带、学习宽带等千兆应用宽带提供保障。

（三）诺基亚

诺基亚贝尔一直在进行第五代光通信技术的研究和落地。在中国国际光电博览会（China International Optoelectronic Exposition，CIOE）上，诺基亚贝尔发布了全光网络 POL 融合解决方案，如教育、医疗、企事业单位园区全光网络方案。

此外，诺基亚在 IEEE/ITU 推动采用来自数据中心 25G/50G 光互联技术的 25G PON/50G PON，作为 10G PON 下一代的演进技术，推动 25G/50G 在更多领域的应用。

（四）长飞

长飞作为专注光纤网络建设 30 多年的企业，在 F5G 技术探索方面，长飞公司创新的 POL 光纤综合布线方案，不仅保留了传统全光网络固有的特点，不仅省机房和线槽的空间、长距离覆盖，而且更安全可靠，更容易维护，施工效率更高。

此外，其绿色汇捷 POL 网络解决方案可实现光纤到桌面、光纤到用户单元、光纤到公共区域的整体融合，将不同业务融合在一张光纤网络中。

长飞数据中心布线解决方案包括弯曲不敏感

多模光纤、配线架、模块、面板、主干光缆和跳线等产品，不仅可兼容数据中心原有多模产品，还可以支持数据中心网络向 100G/400G 系统的平滑演进。

四、F5G 技术发展

F5G 概念虽然提出不久，但目前已有多个组织在推进，例如，ETSI F5G ISG 组织。

2020 年 2 月，欧洲电信标准协会（ETSI）宣布成立第五代固定网络工作组（ETSI F5G ISG）。该工作组旨在研究固定网络演进，匹配和进一步增强 5G 给移动网络和通信带来的价值，并确定第五代固定网络的新特点和相对于前四代固网的改进方向。

成立之初，该工作组包括 eG4U 协会、葡萄牙电信、布依格电信、BTC、卡佐通信（Cadzow Communications）、中国信息通信研究院、中国信科、中国联通、中国电信、CICT、ECO、Fraunhofer 电信学院、华为、JSPRC Kryptonite、卢森堡电信、俄罗斯电信、意大利电信、土耳其电信等。

2020 年 10 月，在"F5G 产业发展创新高峰论坛"上，据 ETSI F5G ISG 副主席蒋铭介绍，ETSI F5G ISG 组织已吸纳 49 名成员，发布了 F5G 白皮书，同时开展了七大研究课题。

五、F5G 技术未来发展分析

从目前行业发展来看，一些行业火热的应用，例如，VR、云游戏、8K 等业务的实现，不仅需要 5G 网络，同样也需要 F5G 网络发展。两者协调发展，才能为用户带来更佳的使用体验。

虽然我国在 2020 年实现 5G 网络的快速发展，目前已开通 5G 基站超过了 70 万个，5G 终端连接数超过了 1.5 亿个。但我国固网用户依然拥有庞大基数，对网络体验要求更高。

行业分析人士表示，F5G 具有传输效率高、抗干扰性强、低时延等特点，应用前景较好。同时，我国工业和信息化部发起了"双 G 双提，同网同速"行动，要求在超过 300 座城市部署千兆宽带网络。因此，F5G 无疑成为行业建设千兆宽带的首选技术。

此外，在企业上云的背景下，云网融合已成为趋势，光通信以光纤为传输介质，具备高品质、确定性、高安全、低时延、低抖动等绝对优势，是实现云网融合的底座。最近提出的"云光一体"概念，为 F5G 技术发展提供更为广阔的空间。

基于以上分析，未来十年，F5G 将实现从家庭光纤向企业光纤的延伸。这将极大丰富 F5G 业务场景，构建起更为丰富的 F5G 产业生态，扩大全球光产业市场空间，开启光产业新未来。

（黄海峰）

2020年中国芯片产业的发展情况综述

一、芯片产业的发展概况

近年来，随着移动互联网、车联网、物联网的蓬勃发展，我国芯片产业在政府、行业、社会多方关注下持续发力，国产智能手机、多媒体片上系统（System On Chip，SoC）、高端32位嵌入式控制器等领域不断实现突破。同时，智慧物联时代丰富的应用场景和智能设备需求也带动国产嵌入式控制器、SoC进一步发展。

中国半导体行业协会统计，2020年中国集成电路产业销售额为8848亿元，同比增长17%。其中，设计业销售额为3778.4亿元，同比增长23.3%；制造业销售额为2560.1亿元，同比增长19.1%；封装测试业销售额为2509.5亿元，同比增长6.8%。中国海关数据，2020年中国进口集成电路为5435亿块，同比增长22.1%，进口金额为3500.4亿美元，同比增长14.6%。2020年，中国出口集成电路为2598亿块，同比增长18.8%，出口金额为1166亿美元，同比增长14.8%。2015—2020年我国集成电路产业的销售额如图1所示。

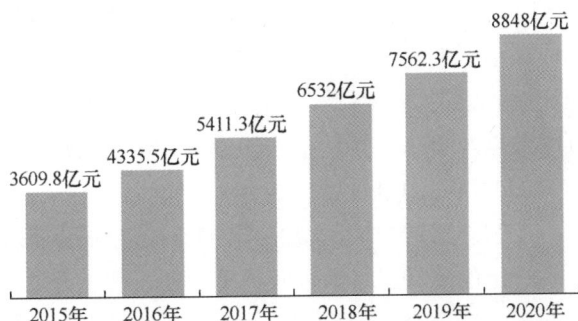

图1　2015—2020年我国集成电路产业的销售额

国内芯片企业持续增加，销售额保持较好的增长态势，产业布局更加集中。相关行业协会统计，2020年我国芯片设计企业已达2218家，相比2019年增长了24.6%。其中，除了北京、上海、深圳等传统设计企业聚集地外，无锡、杭州、西安、成都、南京、武汉、苏州、合肥、厦门等城市的设计企业数量都超过100家。2020年全行业销售额相比2019年提升23.8%，达到3819.4亿元，在全球集成电路产品销售收入中占比接近13%。从国内产业区域布局来看，长三角、珠三角、京津环渤海和中西部地区的产业规模分别达到1599.7亿元、1484.6亿元、557.2亿元和409亿元，增长率分别为46.3%、17.7%、−11.1%和41.7%。其中，长三角和珠三角两个地区的销售额合计占比超过75%，是国内集成电路产业主要聚集地。长三角地区的产业规模首次跨过1500亿元大关。据统计，国内芯片设计产业规模前十的城市的销售额之和达3689亿元，占全行业比重的96.6%。其中，深圳、上海和北京继续占有设计业规模前三的位置，进入前十大城市的门槛提高到75亿元，相比2019年提升8.7亿元。我国集成电路产业区域的规模如图2所示。

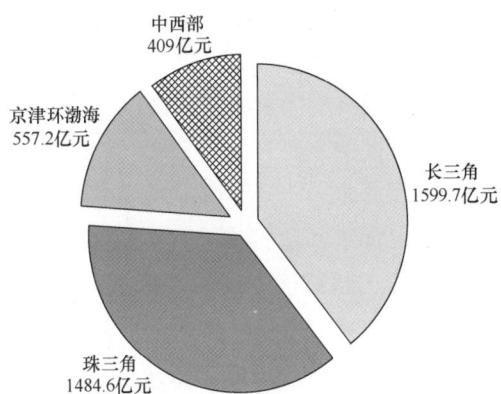

图2　我国集成电路产业区域的规模

国内芯片企业的产品更加多元化，企业并购和资本运作频繁。从产品领域分布数据统计情况看，除传统的智能卡芯片外，通信、计算机、多媒体、导航、模拟、功率和消费类电子等领域的芯片企业数量和销售额均持续增加。通信、模拟和消费电子领域企业的数量增加最多，通信芯片和消费电子领域的销售额最高，累计超过 1000 亿元。在芯片企业并购和资本市场方面，截至 2020 年 12 月 1 日，上市芯片设计企业的总市值达 2084.6 亿元。在主板、中小企业板、创业板和科创板上市的设计企业共有 35 家，先后募集资金 291.5 亿元。其中，主板和科创板 2020 年共有 8 家芯片设计企业在上市，募集资金达 98.5 亿元。

智能移动设备普及，国产智能终端芯片崛起。CINNO Research 发布的数据显示，2020 年上半年，国内市场智能手机的销量约为 1.4 亿部，其中华为（含荣耀）的市场份额达 40.2%。市场调研机构 Counterpoint 发布的报告显示，2020 年二季度，华为海思麒麟芯片占据 41% 的国内智能手机芯片市场份额，成为国内第一。同时，华为海思麒麟芯片在全球智能手机芯片市场的份额提升到 16%，超过苹果和三星。

国产基于 ARM 架构的微控制器芯片已经涵盖物联网、智能高清机顶盒、网络摄像头、车载娱乐信息设备等。在安防领域，以华为海思为代表的国内厂商已经实现网络摄像机芯片的全档次布局。HIS 和 ASPENCORE 发布的数据显示，2019 年中国嵌入式微控制器芯片的市场规模达 256 亿元，主要集中在家电 / 消费电子、计算机网络、汽车电子、智能卡、工控等领域，市场占比分别为 25.6%、18.4%、16.2%、15.3% 和 11.2%。2020 年国产嵌入式微控制器芯片厂商的销售额达 148 亿元，占中国整个嵌入式微控制器芯片市场的 55%。

随着物联网终端需求增强，32 位嵌入式微控制器成为市场发展的主要方向。兆易创新、中颖电子等国内主要厂商积极布局国内中高端市场，部分产品型号累计出货量已超亿颗。一方面，芯片指令集架构和处理器内核架构受国际贸易不确定性影响，国产处理器自主化加速，以计算机和服务器处理器芯片为主要突破方向，并向智能终端、工业互联、车规车载、家居物联网等智能物联网领域拓展；另一方面，基于 RISC-V 的开源模式引发国内产业界关注，国产 RISC-V 商业化产品不断落地。阿里巴巴、华为、兆易创新、清华大学等中国企业和研究机构积极参与 RISC-V 生态，先后推出多款基于 RISC-V 的嵌入式控制器或商用服务器芯片，如阿里的玄铁 910 AI 芯片、华米的"黄山 1 号"可穿戴 SoC、兆易创新

的 GD32VF103 系列商用处理器等。

二、部分细分领域概况

（一）人工智能领域芯片概况

人工智能芯片作为人工智能大发展的关键物理基础环节，在技术与市场的双重驱动下迎来暴发。人工智能芯片从部署环节上可分为两类，一类主要部署于云端，另一类部署于终端。由于终端场景的多样性，终端芯片为满足不同需求呈现多样、丰富的产品种类。人工智能的应用场景既是技术商用落地的关键环节，也是为人工智能技术发展提供知识来源的重要领域。云计算数据中心作为人工智能芯片部署最快、应用最广泛的领域，也是未来很长时间内人工智能芯片需求增长最快、规模最大的市场。安防市场作为全球人工智能技术落地最成熟、前景最确定的市场，同样是人工智能芯片被广泛部署的边缘终端应用场景。

在数据中心领域，人工智能芯片主要用于云端训练和推理，目前大多数的训练工作都在云端完成。移动互联网的视频内容审核、个性化推荐等都是典型的云端推理应用。目前，云端主要的国产芯片有华为昇腾 910、寒武纪 MLU270 等。

在移动终端方面，人工智能芯片主要解决云端推理因网络时延带来的用户体验差等问题。

在安防领域，人工智能芯片的主要任务是视频结构化分析。摄像头终端加入人工智能芯片，可以实现实时响应、降低带宽压力，也可以将推理功能集成在边缘的服务器级产品中。芯片要具备视频处理和解码的能力，除此，我们还要考虑可处理的视频路数以及单路视频结构化的成本。代表芯片有华为 Hi3559-AV100 和比特大陆 BM1684 等。

在智能家居方面，智能家居中的每台设备都要具备一定的感知、推断以及决策功能。为了得到更好的智能语音交互用户体验，语音芯片进入了端侧市场。语音 AI 芯片相对来说设计难度低，开发周期短。代表芯片有思必驰 TH1520 和云知声 UniOne 等。

（二）汽车智能化芯片概况

在汽车智能化浪潮下，车厂、芯片厂商、软硬件供应商积极投入研发，产品迭代速度显著加快。

智能座舱硬件升级，"智能化＋集中化"架构对车载智能芯片提出更高要求，电子控制单元整合是汽车电子设计的发展趋势，多屏融合的智能座舱将集成中控大屏、液晶仪表盘、抬头显示器、流动后视镜，并搭载高级辅助驾驶、无人驾驶和人工智能等技术，为用户带来更为智能化和安全化的交互体验。我国作为全球汽车行业发展潜力最大的市场，2019年我国智能座舱行业的市场规模达441.1亿元，预计到2025年市场规模将达到1030亿元，年均复合增速达13%，高于全球平均增速。

全球芯片巨头纷纷布局，推出具备人工智能计算能力的主控芯片，取代传统分布式的功能芯片，IHS预测，2020年汽车主控芯片市场规模可达40万亿美元。我国企业基于人工智能领域，开发出一系列面向自动驾驶、座舱智能化应用的处理芯片，已经有企业突破了车规级认证阶段，正式获得商用和前装量产。以地平线征程系列芯片、华为昇腾芯片为代表的集成度更高、功能更复杂、集成AI处理单元等异构计算模块的SoC引领车规AI芯片的发展。随着智能化对算力需求的指数级增长，ADAS（Advanced Driver Assistance System，高级驾驶员辅助系统）功能逐步成为智能汽车标配，预计到2025年，70%的中国汽车将搭载L2、L3级别的自动驾驶功能。据观研天下预测，全球自动驾驶汽车上的AI推理芯片的市场规模将从2017年的1.42亿美元增长至2022年的102亿美元，手机侧AI芯片市场的规模为34亿美金，汽车AI芯片市场的规模远超手机侧。部署于边缘的AI芯片/内置单元的市场规模占比将从2017年的21%上升到2022年的47%。其年均增速123%，超过云端部署年均增速的75%。GPU（Graphics Processing Unit，图形处理器）市场份额将从2017年的70%下降到2022年的39%，其主要增长动力将从数据中心算法训练转移到汽车自动驾驶方面。

（三）国产CPU芯片概况

21世纪初至今，国产CPU自主性受到重视，泰山计划、863计划等催生了一批国产CPU品牌，2002年，我国首款通用CPU——龙芯1号（代号X1A50）流片成功。2014年，我国发布《国家集成电路产业发展推进纲要》，国家集成电路产业投资基金成立，第1期重点投资集成电路芯片制造业，兼顾芯片设计、封装测试、设备和材料等产业，实施市场化运作、专业化管理。2019年，国家大基金第2期成立，注册资本为2041.5亿元，投资领域覆盖集成电路设计、制造、封装测试等全产业链，为产业发展提供新动力。

CPU根据应用场景，分为PC端、移动端、服务器三大场景。PC端有英特尔和AMD。移动端有高通、三星、华为，以ARM架构为主，高通的骁龙系列芯片、华为的麒麟系列芯片被广泛用于多家智能手机。自主研发CPU必不可少的是要有指令集体系，它可以通过3种方式获得：IP核授权、指令集架构授权、自主研发指令集。目前指令集架构授权＋自研的模式是国内企业的首选，主要涉及ARM架构、MIPS架构、Alpha架构。这种模式可以在已有架构授权的基础上自主设计CPU核心，安全可控度高，又能有相对自主权。在经历数十年的艰辛探索后，目前，国产CPU产业已初具规模，涌现出一批领军企业。复杂指令集方面的厂商，主要有以X86架构为主的国内厂商海光、兆芯等；精简指令集方面的国内代表厂商包括鲲鹏（ARM架构）、飞腾（ARM架构）、龙芯（MIPS架构）、申威（Alpha架构）等。

（四）模拟芯片概况

我国是全球最大的模拟芯片市场，IDC发布的数据显示，中国模拟芯片的市场规模约占全球的36%，按照2020年全球539.54亿美元的市场估算，我国2020年模拟芯片的市场规模约为194亿美元。模拟芯片由于下游需求分散，竞争格局分散、竞争压力小、无寡头、替代性低等特点，成为国产化替代创业的主要阵地。国内模拟芯片企业由点及面突破，近年来随着技术的积累和政策的支持，部分国内公司在高端产品方面取得了一定的突破，逐步打破国外厂商垄断。国内圣邦股份、晶丰明源、聚辰股份等均是规模化集成电路企业的典型代表，在特定模拟芯片市场占据领先地位。据统计，2020年国内模拟集成电路企业总体营收约为163亿元，模拟芯片市场国内自给率约为12%，仍有广阔的成长空间。

模拟芯片终端应用领域广阔，通信和汽车电子构成市场增长的主要驱动力。IC Insights 报告显示，通信、工业和汽车电子为模拟集成电路主要下游应用领域，2019 年占比分别为 38.5%、19%、24%，合计占比达 81.5%。从终端市场结构变化来看，2017—2019 年，通信和汽车电子领域占比均有所提升，构成模拟集成电路市场增长的重要驱动力。5G 技术的日益成熟开启物联网万物互联新时代，其通过融入人工智能、大数据等多项技术，推动交通、医疗、传统制造等传统行业向智能化、无线化等方向变革。

（五）电源管理芯片概况

电源管理芯片是在电子设备中担负电能的传输、分配、监测及管理的芯片。以手机为例，电源管理芯片将电压进行调节，满足屏幕、摄像头、耳机等子模块的供电要求，同时根据手机的工作状态调节各个模块的电压值，达到降低功耗的作用。2020 年全球电源管理芯片的市场规模保持高速增长，约为 330 亿美元。其中以中国为主的亚太地区是未来最大的成长动力。2015—2019 年，中国电源管理芯片行业的市场规模从 80 亿元增长至 110 亿元，年复合增速达 8.29%，行业整体保持稳定的增长状态。2020 年，我国电源管理芯片市场的规模达到 120 亿元。

电源管理芯片作为模拟芯片的一种，对半导体工艺制程的要求相对不高，国内芯片设计企业主要有圣邦股份、芯朋微电子、上海贝岭、晶丰明源、富满电子等；晶圆制造、封装测试的国内代表企业有华虹半导体、中芯国际、长电科技、华天科技、通富微电等。未来电源管理芯片的发展趋势为：提高电能转换效率，降低待机功耗；提高器件集成度；加强电源管理芯片的数字控制内核程度；提升电源管理智能化水平。

（六）射频及功率芯片概况

受联网设备持续增加和移动联网技术优化影响，射频芯片市场强劲复苏。Yole Development 估计，全球移动终端射频前端市场的规模在 2025 年有望达到 258 亿美元。射频芯片的主要功能为实现射频信号和数字信号转化，包括 RF 收发机、功率放大器、低噪声放大器、滤波器、射频开关、天线调谐开关等，电磁波频率范围在 300kHz~ 300GHz，射频前端器件

目前均可由半导体工艺制备。

目前，全球射频前端市场的总规模稳定增加，且集中度较高，领先的厂商均是日本、美国的企业，前四大厂商 Skyworks、Qorvo、AVAGO 和 muRata（日本村田）占据着全球约 85% 的市场，但国产射频芯片厂商的成长空间巨大。国内射频芯片厂商从相对成熟的分立射频芯片起步，在 5G 手机广泛普及前的窗口期，逐步实现中低端机型射频前端进口替代，同时积累模组能力，逐步走向全品类供应。全球射频前端芯片的市场格局如图 3 所示。

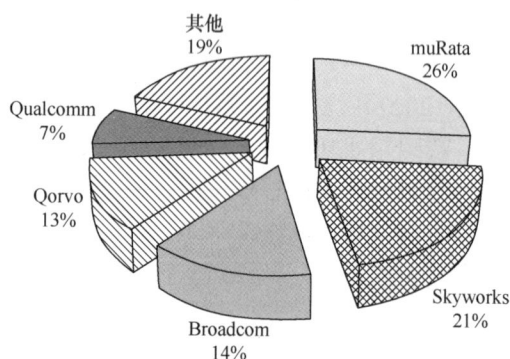

图 3　全球射频前端芯片的市场格局

IGBT（Insulated Gate Bipolar Transistor，绝缘栅双极型晶体管）作为新型功率半导体器件的主流器件，已广泛应用于工业、通信、计算机、消费电子、汽车电子、航空航天等传统产业领域，以及轨道交通、新能源、智能电网、新能源汽车等战略性新兴产业领域。IHS 数据显示，2019 年全球功率半导体市场规模达 403 亿美元，同比增长 3.3%，预计 2021 年市场规模将达到 441 亿美元。我国功率半导体市场占全球的 36%，为单一最大市场，国产厂商有望深度受益国产替代进程。WSTS 数据显示，MOSFET（Metal-Oxide-Semiconductor Field-Effect Transistor，金属 - 氧化物半导体场效应晶体管）和 IGBT 分别占据全球功率半导体分立器件和模组市场份额的 41% 和 30%，为价值量最大的两个品种，但全球市场仍为海外厂商所占据。Omdia 数据显示，2019 年全球 IGBT 模块市场前十大厂商中有 9 家为海外厂商，国内仅斯达半导进入前十，市场占有率为 2.5%。MOSFET 分立器件市场中仅有华润微电子进入前十，市场占有率为 3.0%。相对 Omdia 2018 年统计无国内企业进入 IGBT 模块和 MOSFET 器件市场前十，目前国内

功率厂商在销售规模上已有明显进步，但从绝对价值量和占比来说，国产替代空间仍巨大，功率半导体的国产替代将是长期趋势。

（七）FPGA芯片概况

FPGA（Field-Programmable Gate Array，现场可编程门阵列）产品的应用领域已经从原来的通信扩展到消费电子、汽车电子、工业控制、测试测量等领域。而应用的变化也使FPGA产品的演进趋势越来越明显：一方面，FPGA供应商致力于采用当前最先进的工艺来提升产品的性能，降低产品的成本；另一方面，越来越多的通用IP（知识产权）或客户定制IP被引入FPGA中，以满足产品快速上市的要求。此外，FPGA企业都在大力降低产品的功耗，以满足业界越来越苛刻的低功耗需求。

FPGA芯片是中国半导体产业链中非常薄弱的一环，全球FPGA市场呈现双寡头垄断格局，海外巨头Xilinx（被AMD收购）和Altera（被Intel收购）分别占据全球市场的56%和31%，在我国FPGA市场中，两者的市场占比高达52%和28%。而国产FPGA企业的产品由于在技术、资金、人才上的壁垒及FPGA量产上的暂时落后，目前在国内市场的占比约为4%。

2019年以来，随着政策扶持、应用领域需求增加、新兴基础设施开展等多重利好因素，国产FPGA商用进程加快，涌现出上海复旦微电子、紫光国微、安路科技、同方国芯、西安智多晶等多家企业，在5G通信、安防等市场得到快速发展。据统计，国产FPGA应用最为广泛的是通信行业，占比为35%，工业、航天、数据中心、汽车电子、消费电子所占比例分别为28%、14%、9%、8%、6%。

（八）晶圆代工情况

晶圆代工或晶圆专工是半导体产业的一种营运模式，专门从事半导体晶圆制造生产，接受其他IC设计公司委托制造，而不自己从事设计。

近年来，晶圆代工厂在半导体产业链中越来越重要。Counterpoint公布的最新数据显示，全球晶圆代工产业在2020年成长超乎预期，营收规模达820亿美元，较2019年大幅增长23%，预计2021年将达到920亿美元。2020年台积电和三星最先进的5nm制程技术都已量产。其中，苹果的

A14和M1、高通骁龙888、华为麒麟9000系列均采用该技术。由于5G手机对于性能和功耗的要求更高，使得5nm制程晶圆的主要客户均为智能手机芯片厂商。相较之下，7nm制程（包括N7、N7+、N6）技术所生产的处理器或芯片的应用更加多样化。因此，7nm制程晶圆涉及应用领域更加广泛。

2020年国内涌现晶圆代工厂投资热潮，主要晶圆代工厂实现重大突破，产能不断扩张。国产晶圆制造龙头企业中芯国际覆盖0.35μm～14nm多种技术节点，应用于不同工艺平台，具备逻辑电路、电源/模拟、高压驱动、嵌入式非挥发性存储、非易失性存储、混合信号/射频、图像传感器等多个工艺平台的量产能力，可为客户提供通信产品、消费品、汽车、工业、计算机等不同终端应用领域的集成电路晶圆代工及配套服务。其14nm制程在2020年第四季度进入量产，良率已经达到业界量产水准。

华虹集团包括华虹半导体和上海华力两大制造平台，致力于先进工艺和特色工艺并举。其中，华虹半导体可提供多种1.0μm～65nm技术节点的可定制工艺选择，是智能卡及微控制器等多种快速发展的嵌入式非易失性存储器应用的首选晶圆代工企业之一。目前，公司生产的芯片已被广泛应用于不同市场，如电子消费品、通信、计算机、工业及汽车的各种产品中。上海华力则可以为厂商提供65/55nm～28/22nm不同技术节点的一站式芯片制造技术服务，生产的芯片产品涵盖基带处理器、图像传感器、中小尺寸液晶屏渠道芯片、触控屏控制器、射频器件、智能卡、机顶盒集成芯片、电源管理芯片和现场可编程门阵列等。除中芯国际和华虹集团这两家以集成电路制造为主的有晶圆代工厂外，国内还有武汉新芯、华润微电子、方正微电子、粤芯半导体、芯恩等公司也有晶圆代工业务线。

■ 三、小结

芯片产业是信息社会的基石，目前，我国集成电路产业规模不断增长，技术创新不断取得突破，在制造工艺、封装技术、关键设备材料等方面都有

明显提升，在人工智能、车联网、物联网领域出现了一批具备领先设计能力、制造水平的龙头企业。当前，我国芯片产业发展面临机遇，也面临挑战，需要加大基础性投入和产业生态建设，打造涵盖设计、制造、测试等多环节完备的芯片产业链，促进我国信息产业更加健康可持续发展，为我国的信息化社会发展提供有力支撑。

（国家互联网应急中心　陆希玉）

5G 时代 手机 App 加速迭代

随着 5G 时代的来临，智能手机中的应用程序（Application，App）发展迅猛，如火如荼，各 App 不断地寻求升级迭代，力争为用户创造出更完善的产品，提供更优质的服务。

一、App 厂商力求加速软件更新迭代升级

人手一部智能手机的今天，App 就像一面广告墙，厂商通过 App 向用户展示不同的产品信息，使用户通过 App 更深入地了解该厂商的品牌价值，同时加强与用户的黏性。

《中国互联网发展报告 2020》中指出，中国移动互联网用户数已突破 13 亿，占全球网民总规模的 32.17%。工业和信息化部表示，我国已初步建成全球最大规模的 5G 移动网络，5G 手机终端连接数达 2.6 亿，累计建成 5G 基站 71.8 万个。随着互联网的快速兴起，中国网民数量呈快速增长趋势。截至 2020 年 12 月，我国手机网民数为 9.86 亿，较 2020 年 3 月新增手机网民 8885 万人，网民中使用手机上网的比例为 99.7%。

App 的发展与移动互联网的发展紧密相连，移动互联网的应用给各 App 的发展注入了新动力。更为重要的是，移动互联的应用范围和深度将得到不断扩展和深化，为 App 的拓展带来广阔的市场空间。

如今，各 App 厂商不断加快 App 的研发速度，目的就是要更好地满足社会的发展要求和人们的生活需求，无论是商店、游戏，还是翻译程序、图库等我们生活所涉及的方方面面，均能够以 App 的形式出现。

二、中国联通 App 升级满足用户多样化要求

目前，中国移动 5G 用户数已达 1.89 亿。中国联通手机营业厅 App 正式更名为"中国联通 App"，并从服务、生活、娱乐等方面进行全面升级，致力于为用户提供更温暖的智慧体验，创造更便捷、更个性化的美好生活。用户使用中国联通 App 不仅可方便查询话费、流量，吃喝玩乐也能一站解决。中国联通 App 的更新，让用户与联通的距离更近了，更好的交互体验也增加了用户对中国联通的关注。

服务新体验，聚焦"高品质服务"主题，中国联通 App 为用户提供：一体化、尊享化、差异化服务；吃喝玩乐优惠服务；看小说、听音乐、买机票、订酒店等服务。

中国联通 App 利用自身流量、大数据和线上线下高度一体化的能力，与饮食、出行、文化、娱乐等各行业头部企业展开合作，共建数字生活服务新生态；推出了以饭票、影票和购物为主的一系列平台产品，打造极致的用户体验，以"积分兑""话费购""立减返现"等多种形式让用户乐享优惠；更有"超级星期五"主题日活动限时活动，汇聚全网爆款优质商品。

此外，中国联通还积极探索与金融机构的深度合作，创新通信行业运营新模式，以数据为桥梁，实现金融与通信双向赋能，创新提供"金融＋通信""一站式"财富服务，为用户提供信贷、理财和保险三大领域的信息服务，所有业务均能在线完成和查看，方便快捷。在提供方便快捷的财富服务的同时，中国联通还可满足用户通信场景

中的各类金融需求，创造用户新福利。话费宝买货币基金不仅能自动交话费，还能实现资产生息，灵活便捷。

全面焕新的中国联通 App，将不断优化全场景、全流程的用户体验，为广大消费者提供更高价值的服务。

（联通支付有限公司　杨　扬）

2020年中国 5G 与 Wi–Fi 6 协同发展分析

2020 年由于新冠肺炎疫情变得不平凡，同时 2020 年也是 5G 和 Wi-Fi 6 高速发展之年。这一年，5G 和 Wi-Fi 6 都交出了不错的成绩单，我们分别来看看。

一方面，5G 产业各环节表现亮眼。一是 5G 用户爆发式增长。2020 年，三大运营商的 5G 套餐用户已超 3 亿人，发展速度超过预期。二是 5G 基站加速建设。2020 年，我国新增 5G 基站约 58 万个，累计已建成 5G 基站 71.8 万个。三是 5G 终端市场快速成长。2020 年 1—11 月，国内 5G 手机出货量达 1.44 亿部，上市的 5G 新机型累计达 199 款，5G 终端连接超 2 亿个。四是 5G 垂直行业应用遍地开花。目前已有多个重量级 5G 行业应用落地实践，涉及"5G+超高清视频""5G+ 工业互联网"等创新应用。

另一方面，Wi-Fi 6 在 2020 年的表现也十分强劲。IDC《中国 WLAN 市场季度跟踪报告，2020 年第四季度》报告显示，2020 年 WLAN 市场总体规模达到 8.7 亿美元，其中 Wi-Fi 6 表现强势，占 WLAN 总市场的 31.2%，规模达 2.7 亿美元。另据 IDC 预测，2021 年 Wi-Fi 6 将继续扩大市场规模，中国市场将有接近 4.7 亿美元的市场规模。

作为无线通信领域的两大关键技术，5G 能否取代 Wi-Fi 6 是业界争论不断的话题。但是主流观点认为，两者是互补关系。

中国联通 5G 创新中心云转播研发中心总监李洁曾表示，两者不可替代，它们是相辅相成的。对运营商而言，千兆 Wi-Fi 是双千兆网络重要的场景补充，随着无线设备集中度的快速增加，Wi-Fi 6 可减小基站连接压力，提高网络利用率。对用户而言，Wi-Fi 6 的使用成本仍将较长时间低于 5G 网络，更便于家庭网络，尤其是企业局域网组网和应用服务，有利于室内的超高清视频、智能设备互联等应用及场景联动。

因此，5G 与 Wi-Fi 6 协同成为行业流行的发展方式，形成 5G 主外、Wi-Fi 6 主内（室内）的格局，

在让用户全方位享受高速网络的同时，更加速了万物互联时代的到来。本文将着重分析两者为何协同以及 2020 年的协同进展，并对未来协同发展做预测。

一、各司其职、协同发展：提供基础连接保障

从宏观角度来看，5G 是由国家层面提倡建立的，并由运营商负责运营的公共移动通信网络，同时也是新基建的重要建设目标之一，未来必然将覆盖各个国家的主要地区。Wi-Fi 6 基本是由各企业或组织建设的私有无线通信网络，主要场景有家庭、工厂等，都是室内的密闭环境。此外，5G 与 Wi-Fi 6 的使用频段不同，后者是非授权。

从使用场景来看，5G 的优势是大带宽、低时延、多连接，更适合室外大范围传输及部分工业场景。Wi-Fi 6 侧重于稳定、灵活的分配资源，适用于室内和企业园区等小场景，人均资源稳定，且功耗低。

从性价比角度来看，5G 前期投入费用高，难以在短时间内实现全网覆盖。由于 Wi-Fi 6 使用免授权的无线频谱，在餐厅、办公区等场景，用户可以近乎免费使用。由于 Wi-Fi6 使用输出功率低的设备，可让无线电信号保留在室内，从而解决使用相同频率干扰的问题。

从安全角度来看，5G 网络采用"点对点"的连接技术，每个用户均使用独立的数据通道，更需要通过用户身份识别模块（Subscriber Identity Module，SIM）认证。Wi-Fi 6 却允许多人同时连入。因此，5G 的安全性更高。

二、开启"三千兆"时代：全面守护室内外

2020 年，三大运营商争相布局 Wi-Fi 6 千兆网络，

启动"千兆宽带 + 千兆 5G+ 千兆 Wi-Fi"三千兆升级。三千兆作为新时代起点，不仅推动千行百业数字化升级，改变人们的工作、生活方式，同时也为产业链的生态发展提供了新的增长引擎。我们分析三大运营商在 2020 年的具体举措。

（一）中国移动

中国移动在 2020 年下半年开启了 Wi-Fi 6 相关设备的集中采购，并在 9 月份全面进入 Wi-Fi 6 时代。2020 年，中国移动发展智能组网服务 2000 万户，实现 Wi-Fi 6 用户达 500 万户。

在 2020 年 6 月举办的"5G ＋ Wi-Fi 6，共赢千兆新时代"主题沙龙上，中国移动研究院物联网技术与应用研究所马帅表示，在场景协同上，Wi-Fi 6 侧重于家庭市场，而 5G 拥有更多应用场景，如行业、个人等市场；在业务协同上，Wi-Fi 6 侧重于质量需求不高的业务，5G 面向高质量需求的业务；在能力协同上，行业结合 Wi-Fi 6 定位等能力，可助力 5G 应用延展；在体验协同上，5G 和 Wi-Fi 6 的数据快速切换可使弱覆盖场景下的个人用户体验不打折。

2020 年 11 月，在中国移动全球合作伙伴大会智慧家庭生态论坛上，中国移动通信集团有限公司副总经理简勤提出要加速推进"全千兆"，按照千兆 5G、千兆 Wi-Fi、千兆应用、千兆宽带、千兆服务五位一体策略，大力发展全千兆网络，计划在 2021 年发展千兆用户超 1000 万人、Wi-Fi 6 用户超 1000 万人。

（二）中国电信

中国电信各地领先公司，很早就提出发展"三千兆"，2020 年更是借此全面推进智慧家庭业务发展。2020 年 5 月，作为广东省内首个提出"三千兆"概念的运营商，广东电信表示，"电信三千兆"将为消费者打造一个涵盖宅家、工作、出行的全方位、立体化、高速率的通信环境。

2020 年 5 月 17 日，上海电信宣布启动"宽带 +5G+ 千兆 Wi-Fi"三千兆升级，并打造一批"三千兆"标杆性、示范性应用场景，为新基建的"上海样本"提供最佳实践。针对家庭客户，上海电信在全市 190 个电信营业厅推出了每月 299 元的三千兆套餐，提供 5G 大流量套餐和光纤千兆、Wi-Fi 6 千兆接入服务以及多项互联网权益应用。

2020 年 11 月 5 日，陕西电信发布"IPTV-VR 版"产品，借助陕西电信"三千兆"网络承载，汇聚自由视角、VR 全景、多屏同看、3D 巨幕等行业最新应用，以及云游戏等精彩内容，实现 IPTV 电视、VR 一体机、手机三屏互动共享，用户可尽享 IPTV 新产品带来的极致感官享受。

（三）中国联通

2020 年 5 月 17 日，中国联通召开了"联通三千兆"发布会，宣布中国联通进入"三千兆"时代，将全面部署 Wi-Fi 6 千兆终端产品，加快实现家庭千兆业务的迅速普及，并发布了 4 项"三千兆"创新产品：5G 视频彩铃、5G" Live 新直播、5G 沃视频 VR 以及 Wi-Fi 6。

围绕"出门用千兆 5G，进门用千兆宽带、千兆 Wi-Fi"的一站式高速上网体验，中国联通推出了"智慧沃家 5G 极享三千兆套餐"一次性满足"手机 + 宽带 +Wi-Fi"的高速网络畅享。

此外，在产业合作方面，运营商与设备商合作，共同推进产业发展。中国移动联合华为实现了 F5G+5G 覆盖珠穆朗玛峰峰顶，双千兆覆盖 6500m 高度；杭州移动联合华为发布了业界首个《双 5G 数字城市白皮书》，与行业合作伙伴共同签订了双 5G 战略合作协议，携手打造杭州双 5G 第一城；中国联通携手华为、深圳地铁等合作伙伴，采用联通 5G 网络做上行接入，通过 Wi-Fi 6 技术进行地铁站内网络覆盖，实现 5G 与 Wi-Fi 6 技术的完美融合。

三、设备商协同探索，而今迈步从头越

2020 年手机厂商发布多款支持 Wi-Fi 6 的 5G 手机，例如 iPhone11、Galaxy Note10、华为 P40 系列、荣耀 30 Pro、小米 10、OPPO ACE2、realme 真我 X7 等。这些手机让消费者轻松实现出门享 5G、在家用 Wi-Fi 6 的双高网速体验。

除手机终端外，设备厂商同样加快了 5G 和 Wi-Fi 6 技术协同发展。华为作为 5G 和 Wi-Fi 6 技术的引领者，在两者协同方面做了深入探索。2020 年 4 月，华为发布了被誉为"全球最快 Wi-Fi 6+ 5G 路由器"——5G CPE Pro2，首次将 5G 和 Wi-Fi 6 这两大颠覆性技术融合协作，进而带来超强性能体验。其支持的 11 个 5G 频段，可连接 128 台各类设备，

最高可支持 16 台设备并发上网，不仅支持 5G NSA/SA 双模，Wi-Fi 速度相比前代产品也有大幅提升。

2020 年 3 月，华为发布了业界首个分布式智能全光接入网解决方案和 Liquid OTN 光传送解决方案。华为传送与接入产品线副总裁黄志勇表示，5G 网络和千兆光纤网络在国家基础设施中的战略性地位日益突出，华为将持续聚焦全光网络的技术创新，携手运营商打造世界领先的双千兆网络。

锐捷网络也积极地推动 5G 和 Wi-Fi 6 协同发展。2020 年 11 月，在 2020 年第八届中国移动全球合作伙伴大会上，锐捷网络提出 "5G 智慧家园全千兆智能组网方案"，使用开放架构 5G BBU 和本地核心网实现 5G 楼宇及园区室内外全覆盖，全场景 Wi-Fi 6 满足高速、高密度接入，让家庭用户享受媲美企业的无线体验。

在高校网络建设方面，锐捷网络建议在高校，融合 5G 和 Wi-Fi 6 建设一个兼容网络，基于负载和业务类型，分场景、分重点地采用 5G 和 Wi-Fi 6 进行网络部署，最终实现连续、高效、安全的无线覆盖。

新华三积极探索 Wi-Fi 6 在医疗等场景的应用。在 2020 年 12 月举办的 "Wi-Fi 6 时代智慧医疗建设研讨会" 上，新华三携手全国知名医院及数智医院建设者，就智慧医院不同业务场景中 5G 与 Wi-Fi 6 的选择进行深入交流。其中，新华三提出 Wi-Fi 6 +5G 融合解决方案，可满足智慧病房、智慧门诊、智慧急诊、智慧后勤、智慧安防和智慧手术六大医疗业务场景应用。

四、5G 和 Wi-Fi 6 在 2021 年协同展望

2020 年，5G 和 Wi-Fi 6 技术的高速发展，开启了 "5G 和 Wi-Fi 6 携手，并肩齐飞" 的局面。其中，运营商及设备商都在积极推进两者协同探索，加快各行业数字化转型。2021 年，5G 和 Wi-Fi 6 技术协同将会有哪些趋势？我们做出以下预测。

第一，随着应用场景多样化以及网络承载业务复杂化，企业和个人用户将会更多地采用 5G 和 Wi-Fi 6 混合部署形式，让两者高效协同，层次性保障不同业务的体验。

第二，随着物联网大流量时代的到来，5G 和 Wi-Fi 6 会在智慧家庭、车联网、教育、农业、工业等领域上发挥优势，并为产业带来更多价值。

第三，运营商 5G 双千兆套餐费用有望进一步下降。目前 5G 双千兆套餐资费 169 元起步，2021 年资费将进一步下降。资费下降将有利于更多消费者先一步体验双千兆带来的智能体验。

（黄海峰）

5G 产业及核心元器件发展新态势分析

一、5G 产业发展态势

（一）5G 产业覆盖应用、终端、网络、核心元器件等各个方面

5G 产业随着 5G 技术和应用的发展而不断衍生。在应用方面，5G 将涵盖增强移动宽带（Enhanced Mobile Broadband，eMBB）、海量机器类通信（Enhanced Machine Type Communication，mMTC）和超可靠低时延（Ultra Reliable and Low Latency Communication，uRLLC）三大类场景，推动移动互联网向万物互联时代转变。在终端方面，5G 不仅包括手机终端，还包括 VR/AR、无人机、智能网联汽车、智能机器人以及家居设备等在内的丰富产品形态，多元化创新态势明显。网络方面，5G 网络包括无线接入网、传输网和核心网，其中 5G 无线接入网将采用高中频协同部署，以满足用户对覆盖范围及带宽容量的需求；5G 传输网对大容量高速光通信芯片、模块和设备提出了更高需求；5G 核心网按网络架构分为非独立组网（Non-Standalone，NSA）和独立组网（Standalone，SA），目前以 SA 为主。核心元器件方面，5G 将推动基带算法和工艺技术的升级，射频前端将向着模块化、集成化方向发展，带动化合物半导体等材料工艺及设备的发展。

（二）5G 网络大规模建设成为经济增长新动能

2020 年，全球 5G 开始加速建设，目前，全球 5G 基础设施条件进一步完善。IDC、GSA 数据显示，2020 年全球 5G 智能手机出货量约为 2.5 亿部，累计建成约 110 万个 5G 基站。其中，我国 5G 智能手机出货量约 1.63 亿部，建成基站达 71.8 万个。预计到 2025 年，全球 5G 手机累计出货量约为 50 亿部，累计建成 650 万个 5G 基站，我国基站数将占全球基站数的一半。随着各行业对 5G 的需求不断加大，各国会持续加大 5G 建网力度，5G 加快向经济社会各领域渗透，从移动互联网拓展至工业互联网、物联网等更多垂直行业，重塑传统产业发展模式，推动各行各业网络化、数字化、智能化转型。据中国信息通信研究院预测，5G 商用一年来经济社会影响潜力初步释放，2020 年 5G 直接带动经济总产出达 8109 亿元，直接带动经济增加值为 1897 亿元，间接带动经济总产出约为 2.1 万亿元，间接带动经济增加值约为 7606 亿元。

（三）5G 网络设备和终端日趋丰富

系统设备方面，随着 5G 标准化进程的持续推进，5G 基站和终端的技术研发和产业化日趋成熟，产品形态日益丰富。基站方面，目前主流设备厂商均推出了可同时支持非独立组网和独立组网两种模式的网络设备。根据 Omdia 数据显示，华为、爱立信、诺基亚、中兴和三星在 2020 年全球 5G 网络设备市场分列 1～5 位。此外，运营商和设备厂商积极探索 5G 网络白盒化，运营商的需求是 5G 网络开源白盒化的重要驱动力，全球主要运营商和设备厂商陆续加入 5G 白盒开源项目，新兴进入者也在积极推进，试图打开通信设备的新市场。终端设备方面，根据 GSA 数据显示，截至 2021 年 2 月，全球共发布 5G 终端 628 款，共有 40 种 5G 设备，涉及 119 家厂商。苹果、华为、三星等主要终端厂商已发布多款支持 5G 网络的手机，5G 手机已占 2020 年智能手机出货量的 60% 以上，我国华为、vivo、OPPO、小米等企业在 5G 终端市场的份额超过 50%。同时，随着物联网与新基建的融合及 5G 模组的不断成熟，5G 将逐步在工业、汽车等领域实现规模应用，5G 终端设备的边界将会不断拓展，市场前景广阔。

（四）5G 大规模建设应用带动核心元器件市场爆发

5G 核心元器件包括 5G 终端和网络设备中的基带、射频及射频前端等器件，是构建 5G 主要技术场

景中计算、通信、感知能力的重要支撑。全球 5G 网络建设步伐加快将极大促进大功率放大器、MIMO 天线等射频类产品出货量提升，而 5G 终端出货量的提升也将加大业界对基带、应用处理器、射频前端等关键芯片和模块的需求。目前，高通、联发科、Skyworks、Qorvo 等国际芯片巨头依托固有优势，加快开发系列化 5G 基带、应用处理器、射频芯片及器件等产品，覆盖多场景应用需求，试图进一步巩固市场地位。预计到 2025 年，全球 5G 核心元器件市场规模累计超过 2000 亿美元，其中 5G 终端核心元器件市场规模累计达 1500 亿美元，5G 网络设备核心元器件市场规模累计达 500 亿美元。

二、全球 5G 核心元器件主要进展

（一）5G 基带和 SoC 芯片市场竞争激烈，成为关注焦点

随着 5G 芯片的技术发展和代工工艺的日益成熟，国内外各芯片企业竞争日益激烈。一是持续提升基带芯片性能。目前高通已推出第四代 5G 多模基带骁龙 X65，是全球首个符合 3GPP Release 16 规范的 5G 基带，下行速率达 10Gbit/s。联发科也推出全新的 5G 调制解调器 M80，在实现下行速率提升的同时支持 5G 毫米波频段。二是频繁推出系列 SoC 产品。近一年来，高通、联发科、华为海思等企业持续更新 SoC 产品，完善产品布局。高通先后发布骁龙 888 和骁龙 870，在立足高端市场的同时，积极抢占中端市场，其中骁龙 888 是其 8 系列首款采用集成 5G 基带的产品。联发科采用集成式 5G 基带设计，持续更新 700、800、1000、1200 系列多款芯片，据 Omdia 数据统计，2020 年联发科成为全球第一大智能手机芯片供应商。苹果、华为海思依托台积电 5nm 工艺平台，先后推出 A14、麒麟 9000 等 SoC 芯片产品。紫光展锐推出了 5G 新品牌"唐古拉"，并计划推出多系列产品。全球 5G 终端芯片厂商及其产品情况见表 1。

表 1 全球 5G 终端芯片厂商及其产品情况

厂商	5G 芯片	工艺	合作手机厂商及型号	备注
高通	骁龙 855 外挂 X50	台积电 7nm/10nm	三星、OPPO、vivo、小米、联想、魅族、中兴、LG、索尼、一加、努比亚、华硕、夏普等厂商	不支持 SA
	骁龙 855plus 外挂 X50	台积电 7nm/10nm	三星、OPPO、vivo、小米、一加、华硕等厂商	不支持 SA
	骁龙 765/765G SoC(X52)	三星 7nm	红米 K30 5G、OPPO Reno3 Pro 5G 等手机	
	骁龙 865 外挂 X55	三星 7nm	小米 10、Realme X50 Pro、魅族 17、努比亚红魔 5、一加 8、8848 M6、三星 S20 系列等手机	
	骁龙 870 外挂 X55	台积电 7nm	Motorola Edge S、OPPO Find X3、红米 K40	
	骁龙 888 集成 X60	三星 5nm EUV	小米 11、红米 K40 Pro、OPPO Find X3	
	骁龙 X65/X62	三星 4nm EUV		2022 年上市
联发科	天玑 1000 SoC	台积电 7nm	OPPO、魅族、诺基亚、小米等厂商	不支持毫米波
	天玑 800 SoC	台积电 7nm	OPPO A92s	不支持毫米波
	天玑 700 SoC	台积电 7nm	Realme V11、红米	不支持毫米波
	天玑 1100 SoC	台积电 6nm	vivo S9	不支持毫米波
	天玑 1200 SoC	台积电 6nm	红米 K40、Realme GT Neo	不支持毫米波
	M80	——	——	2022 年上市
三星	Exynos 9820 外挂 Exynos Modem 5100	三星 8nm/10nm	Galaxy Note10+ 5G、S10 5G 等手机	
	Exynos 980 SoC	三星 8nm	vivo X30 和 X30 Pro、三星 A51/71 等手机	不支持毫米波
	Exynos 990 外挂 Exynos Modem 5123	三星 7nm EUV	三星 S20/S20+/Ultra 等手机	
	Exynos 1080 SoC	三星 5nm EUV	vivo X60	不支持毫米波
	Exynos 2100 SoC	三星 5nm EUV	Galaxy S21	

（续表）

厂商	5G 芯片	工艺	合作手机厂商及型号	备注
华为海思	麒麟 980 外挂巴龙 5000	台积电 7nm	华为 Mate20 X 等手机	
	麒麟 990 外挂巴龙 5000	台积电 7nm	华为 nova6 5G、荣耀 V30 等手机	
	麒麟 990 5G SoC	台积电 7nm+ EUV	荣耀 V30 Pro、华为 Mate30 和 Mate30 pro、Mate Xs	不支持毫米波
	麒麟 9000	台积电 5nm	华为 Mate40	不支持毫米波
紫光展锐	唐古拉 T740	台积电 12nm	海信	不支持毫米波
	唐古拉 T770	台积电 6nm	——	2021 年上市

（二）5G 终端射频前端集成度进一步提升

目前，5G NR 包括 n1、n2、n3、n5、n7、n8、n12、n20、n25、n28、n38、n40、n41、n66、n77、n78、n79 等频段，需要越来越多的射频器件来进行信号收发处理。为了减少射频通道空间占用，更多的功率放大器、低噪声放大器、滤波器等器件被集成到射频前端，以满足多模多频的技术需要。目前，主流集成方法将各器件通过系统级封装（System in Package，SiP）技术进行封装，将不同器件集成为射频模组。这种封装方式，结构上更加紧凑，适用于 5G 终端和小基站，不断减小模组尺寸，成为射频前端模组设计和改良的重点。Skyworks、Qorvo、博通、村田、高通等射频器件巨头依据自身在功率放大器、滤波器、射频处理等领域的优势，向外整合多方资源，形成射频前端整体解决方案，占据全球绝大部分市场。

（三）5G 基站核心芯片产品持续升级

随着 5G 大规模部署进程的推进，越来越多的厂商采用专用 ASIC 芯片来代替 FPGA、DSP 等通用数字处理器芯片构建基站核心处理单元。目前，华为已发布业界首款 5G 基站核心芯片——天罡芯片，在集成度、算力、频谱带宽等方面，取得了突破性进展；中兴通讯 7nm ASIC 芯片已经规模量产，并在全球 5G 规模部署中实现了商用，5nm 芯片则正在技术导入。同时，在全球主要运营商的推动下，一些设备厂商、芯片厂商正在积极推进开放无线接入网，以实现更低成本建设 5G 网络。目前，英特尔已推出面向 5G 白盒基站的 SoC 通用芯片——凌动 P5900，爱立信等设备厂商已经在试用该方案。高通宣布推出 5G 网络基础设施系列芯片平台，其中包括射频单元平台、分布式单元平台和分布式射频单元平台，支持从大规模 MIMO 的宏基站到外形紧凑的小基站

的广泛部署场景。

（四）毫米波应用临近助推产业创新发展

从全球市场来看，随着业务对带宽需求的不断增加，2021 年起，全球主要国家通信频谱将向 26GHz 等更高频谱延伸，毫米波将迎来全球范围内的大发展。据 GSMA 及相关机构预测，5G 毫米波预计在 2035 年之前对全球 GDP 做出 5650 亿美元的贡献，占 5G 总贡献的 25%。从技术方面看，随着自回传和信号穿透等技术不断演进，毫米波连续覆盖问题得到初步解决。2020 年 12 月，意大利电信、爱立信和高通公司使用 26GHz 频段的毫米波频谱，在距站点 6.5km 的场景下，测得 1Gbit/s 的下行速率和 700Mbit/s 的上行速率。从产业发展看，核心元器件小型化仍是重点发展方向。由于 5G 毫米波波长较短、传导损耗较大，采用传统分立器件架构会面临系统复杂度、体积、功耗、成本等方面的一些问题，因此天线阵面和射频前端通常会采用更为紧凑的设计，让毫米波设备越轻越好、越小越好，能够在最合适的位置有能力部署。

三、我国 5G 核心元器件发展情况

（一）5G 终端芯片设计能力进入全球第一梯队

近年来，我国华为海思、紫光展锐等企业先后推出多款 5G 终端 SoC 芯片，部分性能达到全球领先水平。华为海思 2019 年 9 月推出了业界首款旗舰 5G SoC 芯片——麒麟 990，并于 2020 年 10 月推出最新 5G 芯片——麒麟 9000。麒麟 9000 芯片基于台积电 5nm EUV 工艺制成，采用巴龙 5000 基带芯片，集成 153 亿晶体管。紫光展锐于 2020 年推出基于自研基带芯片春藤 510 的 SoC 芯片——虎贲 T7510，并在海信手机上实现应用，随后又推出基于台积电

6nm EUV 工艺的——虎贲 T7520。近期，紫光展锐宣布推出 5G 新品牌"唐古拉"，试图构建多系列芯片生态。此外，手机厂商 vivo 与三星合作共同研发 5G 芯片——Exynos 980，产品已在 vivo X30 系列手机中应用。

（二）5G 终端射频前端发展态势良好

近年来，随着海外射频前端龙头企业产品重心转向 5G 方面，我国射频前端企业在 2G、3G、4G 等领域占据了越来越高的市场份额，在产品经营日益丰富的同时，催化技术成熟与创新突破。而 5G 高集成度射频前端模组成为业内首选解决方案，这为我国企业提供了追赶的方向，逐步缩小与国外先进水平的差距。唯捷创芯通过引入联发科作为第一大股东，整合吸纳了联发科在射频功放方面的技术，且近期有意引入稳懋半导体、OPPO、vivo、小米等战略投资，推进其与手机厂商紧密合作。紫光展锐在 2020 年 11 月发布国内首个 5G 射频前端解决方案，采用模组化设计，集成了功率放大器、开关、滤波器和低噪声放大器等器件。

（三）5G 基站主要零部件逐渐走向成熟

华为、中兴等网络设备厂商积极推动供应链的多元化，逐渐加大对国内供应商的扶持力度。华为自 2019 年 10 月已经开始生产不含有任何美国元器件的 5G 基站，并已联合国内基站核心元器件厂商加快研发和产业化。中兴通讯于 2020 年 10 月在第三届数字中国建设峰会上展示了完全国产化的 5G 基站。目前，武汉凡谷、大富科技、国人通信、灿勤等厂商在 5G 基站滤波器具备一定竞争力；中电科集团、苏州能讯、苏州华太等厂商正在加快 5G 基站功放、低噪放、开关等射频器件的研发与产业化；华为、

京信通信、通宇通讯等企业在基站天线占据较高的市场份额，特别是华为连续多年位列全球第一。

（四）5G 毫米波器件仍处于起步阶段

目前，我国缺少高集成、低功耗、低成本的毫米波商用芯片，国内企业和高校研究院所正在加大研发力度。南京网络通信与安全紫金山实验室已研制出 CMOS 毫米波全集成 4 通道相控阵芯片，并完成了芯片封装和测试，产品成本大幅降低，力争在 2022 年实现商用。硕贝德研发设计了从 24GHz 到 43GHz 全频段覆盖的毫米波射频前端芯片模组，目前还处于流片阶段。华为完成了 5G 毫米波的功能、射频和外场性能等关键技术测试。2020 年 7 月，华为基于巴龙 5000 芯片的 5G 毫米波 CPE 荣获德国莱茵首张 CE 证书，成为首款获得欧盟标准认证的 5G 客户终端设备。

▌四、结束语

随着 5G 技术和应用的发展和深化，5G 产业及核心元器件成为 5G 创新发展的基础和关键，并催化更多先进技术成熟。全球各国在大力部署 5G 网络的同时，更加重视产业链、供应链问题。当前我国 5G 产业具备整体优势，各环节稳步有序发展，涵盖系统、终端、芯片、元器件的产业生态进一步完善。与此同时，我们要清醒地认识到我国 5G 产业尤其是核心元器件仍面临短板突出的制约，应加强核心元器件关键环节的技术创新突破，提高制造水平，加强元器件与整机的联动应用，提高产业配套能力，促进产业协同创新，全面推动我国 5G 产业高质量发展。

（中国信息通信研究院　王 昊　王骏成）

5G 手机产业发展及分析

一、全球智能手机市场总体情况

（一）全球智能手机市场出现萎缩态势

据 Canalys 统计，近 5 年来全球智能手机出货量呈现下降趋势，2020 年全年全球智能手机出货量近 12.6 亿部，如图 1 所示。

（二）苹果和三星保持全球销量领先

据 Canalys 统计，2020 年全年全球前五大智能手机厂商分别为三星、苹果、华为、小米、OPPO。三星继续保持全球领先地位，智能手机 2020 年出货量为 2.6 亿部，全球市场份额为 20%，年增长 -14%。苹果位居第二，iPhone2020 年出货量为 2.1 亿部，市场占比为 14%。年增长 5%。华为（包括荣耀）出货量为 1.9 亿部，市场占比为 18%，尽管出货量下滑 22%，但 2020 年仍保持了第三的位置。小米市场占比为 9%，出货量增长 19%，成为增长最快的手机集成商。

二、我国智能手机市场总体情况

（一）我国智能手机出货量持续下滑

据中国信息通信研究院统计，2016 年以来，我国智能手机出货量持续下滑，与全球智能手机市场表现类似。2020 年，我国智能手机出货量为 2.96 亿部，同比下降 20%，如图 2 所示。

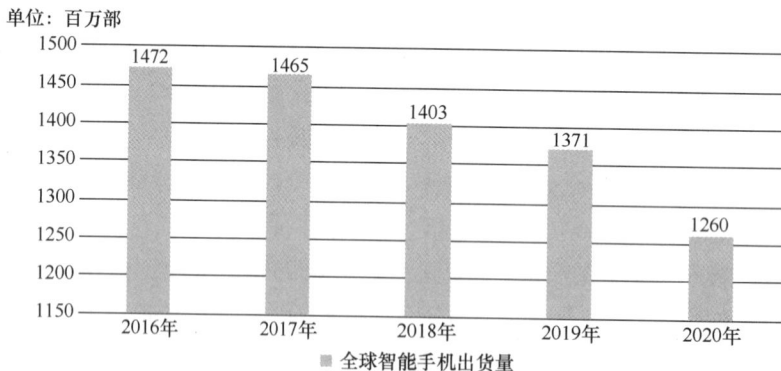

单位：百万部

图 1　2016—2020 年全球智能手机出货量统计

单位：百万部

图 2　我国智能手机出货量统计

（二）国产品牌规模优势明显

我国智能手机出货量下滑，手机市场竞争日益激烈，中小型国产手机品牌在市场竞争中逐渐被淘汰，我国智能手机市场集中度快速上升。目前，我国智能手机市场前5个品牌分别为华为、OPPO、vivo、小米、苹果，据IDC统计，前五大厂商市场占有率超过90%。

三、5G手机市场发展特点及趋势

（一）我国市场将成为全球最大的5G市场

据IDC统计，2020年全球5G手机出货量约为2.5亿部，在同期手机出货量中占比约为26%。其中，我国5G手机出货量约为1.63亿部，在全球占比超过50%。据全球移动通信系统协会统计预测，到2025年，全球5G用户将达18亿户，我国占近45%，未来，我国将成为全球最大的5G市场，如图3所示。

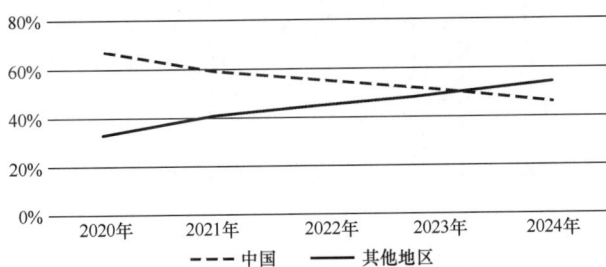

图3　全球5G手机出货量占比预测

（二）5G手机成为国内智能手机增长新动力

尽管国内手机整体出货量大幅下滑，但2020年5G商用的加速落地带动5G手机出货量快速增长，据中国信息通信研究院统计，2020年全年，5G手机出货量约为1.63亿部，在手机出货量中占比为52.9%，上市新机型累计218款，占比达47.2%。随着国内加快推进5G网络建设进度，未来5G手机的换机需求有望进一步增加。

（三）对用户体验的提升是5G手机行业的主要驱动力

5G手机将带来比4G手机更快的上网体验，具体表现为更快的下载速度及低时延，5G手机理论峰值速率高达10Gbit/s，相当于1.25Gbit/s的下载速度，是4G手机速率的10倍以上；5G手机信号的时延降

低至1ms，是4G手机信号时延的1/10。5G通信结合VR、AI等技术将催生更多的新应用，大幅提升5G手机使用体验，赋能5G手机快速占领消费者市场。

（四）经济型5G手机的普及将加速用户从4G手机迁移至5G手机

2019年年底，小米系Redmi发布RedmiK305G，起售价为1999元，将5G手机的门槛拉低到2000元以内，吸引了大批5G用户。2020年，华为、OPPO、vivo等国内手机厂商纷纷发布2000元以下5G机型，以积累5G手机用户。realme发布的5G手机realme V3，起售价仅为999元，成为目前业界首款低于千元的5G手机。随着5G手机工艺的成熟与5G手机市场竞争的加剧，5G手机平均价格将进一步下探，以加速提升5G手机渗透率。

四、5G手机产业链分析

5G手机元器件众多，包括手机处理器、基带芯片、射频前端、手机天线等，核心器件中的手机处理器、基带芯片成本占比最高，国产率相对较低，进口依赖较为严重。与4G手机相比，5G手机将在硬件、交互方式、应用等方面全面升级。5G多频段、高频率、大带宽等特性使得基带芯片和射频前端设计复杂度大幅提升，为应对性能、功耗和体积等方面的要求，更高集成度、更先进的制造工艺成为必然趋势。

（一）5G手机处理器方面

作为手机的控制中枢及逻辑部分的控制中心，手机处理器的技术壁垒极高，行业集中度高，全球呈现"一超多强"的竞争格局。Counterpoint数据显示，高通公司长期在高端手机处理器市场处于领先地位，并与苹果、联发科、三星共同占据了超过全球80%的市场份额。我国主流手机厂商仅华为拥有量产手机处理器的能力。

（二）5G基带芯片方面

由于5G不同应用场景需要，基带芯片具备不同特性，因此市场对5G基带芯片的架构设计提出了更高的技术要求，高度集成应用处理器和基带处理器的5G SoC芯片成为现阶段主流方案。目前，全球研发5G SoC基带芯片的公司主要有华为海思、紫光

展锐、三星 LSI、联发科及高通公司。

（三）5G 射频前端方面

5G 与 Wi-Fi 6 的竞合互补使 5G 手机射频前端复杂度及技术水平显著提升，且射频前端所占空间不断缩小，将射频前端从分离化器件转向集成化模组是主要发展趋势。国外射频前端龙头厂商主要有博通、Skyworks、村田等。国内目前以分离器件为主，主要厂商主要有华为海思、紫光展锐、卓胜微等。

（四）5G 手机天线方面

5G 所使用的新频段、新技术都为手机天线的设计与制造带来了一系列新挑战，市场对天线厂商提出了新的要求，业内也提出了一系列技术变革方案，如毫米波天线模组的运用等。目前，5G 天线厂商主要包括信维通信、立讯精密、京信通信等。

五、我国 5G 手机产业面临的挑战和发展建议

我国 5G 手机出货量快速增长，换机需求量持续增加，但在发展过程中仍面临着基础器件方面的技术挑战。

我国在手机处理器、基带芯片、射频前端、手机天线等基础器件领域的产业化能力存在滞后性，在先进半导体制造等领域技术能力亟待提升，需进一步发展完善 5G 手机产业链生态。

加快我国 5G 手机产业发展途径：一是加强基础器件布局，引导集成电路投资基金，扶持基础器件企业生产，鼓励地方政府及社会资本向 5G 手机核心器件倾斜，同时对基础器件相关上下游企业进行投资，完善产业生态；二是加强交流与合作，推动建立手机基础器件、手机集成厂商及通信运营等相关行业企业参与的交流沟通平台或产业联盟，促进产业链各环节间的合作，同时鼓励企业加强与国外企业的技术交流与合作，引进先进技术消化吸收再创新，积极参与并购国外优质资产，补齐产业短板。

（中国信息通信研究院　郑文煜）

SaaS 服务已成 ICT 企业布局云计算的首选

《2021 中国云产业增长报告》发布后，引发了业界强烈关注。报告指出，截至 2021 年年初，ICT 行业绝大多数企业已经较早地布局了云计算业务，在已开展云业务的 ICT 企业中有 1/3 的企业的云业务的营收增长高于公司整体增长，而且在 2020 年新型冠状病毒肺炎疫情影响下，仍有 72% 的 ICT 企业实现了营收的增长。

同时，软件即服务（Software as Service，SaaS）已经逐渐成为 ICT 企业布局云计算的首选，协同办公、数字化营销、客户关系管理（Customer Relationship Management，CRM）、医疗、物流、电商是相对热门的 SaaS，也让 SaaS 开发呈现出百花齐放的局面。

对标国外的 ICT 行业，我国企业上云的广度和深度有着巨大的发展空间，在增效、促发展成为企业上云新动力的趋势下，企业上云已不再停留在降低成本的初级阶段，通过积极部署 CRM 系统等，企业在提升管理效率、协同促进业务增长方面的诉求更加明显。

一、IaaS 飞速增长，SaaS 空间巨大

近几年，云计算在中国的发展速度有目共睹。相对于其他新兴产业领域，云计算产业在短短几年内就形成了规模，同时还保持着较为快速的增长势头。

中国信息通信研究院的一组统计数据显示，2016—2019 年中国云计算市场的规模从 515 亿元增长到 2019 年的 1334.5 亿元，复合增长率达 37.4%，是整个 ICT 产业复合增长率的 3.7 倍。

在人工智能、大数据、区块链、云计算以及边缘计算等细分领域的 2019 年产值和 2016—2019 年复合增长率中，云计算也处于领先位置。

在早期私有云一度领先的发展态势下，2019 年公有云以 689.3 亿元的市场规模超过了私有云（645.2 亿元）。2015—2019 年我国公有云和私有云的市场规模对比如图 1 所示。对标全球市场，混合云和公有云的市场空间更大。全球企业用云的占比如图 2 所示。

从中国信息通信研究院公布的中国基础设施即

数据来源：中国信息通信研究院(本书图表数据中不包含港、澳、台)。

图 1 2015—2019 年我国公有云和私有云的市场规模对比

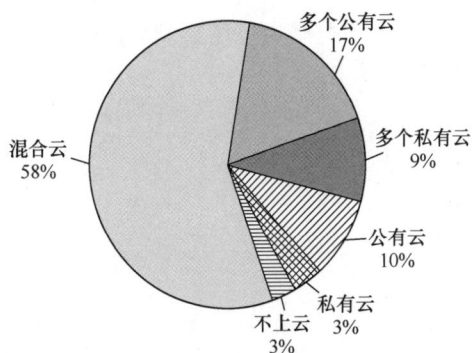

数据来源：云计算开源产业联盟，东莞证券研究院。

图 2 全球企业用云的占比

服务（Infrastructure as a Service，IaaS）的市场规模来看，从 2015 年的 42 亿元到 2019 年的 452 亿元，IaaS 保持着较快的增速，但随着基础设施上云的进一步普及，其未来的发展空间比较有限。

目前，国内云计算的发展还相对滞后，在基础设施层面的投入较多，呈现出细分市场结构倒挂的现象，这也促使 SaaS 显现出巨大的市场潜力。

2020 年，我国有近一半的云计算企业选择了 SaaS 方向，其中通用型 SaaS 仍为市场主流。在垂直型的 SaaS 类型中，医疗、物流、电商所占比例较高。

二、降本增效，业务协同：CRM 广受认可

从 2021 年云趋势看，上云和新基建政策带来短期利好，而行业的持续发展更多的是依靠数字化时代为各行各业带来的业务发展需求。

首先，企业开展新业务、开发新模式成为云计算业务增长的动力；其次，我国积极推动相关政策和新基建政策；最后，原生技术的成熟、精益管理的需求、AI 和 5G 的发展，也都不同程度地促进了云计算业务的增长。

基于此，据预测，2023 年我国政府和企业的上云率将达 60%。

从市场端看云，ICT 企业 70% 的上云率已远远高于全国平均水平，其中基础设施领域上云的比例相对较高，协同办公、数据库、大数据分析市场接受度较高，受新冠肺炎疫情影响，视频会议、云通信的普及率也有所提升。

《2021 中国云产业增长报告》中指出，至少有 73% 的企业一致认同，引入 CRM 系统的第一目的就是降低运营成本和提升业务协同，其次是提升大数据分析能力和促进业务增长。而保证客户连接性、业务稳定性、数据安全性以及丰富的 API，也是企业部署 CRM 的考虑重点。

例如，在快消领域，今麦郎公司通过应用 CRM 系统，大力推行"人、车、机、区域"四合一工程，通过对供应链全流程和渠道的智能化、精细化管理，把上千家经销商都变成了生态伙伴，也使今麦郎在市场份额上实现了赶超，成为国内同行前三强。

在工业制造领域，埃斯顿公司通过部署 CRM 系统，每月都增加上千条客户线索，且能够挖掘出更有价值的客户和潜在的线索来源，进而合理分配公司营销、研发和生产资源，全面提升公司经营效率。甚至在新冠肺炎疫情影响下，埃斯顿公司 2020 年第三季度依然逆势取得 106.4% 的同比增长。

对于很多企业来说，CRM 带来的开源、降本、增效作用日益明显。

结合这样的趋势，很多云计算企业也试图在 2021 年找准发展方向并进行合理规划。

《2021 中国云产业增长报告》指出，以客户为核心、构建生态、聚焦行业和细分领域、新技术融合应用等，将是 2021 年云计算企业的核心战略方向。

在未来，企业在业务层面也将更多地考虑以协同办公、CRM、数字化营销为代表的运营管理功能上云，与基础设施上云、平台系统上云一起，共同提升企业在数字化时代的业务增长能力。

（纷享销客　王　熙）

2020 年 5G 新基站发展及分析

2020 年全球 5G 建设步入快车道。工业和信息化部发布的数据显示，截至 2020 年年底，我国已经建设了 71.8 万个 5G 基站，2020 年新增 5G 基站 58 万个。

中国移动发布的 2020 年财报显示，2019 年中国移动 5G 相关投资共计 1025 亿元，全年新建约 34 万个 5G 基站，累计开通 39 万个 5G 基站，为全国所有地级市、部分县城及重点区域提供 5G 服务；中国联通则与中国电信全面推进 5G 网络共建共享，5G 基站规模累计达到 38 万个。

过去一年，全球运营商在加速 5G 基站建设时，也在积极推动 5G 基站技术创新，结合自身建设需求，引导产业打造并部署了多种形态的 5G 基站。

一、5G 基站特点和分类

5G 基站通信设备可以满足 5G 网络高功率、高频段和高速率的关键性能需要，5G 基站与 4G 有了很大的变化：采用大规模阵列天线（Massive MIMO）技术，结合波束赋形，通过大量阵列天线同时收发数据，可以大幅度提升网络容量和用户体验。

5G 基站将传统基站的天线与射频单元一体化集成为 AAU，可以简化站点部署，降低馈线复杂度，减少传输损耗，提升网络整体性能。并且，5G 无线接入网架构采用 CU/DU 架构，将传统基站 BBU 拆解为集中单元（Centralized Unit，CU）和分布式单元（Distributed Unit，DU），CU 用来集中处理非实时数据，DU 负责分布处理实时数据，每个 CU 可以管理多个 DU，CU 和 DU 之间通过不同的组网方案可以适配不同的基站接入场景。

5G 基站主要分为宏基站、杆站和室内小基站等多种场景产品。宏基站通常架设在铁塔上，体型大、承载用户数量多、覆盖面积广，有 64 通道、32 通道、8 通道、2 通道等多类宏基站产品。但由于 5G 高频段工作的原因，宏基站所能覆盖的信号范围有限，且对室内穿透效果减弱，还需要大量的小基站协同宏基站进行连续覆盖和室内覆盖。

2020 年，5G 的建设需要更多的站址资源来支撑，基于此，具有 "一杆多用" 的 5G 综合杆站（微站）价值开始慢慢凸显。而小基站根据覆盖范围的大小分为微基站、皮基站和飞基站。因为越来越多的流量发生在室内，再加上运营商希望节省室内建网成本，促使室内小基站多样化发展。

二、5G 基站发展趋势

在 2020 年基站发展中，5G 新基站呈现小型化与开放性两大趋势。一方面，在小型化方面，5G 小基站成为运营商建设 5G 网络的重要手段；另一方面，面对 5G 建设的高昂成本压力，一些运营商希望引入 Open RAN 开放基站，吸引 IT、互联网企业参与，开创产业开放竞争格局，实现自动化运维，降低成本。

（一）5G 小基站

从 5G 应用场景来看，80% 以上的业务将发生在室内，面对室内覆盖难题，以及 5G 高频段部署等诸多新特点带来的新挑战，室内数字化是室内覆盖面向 5G 演进的有效途径，小基站产品成为 5G 时代的标配。

5G 时代小基站的应用场景包括覆盖和容量。在覆盖方面，按照上行边缘 3Mbit/s，3.5G 上行比 1.8G 相差至少 9dB，室内覆盖是大问题，小基站是出路之一；在容量方面，将宏站分裂成小站是最有效的频率重用扩容方式，1 带 2 到 10 个小基站，可扩容 2～10 倍。

市场研究机构 ABI research 预测，2021 年，全球室内小基站规模将达 18 亿美元；市场研究机构 Dell'Oro Group 预测，未来 5 年全球小基站市场规模将达 250 亿美元。

从运营商基站建设规律来看，运营商在部署基站时，往往具有"先宏站后小站，先室外后室内"的趋势。目前，三大运营商对 5G 小基站进行了一定的研究和部署。

1. 中国移动 5G 小基站发展思路

对于室内部署小基站、解决深度覆盖的难题，中国移动考虑以有源分布式基站、无源分布式系统等不同方案来解决。中国移动认为，有源分布式基站容量较大，易于监控，但是建设成本相对较高，而无源分布式基站场景建设成本较低，但它的容量相对也较低。所以，中国移动对于高容量场景和低容量场景可以考虑有源分布式方案，对于低容量场景可以考虑无源室分方案。

中国移动还采用融合方案面向一些新技术发展，例如，将蓝牙定位技术、物联网技术和室分通信网络进行深度结合，除了满足室分网络覆盖的基础需求之外，还能提供更多的新功能，例如，精准定位功能。

2. 中国电信 5G 小基站发展思路

中国电信研究院 5G 研发中心负责人在 2020 年中国国际信息通信展"5G 小基站面向行业应用与生态研讨会"上表示，虽然国内 5G 网络建设以宏基站为主，小基站比重不大，但对小基站的需求一直都非常明确。中国电信现阶段主要关注低成本小基站和增强型小基站这两类扩展型小基站的需求。

2020 年 9 月，中国电信在 ODCC 牵头完成了一项标准，这项标准与目前的小基站行业非常相关，聚焦于 OTII 1U 单路服务器，主要面向低成本 DU 或者一体化 DU 的小基站形态。

3. 中国联通 5G 小基站发展思路

中国联通研究院无线研究中心负责人在 2020 年中国国际信息通信展"5G 小基站面向行业应用与生态研讨会"上表示，从宏覆盖的角度来讲，2020 年 5G 建设基本上已经满足了全国所有城市覆盖的需求。

2021 年，更大范围的室内建设会逐步投入，这给 5G 小基站带来了新的机遇。中国联通表示，目前正在重点发展"社会化基站"产品，并且已经完成了面向商用的第一阶段测试。

2020 年 7 月，中国联通开启社会化扩展型微站及 5GC 解耦的测试；10 月，中国联通完成 4 款产品常态化招募测试；11 月，启动厂商与中国联通统一网管对接。

（二）Open RAN 5G 基站

Open RAN 是一个开放式的无线接入网架构，其硬件、软件、RU、DU 等组件来自不同厂商，实现开放式、模块式组网，打破了传统 BBU 和 AAU 来自同一厂商的生态。

研究公司 Dell'Oro Group 发布的报告表示，Open RAN 的全球销售收入预计在未来 6 年内将以两位数百分比的速度增长，在 2020—2025 年的预测期内，Open RAN 的累计投资（包括硬件、软件和固件，不包括服务）将达到 100 亿美元。市场研究公司 Omdia 发布的报告显示，预计 Open RAN 到 2024 年可能会产生约 32 亿美元的年收入，约占 4G 和 5G 整体市场的 9.4%。

2020 年 2 月，O-RAN 联盟和电信基础设施项目联盟宣布了一项联络协议，以确保在可互操作的开放式 RAN 解决方案的重要共同开发领域保持一致。

2020 年 4 月，ARM 宣布加入 O-RAN 联盟；2020 年 5 月，诺基亚宣布加入 Open RAN 政策联盟。2020 年下半年，O-RAN 联盟发布 20 项 O-RAN 规范；2020 年 10 月举行的年度股东大会上，O-RAN 联盟成员选出了未来两年任期的董事会班底。董事会中新增 3 家运营商：KDDI、乐天移动和沃达丰，成员数量达到 15 名。

2020 年 5 月，由移动生态系统多家企业成立的 Open RAN 政策联盟正式宣布启动，Open RAN 政策联盟作为新成立的行业联盟，旨在向政府决策者推广 Open RAN 技术。Open RAN 政策联盟汇集了来自世界各地正在测试 Open RAN 设备的电信运营商，以及基于开源模块化产品开发移动无线电网络的硬件公司。

在商用部署方面，2020 年 Open RAN 得到初步部署。2020 年 3 月 24 日，乐天移动和 NEC 宣布由两家公司共同开发的 Open RAN 5G RU 设备开始生产，并已交付设备。此外，德国电信在柏林也有特别针对开放架构解决方案做认证与兼容解决方案。美国 Dish 也宣布要采用开放架构 5G 网络。AT&T、Verizon 针对开放架构也都有相关布局。

2020年10月，高通宣布将出售用于宏蜂窝基站的芯片。分析人士认为，高通的举动可能会进一步加快 Open RAN 的发展趋势。

三、我国运营商 5G SA 基站趋势

2020年，我国三大运营商在建设 5G SA 基站方面也非常积极，甚至开始部署仅支持 SA 而不支持 NSA 的 5G 基站。

5G SA 从架构、技术、服务多维度创新，能够更好地满足垂直行业多样化场景需求：独立组网架构引入服务化、软件化、智能化理念，可以即插即用，保障用户体验；网络切片、边缘计算、上行增强等新技术为网络带来强大的行业支撑能力；同时带来定制化、开放化和专业化的服务能力，为形成新的商业共赢模式奠定基础。

（一）中国移动

2020年，中国移动通过加强 4G/5G 协同和加速向 5G SA 演进，有效满足 ToC、ToB 市场需求；坚持云网一体发展，打造移动云、网络云、IT 云等战略基础设施。在中国移动 2020 年全球合作伙伴大会上，中国移动表示，已建成全球最大规模 5G 独立组网网络，可为全国所有地市以上和部分重点县城提供 5G SA 服务。2020年11月，中国移动香港公司宣布，正式实现商用 5G SA 组网。

（二）中国电信与中国联通

2020年2月，中国电信宣布在业界率先完成了 5G SA 核心网商用设备整体系统性能验证，同时 5G 端到端系统功能验证及异厂商互通测试也基本完成。

中国联通与中国电信在合作之初就以 SA 为 5G 的发展方向和目标架构。2020年11月，中国电信在天翼智能生态博览会上宣布，全球最大规模的 5G SA 网络投入商用，同时发布 5G SA 定制网。2020年，中国联通已率先牵引网络和终端在多省开通 SA，全力支持 ToB 市场发展，成为全球首批实现 SA 商用的运营商之一。

四、电信设备商 5G 基站技术趋势

2020年，设备厂商相继推出 5G 基站新技术，为运营商 5G 基站建设提供新支撑。华为、中兴通讯、爱立信、诺基亚等都推出相应的新技术和新产品。

（一）华为

2020年3月，华为推出 5G 极简站点解决方案，通过创新的基带、射频、天面、能源、安装件及场景化杆站，实现了设备极简、天面极简、能源极简、部署极简，以最小化站点改造的方式，实现 5G 低成本快速部署。

2020年11月，华为发布了支撑"1+N"的 5G 全系列解决方案，帮助各家运营商根据自身拥有的频谱情况灵活提升 5G 覆盖；推出了 Blade AAU Pro 产品，有源部分从支持 32T32R 升级到支持 64T64R，无源部分从 4H2L 升级到 6H2L，可支持 Sub 3GHz 全频段；推出的 EasyMacro 3.0，首次实现 FDD 4T4R 和 TDD 8T8R 合一，同时可支持上／下行解耦极简部署；BookRRU 3.0 实现了 TDD 和 FDD 双频 4T4R，可支撑运营商实现 5G 快速补盲吸热；通过 Massive MIMO 技术与室内分布系统 LampSite EE 融合，推出的室内分布式 Massive MIMO，可将容量提升至原来的 4 倍。

（二）中兴通讯

2020年，在绿色节能领域，中兴通讯首推 PowerPilot 解决方案，全方位、多手段实现 5G 节能降耗。该方案在传统载波／通道／符号关断和深度休眠等基础节能技术上，进一步通过引入 AI 算法，可从时间、空间和频间多个维度综合评估，按小区预测话务需求，为每一个站点生成精准的节能策略。

在覆盖增强领域，中兴通讯提出了 eDAS 方案，可在利旧 DAS 系统的基础上，将一个或多个 RRU 的不同通道进行联合接收和发送，使传统室分系统具备多天线收发的能力，实现传统室分支持 5G 多流，从而实现了现网室分系统向 5G 的平滑升级。

中兴通讯还提供了业界独有的 NodeEngine 基站引擎方案，仅需在 5G 基站的 BBU 插入一块单板，即可将算力下沉到网络的边缘，并实现流量在企业本地分流和卸载。

（三）爱立信

2020年4月，爱立信协助沃达丰在德国实现全球首个 700MHz 5G 网络，年内部署 8000 个 700MHz

基站；2020 年 9 月，协助丹麦 TDC 实现丹麦 5G 商用网首发，3000 个 700MHz 基站快速实现全国覆盖，抢占市场先机。

（四）诺基亚

2020 年 4 月，诺基亚推出了一系列新的 AirScale 产品，如紧凑的双频和三频远程无线射频头，可满足蜂窝站点部署的需求。其还推出了几种新型高性能大规模 MIMO 自适应天线，以提供 5G 覆盖范围和高容量。2020 年 6 月，诺基亚发布基于 vRAN 2.0 的 5G AirScale Cloud RAN 解决方案，新的 5G vRAN 功能将与 O-RAN 接口规范兼容。2020 年 8 月，诺基亚率先成功展示毫米波 4Gbit/s 峰值性能。

（五）中国信科（大唐移动）

在无线产品领域，2020 年中国信科继续提供全系列、全场景的 5G 基础设施及配套解决方案，覆盖 700MHz、2.1GHz、2.6GHz、3.5GHz、4.9GHz 以 及毫米波等主流频段，包括宏站、微站、数字化室分等业界全部 5G 无线产品；同时，针对 5G 室内分布系统，中国信科提供的数字室分产品支持单频、双频、三频系列产品，满足新建、存量室分的建设需求；针对热点和盲点覆盖场景，灯杆站和 Pad RRU 产品形成全方位、立体组网的覆盖解决方案。

五、结束语

从 2020 年 5G 宏基站市场看，华为、中兴通讯获得大部分份额，也支撑各自成为 2020 年全球领先的 5G 基站供应商。由于门槛相对较低，2020 年中国小基站领域竞争十分激烈，除了华为、中兴通讯、爱立信、诺基亚、中国信科等传统设备企业，紫光股份、京信通信、硕贝德、日海智能、宜通世纪、超讯通信等企业，也加入 5G 小基站的市场竞争中，预计未来更加激烈。

从技术角度看，未来 5G 网络规模将持续扩大，从 2020 年室外为主，走向乡村、室内、高铁、地铁等多种场景。所以，5G 基站将继续向绿色化、轻量化、智能化发展，未来会有更多形态和技术参数的产品，满足不同地区运营商的建网需求。

（黄海峰）

工业互联网与
数字经济篇

工业互联网标识解析体系十大发展趋势

工业互联网作为新一代信息技术与制造业深度融合的产物，是新工业革命的关键支撑和"两个强国"建设的重要基石，其中标识解析是工业互联网网络体系中的重要组成部分，是工业互联网的中枢神经系统。近几年，我国加强工业互联网标识解析体系建设，制订整体架构，明确发展目标和路线图，构建标识解析服务体系，支持各级标识解析节点和公共递归解析节点建设，开展面向制造业的标识应用，利用标识实现全球供应链系统和企业生产系统间精准对接，以及跨企业、跨地区、跨行业的产品全生命周期管理，促进信息资源集成共享。

我国工业互联网标识解析体系发展迅猛，基础设施建设初见规模，产业应用成效逐步显现，应用生态体系持续壮大。截至 2021 年 4 月 25 日，我国已推动建设北京、上海、广州、武汉、重庆五大国家顶级节点，125 个二级节点，面向船舶、机械、汽车等 41 个行业的 13000 多家企业提供标识解析服务，打造了规模化定制、设备生命周期管理等十大应用模式，标识注册超 170 亿个。

目前，随着工业互联网标识解析体系发展的脱虚向实，在基础设施建设方面，随着服务用户数量的增加，网络基础设施发挥的作用价值呈指数级增大；在产业应用方面，标识应用模式不断丰富，深层次标识应用将占据较大比例；在生态培育方面，生态规模持续壮大，管理机制日渐完善，为标识解析的健康有序发展提供了重要制度保障。整体来看，工业互联网标识解析体系发展呈现以下十大趋势。

趋势一：多种标识体系长期共存，解析服务成为核心关键内容

工业互联网标识解析体系中包括大量域名、Handle、OID、GS1 和 VAA 等异构标识编码，这些编码用于识别物理对象或虚拟对象。除此之外，体系中还包括内容标识、空间标识，以及通信网络中的电路标识和互联网中的 IP 地址等，这些标识最终都将通过统一管理、异构兼容、安全可控的标识解析节点服务网络建立互联互通。对于标识解析体系来说，标识具有个性化特征，在不同行业、不同场景、不同业务下，都应按照需求设计合理的唯一标识编码。而解析是具有共性的，主要提供将标识映射到标识、标识映射到地址、标识映射到数据的公共性、综合性服务。所以在未来较长的一段时间内，多种标识体系仍将长期共存，但解析服务的网络才是整体工业互联网标识解析体系发展的核心。

趋势二：主动标识载体比例增加，网络化标识应用潜力更大

标识根据识别对象的不同可分为两类：一类是识别虚拟资源，另一类是识别物理资源。对于算法、工序等虚拟资源，我们可将标识编码嵌入数据对象的内部，此时不需要考虑标识载体的问题。对于物理资源，如控制器以及具有较强计算能力的设备，其自身就是一种标识的载体，可以直接内嵌编码。但对于物料、产品等对象来说，其自身并没有承载标识编码的能力，需借助外在的标签作为标识载体。根据通信能力，标识载体可划分为两类：一类是条形码、二维码、射频电子标签等被动标识载体，它们是现阶段应用的主流选择；另一类是 UICC、通信模组以及智能芯片等主动标识载体。主动标识载体自身具备网络通信能力，无须借助其他标识数据读写设备即可主动与标识解析体系建立连接和交互，使解析服务成为刚需。因此，主动标识载体的应用

比例的逐步增加将使网络化标识解析应用潜力进一步扩大。

带来质变。

趋势三：区块链驱动新技术架构，链网协同发展促进分布式可信

从解析体系自身的技术架构看，过去 25 年，标识解析体系的主要创新方式是围绕 DNS 树状结构下的集中管理模式的改造，如 OID 体系、GS1 体系均是试图在域名空间树上构建新的空间，但局部空间的改造仍然会受到整体树状结构的制约。另外，也出现了一些对本地标识体系的局部设计改造，试图通过打补丁的形式对体系架构进行改进，但这种试图局部分解权利的方式，并不能从根本上撼动整个管理机制。如 Handle、UID 等标识体系，试图构建新的寻址空间，但是在新空间中的探索并不能完全解决旧空间中的一些问题。过去的 5 年时间里，出现了很多新的扁平化技术架构，这些架构通过分布式的管理架构实现新突破，如分布式哈希网络，但它过于理想化，缺少整体性的考虑。区块链技术的发展为解析体系带来了新的机遇，一方面，"链"为"网"带来安全。区块链的分布式信任传递和管理的机制，有助于破局多元化管理机制长期的难题。另一方面，"网"又为"链"带来新的场景。工业互联网标识作为新型资源空间，更加适合发挥区块链技术的优势。

趋势四：通用数据操作协议出现，标识撬动工业互联网应用创新

互联网从诞生到如今的蓬勃发展，有 3 项技术协议发挥了关键支撑作用，包括 TCP/IP 协议栈、DNS 和 Http。其中，Http 这种面向主机服务的"杀手级"应用，为互联网赋予了巨大的应用创新价值。在工业互联网中，数据是核心。用户通过标识解析体系，借助工业互联网平台进一步建立数据交互。目前，标识解析体系已在命名空间、解析系统等方面开展了大量基础工作，但依然缺少更加通用性的数据互操作协议。未来出现的新的通用数据操作协议，可能会为整个工业互联网的应用

趋势五：基础资源服务形态丰富，标识服务中间件应运而生

从基础资源服务形态看，过去域名、地址等基础资源的服务往往看不见、摸不着，而现在包括标识在内的基础资源服务形态发生了很大改变。例如，标识编码作为重要的服务入口，在电商购物和共享经济中已经发挥了关键入口作用。标识编码的输入形式也不仅是字符串，还可以是关键字、语音、图片，甚至是意图。其通过解析获取的数据来源也更加复杂，可能是异构、异主、异地的数据，甚至是需要进一步搜索的服务。未来，工业互联网标识解析也会更关注隐私和安全保障，以支撑基础资源的新型治理手段。同时，硬件方面也将出现改变：过去，域名体系中已经出现了专有的权威域名解析服务器；而在工业互联网标识解析体系发展中，也将出现面向标识解析服务的相关专用设备和各信息系统间交互的中间件，大幅降低标识解析服务门槛，有效提升标识解析应用集成度。

趋势六：节点与平台融合化生存，共筑工业互联网新型基础设施

我国工业互联网标识解析体系架构符合工业互联网整体架构，采用了分层、分级模式，包含了根节点、国家顶级节点、二级节点、企业节点以及递归节点。未来，标识解析体系和网络、平台、安全将形成融合发展的态势，共同推动工业互联网基础设施的建设和部署。工业互联网标识解析节点与工业互联网平台并不矛盾，标识解析节点将成为工业互联网平台实现工业资源优化配置和工业数据流通共享的重要使能工具，未来，节点与平台的融合共生是必然发展态势。

趋势七：服务节点支持云化部署，标识产业生态体系逐步活跃

标识解析服务节点的部署模式将不仅仅是物理

服务器的架构模式，同时将支持云化部署，全面提升解析服务稳定性和规模化效应。标识产业生态也正在逐步形成，围绕标识软硬件研发、二级节点建设、安全防护、公共应用支撑、国际合作、测试验证等各方角色正在日趋完善，产、学、研、用各方力量积极配合，加速构建产业生态。

趋势八：没有孤立的标识解析应用，融合才能真正发挥价值

工业互联网标识应用目前围绕 3 个层级来进行发展，分别是产业 / 资源层、流程 / 过程层、产品 / 设备层，产品及设备管理是企业数字化运营的前提和基础，是工业互联网标识应用的切入点，流程和运营管理是企业实现降本增效的有效手段，是工业互联网标识应用持续发展的发力点。产业资源协同是产业转型升级的关键，应用程度普遍不高，是工业互联网标识应用引领产业协同创新的突破口，也是核心价值的体现。未来，在复杂的工业互联网应用中，仅提供标识数据查询并不能构成独立的应用。多元异构数据融合是复杂业务流程支撑下的前奏，我们将会看到更多融合性的应用模式。

趋势九：标识解析不仅支持追溯，标识应用模式将逐步深入扩展

标识解析的应用将不仅仅用于追溯环节，在过去两年多的时间里，当工业互联网标识解析注册量超过了 100 亿之后，标识解析应用模式仅就企业端而言，已经形成了十大类应用模式，在超过 40 个行业中开展了标识应用的扩展。未来，标识应用模式将在企业应用和公共应用中逐步深入扩展。

趋势十：标识发展策略持续升温，相关文件出台为发展提供制度保障

工业和信息化部出台的《工业互联网标识管理办法》明确了工业互联网标识产业实践中的基本共识，规范了基础设施建设需遵循的基本条件，提出了标识解析参与主体的核心责任、技术能力、安全保障等要求，规划了工业互联网标识发展的整体方向，为各参与方提供了更清晰和稳定的发展预期，为工业互联网标识解析产业生态的健康有序发展提供了重要的制度保障。

结束语

近期，《国民经济和社会发展第十四个五年规划和 2035 年远景目标纲要》中将"打造自主可控的标识解析体系"作为数字经济重点产业的重要工作之一。在新一轮的科技革命和产业变革中，建立自主可控的工业互联网标识解析体系将极大提升我国在工业互联网产业竞争中的话语权，对建设"两个强国"具有极其重要的意义。

我国工业互联网标识解析体系已积累了一定规模的产业实践，实现了从"0"到"1"的突破，无论是在建设路径先进性还是在部署范围广度上，都处于国际领先位置。同时，我国是全球唯一拥有联合国认证全部工业门类的国家，具有良好的工业体系基础，在此基础上率先探索构建一个面向全球范围广泛覆盖、互联互通、安全可靠的标识服务系统，蕴含着巨大机会的同时也面临诸多挑战。未来，随着产、学、研、用各方力量的积极推进，标识解析技术将日趋成熟，产业生态将逐步完善，势必形成规模化效应，有效支撑产业数字化转型和经济高质量发展。

（中国信息通信研究院　池　程）

工业互联网安全产业发展的现状与未来趋势分析

近年来，我国强化工业互联网安全体系布局，以产业联盟为依托积极推进安全实践，运用新技术提升工业互联网安全的保障能力，加速建设工业互联网安全的技术手段，企业工业互联网安全相关产品线日益完备，工业互联网安全解决方案不断涌现，工业互联网安全人才培育加快步伐，全面夯实安全产业基础支撑，工业互联网安全产业呈现出前所未有的繁荣局面。但我们应清楚地看到，现阶段我国工业互联网安全实践虽已取得一定的进展，但仍存在一系列的问题，企业安全防护意识普遍不高，市场驱动较乏力，存在一定的安全隐患，现有安全技术能力难以抵御强劲的网络攻击，安全实践型和复合型人才仍大量短缺。为更好地推动工业互联网安全产业发展，国家应重点从提升工业互联网安全意识、进一步强化工业互联网安全市场引导、加快工业互联网安全核心技术创新突破、持续强化工业互联网安全技术监测体系建设、加强工业互联网安全人才培养等方面发力。基于我国工业互联网安全产业发展现状，本文对未来我国工业互联网安全产业发展做出趋势判断，安全厂商将更加关注 IT 和 OT（Operation Technology，运营技术）安全的融合发展，防护理念将从被动防护转向主动防御，融合新技术的安全解决方案将不断涌现，工业互联网安全培训选拔将持续加强。

一、我国工业互联网安全产业发展现状

当前，我国工业互联网相关企业正加速推进安全实践，工业互联网安全产品日益完备，安全解决方案不断涌现，安全人才培育加快步伐，工业互联网安全实践正有序推进，具体表现为如下几方面。

（一）以产业联盟为依托积极推进安全实践

我国工业互联网产业联盟（Alliance of Industrial Internet，AII）专门设有安全组，调动产学研用多方力量，积极开展安全研究、宣传推广、国际合作等方面工作，发布了《工业互联网安全框架白皮书》《中国工业互联网典型安全解决方案案例汇编》《2020 年上半年工业互联网安全态势综述》等一系列安全产业报告，通过组织开展工业互联网安全宣传培训，强化企业安全意识，并开展安全论坛、安全沙龙等活动，与企业共商安全解决之道。此外，与美国工业互联网联盟（Industrial Internet Consortium，IIC）、德国工业 4.0 拓展了工业互联网安全相关领域的合作，与 IIC 签署了战略合作协议，与德国工业 4.0 成立中德工业互联网专家组，与 IIC 就安全架构、安全评估等方面达成共识，与德国工业 4.0 共同主办了工业网络安全相关研讨会。

（二）运用新技术提升工业互联网安全保障能力

网络新技术助力工业互联网安全融合创新，人工智能、区块链、边缘计算、5G 等新技术的出现，对网络安全领域包括工业互联网安全都产生了积极的影响。基于人工智能的恶意代码检测、异常流量检测、软件漏洞挖掘、异常行为分析、敏感数据保护等产品，有效地提升了工业互联网安全防御的精度和效率。区块链的数据难以被篡改，且全流程可追溯的技术特性，为工业互联网中涉及多家生产单位的数据的真实性提供了技术上的解决思路。基于边缘计算的隔离技术可提高应用程序的抗干扰性，且对边缘端进行优化，增加边缘计算系统的可用性和可靠性。新型安全技术在工业互联网领域开展探索应用，如拟态防御技术，目前，基于网络空间拟态防御理论开发的工业控制处理机、文件储存系统等已在国内开展试点应用。之江实验室工业互联网

研究中心在邬江兴院士的指导下也在推进工业互联网拟态防御技术体系研究以及拟态工业云平台建设等工作；又如神州信息公司将量子通信技术运用于工业互联网领域，对生产管理系统进行了加密防护，解决跨厂区、跨园区、跨地域工控系统的安全问题，杜绝非法监听和非法入侵。

（三）工业互联网安全技术手段正加速建设

工业和信息化部正加速建设国家、省、企业三级协同联动的工业互联网安全技术监测体系，国家工业互联网安全技术监测服务平台覆盖机械制造、电子信息、汽车、钢铁等14个重要工业领域。基本建立威胁监测、通报处置等闭环工作机制。中国信息通信研究院牵头建设的国家工业互联网安全态势感知与风险预警平台已正式启动，具有安全监测、风险预警、资源汇聚3大功能，具备了网络侧安全态势分析能力。国家平台已与广东省、山东省、江苏省等21个省级平台对接，覆盖企业9.1万家，监测工业互联网相关平台135个，发现联网设备约800万台，支持261种协议。新型冠状病毒肺炎疫情期间，国家平台累计发现研判工业互联网安全威胁537批次，处置网络安全风险191起。

（四）企业工业互联网安全相关产品线日益完备

以中国网安、启明星辰、奇虎360为代表，不断推出新型的工业互联网安全相关产品。中国网安的工业防火墙支持Modbus/TCP、PROFINET等10余种工控协议，可有效抑制病毒在工控网安全域间的传播和扩散。启明星辰通过对工控系统重要区域内节点间的通信流量检测，发现工控系统中存在的异常行为和潜在威胁。奇虎360工业互联网安全大脑系统通过感知、决策、响应3种手段形成整套智能安全系统，及时阻断非法攻击行为。

（五）工业互联网安全解决方案不断涌现

现阶段的工业互联网安全解决方案主要以企业内外网安全监测为基础、以协同联动和信息共享为驱动、以安全运营为中心、以业务服务为目标，主要包含互联网侧和企业侧两大类。互联网侧解决方案重点服务工业监管单位，可支撑监管部门和企业集团总部加强日常的监督管理，及时发现、快速响应和高效处置突发安全事件。企业侧解决方案重点服务智能制造等工业企业，可提升工业企业网络的安全监测运营能力，缩短响应时间，同时还可以将数据上报到公网侧监测平台，进一步完善工业互联网安全保障体系。

（六）工业互联网安全人才培育加快步伐

在工业互联网安全人才培育方面，一方面加速选拔工业互联网安全人才，工业和信息化部2018—2020年连续3年举办了"护网杯"工业互联网安全大赛，大赛累计吸引1.5万支队伍、超过4万名选手参与，初步打造了工业互联网安全优秀人才库；另一方面，工业互联网产业联盟开展了"工业互联网安全评估师和工程师能力认定工作"，为电力、航空、核工业等重点行业培育了千余名安全评估人才，为国家输送了近百名工业互联网安全工程师。

二、现阶段我国工业互联网安全产业存在的问题

现阶段，我国工业互联网安全产业发展虽已取得一定成效，但仍面临一系列的问题，比较突出的问题可归纳为以下几点。

（一）企业安全防护意识普遍不高

目前，大部分工业互联网相关企业重发展轻安全，对网络安全风险认识不足，在安全方面投入的成本和人才占比较低。此外，由于工业生产迭代周期长，安全防护部署较为滞后，整体发展水平低，存量设备难以快速进行安全防护升级换代，整体安全防护能力提升时间较长。

（二）市场驱动较乏力存在一定安全隐患

企业安全投入意愿较弱，据统计，我国网络安全投入占信息化整体投入的比重仅为1%～2%，与欧美国家的8%～12%相比存在明显差距，导致安全市场驱动乏力，缺乏体系化、针对性的工业互联网安全产品和方案设计。此外，我国在工业安全领域缺乏行业认可的第三方机构开展安全审查及评估认证，难以保证产品和服务的安全性。

（三）现有安全技术能力难以抵御强劲的网络攻击

工业互联网可能是未来网络战的重点攻击目

标，对安全能力提出了更高要求。我国整体工业互联网安全处于刚开始起步建设，在传统工业领域应对新型攻击的安全能力尚不足，尚未形成国家级、有组织的工业互联网安全事件监测发现、精准预警、快速处置和有效溯源的全网态势感知技术手段。

（四）安全实践型和复合型人才仍大量短缺

为应对未来工业互联网发展带来的复杂问题，行业需要大量基础面宽、一专多能、多专多能的安全人才。当前，实践型和复合型安全人才大量短缺，现有网络安全人才水平还不能更好地满足工业互联网的发展需求。

三、我国工业互联网安全产业推进的相关建议

（一）提升工业互联网安全防护意识

一是国家应加紧制定并完善工业互联网安全相关的法规政策，加强对企业的安全监管力度；二是鼓励行业产业联盟等开展工业互联网安全优秀案例推广，在行业内树立安全防护体系建设标杆；三是督促企业全面落实安全防护主体责任，激励企业在安全防护方面加大投入，并鼓励企业通过开展内部培训等方式，带动员工安全防护意识不断提升。

（二）进一步强化工业互联网安全市场引导

一是国家应支持并鼓励企业加大在工业互联网安全方面的投入，形成具有体系化和针对性的工业互联网安全产品和方案；二是构建工业互联网安全评估认证体系，支持产业联盟、行业协会等第三方机构为工业互联网企业持续开展安全能力评测评估服务，提升产品和服务的安全性。

（三）加快工业互联网安全核心技术创新突破

一是以设立专项科研资金、建立安全重点实验室等方式充分调动高校、科研院所、安全企业积极性，鼓励技术研究与突破创新；二是持续开展工业互联网创新发展工程和试点示范安全项目，加快技术成果的转化，把技术创新成果充分应用到实践中去。

（四）持续强化工业互联网安全技术监测体系建设

一方面不断升级国家级平台，进一步扩大省级平台与国家平台的对接；另一方面推动重点行业、企业级安全监测平台的建设并与国家平台对接，逐步对接电子、航空航天、机械制造等行业级安全监测平台，及时掌握全国范围内安全威胁风险。

（五）加强工业互联网安全人才培养

一是鼓励高等院校、专业机构和安全企业建立联合培养机制，加快培养工业互联网安全复合型人才；二是加强工业互联网安全人才培训选拔，依托产业联盟等，持续开展攻防演练、安全实操培训等，选拔和培育工业互联网安全实践型人才。

四、未来工业互联网安全实践发展趋势

（一）安全厂商将更加关注 IT 和 OT 安全的融合发展

在特殊性能需求方面，IT 网络中常见的影响网络时延或开销的操作在 OT 网络中可能无法适用，提供平衡安全风险和业务影响的方案将成为厂商追求的目标。在网络复杂度方面，IT 网络中的资产管理模式难以适应 OT 网络中混合的生产协议、未知资产、遗留系统和设备。支持更多的工业控制协议的细粒度解析以及正确标识与管理 OT 资产将成为工业互联网安全发展的重要方向。

（二）防护理念将从被动防护转向主动防御

同时，涉及工业互联网平台、数据、设备等多方面的安全技术将迎来新突破。一是态势感知将成为重要技术手段。对工业互联网的安全防护可做到及时发现并妥善处置，这就要求具备完备的态势感知机制。国家平台可借助人工智能、大数据分析以及边缘计算等技术，基于协议深度解析及事件关联分析机制，分析工业互联网当前的运行状态并预判未来安全走势，实现对工业互联网安全的全局掌控，并在出现安全威胁时通过网络中各类设备的协同联动机制及时进行抑制，阻止安全威胁的继续蔓延。二是内生安全防御成为未来防护的大势所趋。在设备层面，我们可通过对设备芯片与操作系统进行安全加固，并对设备配置进行优化的方式实现；在对应用程序的脆弱性分析方面，可通过引入漏洞挖掘技术，对工业互联网应用及控制系统采取静态挖掘、

动态挖掘，或是两者相结合的方式，实现对自身隐患的常态化排查；对于安全保障机制欠缺的各类通信协议，可在新版本协议中加入数据加密、身份验证、访问控制等机制提升其安全性。三是工业互联网安全防护智能化将不断发展。未来对于工业互联网安全防护的思维模式将从传统的事件响应式向持续智能响应式转变，旨在构建全面的预测、基础防护、响应和恢复能力，抵御不断演变的高级威胁。工业互联网安全架构的重心也将从被动防护向持续普遍性的监测响应及自动化、智能化的安全防护转移。四是平台在防护中的地位将日益凸显。平台作为工业互联网的核心，汇聚了各类工业资源，因而在未来的防护中，平台的安全防护将备受重视。平台使用者与提供商之间的安全认证、设备和行为的识别、敏感数据共享等安全技术将成为刚需。五是对大数据的保护将成为防护热点。工业互联网数据体量大、种类多、结构复杂，并在 IT 层和 OT 层、工厂内外双向流动共享。工业大数据的不断发展，对数据分类分级保护、审计和流动追溯、大数据分析价值保护、用户隐私保护等提出了更高的要求。未来，对于数据的分类分级保护以及审计和流动追溯将成为防护热点。此外，还将有更多企业建成安全数据仓库，利用人工智能技术对数据安全态势进行分析，确保工业互联网数据安全。六是信息共享和联动处置机制呼声日高。面对不断变化的网络安全威胁，企业仅仅依靠自身力量远远不够，还需要与政府和其他企业统一认识、密切配合。未来通过建立健全运转灵活、反应灵敏的信息共享与联动处置机制，打造多方联动的防御体系，能够进一步提升工业互联网企业安全风险发现与安全事件处置水平。

（三）融合新技术的安全解决方案将不断涌现

面向工业互联网重点行业新的安全解决方案将不断涌现，新的安全解决方案将充分融合 5G、人工智能、区块链、大数据、数字孪生等新兴技术。将重点关注智能制造、能源石化、水务电力、智慧交通等与国民经济密切相关的行业，不断探索与新兴技术的融合，为工业互联网安全企业部署安全防护措施提供可参考的模式。

（四）工业互联网安全培训选拔将持续加强

以安全需求为导向的人才成大趋势。人是安全的尺度，通过培训提升 OT 人员的安全意识和技能，将是最快最有效的安全风险规避方式。既熟悉网络安全又熟悉工业领域的复合型人才将逐渐涌现；实操型安全人才将大量出现，从理论学习中走出去，实践型工业互联网安全人才成大趋势。

■ 五、结束语

工业互联网安全产业生态近年来不断壮大，总体来看，以产业联盟为依托积极推进安全实践，运用新技术提升工业互联网安全保障能力，加速建设工业互联网安全技术手段，企业工业互联网安全相关产品线日益完备，工业互联网安全解决方案不断涌现，工业互联网安全人才培育加快步伐，工业互联网安全产业呈现出前所未有的繁荣局面。基于我国工业互联网安全产业发展现状，未来，我国安全厂商将更加关注 IT 和 OT 安全的融合发展，防护理念将从被动防护转向主动防御，融合新技术的安全解决方案将不断涌现，工业互联网安全培训选拔将持续加强。

（中国信息通信研究院　刘晓曼）

工业互联网安全框架概述与未来发展趋势

国家高度重视工业互联网发展，安全已成为工业互联网发展的重要前提和保障。工业互联网安全有别于传统的互联网安全，安全防护对象进一步扩大，安全场景更加丰富，连接范围也更广阔，威胁可延伸至物理世界，安全事件危害更严重。本文梳理了国外工业互联网安全相关框架，详细分析了现阶段我国工业互联网安全框架的技术细节，并从框架和技术两个层面研判了工业互联网的安全发展趋势。

一、国外工业互联网安全相关框架分析

美国工业互联网联盟（Industrial Internet Consortium，IIC）和德国工业 4.0 超前布局工业互联网安全研究工作，先后发布了工业互联网安全框架（IISF）和工业 4.0 参考架构（RAMI 4.0），为我国构建工业互联网安全框架提供了借鉴和学习的模式。

（一）美国 IIC 的工业互联网安全框架

2016 年 9 月 9 日，美国 IIC 正式发布 IISF 1.0 版本，IISF 主要从功能视角出发，定义了如图 1 所示的 6 个功能，即端点保护、通信 & 连接保护、安全监测 & 分析、安全配置 & 管理、数据保护及安全模型 & 策略，并将这 6 个功能分为 3 个层次。其中顶层包括端点保护、通信 & 连接保护、安全监测 & 分析以及安全配置

& 管理 4 个功能，为工业互联网中的终端设备及设备之间的通信提供保护，并对这些设备与通信的安全防护机制进行配置，及监测工业互联网运行过程中出现的安全风险。在 4 个功能之下是一个通用的数据保护层，它对这 4 个功能中产生的数据提供保护。最下层是覆盖整个工业互联网的安全模型 & 策略，它将上述 5 个功能紧密结合起来，从而实现端到端的安全防护。

图 1　美国 IIC 的工业互联网安全框架

美国 IIC 基于 IISF，明确定义了包括信息安全、功能安全、可靠性、弹性和隐私安全五大关键特性的工业互联网安全可信体系，如图 2 所示。系统布局端点安全、连接安全和数据安全。

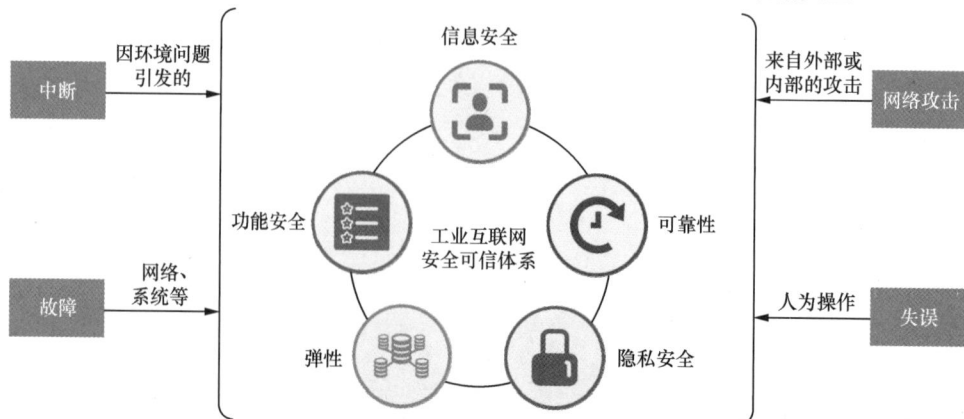

图 2　美国 IIC 的工业互联网安全可信体系

（二）德国工业 4.0 的 RAMI 4.0 中的安全部分

德国工业 4.0 注重安全实施，从多个角度对安全提出要求，但并未形成成熟的安全体系框架。安全作为新的商业模式的推动者，在 RAMI 4.0 中起到了承载和连接所有结构元素的骨架作用。

德国 RAMI4.0 从 CPS 功能视角、全生命周期价值链视角和全层级工业系统构建了如图 3 所示的工业 4.0 参考架构。从物理信息系统功能视角看，安全应用于各层次，因此安全风险必须做整体考虑；从全生命周期价值链视角看，对象的所有者必须考虑全生命周期的安全性；从全层级工业系统视角看，需要对所有资产进行安全风险分析，并对资产所有者提供实时保护措施。

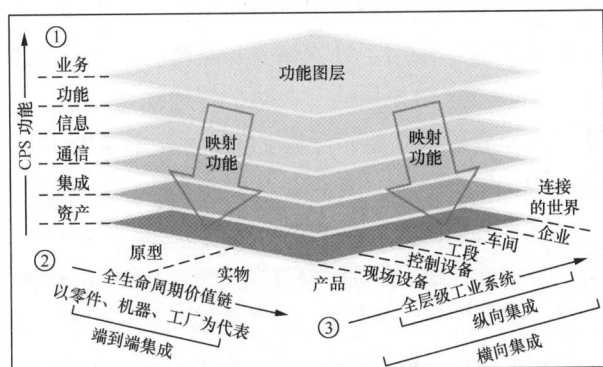

图 3　工业 4.0 参考架构

二、我国工业互联网安全框架分析

我国正加强对工业互联网安全的研究，基于我国工业互联网安全的发展现状，不断探索构建符合我国工业互联网发展需求的安全保障框架，从而更好地指导相关企业部署安全实施，提升安全综合防护能力。

（一）工业互联网体系架构 1.0 中的安全体系

2016 年 8 月，我国工业互联网产业联盟（AII）发布《工业互联网体系架构（版本 1.0）》，提出工业互联网安全体系架构，聚焦设备、控制、网络、应用、数据五大安全重点，如图 4 所示，明确五大安全重点是构建完整工业互联网安全框架的前提。

设备安全指工厂内生产设备、单点智能装备器件与产品，以及成套智能终端等智能设备的安全，具体包括生产设备安全、智能装备与产品安全、智能终端安全。其中，生产设备安全是在生产现场与生产过程直接相关的设备安全，如数控机床安全、工业机器人安全、印染机安全等。智能装备与产品安全是大型的具有感知、分析、推理、决策、控制功能的智能制造装备与产品的安全，如智能化大型机械安全、3D 打印机安全、智能汽车安全等。智能终端安全指采集、处理、传输数据的智能终端设备的安全，如智能传感器安全、智能电表安全、数据采集网关安全等。

控制安全主要从控制软件安全和控制协议安全两方面考虑。控制软件安全是控制系统或智能调节器实现过程控制的各种通用或专用程序的安全，如组态软件（WinCC、STEP 7、组态王）等。控制协议安全是指用于工业控制过程的通信协议安全，如 opc、modbus、s7、DNP3 等协议的安全。

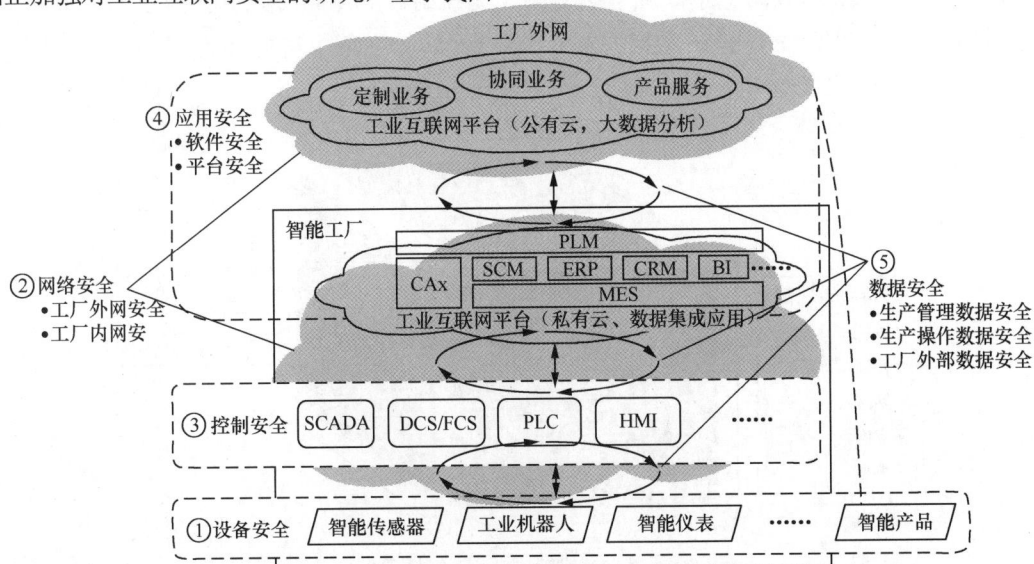

图 4　工业互联网体系架构 1.0 中的安全体系

网络安全包括工厂内网安全、工厂外网安全、标识解析安全等方面。工厂内网安全指用于连接工厂内各种要素，包括人员、机器、材料、环境等网络的安全。工厂外网安全指用于连接智能工厂、分支机构、上下游协作企业、工业互联网平台、智能产品与用户等主体的网络安全。标识解析安全主要涉及标识编码安全、标识采集安全、标识解析安全和信息共享安全四方面。

应用安全包括平台安全、本地应用安全、云化应用安全等。平台安全逐渐成为工业互联网安全关注的焦点，包括支撑工业互联网平台运行的各类虚拟资源的安全（如虚拟机、容器等），以及工业互联网平台核心功能（如工业大数据相关组件、开发工具、微服务组件库等）及其运行支撑环境、资源部署管理等的安全。本地应用安全指运行于企业内部网络的用于生产计划规划、资源管理、研发设计、生产制造等领域的应用的安全。云化应用安全指通过工业互联网平台发布并在云端运行的面向各类工业场景的应用的安全。

数据安全覆盖数据全生命周期各环节的安全，包括数据收集安全、数据传输安全、数据存储安全、数据处理安全、数据销毁安全、数据备份恢复安全。数据收集安全是数据生成或数据收集过程中保证数据的完整性、隐私性、准确性；数据传输安全是确保数据安全保密传输；数据存储安全是数据在存储介质中不被泄露、篡改或毁坏；数据处理安全指使用过程中保证数据安全；数据销毁安全指销毁过程中确保数据不被泄露，并在删除之后无法被还原；数据备份恢复安全是将数据从原存储介质复制到其他存储介质并在恢复处理中保证数据的完整性与保密性，可防止数据丢失。

（二）工业互联网安全框架

2018 年 9 月，我国 AII 正式发布了《工业互联网安全框架》，框架从防护对象、防护措施、防护管理 3 个视角出发，针对不同的防护对象部署相应的安全防护措施，根据实时监测结果发现网络中存在的或即将发生的安全问题并及时做出响应。同时加强防护管理，明确基于安全目标的可持续改进的管理方针，从而保障工业互联网的安全。工业互联网安全框架如图 5 所示。工业互联网安全框架的提出，对于企业开展工业互联网安全防护体系建设，全面提升安全防护能力具有重要的借鉴意义。

由图 5 我们可以看到，在防护对象视角，延续了《工业互联网体系架构（版本 1.0）》中的五大安全防护对象；在防护措施视角，从事前、事中、事后全面部署，采用了处置恢复、监测感知、威胁防护一整套安全防护措施；在防护管理视角，充分考虑了安全管理的重要性，与安全防护技术互为补充，更好地构筑安全防护体系。

工业互联网安全框架的 3 个防护视角之间相对独立，但彼此之间又相互关联。从防护对象视角来看，安全框架中的每个防护对象，都需要采用一系列合理的防护措施，并依据完备的防护管理流程对其进行安全防护；从防护措施视角来看，每一类防护措施都有其适用的防护对象，并在具体防护管理流程的指导下发挥作用；从防护管理视角来看，防护管理流程的实现离不开对防护对象的界定，并需要各类防护措施的有机结合使其能够顺利运转。工业互联网安全框架的 3 个防护视角相辅相成、互为补充，形成一个完整、

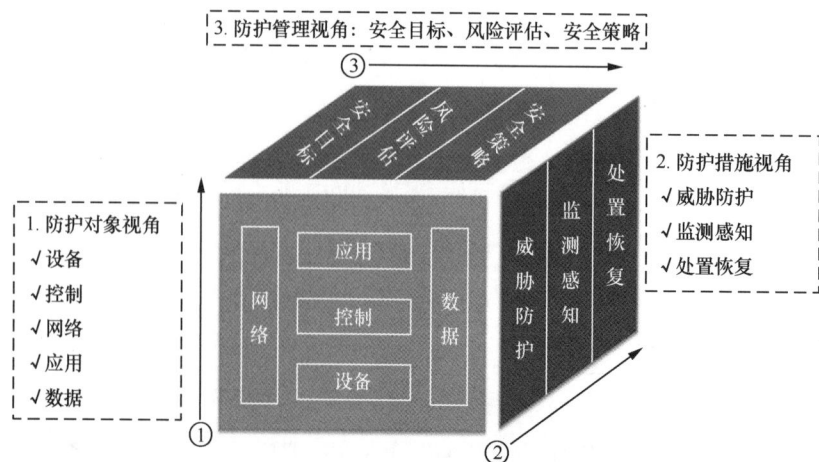

图 5　工业互联网安全框架

动态、持续的防护体系。

（三）工业互联网体系架构 2.0 中的安全功能架构和实施架构

2020 年 4 月，我国工业互联网产业联盟（AII）发布《工业互联网体系架构（版本 2.0）》，在工业互联网体系架构 1.0 的基础上进一步深入开展研究，提出工业互联网安全功能架构和实施架构。工业互联网安全功能框架充分考虑了信息安全、功能安全和物理安全。工业互联网安全所具备的主要特征包括可靠性、保密性、完整性、可用性及隐私和数据保护，具体如图 6 所示。

可靠性指工业互联网业务在一定时间内、一定条件下无故障地执行指定功能的能力或可能性。一是设备硬件可靠性，指工业互联网业务中的工业现场设备、智能设备、智能装备、PC、服务器等在给定的操作环境与条件下，其硬件部分在一段规定的时间内正确执行要求功能的能力。二是软件功能可靠性，指工业互联网业务中的各类软件产品在规定的条件下和时间区间内完成规定功能的能力。三是数据分析结论可靠性，指工业互联网数据分析服务在特定业务场景下、一定时间内能够得出正确的分析结论的能力。数据分析过程中出现的数据缺失、输入错误、度量标准错误、编码不一致、上传不及时等情况，都可能对数据分析结论的可靠性造成影响。四是人身安全可靠性，指对工业互联网业务运行过程中相关参与者的人身安全进行保护的能力。

保密性指工业互联网业务中的信息按给定要求不泄漏给非授权的个人或企业加以利用的特性，即杜绝有用数据或信息泄漏给非授权个人或实体。一是通信保密性，指对要传送的信息内容采取特殊措施，从而隐蔽信息的真实内容，使非法截收者不能理解通信内容的含义。二是信息保密性，指工业互联网业务中的信息不被泄漏给非授权的用户和实体，只能以允许的方式供授权用户使用。

完整性指工业互联网用户、进程或者硬件组件具有能验证所发送的信息的准确性，并且进程或硬件组件不会被以任何方式改变的特性。一是通信完整性，指对要传送的信息采取特殊措施，使得信息接收者能够对发送方所发送信息的准确性进行验证的特性。二是信息完整性，指对工业互联网业务中的信息采取特殊措施，使信息接收者能够对发送方所发送信息的准确性进行验证的特性。三是系统完整性，指对工业互联网平台、控制系统、业务系统（如 ERP、MES）等加以防护，使系统不被篡改。

可用性指在某个考察时间，工业互联网业务能够正常运行的概率或时间占有率期望值，可用性是衡量工业互联网业务在投入使用后实际使用的效能。一是

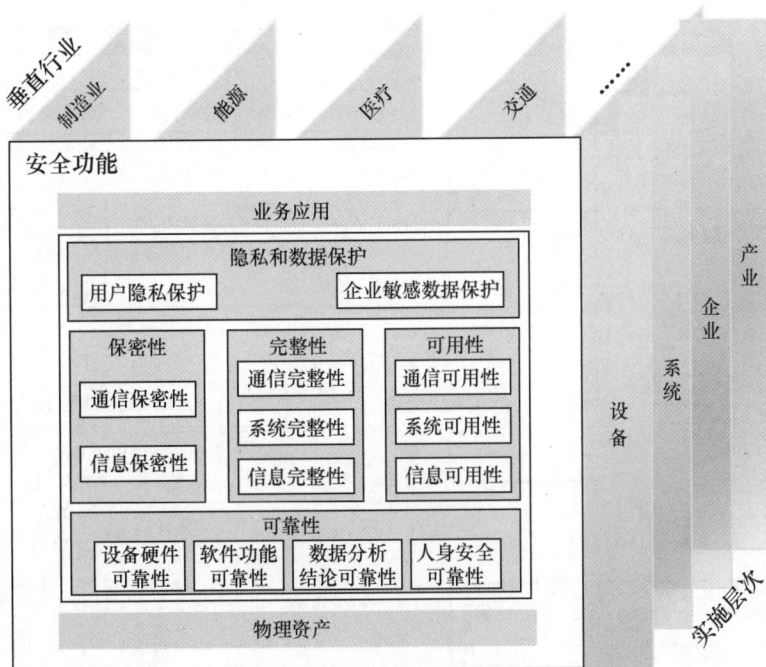

图 6　工业互联网安全功能框架

通信可用性，指在某个考察时间，工业互联网业务中的通信双方能够正常与对方建立信道的概率或时间占有率期望值。二是信息可用性，指在某个考察时间，工业互联网业务使用者能够正常对业务中的信息进行读取、编辑等操作的概率或时间占有率期望值。三是系统可用性，指在某个考察时间，工业互联网平台、控制系统、业务系统（如 ERP、MES）等正常运行的概率或时间占有率期望值。

隐私和数据保护指对于工业互联网用户个人隐私数据或企业拥有的敏感数据等提供保护的能力。一是用户隐私保护，指对与工业互联网业务用户个人相关的隐私信息提供保护的能力。二是企业敏感数据保护，指对参与工业互联网业务运营的企业所保有的敏感数据进行保护的能力。

工业互联网安全实施框架体现了工业互联网安全功能在"设备、边缘、企业、产业"的层层递进，包括边缘安全防护系统、企业安全防护系统和企业安全综合管理平台，以及省/行业级安全平台和国家级安全平台，具体如图 7 所示。

三、工业互联网安全框架的发展趋势

工业互联网安全防护作为未来工业互联网发展的一个重点关注方面，要求工业互联网安全框架和防护

技术在工业互联网快速发展中不断创新与完善。

工业互联网安全框架需紧密结合工业互联网安全管理和技术的发展趋势，针对防护对象，从防护措施和防护管理视角不断加强安全防护，并持续进行丰富和完善，从而更好地提升工业互联网安全防护能力，如图 8 所示。

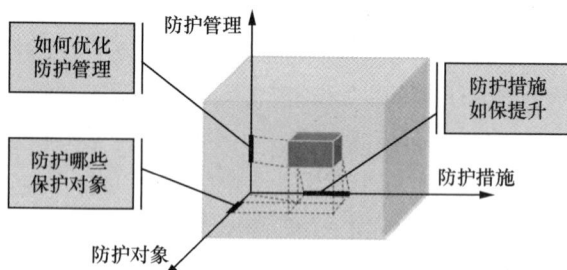

图 8　工业互联网安全框架

具体来说，从防护对象视角来看，工业互联网安全架构需不断完善并细化工业互联网安全防护对象（包括工厂内部网络、工厂外部网络和标识解析系统）。从防护措施视角来看，工业互联网安全框架需紧密结合工业互联网安全技术发展趋势，不断探索与 5G、人工智能、区块链等新技术相结合的新型安全防护技术。从防护管理视角来看，工业互联网相关企业需不断优化工业互联网安全管理策略，形成动态持续的管理模式。

传统安全防御技术、手段已无法应对新的安全威

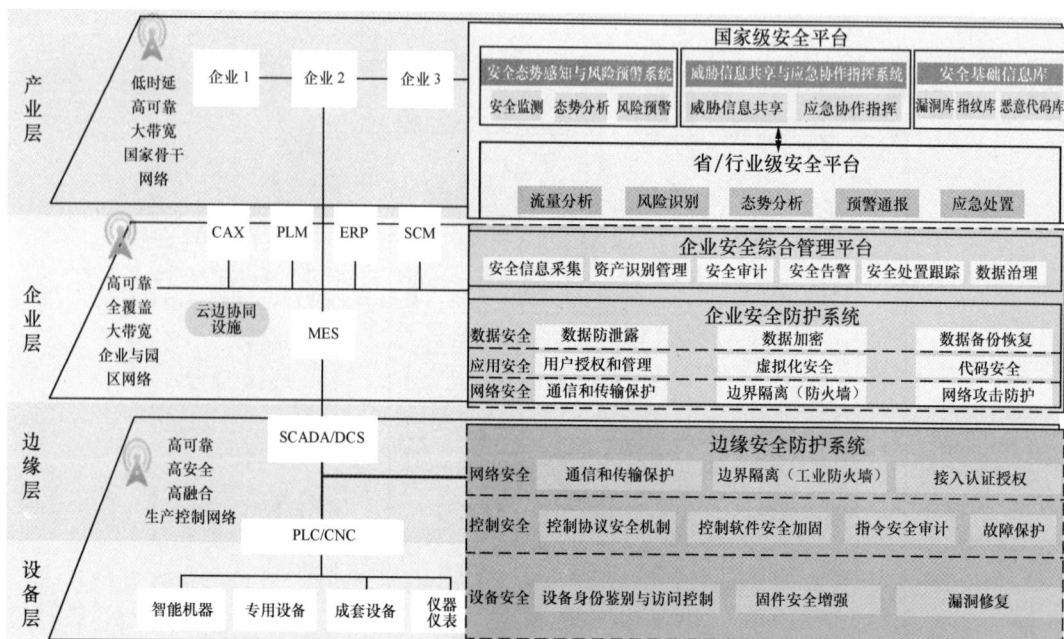

图 7　工业互联网安全实施框架

胁，工业互联网安全防护方式将从被动防护转向主动防御。态势感知将成为保障工业互联网安全的重要技术手段，其基于协议深度解析技术及事件关联分析技术，洞察工业互联网当前运行状态并预判未来安全走势，在发现安全威胁后依托网络中各类设备的联动处置机制进行及时抑制，阻止威胁蔓延。内生防御将成为工业互联网主流安全防护模式，针对设备，可通过对芯片、固件与操作系统进行安全加固、优化配置等方式实现；针对工业软件和工控系统，可通过引入漏洞挖掘技术，实现对隐患的常态化排查，防患于未然；针对欠缺安全保障机制的各类通信协议，则通过嵌入数据加密、身份验证、访问控制、完整性验证等机制提升其安全性，并逐步取代现有协议。同时，涉及工业互联网平台、数据、设备等多方面的安全技术将迎来新突破。基于云访问安全代理、软件定义安全、远程浏览器等技术的安全解决方案将有效提升工业互联网平台的安全可视性、数据保护与威胁应对能力。对数据的分类分级管理以及审计、流动追溯也将成为未来工业互联网安全防护热点。

综上所述，企业未来构建具备可靠性、保密性、完整性、可用性和隐私和数据保护的工业互联网安全功能框架，需要政府和企业、产业界统一认识、密切配合，安全将成为未来保障工业互联网健康有序发展的重要基石和防护中心。通过建立运转灵活、反应灵敏的信息共享与联动处置机制，打造多方联动的防御体系，充分处理好信息安全与物理安全，保障生产管理等环节的可靠性、保密性、完整性、可用性、隐私和数据保护，进而确保工业互联网的健康有序发展。

四、结束语

工业互联网安全是国家安全体系的重要组成部分，在某种程度上，可以说没有安全可控的工业互联网，就没有国家安全。相关人员可借鉴其他国家的新模式新方法，再结合我国的工业互联网发展现状，从我国工业互联网安全发展需求出发，不断探索构建符合我国发展实际的工业互联网安全框架，为产业界提供可参考的理论模型，持续强化工业互联网安全防护部署工作，积极应对工业互联网发展中面临的各种安全挑战，为我国工业互联网的健康有序发展保驾护航。

（中国信息通信研究院　刘晓曼）

中国互联网基础设施安全测量与分析报告

互联网基础设施安全是网络服务正常运转的基础保障和重要前提。在网络空间安全对抗加剧的新形势下，我国互联网基础设施的安全防护状况如何？哪些网络服务的安全防护水平可以代表我国互联网基础设施安全的基本情况？

针对上述问题，我们推出了更能客观反映网络服务在我国颇具影响力的 SecRank 热门域名排名，以进行安全防护水平测量评估。测量工作主要从域名系统（Domain Name System，DNS）安全、HTTPS 部署与公钥证书、内容分发网络（Content Delivery Network，CDN）安全 3 个方面进行。测量结果表明，国内域名系统安全技术发展较快，但最新技术的部署仍低于国际水平；HTTPS 部署与公钥证书的支持率良好，协议版本和安全性有待提高；内容分发网络仍然存在不少安全隐患，特别需要关注新型攻击。

总体而言，我国互联网基础设施具备一定的安全基础，但安全防护水平还有待进一步提高，需要对新的安全攻击和防护技术投入更多的关注。

一、互联网基础设施安全可通过热门网络服务安全状况反映

热门网络服务占据了网络空间绝大多数的流量，其相关基础设施的安全同样对互联网安全有巨大影响。因此，域名排名靠前的热门网络服务安全状况能够在一定程度上反映互联网基础设施的安全。

SecRank 排名是由清华大学和奇安信联合研究中心开发的第一个基于国内流量的域名影响力排名，相较于国际域名 Alexa 排名和 Umbrella 排名，它采用了更准确的数据和更不易被操控的排名算法，可以更客观、准确地反映我国国内域名的影响力。

在数据源方面，SecRank 排名采用了国内广泛使用的 114DNS 数据，覆盖用户量大且包含了 PC 端、移动端、物联网终端等多类型网络服务的流量数据，

能更准确地表现国内的流量走向。

在排名算法方面，SecRank 排名采用了总请求数量、客户端 IP 数量、时间区间跨度等多个维度的特征共同计算，既能全面地体现域名在各时间段的影响力差异，又能抵御域名的排名被恶意操控。最新研究表明，Alexa 排名和 Umbrella 排名均面临着排名被操控的风险。SecRank 排名可以有效减少各类刷榜、操控方式对排名准确性的影响。域名请求数量和客户端 IP 数量对 SecRank 排名的影响如图 1 所示，在排名时间区间内，域名请求总数要达到 10^{12} 量级才能够排在前 4000 名，客户端 IP 数量要达到 10^9 量级才能够排在前 2000 名，且单一维度数据最高也无法让排名进入前 1000 名。

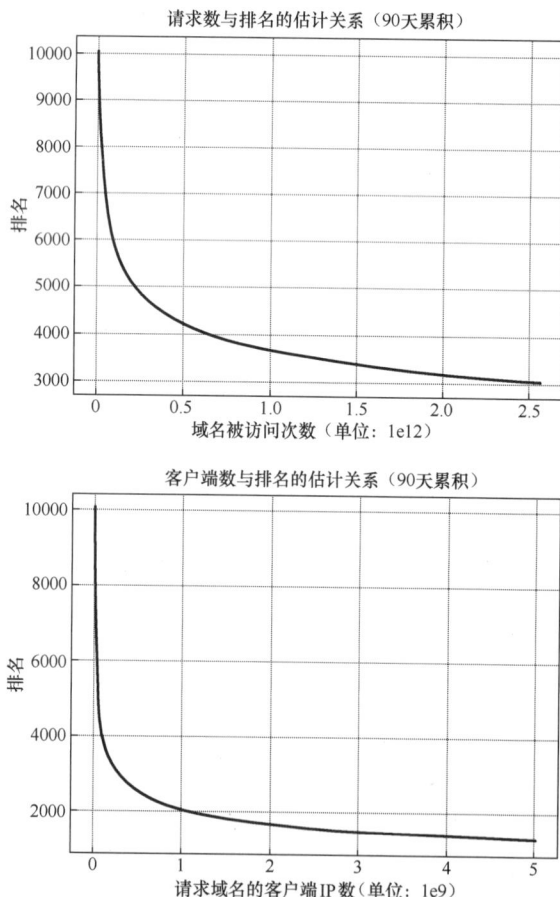

图 1 域名请求数量和客户端 IP 数量对 SecRank 排名的影响情况

二、域名系统安全现状

DNS 提供域名字符串到主机地址的翻译转换服务，确保绝大多数互联网上层应用获取网络服务，这是互联网最重要的基础设施之一，也极易成为攻击者的目标。下面，我们从开放递归解析服务器和域名权威服务器两个角度进行安全测量与分析。

（一）开放递归解析服务器安全状况

开放递归解析服务器可以响应任意请求，易受到分布式拒绝服务攻击和缓存污染攻击，是 DNS 安全生态中较为脆弱的一环。

测量人员对整个 IPv4 地址空间 53 端口进行扫描，共发现 2309498 台递归解析服务器提供开放域名解析服务。这些服务器广泛地分布于 230 个国家 / 地区、23308 个自治系统及 22842 个网络服务提供商。服务器规模最大的 5 个国家分别是中国（40.71%）、美国（11.75%）、韩国（5.19%）、俄罗斯（5.12%）及印度尼西亚（2.54%）。

测量发现，这些开放递归解析服务器抵御缓存污染攻击的能力不足。如图 2 所示，测量服务器中，大部分支持最基本的 TXID 随机化（全球 99.95%，中国 99.99%）和端口随机化（全球 99.33%，中国 99.97%）安全策略。然而，全球只有 26.50% 和 16.74% 的递归解析服务器支持 0x20 编码和 DNS Cookies，中国支持 0x20 编码和 DNS Cookies 的比例为 17.7% 和 12.62%，低于全球支持水平。

此外，开放递归解析服务器对 DNSSEC（Domain Name System Security Extensions，域名系统安全扩展）安全机制的支持情况也并不乐观。目前全球有 38.14% 的服务器支持 DNSSEC，但只有 2.69% 的服务器能对所有的 DNSSEC 错误配置类型进行正确的验证。其中，中国的递归解析服务器支持 DNSSEC 的比例很低，只有 13.88%，能对所有的 DNSSEC 错误配置类型进行正确验证的有 4.04%。常见的 DNSSEC 错误配置情况包括 RRSIG 过期、RRSIG 缺失、RRSIG 错误、DS 缺失、DS 错误等。

（二）域名权威服务器的安全隐患

域名权威服务器往往存在多种安全隐患，包括 NameServer 单点故障、匿名区域传输与区域更新、NSEC 枚举以及子域名接管等。这些安全风险可能会对域名权威服务器的鲁棒性产生负面影响，也可能会引发敏感信息泄露，甚至造成域名、子域名被攻击者控制的后果。

三、HTTPS 部署与公钥证书现状

HTTPS 被广泛应用于网络服务通信，通过 SSL/TLS 协议对应用层数据进行加密来保护通信数据安全。其中，SSL/TLS 协议的加密保护依赖于 KPI（Key Performance Indicator，关键绩效指标）体系的密钥、证书等安全。

（一）主流网络服务 HTTPS 部署情况

基于 SecRank Top 100000 域名进行测量，发现其中 4.6 万个域名为可访问的网络服务，以此进行后续测量工作，如这些主流网络服务是否支持 HTTPS、使用的 SSL/TLS 协议是哪个版本、是否存在相关漏洞。

部署支持的测量结果如图 3 所示，可访问网络服务的 HTTPS 部署率较高，但 70.32% 支持 HTTP 和 HTTPS 协议混合部署。其中，混合部署是在 HTTPS 页面引入 HTTP 链接，这会带来中间人攻击的风险，

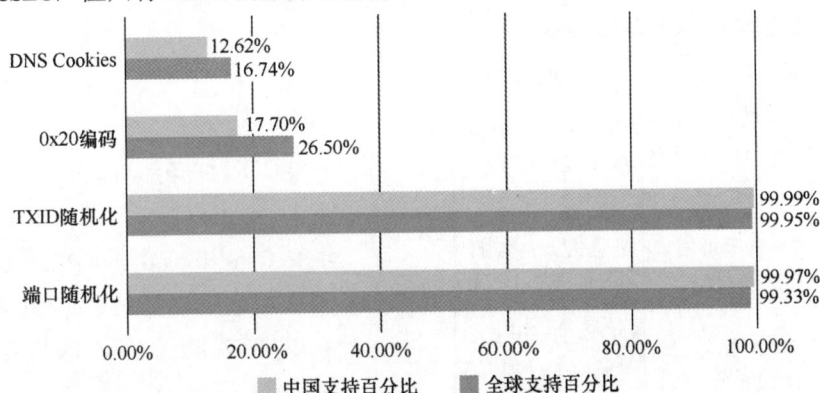

图 2　开放递归解析服务器抵御缓存污染攻击措施部署状况

（图内数据）
- DNS Cookies：12.62%　16.74%
- 0x20 编码：17.70%　26.50%
- TXID 随机化：99.99%　99.95%
- 端口随机化：99.97%　99.33%

横轴：0.00%　20.00%　40.00%　60.00%　80.00%　100.00%

图例：■ 中国支持百分比　■ 全球支持百分比

大大降低 HTTPS 的安全性。

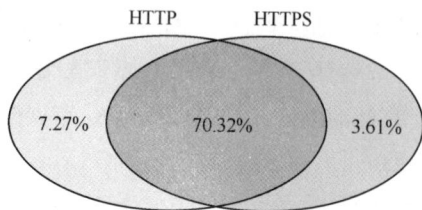

图 3　Top100000 域名中可访问网络服务的
HTTP 和 HTTPS 部署支持分布情况

已 部 署 HTTPS 的 SSL/TLS 协议版本偏低，TLSv1.3 尚未正式部署使用，全部 HTTPS 网络服务均为 TLSv1.2 及之前版本。支持 TLSv1.1 和 TLSv1.2 的网络服务分别占可访问网络服务的 83.93% 和 93.98%，只有约 2.54% 的网络服务仍然支持 TLSv1 及以下的版本。

我们对已披露的 SSL/TLS 漏洞进行协议漏洞安全性评估，发现只有少量网站依旧存在漏洞。其中 Logjam 漏洞（CVE-2015-4000）为 4611 个，POODLE 漏洞为 2774 个，ROBOT 漏洞为 1489 个，OpenSSL CCS 漏洞为 920 个，CRIME 漏洞为 904 个，heartbleed 漏洞为 773 个，BROWN 漏洞为 753 个，Insecure Renegotiation 漏洞为 31 个。

总体而言，国内网络服务对 HTTPS 服务的支持率较为可观，但仍存在一些安全策略、协议支持等方面的部署缺陷。

（二）TLS 证书问题普遍存在

1. TLS 证书自身问题

测量共获得 24119 个服务端证书，我们将从证书有效期、证书链可信性、证书签发机构、证书签名算法、密钥长度及安全扩展的支持情况多个角度对证书自身安全问题进行说明，详见表 1。

表 1　TLS 证书安全属性状况及存在的问题

证书安全性	普遍状况	存在的问题
证书有效期	近 50% 的证书的生存周期为 90 天和 365 天，这有利于定期更新	有 1656（6.9%）个过期证书
证书链可信性	约 64% 的证书链可信	15% 的证书域名不匹配，11% 的 TLS 证书链不完整
证书签发机构	186 个可信 CA 签发了 91.07% 的证书	8.93% 的证书是自签名或非可信 CA 签发

（续表）

证书安全性	普遍状况	存在的问题
证书签名算法	SHA256WithRSA 占 80.96%，ECDSAWithSHA256、ECDSAWithSHA384 约占 15.84%（安全高效）	648 个证书在使用 SHA1WithRSA 和 MD5WithRSA（不安全）
密钥长度	约 79.29% 的证书采用 RSA2048，约 16.59% 的证书采用 ECDSA	0.74% 的证书在使用 RSA 1024 及以下的不安全密钥长度
安全扩展的支持情况	OCSP Stapling 支持率为 22.05%，Certificate Transparency 支持率为 20.85%	

2. TLS 证书共享问题广泛存在

共享证书是指一个证书被多个域名及网站服务器共同使用。最新研究表明，共享证书的域名之间存在的安全依赖关系，会出现安全性"木桶效应"，即任何一台服务器的配置缺陷都有可能影响其他关联网络服务的安全。攻击者可通过共享证书绕过 HTTPS 的相关安全防护，破坏 HTTPS 通信过程的安全性。

测量结果表明，31.72% 的证书存在实际的证书共享情况，即被多个主流网络服务部署和使用；84.76% 的证书存在证书共享的可能，即一张证书可以对多个域名生效的多域名证书。综上所述，共享证书现象在主流网络服务中广泛存在，相关服务商应对共享证书服务建立相同的安全措施或取消证书共享。

四、内容分发网络安全现状

内容分发网络为网络服务提供了用户访问加速、负载分流等功能支撑和 DDoS 防御、WAF 过滤等网络攻击防御措施。大量网络服务部署于 CDN 上，一旦 CDN 出现安全问题，必将对使用 CDN 的网络服务产生直接影响。

（一）CDN 服务部署情况

目前主流的 CDN 部署方式是 DNS CNAME 映射。对 SecRank Top 10^6 域名中的 SLD 域名和 WWW 前缀 TLD 域名进行 DNSCNAME 解析获取 CDN 厂商特征，进一步分析获得 CDN 服务的部署使用情况。

测量结果显示，SecRank Top 10^6 域名中共有 18045

个网络服务部署了 CDN，部署率不高，通常是大型网络应用或服务，主要涉及 14 家主流国外 CDN 厂商和 59 家国内 CDN 厂商。其中，网络服务数量最多的前 5 家 CDN 厂商分别是阿里云（5161 个，29%）、CloudFront（2644 个，15%）、百度云（2046 个，11%）、腾讯云（1620 个，9%）和 Cloudflare（1469，8%）。总而言之，国内 SecRank 网络服务偏好于国内选择部署范围更广的主流 CDN 厂商。

（二）CDN 存在安全隐患，可被多种新型攻击利用

2020 年最新的 HTTP/2 攻击和 Range 攻击研究表明，当 CDN 支持 HTTP/2 协议或 HTTP Range 时，攻击者可以利用 CDN 的代理转发机制实现对网络服务的 DoS 攻击。

1. CDN 存在 HTTP/2 攻击隐患

HTTP/2 协议是一个二进制协议，能极大提高网络访问效率，缓解数据量大带来的传输压力。CDN 将请求转发回源的过程中自动进行 HTTP/2 协议至 HTTP/1.1 协议的转换，可被利用发起基于 CDN 的 HTTP/2 DoS 攻击。

测量发现，73 家国内外 CDN 厂商中有 24 家（32.9%）支持 HTTP/2 协议访问，其中包括 CloudFront、Cloudflare、阿里云、百度云和腾讯云等头部厂商。理论上，部署在这些支持 HTTP/2 访问的 CDN 厂商上的网站均有可能遭受到 HTTP/2 协议转换引发的带宽消耗型 DoS 攻击。

2. CDN 存在 HTTP Range 攻击隐患

HTTP Range 机制允许 HTTP 客户端只请求目标资源的一部分内容，从而提高网络传输效率。HTTP Range DoS 攻击指攻击者针对目标网络服务的一个大资源文件，主动向 CDN 发送具有较小范围的 HTTP 请求（如 "Range:0-0"），当 CDN 以更大范围进行回源请求或 CDN 直接回源请求整个完整资源文件时，将形成对 CDN 后台源站的带宽消耗型 DoS 攻击。

测量发现，73 家国内外 CDN 厂商中有 36 家（49.3%）支持 HTTP Range 请求。目前，我们针对支持个人用户注册使用的 12 个 CDN 厂商部署源站进行测试，其中 10 个 CDN 厂商存在 HTTP Range DoS 攻击的安全风险。

五、互联网基础设施安全总结及展望

随着网络空间的蓬勃发展，互联网基础设施安全对网络空间的影响越来越大。我们以 SecRank Top 10^6 域名数据为主要测绘目标，对域名系统、HTTPS 和公钥证书、内容分发网络等基础设施的安全进行了全面测绘，并对它们当前的主要安全问题进行了分析说明。

在域名系统中，中国开放递归解析服务器抵御缓存污染攻击的基本安全策略部署略高于全球平均水平，但最新 0x20 和 DNS Cookies 安全策略却明显低于全球平均水平。同时，域名权威服务器依旧面临诸多安全配置隐患，需要进行相关安全排查。

主流网络服务的 HTTPS 部署支持率良好，但部署不规范导致的安全问题普遍存在，如 HTTPS 和 HTTP 混合部署、HTTPS 网络服务支持的 SSL/TLS 协议版本偏低或存在漏洞、TLS 证书问题等。HTTPS 和公钥证书的安全支持部署不能局限于支持，更要关注规范部署和新发现的安全风险。

内容分发网络安全存在隐患，需特别关注新型攻击。最新的攻击已经可以绕过 CDN 提供的安全防护，甚至可以利用 CDN 对网络服务发起攻击。建议 CDN 厂商及网络服务提供商对各种新型 DDoS 攻击风险保持关注并及时评估风险，有针对性地采取措施来提升自身的安全防护水平。

本文从安全措施部署状况和当前主要安全隐患的角度阐述了当前互联网基础设施安全现状，分析了当前存在的典型安全问题，为互联网基础设施的安全建设提出了有效建议。

（奇安信技术研究院　郑晓峰）

数字孪生城市——新型智慧城市建设的基础

目前，全世界有超过一半的人口居住于城市之中。随着城市人口逐渐增多，城市不但是人类的生存空间，而且是社会发展的焦点。伴随着全球城市化进程的推进，不断进步的科技手段为城市的经营管理提供了便利，然而局部系统的技术更新却没有在本质上实现高效、优化的城市总体运营效果。

近几年，随着信息技术手段在大数据、人工智能等领域的突破，学者研究发现，在虚拟数字空间还原完整的实体城市已成为可能。运用数字孪生城市的概念，结合统一规划的技术部署以及演进策略，可以为城市智慧化发展提供持续、强劲的推动力，为公民提供更好的社会服务。

一、数字孪生城市与新型智慧城市

（一）数字孪生的概念与数字孪生城市的提出

数字孪生的概念最初是 2002 年在密歇根大学由麦克尔·格里弗斯（Michael Grieves）教授在针对工业界所讲授的有关产品生命周期管理（Product Lifecycle Management，PLM）的培训课程中提出的。麦克尔·格里弗斯教授将这一概念称为"产品生命周期的概念范式"。虽然它只是雏形概念，但是在当时的环境下，这一概念已经涵盖了数字孪生的一切基本要素，包括物理空间、虚拟空间、物理空间到虚拟空间的数据流连接、虚拟空间到物理空间的信息反馈以及各个虚拟子空间这五大要素。在随后十几年的发展过程中，这一概念从最初的"镜像空间模型"扩充为"信息镜像模型"，并作为"数字孪生"的表述，被美国国家航空航天局在 2010 年的技术路标文件中所使用。

数字孪生是指利用收集到的虚拟数字信息完整构建与描述来自物理空间的实体物件，通过"孪生"

对象的建立，使得人们对物理实体的信息获取都可以通过操控虚拟模型来实现，从而减少复杂系统中的不可预期、非期望行为的出现。

我国数字孪生城市的概念源于雄安新区的数字城市规划纲要文件，文件中提到"坚持数字城市与现实城市同步规划、同步建设""打造具有深度学习能力、全球领先的数字城市"，引起了学术界与产业界的热烈讨论和重点关注。数字孪生城市是指在虚拟的数字空间，重现物理实体城市从宏观表象到微观细节的所有内容，以全域闭环的数据治理方式来高效、协同地服务城市治理工作。国际上多个国家与城市，包括新加坡、法国雷恩、加拿大多伦多等都对数字孪生城市进行了实践探索；国内雄安新区、南京等地也在积极地进行数字孪生城市的规划探索与建设尝试。

（二）新型智慧城市的理念与内涵

自 2008 年 IBM 公司第一次提出智慧城市的概念以来，全世界多个国家均尝试了智慧城市相应的建设工作，包括中国、美国、欧洲等国家和地区的诸多城市。其中，中国的智慧城市发展至今已历经了近二十年。目前，国内全部的副省级以上城市和近 90% 的地级市均提出了智慧城市的建设规划。受限于当前时代的技术水平和建设理念，智慧城市的建立依然存在条块分割、信息孤岛、特色不清、成效不足、长效机制缺失的问题。因此，我们需要采用创新手段，统筹规划，以突破智慧城市建设的瓶颈。《中华人民共和国国民经济和社会发展第十三个五年规划纲要》明确提出，以基础设施智能化、公共服务便利化、社会治理精细化为重点，充分运用现代信息技术和大数据，建设一批新型示范型智慧城市的要求。

新型智慧城市与传统智慧城市的不同在于，新型智慧城市的建设不仅仅局域于将城市管理的模式从线下搬到线上实现数字化的过程，而是更多地从统一的顶层规划、统筹布局的角度来考虑，以满足人民和企业的需求作为出发点，利用新一代信息基础设施，包括全域立体化的通信物联网络、集约统筹建设的绿色数据中心等，并结合以人工智能、大数据、物联网、区块链、5G 等为代表的先进技术，实现数据驱动城市规划、建设、管理的新机制，从而实现政府服务职能水平和管理模式的创新，满足人民群众对美好生活的期望，激发整个社会的创新活力。

二、数字孪生城市助力新型智慧城市高质量发展

数字孪生城市凭借其在虚拟城市空间与实体城市空间中的自有特点，将从 4 个层面助力新型智慧城市高质量发展，它们分别是高精度的城市信息模型（City Information Modeling，CIM）、全面布局的物联感知体系、高速可靠的城市智能专网系统、智能优化的城市大脑核心系统。

（一）精准映射——高精度的城市信息模型

数字孪生城市通过宏观与微观结合的方式，在虚拟城市空间精准还原实体城市的全貌。通过使用地理信息系统（Geographic Information System，GIS）、三维地理信息系统（3D Geographic Information System，3D GIS）、卫星遥感以及地面车辆采集等技术手段，实现宏观层面的虚拟城市数字化模型的再现；通过建筑信息模型（Building Information Modeling，BIM）、室内定位、实地测量等手段，实现微观层面的虚拟城市细节模型构建；将宏观模型与微观细节进行无缝、快速的融合，从而还原高精度的城市信息模型，实现城市在虚拟空间的精细、精准表达，为新型智慧城市的建设提供更全面、高精度、三维立体的数字化城市信息基础设施模型。

（二）全域感知——全面布局的物联感知体系

高精度的城市信息模型实现了实体城市在虚拟数字空间的精准映射，在城市信息模型中加载全面布局的物联网感知体系，通过各类公共设施传感器与专业传感器的数据采集，实现虚拟城市空间与实体城市之间的数据交互连接，从而准确、及时地反映城市的实时运行状态。通过构建数字化标识体系，城市中的每个部件在虚拟城市空间中都具有唯一的标识编码，方便城市管理者的查找与定位。利用多种物联网络通信协议的融合，空、天、地感知数据可以无阻碍地汇聚传输，形成全域覆盖的感知体系。

（三）极速泛在——高速、可靠的城市智能专网系统

为了能在虚拟城市空间中及时地反映城市的实时运行状态，传统的基于尽力而为服务（Best Effort Service）的互联网必然无法完全满足数字孪生城市对网络服务质量的要求。因此，只有通过重建或更新网络，建立高速、可靠的极速泛在城市智能专网系统，才能适配多种业务场景。在保证城市网络安全的前提下，综合利用万兆有线网络（10G PON、10G P2P 等）、高速无线网络（LTE，5G-eMBB 等）、泛在物联网络（NB-IoT、eMTC、5G-mMTC、5G-uRLLC 等）以及 IPv6 技术，实现城市海量数据的传输汇聚，提高城市的综合感知手段与能力，保证虚拟城市空间与实体城市空间的同步运行。

（四）科学决策——智能优化的城市大脑核心系统

基于精准化的城市信息模型、全覆盖的物联感知体系、高速可靠的传输网络系统，数字孪生城市的城市大脑将记录海量的来自不同场景的异构数据。通过集约高效的云计算中心、深度学习的人工智能算法，城市大脑将利用大数据分析来预测城市各个系统未来的发展状态，并在虚拟城市空间中进行模拟仿真推演，从而为城市管理、应急救援等业务的智能优化提供科学的决策依据。数字孪生城市的城市大脑是新型智慧城市整体系统的核心模块。不同于以数据分析展示、实时监控为主的传统智慧城市的运营管理指挥中心，数字孪生城市的大脑具备自主学习、智能优化的特点，并且可以通过智能专网系统和全域覆盖的物联感知体系，及时地将大数据分析的适用策略作用于实体城市部件，从而形成全域数据治理的正反馈闭环操作。

三、结束语

数字孪生的概念起源于如何更好地完成工业产品制造，但鉴于其创新的理念，学术界与产业界在

共同探索讨论后，总结出了数字孪生城市理论。数字孪生城市通过在虚拟数字空间中重建整个物理实体城市，从而将虚实空间融合，形成了具有正反馈特性的城市级闭环数据治理体系。数字孪生城市的理念将为我国新型智慧城市的建设提供精准、全面、智能的城市数字模型基础，从而为新型智慧城市的发展提供良好的开端。

（中邮建技术有限公司　林一楠）

中国联通金融分期业务的探索与展望

一、运营商"通信 + 金融"市场空间广阔

中国消费信贷市场规模增长迅速,"十四五"规划和《中共中央关于制定国民经济和社会发展第十四个五年规划和二〇三五年远景目标的建议》提出完善金融支持创新体系,促进新技术产业化、规模化应用,加快数字化发展,推进数字产业化和产业数字化。在持续扩大内需、刺激消费的背景下,消费信贷市场规模持续增长。

面对市场需求,三大电信运营商均成立了专业子公司,从赋能客户的角度出发,打造运营商特色的"通信 + 金融"业务模式,助力用户发展与维系,并逐渐衍生出贷款、理财、征信、融资租赁、保理等细分板块。运营商将在垂直场景持续深耕,发力"通信 + 金融"创新,升级迭代产品能力,满足客户多场景、个性化需求。

二、中国联通打造业界创新的"业务 + 终端 + 金融 +X"合约产品体系

中国联通聚焦高质量规模发展,以金融分期赋能全面 5G 化、业务融合化、全面智联化,构建"业务 + 终端 + 金融 +X"合约产品体系。目前有分期合约与担保合约两种模式。

目前,分期合约有预存话费终端直降、办理套餐终端直降、承诺消费终端直降、办业务包享购机直降等主要模式。客户在中国联通营业厅购买终端,以分期付款方式办理金融合约并承诺在网,中国联通承担后续的还款工作,客户无还款压力。分期合约模式下,中国联通有效打造了多方共赢模式。对客户来说,降低了购机门槛,且无后续的还款压力;对渠道来说,低门槛促进了终端与联通业务的销售量,提高了收入;对分期业务合作资方来说,获取了优质场景与客户,客户违约率低;对运营商来说,有效提升了客户体验,维系了客户长期在网。

担保合约是通过对合作方的信用进行评定,为用户办理通信套餐合约,用户在合约期内可享受联通提供的套餐折扣。担保合约业务办理便捷、办理门槛低、传播速度快、客户感知好,可快速提升用户规模。

三、策略与展望

中国联通依据市场与用户需求,协同各业务条线,打造"全面金融化"的营销服务体系,覆盖各业务场景。金融能力方面,引入了覆盖信贷分期、质押分期、免押担保等金融能力,首创政企单位授信模式,实现"全客户分期"。金融合约实现主产品分期、附加产品分期、主产品 + 附加产品分期模式,切入终端零元购、套餐折扣、分期升 5G、小颗粒包分期、低消金融、免押担保等场景,实现"全业务分期"。金融分期合约打通线上线下场景,支持各种实物商品(终端、家电等)、虚拟商品(权益、卡券等),实现"全商品分期"。依托金融分期的异业合作能力,有效拓展各种异业渠道(物流快递、银行、商超、电商等),实现"全渠道合作"。

展望未来,社会信用体系的建设是培育和发展社会主义核心价值观的重要内容,随着信用社会的打造,金融将融入我们生活的方方面面。中国联通将持续以"业务 + 终端 + 金融 +X"模式加强业务发展、终端销售、金融分期的结合与转化,

构建以用户为中心的生态化发展模式，全面提升金融分期互联网化运营能力。加大金融服务的能力创新和研发，持续扩大用户覆盖，丰富商品种类，开发更多客户触点，创新销售服务模式，满足客户的个性化需求及人民群众对美好生活的需要。

（联通支付　丁玉君　杨　扬）

数据中心与
新基建篇

新基建加速推进数据中心建设的措施建议

国家新基建助推 5G、物联网、工业互联网、数据中心、人工智能等数字化基础设施溢出效应凸显，海量异构数据指数级增长和存储处理分析有赖于数据中心高性能高质量实现，从而进一步激活以内容流转增值为核心的互联网融媒体生态，并以数据为纽带打通垂直行业领域，带动数字经济高速发展。数据中心占据新基建七大支柱之一，有望连接新区域，接入新技术，创造新模式，引入新主体，活跃新场景，拉动新领域，打造新型数据中心集群生态，催生经济增量空间，发挥产业引导和科技转化的作用，引领带动城市数字化、网络智能化发展。

一、数据中心产业供需不匹配的发展现状

在此次新型冠状病毒肺炎疫情的催化下，国内各个行业上云和数字化的进程进一步提速，对于数据中心资源的需求不断扩张。目前，一线城市大部分区域已经明令禁止新建数据中心，极少数允许新建数据中心的区域在能耗、用地、环评等多个指标设定了严苛的准入标准，因此数据中心产业发展在监管政策的调控下不断向环一线城市和中西部地区转移。数据中心资源远离需求高度集中的一线城市造成了我国数据中心产业呈现以下 4 个方面的突出问题。

（一）业务与数据中心资源供需不匹配

我国地域经济发展不平衡，数据中心的市场需求和用户对云资源的选择集中在一线城市。然而因政策监管等原因，一线城市数据中心资源紧缺，新建数据中心只能布局在市场需求小的环一线城市及中西部地区，造成区域性供需失衡的情况不断加剧。

（二）网络性能质量与数据中心建设需求不匹配

多媒体、云游戏等业务均对数据中心的处理速度和网络传输速度提出了高要求。目前，中西部地区的网络质量、带宽规模、网络配套设施方面均存在不足，与数据中心业务发展需求并不匹配，造成中西部地区数据中心网络时延长、网络抖动大，直接影响时延敏感类业务的效果和用户感知。

（三）配套设施、运营环境与数据中心产业发展不匹配

一方面，电力资源和网络资源的审批和部署周期长、服务标准不统一以及运营商之间恶性竞争带来的资源互通等问题广泛存在；另一方面，当前中西部地区在专业技术人员、上下游产业链服务水平及营商环境等方面均存在欠缺，不确定风险仍长期存在，与数据中心建设及业务发展的配套设施及环境需求不匹配。

（四）技术、应用创新与数据中心运营模式不匹配

大数据、区块链、物联网等新一代信息通信技术的发展和普及不断驱动数据中心网络在转发效率、高效运维、开放架构等方面升级和演进，未来的数据中心性能需要在无损、智慧、开源这三大方面进行全面的提升，在服务方面实现智能化、自动化、集约运营来匹配新的市场发展需求。但是现在存量数据中心大多仍采用传统网络架构和技术，与产业发展需求并不匹配。

综上所述，当前数据中心的产业布局因为一线城市地方政府对能源和用地过度限制造成了与市场机制调节方向的背离。未来，数据中心建设和发展应该尊重市场机制，综合考虑用户需求、技术演进、产业发展环境等多种要素，引导数据中心产业与市场需求的协调发展。

二、新基建赋能数据中心发展创新

（一）新基建将引领数据中心发展新模式

1. 连接新领域

新基建发展驱动下的新数据中心将承载更多传

统行业数字化的服务需求和新技术新业务的数据处理和连接需求。海量的业务和数据的汇集和高效流转将加速产业链再造，并培育新的数字经济发展生态。

2. 采用新技术

在新的产业变革引领下，数据中心将搭载海量新兴技术，如边缘计算、5G 网络、人工智能、液冷、SDN 等技术，实现计算边缘化和高密化、网络连接高效化、设备模块化、管理智能化、建设和运营绿色化、网络资源和存储资源弹性化等发展需求。

3. 创造新模式

人工智能、工业互联网、物联网、车联网等众多对数据处理速度和网络时延要求很高的应用场景，将驱动"主数据中心 + 边缘数据中心 +5G"新型资源部署模式。主数据中心把握整体，聚焦于非实时、长周期数据的处理分析，能够在周期性维护、业务决策支撑等领域发挥特长；边缘数据中心通过将设备部署在靠近用户及设备的区域，实现云端数据处理能力下沉和数据的超快处理，专注于局部、实时、短周期数据的分析，能够更好地支撑本地业务的实时智能化处理与执行。边缘数据中心通过搭载 5G 网络，在用户和终端接入侧实现大带宽、低时延、大连接的网络优势，克服网络时延和网络抖动的瓶颈。"云计算 + 边缘计算 +5G"将推动物联网、人工智能、工业互联网等领域的创新升级。

4. 驱动新发展

政策驱动方面，各级政府不断出台利好政策，成立专项扶持资金，加大对数据中心产业支持力度；需求驱动方面，传统产业的数字化转型和新技术新业务的普及将驱动数据中心业务新发展；投资驱动方面，产业转型升级和运营模式的创新将促进投资主体多元化，实现数据中心网络、技术、设施的全面升级。

（二）产业互联网带动数据中心协同发展

1. 数据中心产业集群化

随着数字化对各行各业的加速渗透，数据中心承担更加重要的基础设施责任。大规模、高等级数据中心成为核心战略资源，通过强化数据中心互联，破除云数据中心孤岛。未来，随着边缘数据中心的加速普及，"边缘数据中心 + 主数据中心"实现"云—边—端"业务服务、管理和资源部署模式，强化数据中心对各个垂直行业渗透和打通，构建以数据中心为核心的产业集群。

2. 多场景融合发展态势

新一代信息基础设施贯穿着数据从采集到决策、应用的全过程，是传统产业数字化的新引擎，其他领域新基建的通用支撑技术。5G 网络对应底层的数据传输、交换和分发；人工智能对应数据的挖掘和分析决策；工业互联网对应数据的产业链采集、分析和应用；数据中心承载着所有技术、业务实现过程中的数据的存储、计算和处理。因此，几项技术势必将协同融合发展，共同推进全社会各个领域的数字化、网络化、智能化转型和创新变革。

三、数据中心如何把握"新基建"黄金机遇期

为推动数据中心产业与其他领域的融合发展，国家需要从顶层设计、政策调控、市场空间、配套设施等多方面共同引导和发力，引导实现数据中心新基建在数字经济时代发挥更大效能、催生新的产业增长支柱。

（一）强化顶层设计

将数据中心和边缘数据中心列入国民经济和社会发展"十四五"规划重点任务，做好与 5G、人工智能、物联网的统筹发展规划，带动产业经济的数字化转型和创新发展。

（二）优化监管环境

一方面，政府应缩短数据中心建设审批流程，降低对数据中心和边缘数据中心的准入要求，平衡用地、能耗、环评等准入标准和数据中心产业发展的关系，扭转当前数据中心资源供需失衡的态势；另一方面，从监管层面协调产业链上下游对数据中心的发展支撑。如 IP 地址资源、网络资源、电力资源等，缩短配套资源的审批、部署、建设周期，提升交付效率，探索建立数据中心建设上下游配套设施评价机制，加强产业链各方对数据中心产业发展的支撑作用。

（三）完善配套设施

一方面，为了缓解一线城市数据中心资源紧张的局面，在环一线城市群和资源及环境条件优越的中西部城市优先完善网络、电力等配套设施的部署，

并引入新型互联网交换中心等方式消除网络障碍，真正实现对一线数据中心资源紧张局面的缓解；另一方面，加强对专业技术人才的配备和财税环境的优化，创造良好的产业发展环境。

（四）提升经济效益

进一步提高环一线城市群和中西部地区在用地、用电、用网等方面的成本优势，降低数据中心建设及运营成本，推动数据中心资源加速向非一线城市的布局。

（五）拓展市场空间

一是国家应为民营企业参与数据中心建设拓展渠道、消除限制，鼓励数据中心多主体投资运营模式；二是鼓励民营 IDC 服务商和云服务商以技术合作等方式参与到 5G 等新一代网络的建设规划中，确保网络部署与数据中心产业的协调发展；三是允许和鼓励数据中心建设方和运营商拓宽电力资源获取渠道，如采用绿电直供的方式保障用电需求的同时降低能耗及经济成本；四是充分发挥市场引导机制，扩大互联网产业对数据中心发展的技术引导和产业模式的优化作用。

（腾讯科技　陈慧慧　夏　文）

新基建背景下的数据要素治理、流通与开发

数字经济发展成为了新的驱动力。我们在这样的历史背景下，拥抱数字化转型是大势所趋。数字新基建成为新话题，5G、人工智能、工业互联网、数据中心再次成为人们热议的词汇。我们那个时候还处在全民抗"疫"的关键时刻，但是因为有了数字化手段、无接触方式等使我们能够通过远程办公、网上会议、语音会议等方式开展复工复产，原本作为选择项变成了工作必备项。这就是数字化为我们带来的变化，也是对我国数字化发展成果的全面检验。"数字化抗疫"成为一道靓丽的风景线，也给我们创造更好发展的新机会。

各省在2020年3月4日以后都积极布局新基建，大量地投资加码。这改变原有的"铁公机"（铁路、公路、机场）建设方式，打造新型的基础设施，夯实数字基础设施，是一个真正意义上奠定桩基的过程。一方面可以提升我国经济的抗压能力，解决部分投资去向的问题；另一方面通过数据基础设施建设，解决数据处理的能力和效能问题，强化数字化赋能能力，为下一步经济腾飞奠定一个良好基础。

新基建要坚持以科学发展观为引领，以技术创新为龙头，特别要以数据要素驱动为核心，通过加强网络基础，面向高质量发展需要，提供数字化转型、智能化升级、融合化创新等综合服务为一体的整套基础设施体系。

新基建应该是集约的高效的、经济适用的、智能绿色的、安全可靠的、现代化的基础设施。国家发展和改革委员会把新基建归纳为三大类基础建设。

第一类是信息基础设施，基于新一代信息技术演化生成的基础设施，比如以5G、物联网、工业互联网、卫星互联网为代表的通信网络基础设施；以人工智能、云计算、区块链等为代表的新技术基础设施；以数据中心、智能计算中心为代表的算力基础设施。我们可以概括为数字产业化，是构建数字化底座的关键基础设施。

第二类是融合基础设施，我们要利用这些技术来改造传统产业，让传统产业拥抱数字化转型，将数字技术与传统产业进行深度融合应用，让传统产业焕发新机，进而形成融合基础设施。比如智能交通基础设施、智能能源基础设施等，我们可以概括为产业数字化。

第三类是创新基础设施，是前两类基础设施发展的依据。高等院校、科研院所、研发中心等要做好科技研究、技术开发、产品研制等基础公益性活动，不断提升技术自主供给能力。中国要摆脱对国外相关产业的依赖，尤其是现在全球的背景环境下，我们必须要自主创新、自主发展，更需要我们夯实创新基础设施，才能有力赋能上述两个基础设施。

我们发现在整个新基建的过程中，所有的部分都围绕着一个要素：数据，是为数据应用奠定一个良好的基础。实际上，5G解决了数据快速传播、无处不在的问题，解决了数据快速采集的问题。边缘计算解决了万物互联，奠定了数据采集传输和边缘的收集问题。

而数据收集完要到（大）数据中心，云计算可以有效解决数据汇聚存储和服务的问题，将数据服务、计算服务变成像用水、用电一样便捷，从而有效地聚集数据资源、合理按需调配计算资源，为业务系统集约化建设、构筑基于数据湖的数据治理平台提供物质基础。解决了数据供给，人工智能就是要解决算法逻辑问题，让算法更加智慧，这就是需要用更多高质量数据训练算法，不断让它深度学习才能变得"聪明"，这也是加工逻辑过程。而工业互联网则是一个重要的应用场景，是我国从"制造大国"向"制造强国""智造强国"重要场景。综上所述，所有的贯穿就是构造一个数据应用基础设施，奠定了相关的物质基础，保证数据有效的处理、供给能力，

这是我们谈到数字化乃至数据化的过程。

应用场景中，特高压、新能源汽车充电桩和城际轨道等这些方面的应用，都是充分利用新一代信息技术的领域，这些领域也在产生大量的数据。同时也要利用新的数据，来优化升级，这是通过数据应用场景，使我们有效地供给。这就形成了一个创造物质基础，同时创造了一个应用的场景，为谁来服务的问题。

实际上，数据如水一样在源源不断地产生，这些产生数据如水一般，默默无声地滋润着数字经济的发展。上善若水，水润万物而不争。这非常符合中国的传统文化，即水文化。

水可载舟也可覆舟，如果不去有效地治理水，有可能会产生水患，甚至危害人类生活。古人治水，需要挖渠、建堤、筑坝，构建水利基础设施，让水有效地流动起来，形成一个四通八达、有序运转、利国利民的发达水系。

我们要去做当代数据治理者，把数据有效地管理好。新基建就是一个当代的新型水利基础设施，是孕育企业数字化转型、新型智慧城市建设、数字政府建设发展的数据底座。

数据已经成为源源不断的新的要素，不断地产生，那么我们就要真正意义上实现对数据的有效治理，需要练就真正的本领。

土地、劳动（力）、资本、技术、管理、知识和数据这7类生产要素在不同的发展阶段，其社会地位和作用也是各不相同。在农耕社会，土地和劳动（力）解决人们吃饭的问题。在工业化过程中，资本促进了快速大规模生产。而进入信息化社会和智能时代，数据就成为了快速加快几大要素流通的重要桥梁和纽带，成为社会快速发展的新能力。国家层面已把数据抬高成了一个新的生产要素，反映的就是经济活动中数字化转型的加快，数据对提高生产效率的作用凸显，我们对这种新型生产要素的特征和特质还有待进一步挖掘。数据还没有进入经济学中。但是，这恰恰是我们需要探讨和关注的，要站在政治经济学上思考，如何解决数据作为生产要素所带来生产关系、生产要素及生产力之间彼此相互推动的问题。

为此，2020年4月9日中央在《关于构建更加完善的要素市场化配置体制机制的意见》中，专门提出了加快数据要素市场的培育，提出了3个方面、8项任务，以推动数据价值充分释放和全面应用。这些任务落实，都离不开对数据要素的有效管理和有效治理。首先，应以政府侧为主来推动政府数据开放和共享，其次提升社会数据资源价值和应用，最后，加强数据资源整合和安全保护。

我们该如何做好数据治理？我们将数据治理新思维归纳为"12345"。抓住一条主线，就是要推动数据要素市场的培育；把握两个基点，基点一是以数据价值释放为目标，基点二是以确保数据安全为底线；处理好3个方面的层次关系，即国家、行业、组织（个人）三者之间的关系；狠抓4项重要的任务，确立好数据资产的地位、建立健全管理体系机制、推动数据共享开放及强化数据安全和隐私保护4个方面；抓好包括法律法规、标准规范、应用场景、技术供给和人才体系建设5个支撑，从而促进数据要素市场的整体发展。

在整个治理过程中，一个有效的源头，我们要通过治理的体系来抓住"牛鼻子"，将各种方面的因素有效的结合起来，促进应用有效的开发。具体内容还有很多，因为时间关系没有办法展开。

这个过程中，把数据治理好了，一方面，可以提升企业的数据能力，我们通过新型企业数字化转型改造，解决有效的供给，这是我们在企业方面看到的。实际上可以形成一个柔性化的制造和生产灵活性的配属，加快有效地组织新一代的制造方式，从生产型向以数据为中心的发展过程。

在技术赋能上，我们通过数据有效的整合，帮助政府让数据"多跑路"，老百姓少跑腿，提高政府办事效能。特别是在抗"疫"期间，全国一体化政务服务平台和健康码的应用和推广，为引导人员有序流动、支撑复工复产提供了积极的支撑。

另一方面，我们要打造一个真正意义上的城市"大脑"，让它能够通过数据的整合和应用，保证城市的运转更为高效，治理更加聪明，再通过城市"大脑"形成一个一个行业的"小脑"，让城市各领域运转更加智能。让数据成为流淌在整个城市神经网络中的血液，为城市各个方面提供养料和能量。

（赛迪智库信息化与软件产业研究所　吴志刚）

数据中心与电网的协同——数网协同的重要保障

提到数网协同中的"网",人们的第一反应一定是"通信网络",但对于数据中心这样涉及多种学科的大型基础设施来说,"网"的内涵更加丰富。数据中心的正常运转与电力保障息息相关,所以数据中心与电力网络的协同发展也非常重要,将是数网协同的重要保障。

数据中心与电网的发展相辅相成。一方面,数据中心在需求侧对电网具有调节潜力。多年来,国家一直加强落实电力需求侧管理工作,落实国家节能减排政策,促进电力资源的优化合理分配,从而降低能源消费和用电负荷。与其他需求侧的资源相比,数据中心具备电力实时响应、可转移及调节能力,是一种庞大的需求响应资源,在缓解电网阻塞、消纳新能源等方面发挥独特的优势。目前,已有数百个数据中心参与紧急需求响应,成功避免了整个北美的大面积停电的案例。另一方面,电网是维持数据中心运转的最重要因素。数据中心是比较庞大的电力需求主体,所以在数据中心选址、布局时会充分考虑电网的分布。为了保障业务的可靠性,数据中心通常会设置冗余,在设计时会为数据中心规划充足的电力资源。同时数据中心的耗电规模也是业界重点关注的内容,2018 年全世界数据中心的耗电规模为 205TWh,占全世界耗电规模的 1%;2019 年中国数据中心的耗电规模在 700 多亿度,占全国耗电规模的近 1%。

尽管数据中心与电网联系紧密,但目前两者的运行和规划基本是割裂的,主要存在着以下问题。

一是目前数据中心并未充分参与电网需求侧的调度,数据中心的研究主要聚焦其自身能耗,而没有将其作为一种需求响应资源纳入整体电网的大环境中。数据中心是有调节潜力的资源,若在电网规划中充分考虑数据中心的调节作用,则会充分提高电能利用效率。

二是数据中心为了保障高可靠性而设置的高冗余配置对电网资源造成了一定的闲置。通常引入的两路市电中,一路作为备用长期闲置,而无法纳入电网的规划或者运行工作中。电力部门被迫对数据中心运营者进行一些硬性消费指标的约束来弥补这种浪费,而数据中心运营者出于对用户方或者相关标准的考虑,对此也无能为力。

三是数据中心集群的概念正在逐步形成,很多地区呼吁通过发电厂的电力直送等形式来支撑数据中心的发展,但是目前存在着规划和实施层面的种种困难。

四是数据中心自身耗电量较大,为了保证业务的可靠性对电网的质量要求较高,这对于电力资源稀缺或电网质量不佳但又想发展数据中心的地区造成了一定的压力。

从长远来看,数据中心和电网之间会依靠数网协同来走向高质量发展之路。

首先,电网规划中充分考虑数据中心的调节作用,设计适用于数据中心的模式。数据中心是一种庞大的需求响应资源,应深度研究其在缓解电网阻塞、消纳新能源等方面的作用,使得数据中心与电网真正地协同发展。

其次,针对数据中心的高冗余特性带来的资源浪费问题,专家应适当探索电网与数据中心的新合作模式。2019 年,全国城市地区用户平均停电时间 4.50 小时 / 户,其中,上海、深圳、厦门的用户平均停电时间低于 1 小时 / 户,而 2000 年全国城市地区用户平均停电时间为 9.767 小时 / 户。以上数据反映电力供应可靠性在不断提升,当前业内也逐渐响起一路市电的呼声,所以在一些电力条件优质的地方,数据中心与电网可根据实际情况适当采取一些的新合作模式,解决高冗余配置带来的资源闲置问题。

再次，我们可以考虑将发电厂的电力直送数据中心集群。作为稳定且大量消耗电力的数据中心集群来说，这种方式可以减轻电网的负载，也能降低一定的过网费用，实现数据中心和电厂利益的最大化。

最后，数据中心的绿色化发展，应进一步加强相关技术研究、测试评估、节能改造等工作。通过应用新技术、提高管理能力，不断降低数据中心的运行 PUE，从而提高数据中心的能效和绿色等级，持续促进数网协同的健康发展。

（中国信息通信研究院　吴美希　郭　亮）

新基建背景下工业互联网的安全发展形势与应对建议

工业互联网作为国家新基建发展的重点领域之一，是新一代信息技术与工业经济深度融合的全新经济生态、关键基础设施和新型应用模式，主要包括网络、平台及安全3个部分。其中，安全是工业互联网健康有序发展的重要前提和保障，事关经济发展、社会稳定和国家安全。

在新基建背景下，做好工业互联网安全保障工作至关重要。据报道，工业互联网领域安全事件接连发生，亟需引起政产学研各方的高度关注。总体来看，工业互联网安全发展形势可归纳为六大方面：一是工业互联网安全事件影响巨大，会对工业企业造成严重的影响；二是勒索软件在工业互联网领域的攻击行为猖獗，成为非法入侵者主要的盈利方式之一；三是智能汽车领域成为网络攻击的重灾区，导致大量用户数据和个人隐私泄露；四是工业互联网设备成非法入侵者瞄准的主要对象，频频遭受网络安全攻击；五是在新型冠状病毒肺炎（以下简称新冠肺炎）的影响下，针对医疗卫生领域的网络攻击初现；六是工业互联网安全得到国家前所未有的重视，安全企业通过融资或与工业企业合作的方式强化了各方的安全保障。我国工业互联网安全保障体系建设虽已取得阶段性成果，但鉴于全球工业互联网安全形势，依旧不容乐观。因此，我们应充分结合中国工业互联网安全防护现状，政产学研用各方凝聚共识，形成安全工作合力，共同为工业互联网安全保障体系建设贡献力量，为工业互联网持续深化发展保驾护航，为新基建建设添砖加瓦。

一、加快推动新基建建设工作，助推工业互联网全面深化发展

党中央、国务院高度重视工业互联网的发展，多次重要会议上提出要深入实施工业互联网创新发展战略，2020年，更是将工业互联网作为新基建的重要组成部分，下大力度全面加速推动工业互联网健康有序发展。

二、工业互联网领域安全事件接连发生，安全形势严峻复杂

结合2020年在工业互联网领域发生的安全事件，我们可将安全发展形势总结为以下几个方面。

（一）工业互联网安全对工业企业造成严重影响

具体事件包括破坏设备运行、工厂停产、熔炉爆炸、工序异常、企业生产次品增加等。

（二）勒索软件成非法入侵者在工业互联网领域的主要盈利方式之一

勒索软件主要以邮件，程序木马，网页挂马的形式进行传播，该病毒性质恶劣、危害极大，用户一旦感染将会带来无法估量的损失。可能导致可编程逻辑控制器等工业控制主机/终端无法正常进行数据交互，从而影响企业生产经营，造成停产事件，而且勒索病毒在没有安全防护的工业网络中，也极易通过互通的内网在站与站之间、供应链上游与下游之间造成大面积传播，尤其在石油、电力、智能制造等关键信息基础设施领域爆发的势态更为明显。

（三）智能汽车领域成网络攻击重灾区，造成用户数据和个人隐私泄露

作为车联网的重要代表，智能汽车与人们的日常生活紧密相关，随着智能化和网联化的不断深入，针对车联网系统的安全威胁事件日益剧增，一旦发生安全事件，将会威胁人身安全、财产安全乃至国家经济安全。例如2020年9月，非法入侵者侵入并删除了Bykea汽车租赁公司的整个数据库。

（四）工业互联网设备频频遭受网络安全攻击

近期，越来越多的工业控制系统和关键基础设

施被非法攻击，安全形势严峻，全球工业互联网设备安全漏洞呈现连年高发的态势。如 2020 年 5 月，研究人员发现代号为 BIAS 的新型蓝牙攻击，进而揭示了一些企业的蓝牙设备和固件上存在严重的隐患。

（五）在新型冠状病毒肺炎疫情影响下，针对医疗卫生领域的网络攻击初现

自 2020 年年初新型冠状病毒肺炎疫情爆发以来，网络上针对参与新冠病毒响应相关的医疗组织和基础设施的勒索软件攻击数量大大增加。网络犯罪分子通过使用勒索软件攻击医院和医疗服务系统，达到获取数据或者勒索赎金的目的。

（六）工业互联网安全得到国家前所未有的重视，安全企业通过融资或与工业企业合作的方式强化安全保障

伴随着近年来网络安全风险的攀升，国内工业企业对于网络安全的需求也呈现出爆发式增长，安全行业的企业为了更好地拓展工业互联网安全业务，积极通过融资的模式扩大规模，进一步强化安全技术产品研发和安全服务输出。如木链科技完成新一轮融资，将深耕工业互联网安全领域；又如工业网络安全企业北京珞安科技近日宣布完成数千万人民币 B 轮融资。

三、我国工业互联网安全政策持续加码，营造发展良好环境

安全体系作为工业互联网三大体系之一，是工业智能化的安全可信保障，构建满足工业需求的安全技术和管理体系，能够识别和抵御安全威胁，化解各种安全风险。近年来，我国有关工业互联网安全相关的政策持续加码，顶层设计不断完善，为推动工业互联网安全保障体系建设奠定了坚实的政策基础，营造了良好的发发展环境。

2020 年 3 月 20 日，工业和信息化部办公厅发布了《关于推动工业互联网加快发展的通知》，提出加快健全工业互联网安全保障体系，建立企业分级安全管理制度，完善安全技术监测体系，健全安全工作机制，加强安全技术产品创新。

2020 年 10 月 10 日，工业和信息化部和应急管理部联合印发了《"工业互联网＋安全生产"行动计划（2021—2023 年）》。"工业互联网＋安全生产"是通过工业互联网在安全生产中的融合应用，增强工业安全生产的感知、监测、预警、处置和评估能力，加速安全生产从静态分析向动态感知、事后应急向事前预防、单点防控向全局联防的转变，提升工业生产本质安全水平。

四、结合新基建背景下发展新形势，提出现阶段下我国工业互联网安全发展对策建议

近来年，在党中央、国务院高度重视下，工业互联网安全保障体系建设稳步推进。工业互联网安全监测体系基本建立，国家级工业互联网安全态势感知平台已建成并投入使用，具备多维感知安全态势、及时预警风险信息的能力。工业互联网安全公共服务深入开展，积极推动测试验证、综合防护、攻防演练等公共服务平台的建设，推动应用下沉与行业纵深防护能力提升。逐步构建起针对工业互联网设备、平台、工业 App 等的安全评估体系，工业互联网安全评估评测等公共服务能力全面提升。工业互联网安全产业生态创新发展，在电子、钢铁、建材、能源、机械制造等重点领域涌现出一批关键安全技术产品和解决方案，有效支撑工业互联网企业安全防护能力的建设。

我国工业互联网安全保障体系建设虽已取得了一定的成效，但鉴于全球工业互联网安全事件频发，形势严峻复杂，依然需敲响警钟，引起各方的高度重视。政产学研用各方需凝聚共识，形成工作合力，共同为工业互联网安全保障体系建设贡献力量。

（一）全面提升工业互联网重点行业企业安全防护意识

鉴于近期工业互联网安全事件的发生对工业企业、制造企业等造成了不同程度的安全损失，轻则无法登录企业内网进行正常的办公，重则导致企业重要信息系统遭破坏，敏感信息大量外泄，从一定程度上足以说明企业工业互联网安全防护意识薄弱，安全防护体系不足以应对常见的网络安全攻击。因此，国家应加紧制定并完善工业互联网安全相关的法规政策，加强对工业互联网相关企业的安全监管

力度，并督促企业全面落实工业互联网安全防护主体责任，加大在安全方面的投入力度，鼓励企业通过开展内部培训等方式带动员工对工业互联网安全防护意识的不断提升。

（二）加强工业互联网重点行业、企业的工业互联安全综合防护能力

通过以上工业互联网安全事件的频繁发生，我们不难发现很多工业互联网相关企业自身安全防护体系建设仍是较为薄弱的环节，非法入侵者能够轻易入侵企业的重要系统和关键设备，并窃取企业相关的运营数据，足以说明工业互联网相关企业在安全防护体系建设方面还任重道远。此外，各企业还缺少专业机构、网络安全企业、网络安全产品服务的信息渠道和有效支持，工业企业风险发现、应急处置等网络安全防护能力普遍较弱。因此，国家层面应加大力度，督促企业落实工业互联网安全主体责任，设立网络安全责任部门和责任人。企业层面应结合自身实际情况，建设企业级工业互联网安全监测平台，及时发现安全隐患和安全事件，并上报至国家级平台，实现安全信息共享，最大程度降低安全损失，此外，各单位还应加大在安全方面的投入，通过与安全企业合作等模式强化企业安全防护水平，提升抵御网络安全攻击的能力。

（三）政产学研用各方共同推动工业互联网安全人才培育

伴随工业互联网在各领域各行业的落地深耕，安全保障工作重要性凸显，而安全人才又是做好工业互联网安全工作的灵魂所在。但不难发现，目前工业领域实践型和复合型安全人才大量短缺，现有网络安全人才水平还不足以满足工业互联网发展的迫切需求。因此，亟需提速工业互联网安全人才培育工作，而安全人才培育工作需要政产学研用各方的共同努力，因此，下一步应持续培养工业互联网安全战略人才、安全管理人才、安全技术人才，为工业互联网健康有序发展提供基本保障。一方面，高等院校、专业机构和安全企业可通过建立联合培养机制的方式，加快培养工业互联网安全复合型人才；另一方面，持续开展工业互联网安全攻防演练、工业互联网安全技术技能大赛、工业互联网安全实操培训等，选拔和培养工业互联网安全实践型人才。

五、结束语

作为新基建重要组成部分的工业互联网，越来越受到人们的关注，做好安全保障工作显得尤为重要。在新基建背景下，工业互联网安全形势呈现出新的特点，行业人士应密切关注工业互联网安全的复杂形势，认真总结分析，依据新特点新形势，并充分结合我国工业互联网安全工作现状，团结政产学研各方力量从提升安全防护意识、加强安全防护能力、强化安全人才培育等方面出发严格做好下一步工业互联网安全防护部署工作，从而为工业互联网健康有序发展保驾护航，为新基建建设工作搭建安全基石。

（中国信息通信研究院 刘晓曼）

新基建是我国数字经济时代战略资源的重大布局

■ 一、背景

中共中央政治局常委会于 2020 年 3 月 4 日召开会议提出，要加快 5G 网络、数据中心等新型基础设施建设进度，将数据中心资产提升到国家战略基础设施层面，为数据中心行业的发展开拓了新的更高的空间。

公布之日正值新型冠状病毒肺炎疫情趋于可控之时，人员轨迹、人脸识别、体温检测等高科技措施在防疫工作中发挥重大作用；公布之日正值复工复产启动之时，第三产业受到严重冲击、经济乏力之时，急需内需发挥稳经济作用之时。而新基建政策的出台是我国经济抗冲击韧性的典型体现，新型基础设施建设是扩大有效需求、培育壮大新动能、构筑未来战略优势的重要抓手。以应用为导向、以技术为引领、以开放增活力，加快催生一批新业态、新产业，加快推动产业数字化、数字产业化、跨界融合化、品牌高端化，持续汇聚全球创新要素资源，支持多元主体参与建设。5G、AI、区块链都将是帮助完成数字化基本信息建设的工具。

■ 二、新基建类型

新基建七大领域主要包括 5G 基站建设、特高压、城际高速铁路和城市轨道交通、新能源汽车充电桩、大数据中心、人工智能、工业互联网，其实可归纳为如下三类。

一是信息基础设施。主要是指基于新一代信息技术演化生成的基础设施，比如以 5G、物联网、工业互联网、卫星互联网为代表的通信网络基础设施，以人工智能、云计算、区块链等为代表的新技术基础设施，以数据中心、智能计算中心为代表的算力基础设施等。

二是融合基础设施。主要是指深度应用互联网、大数据、人工智能等技术，支撑传统基础设施转型升级，进而形成的融合基础设施，比如，智慧交通基础设施、智慧能源基础设施等。

三是创新基础设施。主要是指支撑科学研究、技术开发、产品研制的具有公益属性的基础设施，比如，重大科技基础设施、科教基础设施、产业技术创新基础设施等。

■ 三、新基建当前的发展现状

新基建发展现状正处在高质量发展转型周期，整个行业呈现较大投资机遇。具体内容如下。

① 全球数据中心市场规模平稳增长。

② 我国数据中心行业市场规模快速增长态势明显。

③ 我国数据中心地区分布不均，东部和南部沿海数据中心资源分布密集，核心大城市数据中心资源集中、需求旺盛、供给紧张，其他地区数据中心资源稀少、需求不明。

④ 全球超大数据中心占比中，美国占 44%，英国占 6%，日本占 6%，我国占 8%，其他国家共占 36%。从中可见我国超大型数据中心占比虽然在近几年超越了英国和日本，但与位居第一的美国差距巨大。

⑤ 我国数据中心成熟度与美国相比仍存在较大差距。我国数据中心目前处于高速增长阶段，行业集中度较低，由于竞争的加剧，平均利润率持续下滑。我国数据中心发展将面临兼并重组等行业洗牌阶段的磨练。

⑥ 我国数据中心市场随着"一带一路"倡议的推进及科技创新步伐的加快仍在快速增长，2020 年我国数据中心市场业务收入已超 1600 亿元，随着我

国"互联网+"、大数据、云计算、人工智能、5G技术、数字经济等产业政策的落地，我国数据中心市场发展后劲十足。

⑦5G市场快速增长将产生更多数据，5G应用的推广将促进数据存储、数据加工、数据清洗、数据挖掘等技术的快速成熟，并进一步加快数据中心资源的消费，根据Juniper Research研究数据，2025年年底全球5G连接的年度运营商收入将接近3000亿美元，6年间复合年增长率高达163%；5G网络基础设施2018~2022年的复合年增长率将达118%。

⑧5G技术加快大数据应用的普及，促进人工智能快速发展，5G高达10Gbit/s的速率使得需要海量数据支持的AR/VR、无人驾驶、远程医疗、智慧家居等新兴行业得到广泛应用和推广；促进智慧城市逐步普及，在智慧交通、公共安全、公共教育、环境保障等领域使用5G技术将大大提高城市运行效率，提高城市的管理水平；促进边缘计算发展，5G的高带宽为边缘计算解决了低时延、高吞吐量的物联网应用可行性，也使得边缘技术、云计算、超算融合发展成为可能。

⑨5G、AI技术应用给数据中心带来新的机遇，5G将把数据中心的服务能力普及到千家万户，使数据中心真正成为像水和电一样的智慧城市基础设施，人们的日常生活将与数据中心所承载的软件平台和具有的服务能力及庞大的数据中心设备资产密切相关。

目前，我国数据中心建设在新基建政策的支持下已发生了积极变化，主要体现如下。

一是新建数据中心单位CAPEX（Capital Expenditure，资本性支出）出现小幅增长的趋势。政府及行业竞争所主导的更高节能指标推动新技术的成熟与应用；资本倾向选择更有市场优势且符合行业动态的资源进行投资；新技术推向市场的动能得到加强，近期已有如下技术得到应用试点。

电力专业有巴拿马供电系统（阿里巴巴主导）、预制集成模块化供电系统（腾讯、施耐德主导）、智能小母线、智能PDU应用、240V/336V直流供电系统、电力巡检机器人、DPS/ADS分布式电源。

暖通专业有直接/间接蒸发冷却系统、热管及冷板技术、液冷技术（曙光主导）、冷源系统控制机器人、冷热电三联供、冷热通道双封闭技术、行间空调技术。

监控及平台专业有DCIM、DCOM、AI巡检工具、无人机巡检、VR/AR虚拟培训环境。

二是新建数据中心单位OPEX（Operaing Expense，运营成本）出现中等幅度的下降趋势。随着覆盖资产全生命周期的运维大数据技术的应用，资产维修维护成本趋于精准合理，运行维护效率得到提高，运维团队人力成本优化明显，节能工作主动性大大加强、节能收益显著；互联网企业引领技术创新潮流，第三方紧跟市场步伐，运营商普遍感觉盈利压力；老资源技术更新空间巨大，降本增效工作已是各位行业领导们高度一致的工作目标和绩效指标。

三是数据中心的TCO（Total of Ownership，总拥有成本）得到资源经营者高度关注。从产品采购发起到后期运维使用过程中维护成本核准管控已成为各公司经常采用的技术评价标准，产品招标中后评估价值得到高度重视；数据中心资产经营者高度关注资产全生命周期管理，设备日常维修成本、周期大修理成本、周期更新成本、维护团队人力成本、资源营销成本在面向运营的大数据平台管理下显现精细化管理成效；当前，在数据中心行业中向管理要收益已不是一句空话。

①传统人防管理——当前技防需求；

②传统人员管理——当前IT支撑管理；

③传统人管设备——当前平台管设备；

④传统经验为本——当前数据为本、全生命周期管理；

⑤传统事后应急——当前事前干预；

⑥传统事随人走——当前事在平台中、人仅是执行者；

⑦传统成本由人定——当前成本由设备定；

⑧传统容量由人定——当前容量由平台定；

⑨传统业务由人支撑——当前业务由系统流转、闭环管理，人仅是执行者；

⑩传统管理流程中人是相对固定的——现代管理体系流程是固定的、人是流动的。

四是数据中心的EBT（Earnings Before Tax，税前利润）负周期变短、企业盈利能力变强。数据中心经营者普遍使用与业务响应更紧密的建设模式和技术路线来投资数据中心资源，以达到建设周期变短、资产空置期变短、资本使用率提高、到达满负荷运营周期变短的效果；资源建设规划和可行性研究周期内的相关工作得到数据中心投资者的高度关注，数据中心行业成熟架构师成为行业抢手稀缺资源，运营商技术骨干加速向行业流动；BIM（Building Information Modeling，建筑信息模型）技术在数据中心机电暖通专业得到应用普及，行业积极推动各类系统设备采用工厂预制、现场拼接的工程实施模式，现场施工量急剧下降、工程费用支出转化为工厂集成费用支出，设备产品系统质量得到较大提高、工程级设备系统向产品级系列化转化趋势明显提速，整体数据中心建设周期大幅缩短；模块化建设理念成为行业技术趋势，优秀的设计师普遍思考土建与机房装修和设备安装的解耦，使得数据中心空间规划更趋于美观、合理、紧凑，也更加便利于推行标准化操作和 AI 运维，数据中心运行维护的安全性、可靠性有了技术保障；清洁能源、自然冷源的应用解决方案以及储能、蓄冷的技术成为行业内各位设计师绞尽脑汁琢磨的课题。

五是我国数据中心行业迎来新的发展机遇。主要有如下几类。

① 国家的数据增长和集中度的提高决定了数据中心的发展模式。

② 网络架构越来越清晰。

③ 数据中心与云计算的结合越来越紧密。

④ 数据中心的技术、设计不断迭代成长，甚至推动了较大的变革。

⑤ 国有资本和民间资本相互渗透，优势得到更好地互补。

⑥ 互联互通政策的调整对数据中心的格局变化产生了重大影响。

⑦ 数据中心资产经营者高度关注资产全生命周期管理。

⑧ BIM 技术在数据中心机电暖通专业得到了应用和普及。

⑨ 清洁能源、自然冷源的应用解决方案以及储能、蓄冷的技术成为行业内新的课题，也成为数据中心资产经营者们逐利的目标。

综上所述，5G 的大规模商用，突破了连接速度、连接数量、连接质量的技术限制，真正实现了物理世界的万物互联。在此次新冠疫情中，5G、物联网、AI 等领域的创新技术受到了人们的极大关注和应用，基于互联网更广泛的智能应用得到了快速部署和充分验证，刺激了云计算、大数据相关需求爆发式成长，在线办公、在线娱乐等网上需求陡增，云服务需求持续增长，也充分体现出我国整体经济的抗冲击能力，有效地支撑国家各行业的复工复产与扩大内需。

四、数据中心的发展展望

（一）大型数据中心还将在主要节点城市继续发展

我国数字经济发达、人口众多的北京、上海、广州、深圳等超大型城市对大型数据中心的需求依然旺盛，但考虑到节能降耗政策，这些地区不鼓励甚至会限制建设数据中心，相关人员可以考虑在这些城市的周边建设大型数据中心，以满足上述地区的需求。八大国家大数据综合试验区以及成都、杭州、武汉、重庆等重要节点城市数字经济快速发展，也需要继续建设大型数据中心。

（二）中小型数据中心在中小城市有广阔发展空间

随着智慧城市、边缘计算的广泛应用，中等规划的城市需要建设中小型数据中心；中小型数据中心与就近的大型数据中心要互联互通，业务上互为补充。

（三）数据中心需要绿色节能、海量存储、快速部署

节能降耗仍然是数据中心运营的重要目标，国家对能耗和环保的要求日趋严格，数据中心的选址、设计、设备选型等环节需充分考虑绿色节能技术的应用；光磁耦合存储技术可解决海量数据存储问题，预计 2025 年全球数据总量增长到 163ZB，10 年增长 10 倍，大量数据占用宝贵的存储资源，应使用光磁耦合技术解决海量数据高成本、高能耗问题；工厂预制模块化数据中心逐步兴起，解决了传统数据中心建设周期长、建设成本高、改造困难等问题。

（四）数据中心需要互联互通

数据中心之间互访流量成为流量增长的重要引擎，随着数据中心互联的需求快速增长，促使网络价值加速释放；SDN 是推动数据中心互联价值爆发的催化剂，SDN 技术是实现统一调度、高效、弹性、

安全的数据中心互联的高速通道。

数据中心作为信息"高速公路"的汇聚点，是数据、内容和算力的承载平台，是建设网络强国、数字中国、智慧社会的国家发展基础设施，是数字经济的新动能和新引擎，在抗击疫情、恢复社会正常运转中起到不可或缺的作用。

我国数字经济顶层设计及对数据中心的国家资源定位必将有力推动整个数据中心行业的有序、高质量、平衡的发展，为国家经济发展转型提供扎实的基础保障。

五、数据中心运维大数据应用趋势

（1）数据中心运维大数据应用推进思路

变革、提升专业技能、提高运维效率。

（2）运维大数据平台

DCIM（Data Center Infrastructure Management，数据中心基础设施管理）平台云化部署是基础，DCIM逐步演进为DCOM（Distributed Component Object Model，分布式组件对象模型），设备资产运维管理逐步演进为资产全生命周期运营管理。

（3）运维大数据平台

运维大数据池及挖掘工具是智慧运维的手段。

（4）运维大数据应用试点1——能源互联网项目

能源互联网的部署帮助资产管理者、行业管理方、城市管理方实现智慧管理、智能服务，远程电力数据智能采集分析、电力安全监测预警、线上线下运维服务，构建以现有客户资源为基础的精准管理和服务。

（5）运维大数据应用试点2——机器人运维

运维机器人采用3D激光雷达，能够在数据中心实现自主导航，独立完成巡检。机器人带有全景高精度摄像头、传感器，在巡检中可以完成温度、湿度、空气质量、电气参数、空调参数等监测工作可以接替了运维人员以往30%的重复性工作。在运维大数据支撑下可替代60%以上的现场运维人员的重复性工作。

机器人按计划定时巡检，记录的数据真实可靠；7×24小时值守、严格按照设备及路径巡检；不惧危险，不知疲倦，坚守岗位，技能稳定；节约人力资源，降低运维成本。

（6）运维大数据应用试点3——机器人系统控制

数据中心冷源控制机器人的应用，使冷站高可靠最优工况持续供冷；冷冻机房自动化能效评估，冷站系统健康自诊断，7×24小时节能工况检测运算调整；最大节能空间挖掘；简单、易用、智慧的典范，节约人力资源，降低运维成本；无中心网络控制结构；群会话语言结构；群意识、群决策、云部署；机器学习与遗产进化；工厂实验室系统调试、现场直接安装运行，安全可靠。

（7）运维大数据应用试点4——无人机机房巡检

复杂、危险、重复性劳动由无人机在物联网组态下代替人力工作。

机器人可进行数据中心楼顶天面设备日常巡检；冷站管道顶部阀门、流量计及气阀巡检；机房走线架及母线桥架巡检；无中心网络控制结构；群会话语言结构；群意识、群决策、云部署；机器学习与遗产进化；工厂实验室系统调试、现场直接安装运行，安全可靠。

（8）运维大数据应用试点5——运维操作培训VR平台

运维操作培训VR平台能够实现运维员工技能轮训的机动性、零风险、真实感，规避了实景场地培训期间在网运行设备误操作的风险、减少了实物操作培训场地的资产投资和占地空间，被训人员主动受训意识强、技能接受周期短。

（9）运维大数据平台

运维数据大平台实现基础设施全生命周期管理，构建现实资产与虚拟资产的两界孪生。

六、结束语

目前，云计算、大数据时代的数据中心运维大数据应用技术已趋于成熟，而5G、IoT、AI、VR、AR、GIS（Geographic Information System，地理信息系统）、BIM、无人驾驶等高端技术的快速迭代发展为整个工业社会的创新与革命提供了肥沃的科技土壤，巨变就在眼前、就在现在，人人都说未来将来，其实未来已来。

云计算、大数据技术承载于数据中心，它不应仅仅是各行各业创新的工具，更应该是数据中心自身基础技术能力提升和行业地位提升的有效工具。新基建政策的出台推动我们用新技术为数据中心行业的各个传统专业赋能，赋予发展的新动能、应用的新功能、自我完善自我学习的新机能，我们必将成为数字经济稳步发展的主力军。

（雄安云网科技有限公司　袁晓东）

数字时代 IT 新治理领导力建设

一、IT 新治理是助力公司价值提升及 IT 生产力效能提升的必然趋势

虽然很多机构对 IT 治理给出了定义，但分析看来，大家对 IT 治理本质的理解是一致的。从公认度上，我们结合 ISACA（Information Systems Audit and Control Association，国际信息系统审计协会）和 Gartner 的定义来对 IT 治理展开说明。

IT 治理是数字化时代公司治理的重要组成部分，由价值认知、领导力、组织架构和流程保障组成，以确保组织的 IT 维持并扩展组织的战略和目标。Gartner 将 IT 治理分为 IT 需求治理和 IT 供给治理。其中，IT 需求治理解决的是公司价值实现及 IT 战略方向的问题，组织治理层要确保对竞争态势、IT 投资进行有效评估、选择，确定优先次序和提供资金的过程，并监督其实施，获得可衡量的业务收益和价值体现。IT 供给治理解决的是如何通过 IT 治理，确保企业价值和数字化生产力的双提升，也就是 IT 能力提升中应该如何做的问题，组织管理层要确保 IT 治理在有效、高效和合规的运营方式下，落实企业 IT 战略布局并实现预期目标。

当前，云计算、大数据与人工智能、区块链、5G、物联网等新技术推动了全行业的商业模式、业务模式的创新发展，随之带来了 IT 与业务关系以及新技术路线选择、IT 架构等变革，数字化发展红利给企业带来了前所未有的新机遇，但同时也带来了前所未有的新挑战。一方面，企业需要融入数字化发展洪流，抓住创新发展机遇、实现快速响应；另一方面，企业需要统筹发展和治理关系，结合自身特点理顺治理结构、优化 IT 投资组合，提高风险防控能力，继而打造数字时代可百年传承的中国优质品牌。因此，企业对于公司价值认知、IT 领导力、组织结构和管理流程等都会随之发生质的改变，传统

IT 治理必然迈向 IT 新治理时代。

二、IT 新治理特征与挑战

（一）IT 新治理是企业治理的重要组成部分，是一把手工程

翻看分析近两年各大企业的年报，我们看到信息科技创新应用已经是数字时代企业级重大发展战略之一；搜索企业数字化创新发展战略、数字化转型相关新闻，进行官方解读、行业发布的最高管理层不再仅仅是企业首席信息官、科技企业领导，而成为企业一把手、企业的掌门人。企业需要借助 IT 新生产力推动商业模式创新和业务的发展，继而实现组织的重塑，企业掌门人已经开始用数字化思维指导企业战略决策，企业级的 IT 需求与供给需要企业一把手进行整体决策。

（二）IT 新治理需要从全局视角出发，打破企业传统职能壁垒

现有的战略、财务、业务、运营管理、IT 职能部门的划分和合作机制，是建立在 IT 为企业后台支撑部门的管理思路下的。而在企业进行数字化布局和转型发展的大背景下，IT 投资已经成为保障企业数字化战略实施的企业重大战略性投资，IT 产品和架构推动商业模式和业务模式的创新、创造业务和企业价值的新增长点，企业运营管理已经出现由人工向自动化、智能化转变的趋势。财务需要看懂 IT，业务和运营管理需要与 IT 高效融合，企业传统的组织架构和管理要求需要围绕 IT 投资与应用进行破壁、重构。

三、应用科技手段以科技治理科技

传统的科技风险治理是围绕着企业的重要信息系统以及重要数据展开的，主要通过在企业内部展

开,通过三大防线组织建设、专业岗位人员风险控制检查两大举措实现,这已经完全不适用现在日益变化的创新性科技风险环境。新科技风险以及对应的防范需求表现如下。

(一)新生态风险

AI、大数据、云计算和数据中心等逐渐成为新基建的重要组成部分,开发、应用这些新技术的企业根据业务场景组成了新的生态。如中国信息通信研究院云计算与大数据研究所所长何宝宏博士提到,新型基础设施首先要强调社会属性,要体现社会责任。新型基础设施是开放的生态,要特别注重合规性。基础设施的提供机构和使用机构,以及行业监管机构需要应用创新治理理念,借助新技术、新手段建立共享治理平台,跨越企业边界,全范围、实时监控新生态环境下的运行风险,以保证企业业务和系统的合规性和持续性。

(二)新技术风险

除了上述作为新基础设施的生态风险之外,AI、大数据、云计算、区块链本身在创新应用的过程中,如何保证其安全、可控、合规是 IT 治理面临的关键挑战。很多互联网、科创类企业发挥其技术优势引入了平台化、工具化的治理手段,值得学习、借鉴和推广。

(三)新业务模式风险

借助互联网渠道、新技术手段开展的传统业务或者业务创新都可以称为新业务模式,新业务模式具有线上化、轻资产、高并发性等特点。如何保证线上业务合规性、可用性以及真实性是治理重点。IT 治理者需要结合线上业务特点,利用大数据和 AI 分析手段,对新业务进行全生命周期、可视化、智能化的监控和应对。

四、IT 新治理落地的三大抓手

无论是传统的 IT 治理还是新 IT 治理,其目的都是聚焦企业价值实现,对 IT 资源进行有效配置的决策和管理,实现 IT 生产力的有效提升和企业价值的最大化。所以,从 IT 新治理的目的、特征和挑战出发,企业 IT 新治理可以有以下三大抓手。

(一)以价值为中心进行 IT 投入评价

IT 投入的决策应该建立在企业价值认知和实现保障上,聚焦 IT 投入、产出分析,切忌盲目跟投。企业应该根据所处行业特点、竞争态势以及企业优劣势,建立适合自身管理现状和发展的核心收益指标,根据这些收益指标确定 IT 投入的方向、规模以及优先级,并通过对收益指标的可评估、可评价监控,不断对 IT 投入进行调整和优化。

(二)促进业务、财务与 IT 的战略性融合与跨界管理

只有让业务、财务懂 IT,让 IT 懂业务、财务,才有可能实现 IT 价值的最大化。一方面,企业可以调整组织架构,整合不同职能部门的专业人员组成新的部门,如互联网企业的 BG 事业群,金融企业的渠道管理部,普惠金融部等;另一方面,企业可以在现有职能部门之间建立起联合管理项目,如云财务运营管理体系建设。

(三)科技风险治理体系及平台化建设

科技风险治理是 IT 治理的重要基座。企业内控合规条线、行业监管机构都需要在现有风险治理体系的基础上,分析新业务、新技术、新生态、新管理模式下的新 IT 风险,整合内外部技术资源和最佳实践,建设平台化、智能化的新一代风险治理体系。

(中国信息通信研究院　杨玲玲)

网络与信息安全篇

2020 年网络安全观察分析

一、2020 年网络安全新变化

（一）新冠疫情带来安全挑战

随疫情蔓延至全球，随之而来的网络攻击也逐步扩散到全球。新型冠状病毒肺炎信息被融入互联网黑产攻击链和产业链中，网络攻击检测能力受到挑战；远程办公和大量云化应用模糊了企业的 IT 边界，传统的以边界防护和内网安全为重心的安全体系架构备受考验。

（二）新基建推动网络安全新发展，迎来网络安全新挑战

国家网络空间安全网越来越重要，物联网、数据中心、工业互联网等新型基础设施建设成为网络空间的重要保障点和经济复苏新动能，我国网络安全产业迎来发展战略机遇期的同时也面临着新型的安全风险。

（三）网络安全战场和攻防模式日趋复杂

物联网、工业互联网、卫星网络的发展使得网络连接多样化；传感器、智能设备的加入使得连接主体多样化；日渐复杂的网络空间使得攻击战术多样化，不断发展的攻击技术与网络环境使得防守能力受到了挑战。

（四）人工智能步入 AI 对抗时代

2020 年人工智能和机器学习为网络安全的技术进步添砖加瓦，但人工智能自身潜在的安全风险也引起重大关注。训练数据的污染、运行阶段数据异常、模型窃取攻击对数据逆向还原等威胁，推动网络安全威胁的发展步入 AI 对抗 AI 的阶段。

（五）国家政策切实保障数据安全

2020 年全球数据泄露事件频频发生，数据及隐私泄露事件规模变大，后果更加严重。《中华人民共和国数据安全法（草案）》和《个人信息保护法（草案）》的发布，标志着数据安全上升到国家层面，推动数据安全行业的发展。

二、2020 年威胁态势观察分析

（一）恶意 IP 态势分析

从绿盟科技威胁情报中心所掌握的情报数据分析可知。

1. 从攻击类型分析

参与垃圾邮件攻击的 IP 是最多的，占 48.9%，其次是僵尸主机、安全漏洞。在所有恶意 IP 中，30% 的恶意 IP 使用了多种攻击方法，较 2019 年资源的重复利用率有所提高，更多 IP 参与了多种攻击。如图 1 所示。

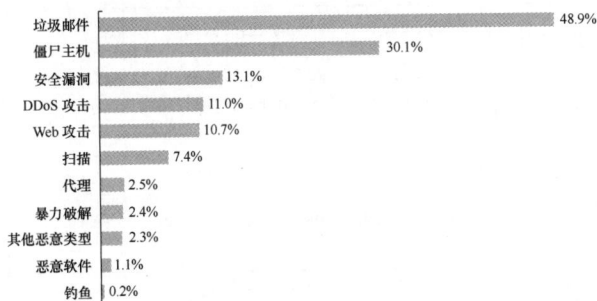

攻击类型	百分比
垃圾邮件	48.9%
僵尸主机	30.1%
安全漏洞	13.1%
DDoS 攻击	11.0%
Web 攻击	10.7%
扫描	7.4%
代理	2.5%
暴力破解	2.4%
其他恶意类型	2.3%
恶意软件	1.1%
钓鱼	0.2%

图 1　攻击类型分布

2. 从攻击源 IP 分布分析

从全国来看，攻击源主要集中在广东、江苏、河南和湖北等地区，如图 2 所示。

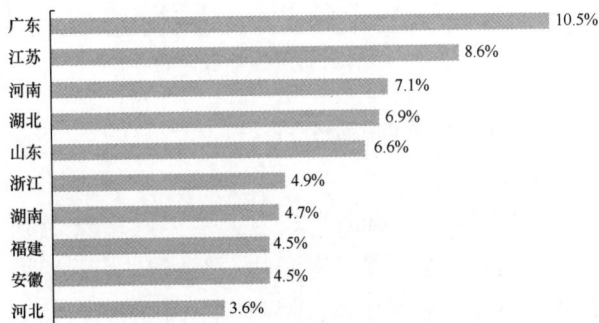

地区	百分比
广东	10.5%
江苏	8.6%
河南	7.1%
湖北	6.9%
山东	6.6%
浙江	4.9%
湖南	4.7%
福建	4.5%
安徽	4.5%
河北	3.6%

图 2　攻击源分布

（二）漏洞态势观察分析

1. 漏洞总体态势分析

根据美国国家计算机通用漏洞数据库已收录的公开发布漏洞数目进行观察，2020 年新增加的漏洞数量为 1443 个，呈下降趋势，高危漏洞占比为 42.59%，占比最大；CWE-79 类型的漏洞数量最多；服务器漏洞中 Web 服务器受到的攻击最多，占比为 64.76%；应用软件漏洞中浏览器应用受到的攻击最多，占比为 48.54%；同时也出现多个 Windows 漏洞，其中微软 SMBv3 Client/Server 远程代码执行漏洞 CVE2020-0796 高危漏洞最引人注目，该漏洞危害接近永恒之蓝。

2. 漏洞利用

根据绿盟科技威胁情报中心检测到的安全事件，我们整理出 2020 年告警中与漏洞利用相关的攻击事件，提取出告警数量较高的前 10 名漏洞信息，如图 3 所示。

漏洞编号	漏洞名称	告警数量(个)
msl7-010	Windows msl7-010 系列漏洞扫描攻击	10694163
CVE-2003-0486	phpbb viewtopic.php topic_id 远程 spl 注入攻击	7413032
CVE-2016-0800	Openssl sslv2 弱加密通信方式易受 drown 攻击	2991082
CVE-2005-2678	Microsoft llS "500-100.asp" 源代码泄露漏洞	2119380
EDB-ID 45978	ThinkPHP 5..x 远程命令执行漏洞	2076446
CVE-2015-5311	Powerdns authoriative server dns they unknown record 拒绝服务漏洞	1856060
CVE-2017-0144	Sindows smb 远程代码执行漏洞（shadow brokers eternalblue）	1827316
CVE-2003-0132	Apache http server 换行内存分配拒绝服务漏洞	1508481
CVE-2017-5638	Apache Struts2 远程命令执行漏洞（s2-045）（s2-046）	1497304
CVE-2014-6271	GUN bash 环境变量远程命令执行漏洞	836630

图 3　2020 年漏洞利用告警数量前 10 名

（三）恶意软件态势分析

1. 疫情相关

"COVID-19 phishing" 成为上半年网络安全领域的关键词，全世界黑客组织、恶意软件运营者将 COVID-19 phishing 作为恶意邮件攻击中的极佳诱饵，利用特殊环境中互联网用户的敏感心理提高入侵概率。

2. 邮件平台

绿盟科技对 2020 年度恶意邮件进行聚类分析，进而判定了大簇对应的威胁类型，数据显示，2020 年 Emotet 依旧是世界上危害最大的邮件木马程序，而 Agent Tesla 是 2020 年度在影响规模方面增长最快的邮件木马。

（四）恶意流量态势

2020 年 DDoS 攻击次数和总流量下降，国家净网专项治理效果明显。受新冠疫情爆发的影响，2020 年 2 月 DDoS 攻击数量激增，攻击的 74.21% 均来自国外。5G 环境下的 DDoS 攻击带宽增加，中小型攻击替代小型攻击，占主导地位。

根据绿盟科技威胁情报中心数据分析发现，国内攻击源主要集中在广东、江苏、浙江。Web 攻击受害者主要在上海、江苏、台湾等地，如图 4 所示。50% 的 Web 攻击集中在政府和零售业。

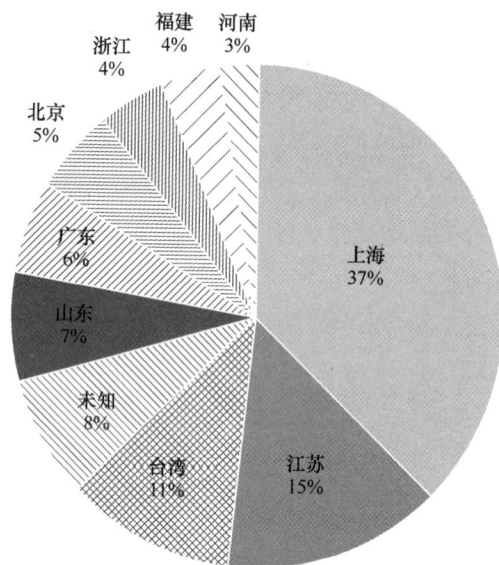

图 4　攻击受害者国内分布

绿盟科技根据企业内部挖矿攻击进行统计，活动次数和挖矿主机数都有所减少，说明企业越来越重视内部的挖矿行为，并采取了相应的防护措施。

三、2020 年热点态势

（一）高持续性威胁

绿盟科技多年来持续跟踪全球高持续威胁活动趋势，包括攻击活动、技术特点以及活动背后的组织。

1. APT 活动追踪

根据绿盟科技监测情况，2020 年共发现 21 个 APT 攻击组织有疑似活动，绝大多数 APT 组织均为短期内活跃，主要攻击手段为水坑攻击和 Web 攻击，攻击的领域主要集中在政府和教育。

2. APT 组织情报

2020 年 2 月到 11 月，绿盟科技共收录 98 份涉及 60 个 APT 组织的相关威胁报告。

（二）IPv6 安全威胁

2020 年绿盟科技威胁情报中心通过对百余家国内单位的攻击数据进行分析，观察分析国内 IPv6 环境下单位面临的威胁状况。

攻击来源于国外的有 11650 次，占比为 12%；来源于国内的有 89570 次，占比为 88%。来源国内的攻击仍是 IPv6 国内企业面临的主要威胁来源。

攻击告警数量排名前 5 的省份分别是江苏省、福建省、湖南省、山东省、广东省，如图 5 所示。

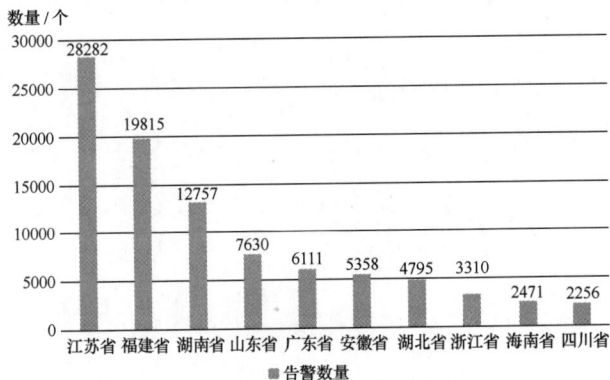

图 5　来源于国内攻击的地区分布

针对攻击源是国内 IPv6 地址的分析发现，在 Top10 攻击事件中，挖矿攻击占据榜首。网站服务组件的相关攻击较为频繁，如图 6 所示。

攻击名称	数量（个）
挖掘蠕虫 WannaMine 连接 DNS 服务器通信	19718
恶意程序 Windows/Ramnit_a 网络通信	19088
可疑 Webshell 后门访问控制	6158
挖矿程序查询 DNS 矿池服务器域名	5989
"驱动人生"下载器木马通信	5369
PHP 代码执行漏洞	4467
HTTP 服务目录遍历漏洞	3828
木马后门程序 Chopper Webshell 检测	3684
ThinkPHP5x 远程命令执行漏洞	2054
Apache php 文件后缀解析漏洞	747

图 6　来源于国内的前 10 名攻击事件

根据不同行业受攻击情况分析与统计，教育行业与运营商依旧是遭受攻击的重点，如图 7 所示。

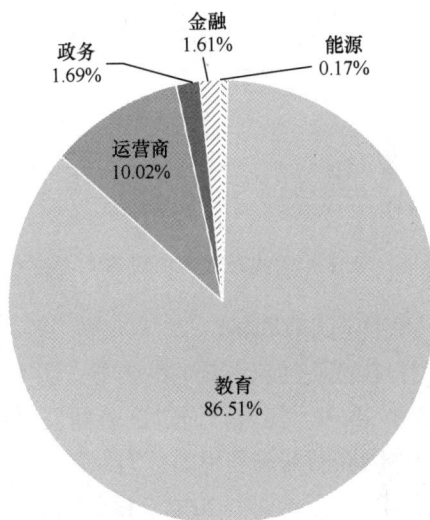

图 7　不同行业受攻击统计

（三）暗网数据泄露

绿盟科技立足于保卫网络安全的社会责任，建立暗网数据交易的持续监控机制，协助主管部门及时发现敏感数据泄露。

2020 年数据泄露特点有以下几点。

数据泄露事件数量为 0 ～ 100000 个，泄露事件多，涉及的数据量少，量少而多次，多为个人作案；数据泄露最严重区域为沿海经济发达区；数据泄露最严重的行业为博彩与金融行业；泄露的个人信息类型中，占比最多的是手机号与姓名。

四、新基建下的安全洞察

（一）物联网安全

物联网安全一直备受重视，新基建下的物联网安全可分别从物联网资源的暴露和漏洞利用等维度来观察分析。

1. 物联网暴露资源

根据绿盟科技威胁情报中心的资产情报来看，2020 年暴露最为严重的物联网设备为路由器，超过 1900 万台，其次是视频监控设备，超过 1560 万台。具体如图 8 所示。

单位：万台

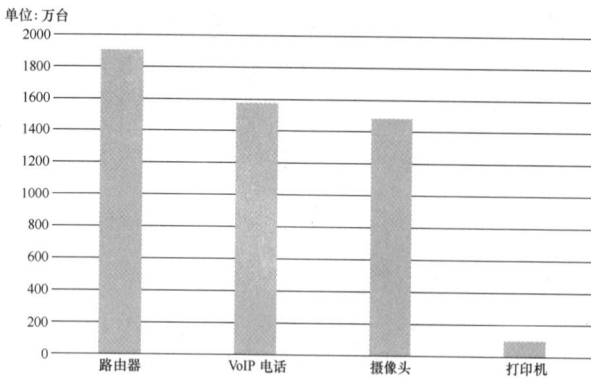

图 8 全球暴露物联网资源设备类型分布

2. 物联网漏洞利用

绿盟科技威胁捕获系统的感知节点遍布世界五大洲，覆盖 20 多个国家，通过威胁捕获系统捕获到 100 余种物联网漏洞利用的行为，其中，远程命令执行类漏洞居多，约占 70%，相关攻击者数量达 110000 个，如图 9 所示。

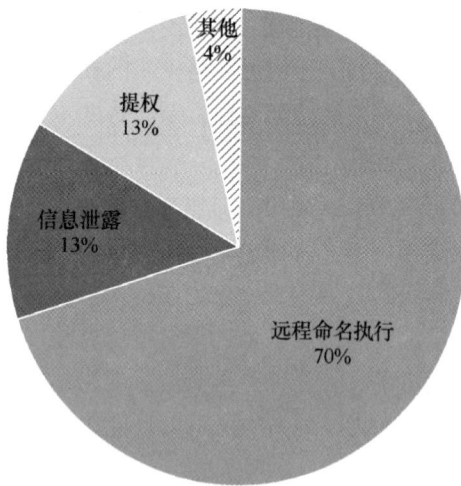

图 9 物联网漏洞利用类型分布

（二）工业互联网安全

工业互联网是规模较大的新型产业，拥有很长的产业链条，工业互联网安全不容小觑。

1. 工控资产暴露

绿盟科技统计工业环境中 5 种协议，分析全球工控资产在网络中的暴露情况，其中 ENIP 协议相关工控资产暴露最多，Modbus 协议其次。如图 10 所示。

单位：万台

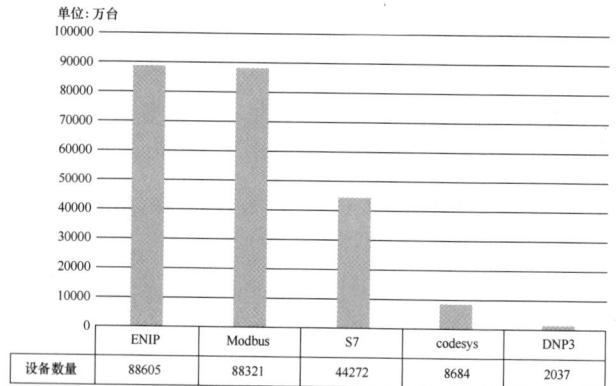

	ENIP	Modbus	S7	codesys	DNP3
设备数量	88605	88321	44272	8684	2037

图 10 5 种常见工控协议资产暴露量

2. 工控安全事件分析

2020 年，绿盟科技处理工控相关事件及重大漏洞共计 1946 条，相较 2019 年有一定增长。在 2020 年所有工控事件中，特别是安全事件，大多数为复合行业，如图 11 所示。智能制造产业的攻击比例有所提升，成为行业中被攻击的最大目标。

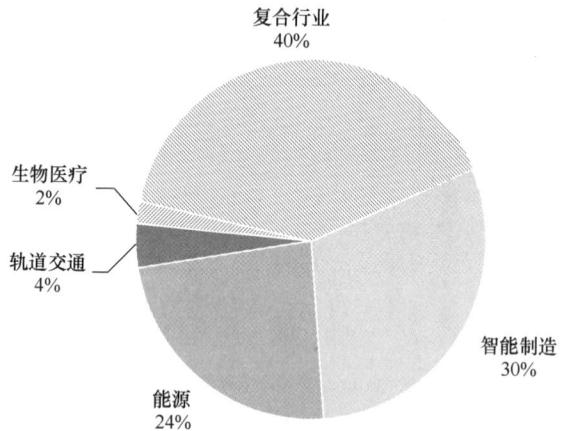

图 11 工控相关事件重大漏洞

（三）5G 安全

1.5G 安全标准新动态

美国、欧盟、中国都相继出台了针对 5G 安全的相关政策，国际标准主要聚集在安全架构设计和核心技术安全领域上，国内 5G 安全专有的标准研制也在快速跟进。

2. 安全风险分析

5G 网络引入的网络功能虚拟化、网络切片、边缘计算、网络功能开放等技术，一定程度上带来了新的安全威胁和风险，对安全防护和运营部署等方面提出了更高的要求。网络功能接口对第三方应用的开放也对个人隐私信息和开放接口的安全产生威胁。

（四）人工智能安全

人工智能是新一轮产业变革的核心驱动力量，将推动数万亿级数据经济产业转型升级，其带来的安全风险也不容忽视。

1.基础设施建设安全

新基建场景下，人工智能对基础设施建设的稳定性和安全性有新的要求。网络攻击会导致数据交互平台宕机，算法基础设施的漏洞攻击会带来算法后门嵌入与代码安全漏洞等风险。

2.训练数据安全

人工智能处于依托海量数据驱动知识学习的阶段，数据共享需求高，通过共享融合的人工智能训练数据集面临着数据不均衡、数据投毒、数据泄露等风险。2020年人工智能相关数据泄露前5名的事件见表1。

3.算法模型安全

对抗样本攻击是攻击者利用对抗性数据样本投毒业务应用的AI/ML训练数据，以破坏决策和运营；

后门攻击和训练数据投毒对数据的破坏会影响人工智能设备实时自学习模型的准确性，对自动驾驶汽车、智能工业产业链等智能模型设备产生严重后果。

4.人工智能滥用

人工智能换脸、人工智能拟声、假冒音频视频等技术被不法分子滥用于生物特征识别身份验证解决方案中，人工智能技术成为抵御欺诈和其他犯罪的有力武器，也因此面临更严峻的信息安全风险。

（五）数据安全

2020年全球数据泄露安全问题依旧严峻，数据泄露规模庞大，泄露程度触目惊心；国内新冠疫情期间个人隐私泄露事件也频频发生，数据安全问题刻不容缓。

1.法规政策大事件

2020年全球大部分国家制定了数据安全与隐私法规，欧盟成员国全面GDPR（General Data Protection Regulation，《通用数据保护案例》）执法，2020年开出263张罚单；国内发布了《中华人民共和国数据安全

表1　人工智能相关数据泄露前5名的事件

时间	事件	描述
2020年4月	疫情期间世界卫生组织遭受网络攻击	世界卫生组织发表声明称，疫情期间遭受网络攻击数量急剧增加，约有数千名相关工作人员的邮箱、密码遭到泄露
2020年10月	希腊电信巨头遭非法入侵者攻击，大量用户个人信息被泄露	希腊最大的电信网络公司Cosmote发生重大数据泄露事件，大量用户的个人信息遭泄露，对国家安全产生重大影响。据报道，此次信息泄露是由国外黑客实施网络攻击造成的，黑客窃取了2020年9月1日至5日期间的电话等数据。Cosmote公司表示，被窃取的文件不包含通话（聊天）或短信内容、用户姓名或地址、信用卡或银行账户信息，用户无须采取任何行动。目前，该事件的调查正在进行中，还没有任何迹象表明早期窃取的信息被公开，或以其他方式被使用
2020年6月	美国200多个公检法部门泄露296GB数据文件	美国执法机构和执法融合中心被窃取了296GB被称作BlueLeaks的数据文件，这些数据包含了美国200多个警察部门和执法融合中心的报告、安全公告、执法指南等。据推测，某些文件还包含敏感的个人信息，例如姓名、银行账号和电话号码
2020年4月	中国医疗公司AI检测新冠病毒技术被非法入侵者窃取	目前安全人员发现了一个名为"THEOTIME"的网络黑客，疑似是窃取慧影医疗技术公司用AI技术辅助进行新型冠状病毒检测的实验数据的主要嫌疑犯。黑客对外的出售帖子声称已经获得了COVID-19检测技术代码以及COVID-19实验数据。出售的主要数据包括：1.5MB的用户数据、1GB的技术内容以及检测技术源代码、150MB的新冠病毒的实验室成果内容等
2020年5月	瑞士铁路机车制造商Stadler遭到网络攻击	瑞士铁路机车制造商Stadler对外披露，其于近期遭到了网络攻击，攻击者设法渗透了其IT网络，并用恶意软件侵入了部分计算机，很可能已经窃取到部分数据

法（草案）》和《个人信息保护法（草案)》。数据安全法规化已成大势所趋。

2. 数据安全技术发展趋势

在强有力的隐私法规的驱动下，数据安全合规市场前景广阔。

隐私法赋予用户自由访问、修改和删除等权利，相应地推动企业用户数据全力响应相关技术的发展。

为完成敏感数据的安全保护，敏感数据识别、数据脱敏技术发展迅速。

敏感数据安全合规与敏感数据高频利用双要求，促使隐私增强型技术与应用喷涌而出。

2020 年，网络安全遭受前所未有的全球新冠疫情的冲击，新基建的建设和发展催生网络安全新需求。绿盟科技集中精力做好巨人背后的安全专家，提供基于自身核心竞争力的企业级网络安全产品、安全解决方案和安全运营服务。

（北京神州绿盟信息安全科技股份有限公司）

软件供应链安全现状分析

随着软件产业和软件工程的不断发展，软件的代码、模块、组件等元素的复用变得越来越普遍，软件元素之间的依赖关系愈发错综复杂，不仅带来了新的安全隐患，而且对软件漏洞影响评估、软件安全分析测评等相关工作也带来了巨大挑战。面对以上问题，奇安信技术研究院开展了关于软件供应链安全现状分析的相关研究，分别对热门软件、系统程序、安卓固件等不同类型的软件进行了深度剖析和全面测绘。本文从数据分析的角度，结合具体的案例，阐述当前软件供应链安全中存在的一些典型问题，以做软件供应链安全现状分析与评估。

一、背景介绍

传统的供应链是指商品的原料采购、制作加工、包装运输、批发零售等环节及其构成的整个链式结构。这种供应链概念也同样适用于计算机软件，软件的规划设计、开发集成、分发部署、运行维护等阶段及这些不同阶段构成的整个链式过程，构成了软件供应链。任何一个步骤出现问题，都可能引起"蝴蝶效应"，并在软件空间中产生巨大影响，对网络和系统安全造成巨大威胁。不仅仅是模块文件，随着现代软件功能的日益丰富，软件包含的程序文件/动态库、访问的 IP/URL 等"元素"都有可能成为漏洞的载体，如图 1 所示。这种软件元素之间的依赖性，以及软件与外部环境之间的关联，构成了一个庞大、复杂的软件依赖关系网，该关系网导致了相关人员在对软件供应链安全现状进行分析时会遇到难点问题。

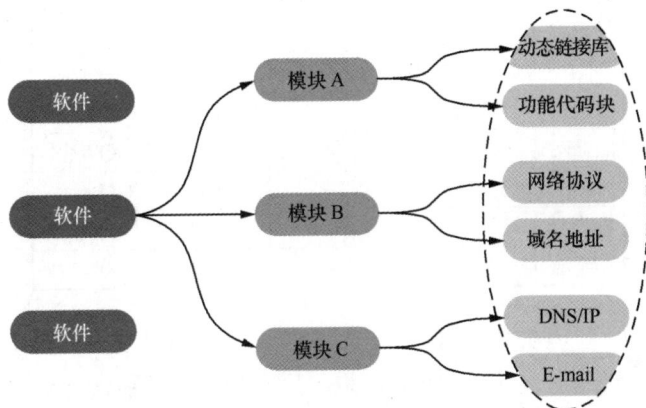

图 1 漏洞的载体

针对以上问题，我们利用自研的分析系统，实现了对软件的细粒度拆解和依赖关系提取，并以软件、组件等元素为节点，建立了软件依赖关系网及软件空间测绘图谱。本文中涵盖了近 30 万款 Windows 第三方软件、4300 多个 Android ROM，以及 OpenSSL、Chromium 等被大量依赖的软件模块。接下来，我们对软件空间中这些错综复杂的元素依赖关系进行分析，并结合具体案例，介绍当前软件空间中的典型安全问题及其共性特征。

二、后门木马植入分析

我们在分析现网软件运行过程中的域名访问时，发现了一些并不常见的域名却被一系列不同类别的软件依赖。这些域名一旦发生安全问题，例如被挂马或者被拒绝服务，会在网络上带来比较严重的影响。

我们对这类域名进行了深入分析，发现其中确实存在恶意域名。例如 amsamex.com 就具有典型的 sality 后门木马活动特征，依赖该域名的软件类别多达 7 类，因此有理由相信该域名从一开始就与软件本身的业务逻辑无关，即本身就是被恶意植入的后门模块。我们库中的软件来自国内各大主流下载网站，根据受影响的软件发布时间推断，该后门至少从 2014 年就已经开始被植入各类市场软件中，部分受影响软件见表 1。

表 1 amsamex.com 后门木马被植入的部分市场软件

文件名	更新时间	文件类型
原创内容生成软件 .exe	2018.04.23	杂类工具
txt 文本批量合并工具 .exe	2014.02.08	应用程序
搜云盒子 .exe	2014.02.12	搜索引擎
小歪网页邮箱提取器 1.0.exe	2014.03.03	电子邮件
磁链种子互转器 .exe	2014.02.13	转换翻译
qq 截图默认文件名修改爱 q 专用版 .exe	2014.03.06	QQ 专区
robot1.3.exe	2014.03.04	QQ 专区
重力挡土墙设计小软件 .exe	2017.10.27	工程建筑
贴吧查询 ip 1.1.exe	2018.11.29	工具

但类似 amsamex.com 这样的情况并不是个例。我们通过动态分析，抓取了所有被多种类别软件依赖的 URL 访问进行分析，在其中发现了散播在不同软件中、结构却非常相似的 URL 访问，例如图 2 所示的一种情况，URL 均以 ".jpg 数字 = 数字"的奇怪方式结尾。我们对这类 URL 进行了深入分析，发现基本都是被挂马的恶意链接。

进一步地，我们统计了"URL 结构相似且域名不同"的恶意域名地址访问情况，发现这类域名通常具有高度一致的访问者（客户端 IP）和访问时间，如图 3 所示。因此，我们可以推断这样的攻击属于同源攻击。其中一组访问规律高度一致的恶意域名及其关联的威胁事件见表 2。

表 2 同源攻击的威胁发现

域名	威胁爆发时间
althawry.org	sinkhole 2018/9/1
	远控木马 2019/8/9
www.careerdesk.org	远控木马 2019/8/9
arthur.niria.biz	远控木马 2019/8/9
amsamex.com	远控木马 2017/12/14
	远控木马 2019/8/9
apple-pie.in	sinkhole 2018/9/1
	远控木马 2019/8/9
ahmediye.net	远控木马 2018/7/4
	远控木马 2019/8/9
g2.arrowhitech.com	远控木马 2019/8/9
ampyazilim.com.tr	远控木马 2019/8/9

图 2 被植入到市场软件中的恶意 URL 访问 （部分）

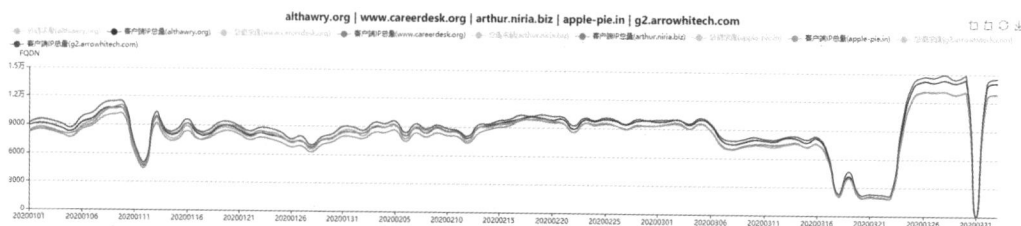

图 3 结构相似的可疑域名访问情况

表 2 中的恶意域名约在 2014 年已被植入市场软件，我们在 2020 年 3 月对这部分恶意域名进行了访问量统计，发现这些域名依然非常活跃，即依然在网络上持续产生威胁。表 3 中部分域名每个月的访问量高达百万级。

表 3　恶意域名 2020 年 3 月的访问量统计

恶意域名	IP 数量（个）	访问量（人）
althawry.org	91946	1939293
www.careerdesk.org	86701	1659632
arthur.niria.biz	86344	1664789
apple-pie.in	86039	1663004
g2.arrowhitech.com	95564	2102762
ampyazilim.com.tr	75681	970029
amsamex.com	24250	265978
ahmediye.net	25198	303398

我们通过异常的网络元素依赖关系分析，发现其实一些"反常"的现象（例如，业务类型天差地别的软件却依赖着相同的小众域名），往往就是被攻击者植入软件供应链中的恶意模块。上述现象并非个例，本节我们通过数据分析的方法，主动挖掘出不少被植入热门市场应用中的后门木马，并发现了其中的同源攻击。我们通过分析可知，不少这类攻击已经在软件空间中长期潜伏，至今还是非常活跃，

值得引起大家的重视。

三、漏洞影响范围评估

类似域名的跨软件类型依赖问题，在软件模块依赖关系中，同样存在大量软件依赖相同组件模块的情况，这样的"关键节点"一旦出现安全问题，影响范围往往难以评估。例如，在 WinRAR 软件中发现的高危漏洞（CVE-2018-20250 ～ 20253），该漏洞实际上存在于负责 ACE 格式解压功能的 unacev2.dll 模块中，且已经存在了长达 19 年。因此，在软件生态漫长的演化过程中，这个有漏洞的模块实际上已经被扩散到了大量的其他常用软件中，而不是仅仅影响 WinRAR 这一款软件。我们针对市面上 26 万个热门应用软件进行分析，发现该漏洞被至少被 400 个模块调用过，影响了约 220 款软件，横跨 23 个软件类别。

我们通过进一步分析发现，该漏洞影响了大量不同时期发布的软件，此外还影响了约 120 款非压缩软件，非压缩软件占比高达 55%，如图 4 所示。

unacev2.dll 模块的主要功能是解压 ACE 格式压缩包，却影响了大量非压缩软件。我们针对这一现象进行了人工分析验证，发现这种依赖关系的成因很多。例如，某文件浏览器调用该模块实

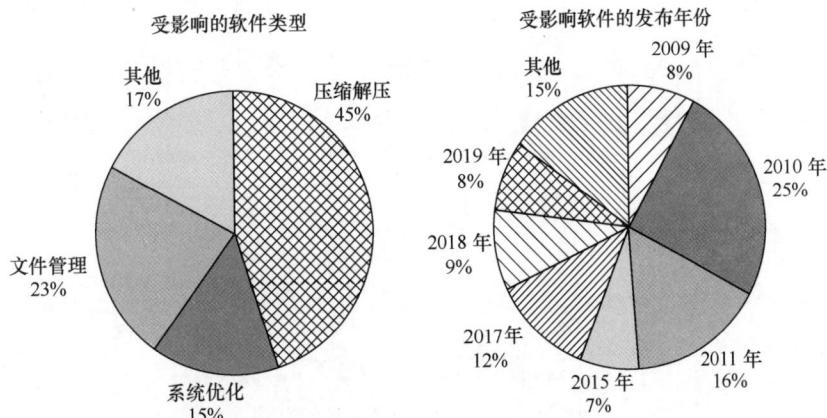

图 4　unacev2.dll 漏洞时至今日依然影响大量非压缩软件

现对压缩包的内容预览、某软件管家上的压缩工具未能更新、某播放器软件捆绑安装受漏洞影响的解压工具、某 AndroidROM 解压工具集成有漏洞的 WinRAR 版本进行固件解包操作等，具体如图 5 所示。

事实上，跨软件类型的模块发生漏洞往往比较隐蔽，因为从受影响软件的功能需求上来讲，很难推断出关联的漏洞模块，因此不仅用户，甚至开发商自身都不知道自家软件受到漏洞影响，导致漏洞的长期存在，所以开发公司也难以全面、及时完成漏洞修补。因此，掌握软件空间错综复杂的元素依赖关系，对安全检测和攻击防御工作至关重要，利用这些依赖关系信息，防御者能够准确、全面、快速地评估漏洞的影响范围，实现应急响应，具有非常积极和重要的意义。对攻击者而言，利用类似的依赖关系信息，能发现更多的攻击路径和漏洞利用方式，从而使用漏洞最大化的价值。

四、集成模块漏洞隐患

随着软件生态的发展，一些常见的基础模块往往会大量被第三方软件依赖，比较典型的是 Chromium 内核，当前 GoogleChrome 也源于 Chromium 开源项目。我们通过对软件空间中的元素依赖关系进行分析，发现有 1096 个模块依赖了 chrome.exe、chrome.dll、chrome_child.dll 等 Chromium 项目文件，这些模块又被约 490 个软件所依赖，这其中大部分是各类第三方浏览器软件，涵盖国内全部的主流浏览器，部分软件见表 4。

表 4　依赖 Chromium 的浏览器软件　（部分）

Edge 浏览器	360 浏览器	世界之窗浏览器	UC 浏览器	百度浏览器	奇安信浏览器
搜狗高速浏览器	115 浏览器	猎豹安全浏览器	遨游浏览器	腾讯浏览器	千寻浏览器
快快浏览器	酷屏极速浏览器	方德浏览器	希沃浏览器	中国搜索浏览器	游侠游戏浏览器
美分浏览器	Twinkstar 浏览器	真酷游戏浏览器	Vivaldi 浏览器	Webfreer 浏览器	腾讯 TT 浏览器
万能浏览器	超级兔子浏览器	K-Meleon	韦瓦第浏览器	Lunascape	Anaheim 浏览器
FlashPeak Slimjet	中国国搜浏览器	Avant Browser	哇塞游戏浏览器	Adsafe 浏览器	千兆浏览器
265G 极速游戏	白芸豆浏览器	Kinza 浏览器	百贝浏览器	8684 浏览器	光束谷歌浏览器
114 啦浏览器	Xvast 浏览器	东方浏览器	jizz 极速浏览器	阿尔法浏览器	蚂蚁 Chrome

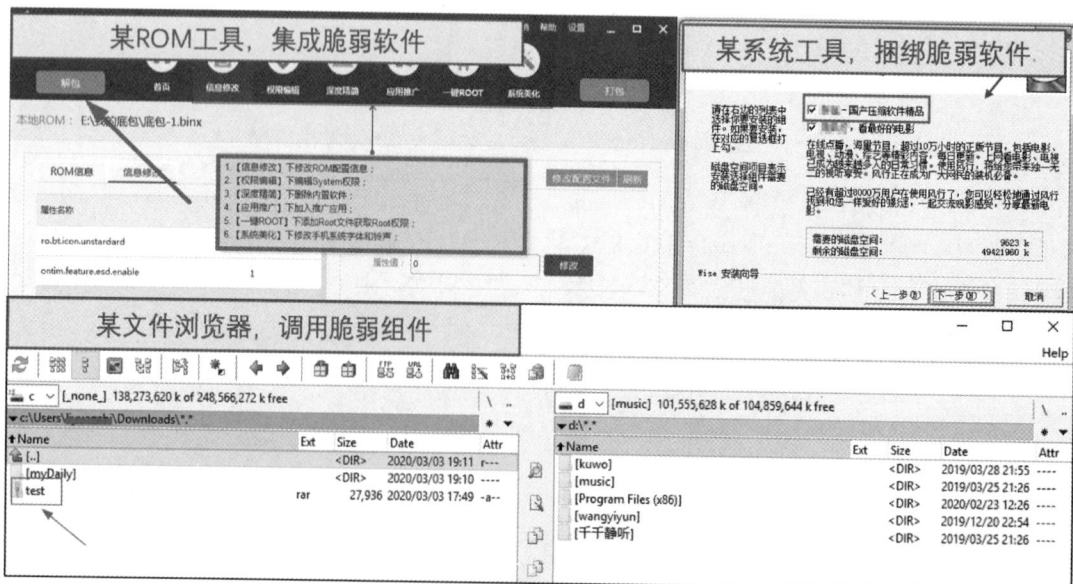

图 5　非压缩软件受漏洞影响的原因示例

由于 Chromium 本身更新频繁，版本迭代速度快，因此一旦发生安全问题很可能造成横跨多个版本的大范围影响。例如在 80.0.3987.87 之前的版本中存在的 JavaScript 类型混淆漏洞，远程攻击者可借助特制的 HTML 页面利用该漏洞造成堆破坏。通过版本比对分析发现，该漏洞横跨了 134 个不同版本。

此外，更大的安全隐患在于，当 Chromium 出现安全漏洞时，依赖 Chromium 内核的其他软件也需要同步打上相关补丁来修补相关漏洞。然而不同厂商的软件，Chromium 内核版本其实并不同步，主要是因为厂商对该问题的重视程度不一样，或者是对 Chromium 的定制使得保持内核版本同步比较困难。我们在 2020 年 7 月对市面上部分主流浏览器进行测量，包括内核版本以及受已披露 CVE 漏洞的影响情况，发现除了奇安信安全浏览器和微软 Edge 浏览器等少量产品与 Chromium 官方内核版本保持一致外，其他浏览器或多或少都存在版本落后的情况，个别浏览器甚至还在使用 2016 年年初的 Chromium 内核。

本文我们以 Chromium 模块的版本落后作为典型问题举例，但其实类似的安全隐患还有很多。例如，很多软件出于兼容性考虑，将 jscript.dll、gdiplus.dl 等系统库打包到了自己的安装包中，即软件运行过程中依赖的是自己释放出来的、特定版本的系统模块，而不是调用系统目录中由操作系统统一管理的系统模块。因此，一旦这些系统模块出现安全问题，即使操作系统发布了补丁对这些模块进行更新，但这些软件如果不更新自身打包的运行库，相关漏洞也会一直存在。例如，之前爆发的高危漏洞 CVE-2020-0674，该漏洞发生在 jscript.dll 模块上，jscript.dll 模块负责 JScript 语言解析相关工作，被大量软件依赖。我们对元素的依赖关系分析，发现该漏洞影响第三方软件多达 1.3 万款。虽然微软进行了紧急漏洞更新，但通过动态分析发现，至少有 50 款软件会在运行时动态释放出受漏洞影响的 jscript.dll 模块，对于这些软件而言，即使用户具有良好的安全习惯，及时做了系统补丁，以为自己不再受到漏洞影响，但只要这些软件本身没有进行相应的修补，其实依然会暴露在漏洞攻击范围内。

除了以上的案例，类似的现象还有很多，例如 OpenSSL 等被普遍应用且经常出现安全漏洞（如"心脏滴血"）的基础组件，不仅被桌面软件大量依赖，在 Android 系统和 IoT 固件里也被广泛使用。我们通过软件成分分析构建了 OpenSSL 的依赖关系，对于我们收集的 AndroidROM，OpenSSL 占所有 SO 文件总量的比例约为 2%；而对于 IoT 系统，在我们收集的不同厂商的 IoT 固件中，70% 以上固件依赖 OpenSSL。因此 OpenSSL 出现安全问题时，往往会带来跨平台的大范围影响。

随着软件工程和软件生态的发展，功能模块（特别是基础模块）的复用现象只会变得越来越普遍，导致漏洞修复、模块更新等任务已经由最初的模块发布者逐渐变成模块的集成者来承担。软件开发商的技术能力、安全意识等参差不齐，导致漏洞从爆发初期到完全消除需要经历一个相当漫长的过程。

五、安卓补丁滞后评估

随着智能终端和物联网的快速普及，Android 系统已经深入信息社会的方方面面。AOSP（Android Open-Source Project，Android 开放源代码项目）基础代码（Android 开源代码）大量复用是 Android 软件生态的最典型特性，受此影响，Android 系统的安全性与 ASOP 安全补丁跟进的及时性密切相关。然而，受技术和市场等因素影响，并非所有的厂商都能及时地跟进 Android 的安全补丁更新，而除去手机制造商外，Android 还有活跃的第三方定制 ROM（Reading Only Memory image，只读储存器镜像）市场，这些第三方定制 ROM 主要以功能更新为主，没有能力保证补丁的安全更新，其安全补丁跟进情况可想而知。

我们针对 8 个不同的主流手机厂商发布的 ROM 进行了补丁滞后时间分析，我们从这些厂商在 2018 年 6 月到 2020 年 6 月期间发布的 ROM 中，随机选取了最多不超过 100 个 ROM，然后用 ROM 的编译时间减去补丁的发布时间来近似评估 ROM 的安全补丁滞后时间。可以发现，不同的手机厂商，对于安全补丁的跟进时效性、重视程度存在差异。

此外，在分析中我们发现，即使是相同厂商的不同型号设备，其补丁更新情况也存在差异。我们对国内某主要手机厂商各型号手机设备的补丁更新情况进行了分析在分析过程中，我们发现该厂商的安全补丁最长滞后时间达 1200 天，我们针对这个现象进行了人工分析，发现该机型自 2015 年第一次发布到 2019 年最后一次放出更新包，其安全补丁等级从未更新过。也就是说该机型自最初发布之后的所有设备，都严重在暴露安全风险中。

我们深入分析后可以发现，各个手机厂商、甚至相同厂商的不同产品线，对安全补丁更新的及时性和重视程度是有差异的，这也就导致相同 Android 版本的智能设备，其实际的安全性、漏洞修补级别都会有差别。虽然不能仅根据安全补丁是否及时来评估系统的安全性，但也能说明目前这方面的安全防御能力存在欠缺，特别是在智能终端、物联网设备广泛应用 Android 系统的时代背景下，该问题值得引起业界所有人的重视。

六、结束语

随着软件生态的快速发展，软件供应链安全问题层出不穷，带来的影响也越来越严重。一个偶然发现的漏洞，或者有针对性的漏洞挖掘工作的成果，可能在整个软件空间中发展成影响范围大到难以评估的安全问题。对于这样的安全现状，加强各种安全防护措施确实是一个必要方面，但从软件空间数据的角度做好测绘、从数据异常的角度做好检测和预警也是非常重要的工作。遗憾的是，目前，软件供应链安全还是一个比较新的领域，尚没有一套科学完善的分析、检测和应对手段。在这种严峻的安全现状和现实的安全需求之下，无论工业界、学术界，都在抓紧突破相关领域研究，填补当前安全技术缺口。

本报告从软件空间测绘和依赖关系分析的角度向大家阐述了当前软件供应链安全的现状，并结合具体案例，分析了当前市面上各种软件在开发、部署、传播、升级等阶段面临的典型安全问题及其共性特点，为软件供应链安全分析与评估贡献一份力量。

（奇安信技术研究院　聂眉宁）

DDoS 攻击态势分析

互联网新技术和新应用的快速发展，在给人们提供快捷便利、改变生活和工作方方面面的同时，也引发了系统安全、网络安全、信息内容安全和传播安全等诸多安全威胁。DDoS（Distributed Denial of Service，分布式拒绝服务）攻击是破坏力较大的网络攻击之一。自 2015 年以来，国内 DDoS 攻击的手段不断向自动化、产业化发展，甚至在攻击链上下游均已形成细分产业链。

聚焦 DDoS 攻击，本文第一节主要回顾 2013 年以来的 DDoS 攻击流量态势，并重点概览 2020—2021 年的攻击态势。在第二节，剖析 DDoS 攻击在攻击次数、攻击流量、攻击类型、时间等多个维度的特征。第三节和第四节结合地域、行业等维度，深度分析 DDoS 攻击目标和攻击源的特征。第五节为报告小结。全文力求全面刻画 2020—2021 年的 DDoS 态势变化和演进，帮助各组织 / 机构持续完善自身网络安全防御体系及技术。

■ 一、DDoS 攻击态势概览

（一）历年 DDoS 攻击流量

回顾近些年来的 DDoS 攻击总流量，如图 1 所示，2015 年起 DDoS 攻击总流量呈现上升趋势，2017—2018 年攻击总流量进一步快速增长。2013 年 DDoS 攻击总流量为 101186 TB，2015 年较 2013 年增长 173.29 %，达 276532 TB。2017 年和 2018

年 DDoS 攻击总流量超过了 643 PB。得益于国家主管部门治理以及设备防护能力增强，自 2019 年起，DDoS 攻击次数和总流量有所下降。最新数据显示，2021 年第一季度，DDoS 攻击总流量为 110536 TB，攻击次数为 3.78 万次。

（二）重点概览

纵观 2020—2021 年第一季度的 DDoS 攻击态势，主要趋势包括以下几个方面。

① DDoS 攻击次数和攻击总流量持续下降。相较于 2019 年，2020 年年度攻击次数减少 16.16%，攻击总流量下降 19.67%。2021 年第一季度数据显示，攻击次数同比下降 23.01%，攻击总流量与 2020 年同期相比持平。

② 2020 年平均攻击峰值为 38.64Gbit/s，和 2019 年同期的 40.05Gbit/s 基本持平。2021 年第一季度的平均攻击峰值略有回升，达 49.15Gbit/s。

③ 相比 2019 年攻击峰值向 1 ～ 5Gbit/s 单侧分化，2020 年的攻击峰值在 5 ～ 50Gbit/s 的各区间分布趋于平均，占全部攻击的 53.07%。2021 年第一季度数据显示，攻击峰值分布趋向于集中在 20 ～ 50Gbit/s 区间内。

④ 攻击持续时间缩短。2019 年攻击持续时间的 3/4 分位数为 550 秒，2020 年和 2021 年第一季度分别为 473 秒和 405 秒。据统计，2021 年 75% 的攻击时长在 7 分钟以内。

⑤ 2020 年，放大型攻击增长明显，其攻击

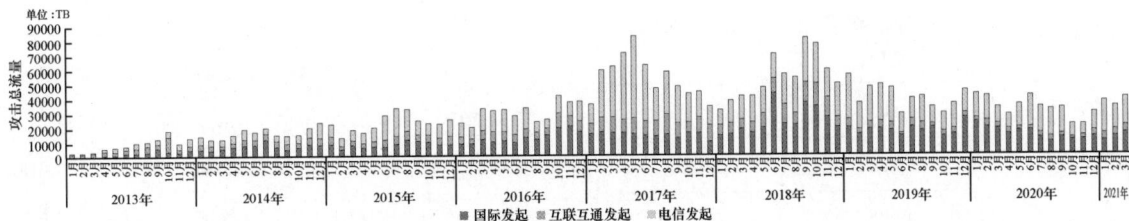

图 1　历年 DDoS 攻击流量趋势图 （2013—2021 年）

次数占比超过了 50%，TCP SYN 大流量攻击为第二大类的 DDoS 攻击，约占所有攻击类型的 25%。DDoS 反射型放大攻击数量和反射源数量占比增加，新型反射攻击层出不穷，反射攻击防护需要及时更新。

⑥ 在疫情期间，医疗、教育、政府行业遭受DDoS 攻击次数增长显著。

■ 二、DDoS 攻击特征刻画

（一）DDoS 攻击峰值特征

如上文所述，近年的 DDoS 攻击总流量和攻击次数均有下降趋势。本节主要从 DDoS 攻击峰值展开分析。见表 1，2019 年和 2020 年的 DDoS 平均攻击峰值和最高攻击峰值基本持平，分别处于 40 ～ 880Gbit/s。2021 年第一季度数据表明，DDoS 平均攻击峰值上升了约 22.5%，达 49.15 Gbit/s；DDoS 最高攻击峰值达到 1041.20 Gbit/s，是 2019 年以来的最高值。

图 2 和图 3 所示分别是 DDoS 平均攻击峰值和最高攻击峰值的月度分布情况。从图 2 可以看出，月度 DDoS 平均攻击峰值在 30 ～ 60Gbit/s 波动。其中，2020 年上半年 DDoS 攻击的平均峰值普遍低于2019 年上半年。2020 年第三季度和 2021 年第一季度明显高于 2020 年其他月份。

从图 3 看，2020 年上半年的最高攻击峰值普遍低于 2019 年上半年，而下半年和 2019 年同期相比出现交错的情况。2019 年的最高攻击峰值 885Gbit/s 出现在 2019 年 5 月，2020 年的最高攻击峰值 878Gbit/s 出现在 2020 年 12 月。2021 年最新数据显示，2 月和 3 月连续两个月的最高攻击峰值达到了 TB 级。

表 1   近年 DDoS 攻击平均峰值和最高峰值

年份	平均攻击峰值（Gbit/s）	最高攻击峰值（Gbit/s）
2019 年	40.05	885.59
2020 年	38.64	878.63
2021 年 Q1	49.15	1041.20

单位：Gbit/s

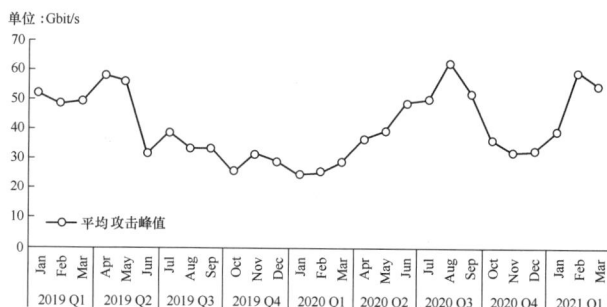

图 2   DDoS 平均攻击峰值月度分布

单位：Gbit/s

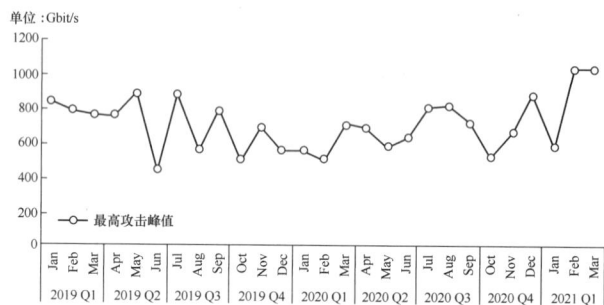

图 3   DDoS 最高攻击峰值月度分布

按照攻击峰值进行分区，图 4 所示为各峰值区间内攻击次数的占比。2021 年第一季度占比最高的攻击峰值是 20 ～ 50Gbit/s，即，约 21.48% 次攻击的攻击峰值在 20 ～ 50Gbit/s。相较于 2019 年和 2020年，2021 年第一季度小于 5Gbit/s 的攻击次数占比呈现逐年减少的现象。2019 年，以 5Gbit/s 以下的小规模攻击为主，占比超过了 37%；2020 年，1Gbit/s 以下的小规模攻击显著减少（从 2019 年 15.18% 下降到 2020 年 7.98%）。同时，在攻击峰值 5 ～ 50Gbit/s 的各区间内，攻击次数占比分布趋于平均数（17%），占全部攻击的 53.07%。

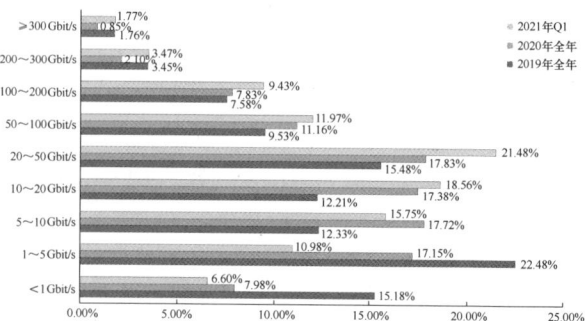

图 4   不同攻击峰值区间的攻击次数占比分布

2019 年下半年至 2020 年年初，100GB 以上的大型攻击的次数明显下降。据统计，2020 年 100GB 以上的大流量攻击共计 1.59 万次。与 2019 年同期的 2.28万次相比，减少了 30.26%。攻击流量在 300GB 以上的超大型攻击的次数从 2019 年平均每月 262 次大幅减少到 2020 年平均每月 93 次，减少了 64.5%。2021 年（截止到 3 月）超大型攻击的月平均次数大幅回升到 222 次。

（二）DDoS 攻击类型分布

从 DDoS 攻击类型来看，2020 年和 2021 年 Q1 的前 3 种攻击类型依次是 Amplification、TCP SYN 和混合攻击，见表 2。这三大类型的攻击次数和超过总攻击次数的 90%。其中，Amplification 类攻击中，主要以 NTP Amplification、DNS Amplification 和 SSDP Amplification 为主。混合攻击占比逐年有所增加，这与实际攻击者混合使用多种方式组合探测以求最佳攻击的方式相符合。

表 2　前 3 种 DDoS 攻击类型的攻击次数占比

攻击类型	攻击次数占比 （2020 年）	攻击次数占比 （2021 年 Q1）
Amplification	55.76%	61.33%
TCP SYN	24.55%	22.70%
混合攻击	11.75%	13.11%

针对超百吉比特的大流量攻击，混合攻击和 TCP SYN 的占比和超过了 60%。可见，大流量攻击更偏向于使用 TCP SYN 或混合攻击手段。

（三）DDoS 攻击时长和时间分布

DDoS 攻击体现了短时攻击的特征，即攻击持续时长逐步下降。

2020 年 DDoS 攻击的平均时长为 2674 秒，见表 3。较之 2019 年的 3119s，下降了 14.26%。2021 年第一季度最新的平均攻击时长，进一步大幅下降至 1758 秒。同时，最长的 DDoS 攻击时长也逐年下降，2021 年持续时间最长的 DDoS 攻击仅在 5 天左右。

表 3　近年 DDoS 攻击时长统计

年份	平均攻击时长（s）	攻击时长（s）（3/4 分位数）	最长攻击时长（天）
2019 年	3119	550	19.82
2020 年	2674	473	12.97
2021 年 Q1	1758	405	5.36

通过观测统计量 3/4 分位数，攻击时长正逐步下降。2019 年 75% 的攻击的持续时间在 10min 以内。对比 2019 年，2021 年在 7min 以内。说明攻击者越来越重视攻击成本和效率，倾向于在短时间内，以极大的流量导致目标服务的用户掉线、延时和抖动。

我们以小时为时间颗粒度，分析观察每天的 DDoS 攻击活动。图 5 所示为以小时为横坐标，每小时发生的攻击次数占比。10—22 点是攻击发生的高峰期，占全天攻击次数的 73.4%（以 2020 年为例）。这一时段与传统业务高峰时段相一致。同时，2019 年以来白天工作时段的攻击占比逐步降低，相应的 0—6 点时段的攻击占比有所增加。

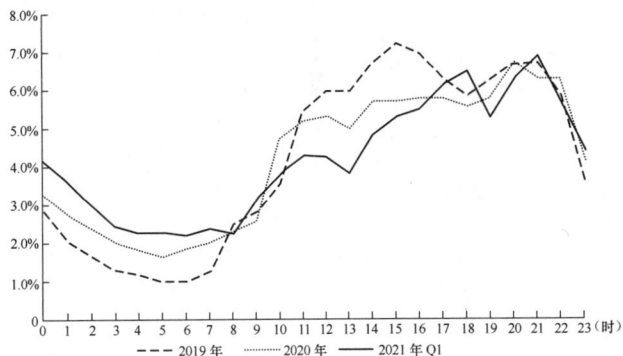

图 5　一天 24 小时 DDoS 攻击次数占比

进一步结合攻击峰值区间，图 6 所示为 2020 年按照小时的攻击次数占比分布。图中渐变红色表示攻击次数占比的高低。可明显看出 19—22 点是攻击发生高峰时段，其中，1～5Gbit/s 和 20～50Gbit/s 攻击峰值区间的占比更高。

以天为时间颗粒度，观察每周的 DDoS 攻击活动特征。图 7 所示是横坐标为一周中的各天，纵坐标为攻击次数占比。从图中来看，一周中各天 DDoS 攻击次数占比并无明显差别。

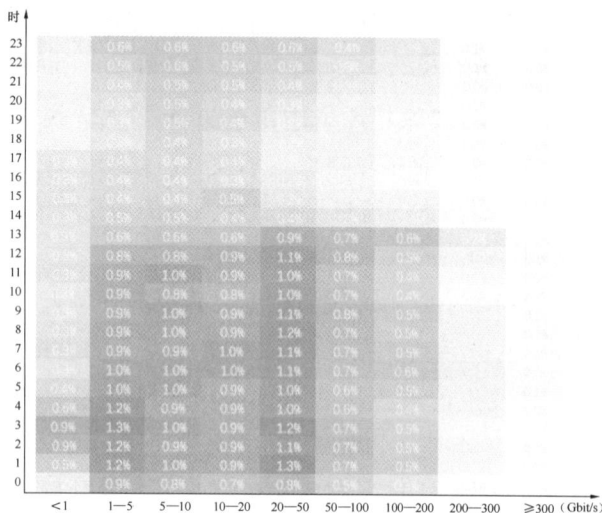

图6　2020年不同攻击峰值按小时的DDoS攻击次数占比分布

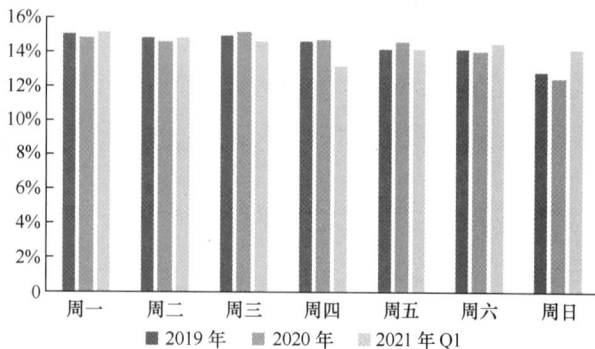

图7　一周7天DDoS攻击次数占比

■ 三、DDoS攻击目标分析

（一）攻击目标地域分布

根据攻击目标的IP地址归属地，统计分析了攻击目标的地域分布特征。

表4列出近年来DDoS攻击目标前5省份。以气泡图方式，图8所示为各省受攻击次数的分布情况（2021年第一季度）。主要攻击省份为包括浙江省、福建省、江苏省、广东省、上海市等。

表4　近年DDoS攻击目标前5省份

排名	2019 年	2020 年	2021 年 Q1
1	浙江省	浙江省	浙江省
2	广东省	江苏省	福建省

（续表）

排名	2019 年	2020 年	2021 年 Q1
3	江苏省	福建省	江苏省
4	湖南省	广东省	广东省
5	福建省	四川省	上海市

图8　各省受攻击次数分布（2021年第一季度）

（二）攻击目标行业分布

本节主要对政府、医疗、教育3类行业进行受攻击分析，如图9～图11所示。2020年因疫情爆发，医疗行业遭受的DDoS攻击有增无减。如图9所示，医疗行业2020上半年被攻击次数普遍高于2019年同期，3月和4月为攻击最高峰，之后逐月递减。7月之后的DDoS攻击趋势和2019年同期基本保持一致，且略有减少。

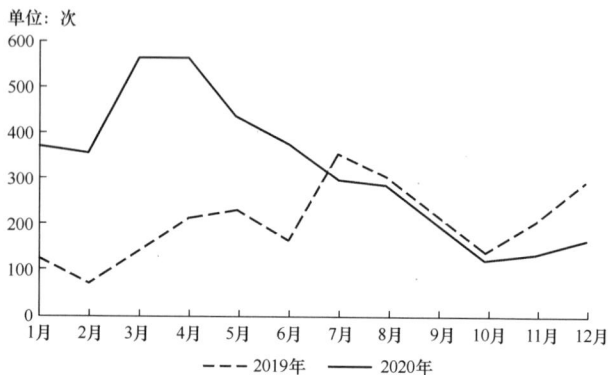

图9　医疗行业被攻击次数态势

除了医疗行业，政府和教育行业的DDoS态势也有相同趋势。稍有不同的是，在下半年，DDoS下降的趋势更加明显。政府机关相对2019年明显下降这主要得益于净网治理。而教育行业主要是因为下半年学生开学，不再依赖于线上教学。

单位：次

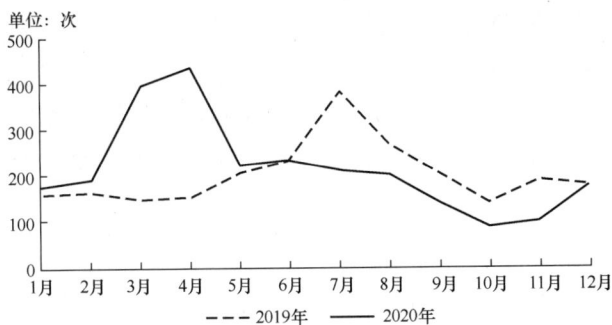

图 10 政府机关被攻击次数态势

单位：次

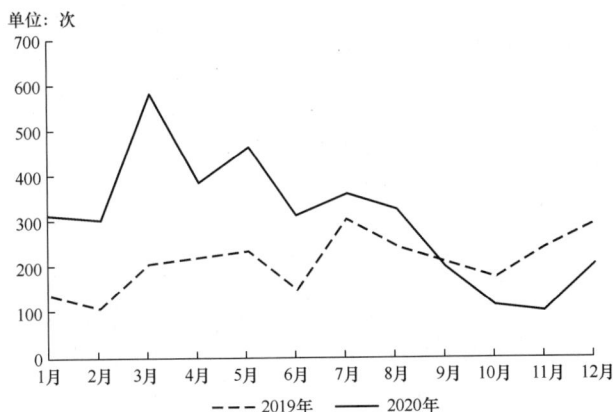

图 11 教育行业被攻击次数态势

四、DDoS 攻击源分析

本节从 DDoS 攻击源角度，统计近年攻击源 IP 地址数量和攻击流量，并分析攻击源的地域分布特征。

表 5 列出了 2019 年以来，DDoS 攻击源 IP 数的前 5 省份。其中，浙江省、江苏省和广东省一直盘踞全国攻击源 IP 数目的前三名。以 2020 年为例，前 3 省份占全国 DDoS 攻击源总量的 59.7%，来自浙江省重点攻击源 IP 地址有 8 万多个，参与攻击次数的平均值为 58.32 次（累计攻击流量的均值为 373.54GB），参与的攻击次数最高值为 4102 次（累计攻击流量的最高值为 269.72PB）。

以 2021 年 Q1 数据为例，如图 12 所示为各省攻击源 IP 数目的分布情况。除了 3 个攻击源数量大省之外，广西省、上海市、湖南省、湖北省等十多个省份属于第二梯队。图 13 所示为各省攻击源攻击流量的分布情况。从图中可见，浙江省、安徽省、福建省和广东省是主要的攻击流量来源省份。

表 5 近年 DDoS 攻击源 IP 数前 5 省份

排名	2019 年	2020 年	2021 年 Q1
1	浙江省	浙江省	浙江省
2	江苏省	江苏省	广东省
3	广东省	广东省	江苏省
4	山东省	广西省	广西省
5	安徽省	贵州省	湖北省

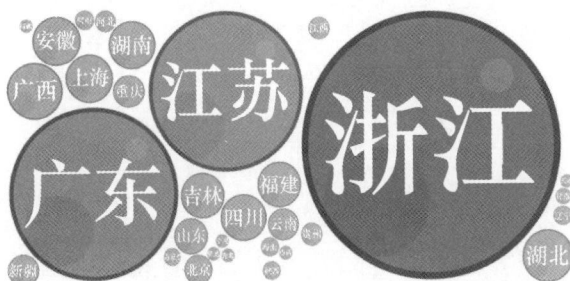

图 12 各省攻击源 IP 数目的分布情况（2021 年第一季度）

图 13 各省攻击源攻击流量的分布情况（2021 年第一季度）

五、结束语

得益于国家主管部门治理和设备防护能力的增强，2020 年至今，DDoS 攻击次数和攻击总流量呈下降态势，DDoS 攻击时长持续减少（75% 的攻击的持续时间在 7 分钟以内）。同时，DDoS 平均攻击峰值稳中有升。特别是 2021 年以来，平均攻击峰值接近 50Gbit/s，最高攻击峰值再次突破 1Tbit/s，超大型攻击（>300GB）的月均攻击次数超过 200 次。此外，DDoS 攻击复杂性进一步加强。混合攻击占比逐年提升，新型反射攻击层出不穷。反射型放大攻击和 TCP SYN 攻击仍是 DDoS 攻击主力，防护仍需要及时更新和增强。

（中国电信股份有限公司

余启明　白燕妮　王晓韵　方　宇　刘　勇　金土龙）

推广数据资产管理 促进数据在阳光下安全流通

金融机构的数据治理正面临新的挑战，其治理的驱动力正由监管机构政策牵引向以数据资产和数据价值实现的方向转变。若要实现数据的可得、可用、好用及释放数据价值、为数字化转型打基础，则要贴合金融机构的数据治理方法论，还要引入合适的数据管理工具和新的技术。

一、数据成为生产要素的原因及其特点

2020年数据产业重启数据流通，由关注技术变成关注数据生产要素。

数据成为生产要素有基于生产力内涵的内生矛盾，同时也有基于技术和需求升级的外部条件。具体而言，生产力要提升，则数据分析就要升级到数据创新再到信息化消费，数据创造经济利益和生活便利性方面的要求也要不断提升。

同时，技术越来越成熟，基于云计算等基础设施全面覆盖，使海量数据的存储、处理、应用成为可能的算力需求；算法的迭代更新不断提高从数据中提取有用信息的能力，进而提高人类决策能力的算法需求；物质需求不断被满足，个性化、定制化的消费浪潮出现，使原始生产要素出现瓶颈，但数据可以对消费者的价值观和需求精准映射，成为不容忽视的外部因素。

数据作为生产要素，相对于传统的生产要素有很多区别，第一，虚拟化的数据要素天然具有无限复制的特性，可以无限复制、共享、增长、供给。第二，数据要素打破了要素的形态和时空的限制，在各专业、全行业都具备普遍的适用性。第三，数据的生产要素化过程，就是重构原有产业的资源配置模式，推动形成智能化的数字经济体系的过程。第四，数据要素一般具有非竞争性和非排他性的公用品属性，它的不唯一性使其很难像私人物品那样

参与市场交易。

二、金融机构数据治理面临的挑战

金融业作为一个数据密集型行业，拥有对内部数据、外部数据的精准分析、精准营销、提升用户体验、创新产品体系、优化管理、相关风险管理等多方面的需求。

金融机构在数据治理方面面临着内部数据管理、数据加工应用和外部数据引入等问题——内部数据管理中，有质量不过关、获取成本高、数据难互通等问题；数据加工应用中，有数据加工分析自动化不足、数据加工敏捷度不够、团队协作不足等问题。

从外部数据治理来看，金融机构面临外部数据源选择、采购、服务质量核验、合规使用等问题。相对以前封闭状况，开放银行正积极与其他行业深度融合，在此过程中，必然会牵扯到金融业内部数据和外部数据间互联互通的问题，比如在获取外部数据来源授权方面，获取的数据有可能是非法的，可能会卷入数据非法交易；数据服务参差不齐，质量不稳定；如何拿到数据以后合法合规使用，存在合规问题。

三、金融机构数据治理能力提升之路由监管驱动到内生驱动

从内部数据加工应用来看，金融机构走过了大数据能力建设的1.0阶段，该阶段从关注平台建设到打造敏捷与自动化的数据集成、加工、分析、服务、应用体系。

不难发现，内部存在一些新的变化，从早期热衷于建立大数据的平台、数据湖、数据仓库等，到往敏捷化的数据管理全生命周期的数据治理方向发

展，因此，需要提出构建敏捷自动化的技术，收集、加工、分析、处理数据，为数据平台做一系列的工作。

从内部数据治理来看，以前以监管驱动为主，现在更多的是内生的生产和价值驱动，这个诉求不仅仅是监管层面，还明显产生了一些业务获客，可提升效率内生需求。从内部需求制定来看，亟须结合金融数据的方法论，并且融入一些相应的新的工具和技术，建立方法论、研究结果框架、成熟度评估、标准规范、建立资产体系持续运营等，才能满足内在的需求。

四、推广数据资产管理实践落地 促进数据在阳光下安全流通

数据作为生产要素，正逐步服务生产生活领域。目前，国家和个人信息的保护和数据安全正在逐步规范、细化、落地，越来越具有可操作性，同时国家密切出台了相关的法律法规和要求。

中国信息通信研究院依托大数据产品能力评测，已评测 30 余款数据管理平台、数据集成工具等产品，帮助行业完善相关数据资产化的落地和实践，推动数据的全流程管理，目前正在梳理建设国内第一个金融大数据能力模型。

（中国信息通信研究院 何宝宏）

专家视点与专题
研究篇

5G 当代移动通信技术制高点

目前全球 97% 的人口生活在有移动蜂窝信号覆盖的地方，说移动通信技术改变人类社会毫不为过。而 5G，正是当代移动通信技术的制高点，也是新一代信息技术的重要支柱。

2019 年被称为"5G 商用元年"，随着 5G 商用牌照正式发放，中国进入 5G 时代。5G 是中国科技与经济发展中难得的机遇，它为社会治理、经济发展和民生服务提供新动能，催生新业态，成为数字经济的新引擎。

一、移动通信迭代是中国科技变革和科技创新的缩影

20 世纪 70 年代蜂窝移动通信技术出现以后，中国开始接触这一高科技领域，但直到 20 世纪 80 年代末才正式开通蜂窝移动通信网络。

1G 时代，几万元一个的"大哥大"，让普通人望尘莫及。2G 时代，国家大力发展移动通信，移动网络覆盖率和用户普及率快速提升，并尝试推出我们自己的产品，让老百姓都能用上手机。3G 时代，移动通信与互联网技术全面结合，智能手机兴起。中国拥有自主知识产权的 TD-SCDMA 标准成为 3G 三大国际标准之一，实现我国百年通信史上"零的突破"。4G 时代，我国建成全球最大的 4G 网络，移动通信全产业链发展壮大，华为、中兴成为全球领先的移动通信设备供应商，中国电信、中国移动、中国联通也走在全球运营商前列。

5G 是最新一代蜂窝移动通信技术，其特点是广覆盖、大连接、低时延、高可靠。和 4G 相比，5G 峰值速率提高 30 倍，用户体验速率提高 10 倍，频谱效率提升 3 倍，无线接口延时减少 90%，连接密度提高 10 倍，能效和流量密度各提高 100 倍，能支持移动互联网和产业互联网的各方面应用。

目前，无论是基站覆盖率、手机拥有率，还是光纤入户率，我国的移动通信产业与应用水平都位居世界前列。从完全不了解移动通信，到发展为移动通信用户大国、移动通信制造大国、移动通信应用大国，移动通信是中华人民共和国成立 70 多年来科技变革的缩影、科技创新的典范，也是高科技造福人民的代表性行业。

截至 2018 年 3 月，中国提交的 5G 国际标准文稿占全球 32%，牵头标准化项目占比达 40%，推进速度、推进质量均位居世界前列。我国打造了相对完整的 5G 产业生态。当然，这并不意味我国在产业链各个环节都很强，我们还有很多需要努力、需要突破的环节，一些短板也较为突出，特别是在 5G 毫米波器件与移动终端操作系统等方面，距离世界先进水平还有一定的差距。

二、从消费互联网到工业互联网、产业互联网，5G 开启互联网下半场

移动通信跟互联网相伴而行。3G 的出现催生智能手机，带动移动电子商务，同时兴起微信等自媒体业务和社交应用。4G 激发视频业务和移动支付，催生社交电商，支撑移动智能搜索和推送业务，点燃共享经济，加快移动短视频业务发展。这些互联网业务跟移动通信的能力、规模、部署息息相关。

5G 出现在互联网发展最需要的时候。中国互联网用户数增长速度在下降，移动电话用户普及率接近"天花板"，社会生活的快节奏激活了网民对短平快新业态的追求，提速降费减轻了宽带上网的资费压力，短视频、小程序风头正起，但还是很难担当互联网新业态的大任。互联网下一步发展需要新动能、新模式来破解难题。被看作互联网下半场的工业互联网正在发展，但它的新动能还不足以弥补消

费互联网减弱的动能，现在处在互联网发展新旧动能的接续期，在消费互联网需要深化、工业互联网需要起步的时候，5G 正好出现。

相比前 4 代移动通信技术，5G 最重要的变化是从面向个人扩展到面向产业。如果说 5G 的商用前期还是以消费互联网为主，扩大移动互联网在消费领域的优势，那么，商用后期将发力产业互联网，在工业等各行各业大展身手，由此才有一种说法——"4G 改变生活，5G 改变社会"。5G 将与实体经济产业协同发展，实现共赢。

相比我国快速发展的消费互联网，工业互联网的门槛要高得多。消费互联网终端品种简单，使用门槛低、易普及、易升级，而工业互联网涉及生产设备类型多、业务链条长、服务模型复杂，对响应速度、可靠性和安全性要求高。目前，只有高可靠、高带宽、大连接的 5G 才能适应工业互联网的这些要求。

三、5G 推动新一代信息技术融合，成为未来数字经济增长新引擎

5G 技术目前主要有三大应用场景：一是增强移动宽带，提供大带宽高速率的移动服务，面向 3D/超高清视频、AR/VR（增强现实 / 虚拟现实）、云服务等应用；二是海量机器类通信，主要面向大规模物联网业务；三是超高可靠低延时通信。

目前，5G 商用处在大数据、人工智能、云计算、区块链等新技术发展势头正旺时期。信息技术作为通用技术已经渗透到我们生活和生产的方方面面，其中移动通信技术使用普及率最高，而 5G 作为新一代移动宽带传输技术，构成各种信息技术与各类垂直产业技术无缝融合的通道，大大扩展移动通信的应用广度与深度，成为新技术应用的关键基础设施和新技术发展的催化剂。超高清视频和 AR/VR 因为

5G 而激活，物联网和人工智能因为 5G 而无缝融合，AI 跟 IoT（物联网）结合形成 AIoT。工业互联网会因为 5G 而突破传输瓶颈，车联网会因为 5G 而大大加速。

把应用 5G 技术的 VR 摄像头放在镜子上，人们可以"试穿"衣服，大大优化网络购物体验。5G+云端搜索匹配，让你马上知晓心仪商品的生产公司、面料、价格甚至打折信息。就餐时对着菜谱"扫一扫"，可以看到厨师加工菜品过程。即将到来的 2022 年北京冬奥会上，在运动员头盔、雪橇等装备布置 5G 终端传感器，将更好地捕捉实时场景，让观众更直观地感受冰雪运动的"速度与激情"。8K 电视、智慧城市、远程医疗、自动驾驶……可以说，5G 一方面引领技术创新，另一方面也将拓展这些新技术的业务应用。从移动通信技术发展历史来看，许多我们曾经难以想象的应用场景都是在网络能力具备后产生的。未来 5G 一定会催生出我们目前想象不到的新应用。

据估计，到 2025 年中国将拥有 4.3 亿个 5G 连接，中国移动用户使用 5G 比例将达 28%，将占全球 5G 总用户量的 1/3，中国将成为全球最大 5G 市场。5G 将与人工智能、大数据、移动互联网、物联网、云计算等协同融合，大幅丰富数字产业的业态和数字终端的类型。5G、AI、工业互联网三足鼎立，将支撑整个数字经济的快速发展。就 GDP（国内生产总值）而言，据国际知名咨询公司预测，截至 2035 年，5G 会带动全球 GDP 增加 7%，带动中国增加 GDP 超过 10000 亿美元，还会使中国新增近 1000 万个的就业岗位。

5G 的出现，对我国科技和经济发展来说是难得机遇，围绕 5G 技术和产业的国际竞争，对我们也是严峻挑战，创新正在路上。5G 技术是我国迈进新时代的代表性成果，相信在科学技术方面，会有更多这样的技术产生，赋能高质量发展。

（中国工程院院士　邬贺铨）

下一个 5 年，5G 将如何改变你我生活

一、5G 网络覆盖区域逐步延伸

中国信息通信研究院数据显示，2020 年 5G 终端大规模出货，5G 手机出货量超过 1.6 亿部，占手机出货量的比重超 50%。与此同时，用户对智能可穿戴设备、智能物联网产品等关注度不断增加。

是否换 5G 手机？先看 5G 发展趋势。

我国明确提出，将按照适度超前的原则，持续深化 5G 网络建设部署，2021 年计划新建 60 万个 5G 基站，在实现地级以上城市深度覆盖的基础上，加速向有条件的县镇延伸，实现更广范围、更多层次的 5G 网络覆盖。

3G 时代的微博、4G 时代的短视频等应用大都出现在网络商用后的 2 ～ 3 年。好的网络是商用成功的关键，因此我国确立了"宁可路等车，不能让车等路"的适度超前原则，以推动形成"以建促用、以用促建"的良性模式。

相比 4G，5G 需要更加密集地部署基站。随着 5G 网络建设速度的加快，用户体验感也会增强。未来 5 年是我国 5G 发展的关键期，将会在以下 4 个方面取得突破：

一是推动毫米波和中频新型基站产业化进程，持续保持我国 5G 系统设备的优势；

二是加快 5G 网络建设，逐步实现广域覆盖；

三是突破融合应用发展的难点，让 5G 走进百姓生活，赋能千行百业；

四是继续深化国际合作，与全球共同探索 5G 新应用、新模式和新业态。

二、"5G+ 工业互联网"走向深入

应用是产业发展的关键。工业互联网作为 5G 的重要应用场景，已成为当前产业界探索的重要方向。

5G 商用至今，融合应用已实现突破发展。目前全国超过 2300 家企业已开展 5G 创新应用项目 4200 余个，在港口、矿山等多个领域展开了积极探索。

通过发挥 5G 技术产业优势，打造更有韧性的产业链、供应链，推动高质量发展。目前，我国工业互联网仍存在产业支撑能力相对薄弱、商业模式尚不成熟等问题，"要面向制造企业的实际需求，促进行业经验、工艺知识、解决方案的转化与应用，依托试点示范加快融合应用新模式的普及"。

2021 年将是 5G 与垂直行业融合探索走向深入的一年。2021—2023 年是我国工业互联网的快速成长期。我国将继续通过 5G 增强试验加快推进 5G 产业的成熟，将加大力度提速工业互联网的建设，让信息技术与垂直行业更好融合，工业互联网应用更加多元，形成智能化制造、网络化协同、服务化延伸、个性化定制、数字化管理等新模式。

三、让 5G 更好地助力数字化转型

我国数字经济蓬勃发展，成为应对疫情冲击的关键动能。以 5G、工业互联网为代表的新基建正成为推动经济社会数字化转型的重要驱动力量。

新一代信息通信技术与生产制造体系等深度融合是加速各产业数字化、网络化、智能化发展的关键支撑。特别是 5G 网络的超大带宽、超低时延确保了海量数据毫秒级传输，让融合作用更加显现。

数字产业化是数字经济发展的根基和动力源泉。

要聚焦人工智能、高端工业软件等基础软件、基础技术和关键领域，强化精准攻关，加快技术突破，增强自主可控能力。

推动数字经济与实体经济融合，重点、难点和关键都在制造业。要开展制造业数字化转型行动，积极推进企业数字化改造，深化各环节的数字化应用。

支持数字经济创新发展与重视数字化治理相辅相成。要提高数字化监管能力和水平，支持数字经济公平、健康、有序发展。

（中国信息通信研究院　王志勤）

数据生产要素加码工业互联网，数字科技产业大有可为

全球工业互联网的发展呈现出关键技术加速突破、基础支撑日益完善、融合应用逐渐丰富、产业生态日趋成熟的态势，各国面临重大战略机遇。我国是网络大国也是制造大国，在发展工业互联网方面具备良好的产业基础和巨大市场空间。当前，我国工业互联网政策体系不断完善，功能体系加快构建，融合应用创新活跃，产业生态逐步形成。加速工业数据的融通和交易，是实现工业互联网加速发展的必然选择。

2020 年 5 月 13 日，工业和信息化部发布《工业和信息化部关于工业大数据发展的指导意见》（工信部信发〔2020〕67 号）（以下简称"指导意见"）旨在推进工业数据的融通共享和融合创新，为工业互联网加速发展提供强有力的推动力。工业互联网作为新型基础设施的主要代表之一，是制造业数字化、网络化、智能化转型的基石。"新基建"窗口期加速到来，加上数字经济迎来数据要素市场化的发展新节点和新风口，该指导意见的出台恰逢其时，响应了国家数字经济的战略发展布局，顺应了工业互联网发展的核心诉求，为工业互联网数据要素市场化指明了方向。

一、《工业和信息化部关于工业大数据发展指导意见》出台，激发工业互联网数据要素市场活力

《工业和信息化部关于工业大数据发展指导意见》（以下简称"指导意见"）从加快数据汇聚、推动数据共享、深化数据应用、完善数据治理、强化数据安全、促进产业发展、加强组织保障 7 个方面来对工业领域数据从采集、汇聚、处理、应用、管理、融通共享等数据市场化全生命周期各个环节的数据治理提出要求和指导意见，并配合工业大数据平台建设、数据安全管理、创新生态构建等基础设施搭建和安全保障机制，全方位地指导工业大数据全产业链、价值链贯通。

指导意见是宏观战略总纲领和方向指引，为工业互联网数据要素市场化配置指明了方向，圈出了发展要点，将有力地推动工业互联网数据分级分类、大数据平台建设、数据标准化和融通共享、数据要素产品和服务体系的完善，也为高新技术与工业互联网的融合发展明确了方向和重要地位。后续有赖于生产商、上下游供应商、平台商、标识解析机构、网络提供商、平台提供商、工业 App 提供商等产业链各个参与主体的联动探索，技术创新，在实操层面积累提炼更多场景化的指导细则和规范标准。

二、工业互联网数据要素市场化创造更多技术和应用发展空间

工业互联网是新一代信息技术与工业经济深度融合的全新产业生态，也是数字经济发展的关键基础设施。因此，工业互联网要素市场化不仅带来工业领域的发展腾飞，也给科技企业的高新技术、解决方案、平台能力和产业应用带来新的市场发展空间。

（一）新技术新业务赋能工业数据融通共享，迎来更多应用场景和市场空间

工业大数据依赖于先进的数据处理技术和汇聚能力。通过应用云计算、边缘计算、物联网、5G 等技术可以提升工业大数据的处理、传输、存储、汇聚等多个方面的技术能力。

（二）数据安全解决方案助力工业大数据安全治理，创造更多市场需求

工业互联网数据要素的市场化中参与各方的信任是以融通共享和交易中数据安全使用、安全共享、安全交易为基础的。科技企业掌握先进的安全解决方案和安全防控技术，可以提供一站式、智能化和全流程的安全解决方案。腾讯利用联邦学习技术保

障金融机构的网络安全和信息安全，实现数据生产力的释放和业务的加速迭代和创新。

（三）工业企业的数字化改革给数字化应用拓展新的产业发展空间

工业企业借助数字科技企业丰富的信息化应用，可以快速实现办公、生产、运营等各个环节的数字化和智能化。随着应用场景不但深化参与，数字科技企业将创新更多技术和应用。

三、我国工业互联网数据要素共享融通存在诸多挑战，数字科技企业大有可为

工业互联网数据要素融通共享还面临更多深层次的发展阻碍和更加复杂的生态体系和治理要求，亟需政企联动，推动新型基础设施建设和数字科技赋能。2020 年 4 月 29 日，工业和信息化部召开大数据工业应用专题研讨会，强调提升技术创新能力、深化大数据技术应用，破除工业互联网数据要素存在的真实性难以辨别、实时性难以实现、数据孤岛难以克服、数据安全问题频发、数据异构难以对接等问题，推进大数据技术在工业研发设计、生产制造、销售服务、企业管理等全链条的各个环节中广泛应用。

（一）工业数据诸多特点给数据融通带来阻力，标识解析技术体系搭载新技术，提升要素融通效率

1. 挑战

工业领域具有 500 多个细分门类，数据包含了生产商、上下游供应商、平台商、标识解析机构、网络提供商、平台和应用提供商等所有参与方在各环节中生成和使用的数据，具有多模态、高通量、强关联等显著特征。因此，如何评估交易数据的价值，如何确保数据的真实性、完整性、时效性、匹配度，如何界定数据共享范围、数据使用权的边界，是工业领域数据融通共享的关键。

2. 机遇

搭建工业互联网标识解析体系可用来实现跨地域、跨行业、跨企业的资源对接、信息查询、数据共享。数字科技企业通过与标识解析机构的技术合作和产业衔接，将 5G 网络、区块链新技术、边缘计算和人工智能等技术应用于工业互联网标识解析系统，将具备"一码到底，协同制造"，以及"一码到底，

分权管控"等优势，实现工业数据传输能力、计算能力、处理能力和存储能力等方面的全面提升，破解数据真实性难以辨别、实时性难以实现、数据治理问题频发、数据异构难以对接、数据易复制易篡改等问题给数据融通共享带来的阻碍。

（二）数据开放环境和基础设施不完备及"数据孤岛"问题，需要互联网平台和应用技术来破解

1. 挑战

一方面，当前我国工业领域信息化发展不平衡不充分问题依然突出，很多中小工业企业资金能力、技术能力等方面的不足阻碍了其在工业领域的数字化、智能化和网络化的发展进程；另一方面，政府之间、政府与企业之间、企业之间数据融通共享的激励机制和市场化机制缺失，"数据孤岛"问题严重，它成为数据要素加快配置的最大阻碍。

2. 机遇

数字科技企业借助其成熟的信息平台能力和数据应用水平承担工业领域的"数字化推手"，可以高效实现工业企业的快速上云，加速提升其信息化水平。同时，数字科技企业充分发挥数据应用领先技术优势，利用区块链等技术助力解决数据融通共享中的数据加密、数据匿名、数据共识和零基础证明等需求，推动打破"数据孤岛"，引导建立公开透明和充分信任的数据共享激励机制。腾讯与富士康、三一重工等工业企业合作推出了工业互联网平台，助力工业企业集约化、数字化和智能化管理和数字化转型升级。

（三）工业领域行业壁垒仍然存在，产业融合需要数字科技企业领先的深度学习能力

1. 挑战

我国工业互联网行业和跨行业基础设施尚未普及与健全，导致行业内大数据无法被统一管理和使用，生态体系发展要素相对匮乏。懂得工业领域的企业无法满足数字化、信息化发展需要，而众多科技企业对工业领域缺乏深度的认知，给产业融合发展带来阻碍。

2. 机遇

我国头部数字科技企业具有更加综合和领先的技术实力，通过人工智能等技术在深度学习、跨界融合、人机协同等方面的优势，利用工业互联网数据要素领域的快速学习能力和应用转化能

力，推动工业领域的基础层、技术层和互联网应用层相互配合和相互促进，实现全要素、全产业链、全价值链的全面连接，促进行业资源融通共享和交互发展。腾讯通过打造 PaaS 服务能力，打造低代码开发平台、敏捷开发平台、数据中台、机理模型开发平台，培育工业互联网独立软件开发者生态，共建工业互联网生态。

全球数字经济大旗高举，在新基建驱动大形势下，数字科技企业应以物联网、边缘数据中心、5G 架构为基础，加快布局工业互联网领域技术应用，做好云边协作、人工智能、深度学习、区块链、大数据等技术及应用方案在工业数据要素市场化领域的场景适配和融合应用，主动作为，联动合作伙伴，担当工业领域的数字化助推器和数据融通解决方案提供者。

（腾讯公司　夏　文

中国通信企业协会　赵俊涅）

"云光协同"构建新一代智能光网络

新光网，新机遇。面向服务的新一代智能光网络可以进一步提升服务能力和增加网络价值。中国联通将进一步打造云光协同的智能光网络，助力行业数字化转型。

■ 一、光网络是新基建"幕后英雄"

有别于传统的"铁、公、机"基建，新基建是以 ICT 和数字化为特征的新型基础设施。虽然新基建并未直接提光网络，但光网络是"幕后英雄"。

信息基础设施主要是指基于新一代信息技术演化生成的基础设施。例如，以 5G、物联网、工业互联网、卫星互联网为代表的通信网络基础设施；以人工智能、云计算、区块链等为代表的新技术基础设施；以数据中心、智能计算中心为代表的算力基础设施等。

融合基础设施主要是指深度应用互联网、大数据、人工智能等技术，支撑传统基础设施转型升级，进而形成的融合基础设施，例如智慧交通基础设施、智慧能源基础设施等。

创新基础设施主要是指支撑科学研究、技术研发、产品研制的具有公益属性的基础设施，例如重大科技基础设施、科教基础设施、产业技术创新基础设施等。

光网络是推动和支撑业务发展的基础。其中，5G 传送承载可以支撑 5G 发展；成本约束的超高速传送与接入可以满足流量增长；政企光业务网（低时延／高质量专线）可以服务产业互联；DC 光互联，SDN 与 AI 使能的智能光网络可以适应云化转型；开放光网络与设备解耦可以开放产业生态。

■ 二、云网融合"呼唤"新一代智能光网络

云网融合是行业数字化转型的必然要求，是运营商服务新趋势。中国联通已经推出云组网、云专线、云联网、云宽带、联通云盾、金融专网等多项云网产品。其中，云光协同是高质量的云网融合。云网融合主要强调网随云动、网络云化；而云光协同不仅可以提供基于光网的云互联、云专线和云接入，还可以推动开放光网络的发展。

云光协同能够发挥光网的高品质、高安全、低时延、低抖动、确定性等优势，增强业务竞争力；同时中国光通信产业的自主可控性强，产业链更为完整；中国光缆网络规模建设的优势明显，云光协同将进一步增强产业竞争力。

面向云的高速度、高品质专线成为运营商产业互联网的制高点。中国联通发布的 2020 年上半年度报告数据显示，中国联通上半年产业互联网业务大幅增长 36%，达到 227 亿元，占整体服务收入比例提高至 16%。其中，ICT 业务收入 75 亿元，同比增长 39%；DC 及云计算业务收入达到 121 亿元，同比增长 29%。

中国联通骨干传送网，CHINA 169 占比逐年下降，BATJ、政企等大客户的专业业务呈现快速上升态势。传输类电路专线业务逐年大幅增长。100G 大客户专线需求近 3 年的年均增长率超 100%，100G 速率的云业务连接占到大客户专线业务总带宽的 95% 以上。

对于运营商来说，政企专线业务的重要性凸显。专线带动政企业务整体增收，5% 的专线驱动运营商 20% 的收入。与此同时，OTN 网络取代 SDH/MSTP，成为高质量专线业务承载网络。随着 OTN 网络全面 SDN 化，基于 SD-OTN，打造光业务网，方能提供高质量专线业务。中国联通在 2018 年就发布了基于 SD-OTN 的金融精品网；2019 年中国联通全球政企精品网推出，面向政企客户量身定制高带宽、高可靠、高安全、高私密性的专属智能专线产品。

据悉，中国联通京津冀 ROADM 网络已经全

面投入运行，即将开始建设长三角区域 ROADM 网和珠三角 ROADM 区域网，从而构建中国联通东部 ROADM 区域网。同时，中国联通已在重点地市规模部署 ROADM 网络和 WSON 智能管控。

SDN 智能管控系统是光业务网的关键。为此，中国联通自研 OTN CPE 管控系统已实现多供应商的接入型 OTN-CPE 接入；自研 OTN 协同器实现全网智能端到端调度；OTN 协同器与 B/O 系统的互通，实现客户自主和业务自助开通。

需要注意的是，OTN 的 SDN 化奠定云光融合的基础，但还要更多的技术创新，例如，更深度的智能与开放；OSU flex 更小颗粒度的客户速率；向 IP 学习动态网络协议。

三、开放光网络的四大优势

基于 OTN/WDM/ROADM 的智能光电混合网络成为骨干网趋势。各大运营商的 5G 承载方案各有特点，但都是基于 IP 技术。SR、IPv6、FlexE 硬切片、确定性网络都成为 5G 承载网络的技术关键。IP 技术与传统光网络技术在理念上逐渐互相参考和借鉴，SRv6 成为未来承载网技术的重要方向。在接口上，50G、100Gbit/s 技术下沉到移动回传网的接入层。

网络转型与 5G 发展需要 AI，开源 + 白盒将激化产业活力，降低网络成本。基于开源与白盒构建的新一代网络，对于运营商既有吸引力，也存在技术、运营与产业生态的巨大挑战。

PON 解耦、OTN 接入端解耦、WDM 设备解耦、运营商直采光模块开放与解耦是促进创新、降低成本的重要方式。

开放光网络通过开放的北向接口，实现不同设备的统一管控；运营商和用户对于网络有更强的控制权；运营商对网络各功能部件有更大的选择权；适用于城域组网的低成本、低功耗、高级程度、易扩展的服务器式设备形态。

开放光网络的四大优势：一是避免厂商锁定，产业链更为开放，降低建设成本；二是各个功能块独立发展和升级，加速创新，更快地引入新技术，降低成本；三是用户自定义网络，实现业务快速发放；四是简化运维，降低网络运营成本。

（中国联通研究院　唐雄燕）

中国5G发展和经济社会的影响

一、5G逆势增长，商用一年成绩可观

2020年中国5G正式进入规模商用时期。春节期间突发的新冠肺炎疫情使经济发展承压。3月4日，中共中央政治局常务委员会召开会议，要求加快5G网络、数据中心等新型基础设施建设进度，5G作为新型基础设施的战略地位进一步凸显。在央地政策的共同支持下，中国5G网络建设在3月份迅速启动，并于10月初提前完成全年建设目标。与此同时，5G用户连接数、手机出货量等均放量大增。最为可贵的是，疫情加速数字化转型进程，在产业界共同努力下，5G创新应用在疫情防控中发挥良好示范，促进经济社会发展效能初步显现，为5G后续发展打下了扎实的基础。

（一）多因素驱动5G逆势增长

尽管新冠肺炎疫情给经济带来了冲击，但中国的5G网络部署和商业应用仍取得良好进展，这是多种因素综合作用的结果。

1. 中央和地方政策助力

2020年以5G为代表的新基建按下"快进键"。从2月以来，中央政治局常委会会议、中共中央政治局会议、中央政治局常务委员会会议等多个会议提出，要加快5G网络、数据中心等新型基础设施建设进度。各部委出台多项政策大力推动5G发展。工业和信息化部出台《关于推动5G加快发展的通知》，发展和改革委员会、工业和信息化部联合发布《关于组织实施2020年新型基础设施建设工程（宽带网络和5G领域）的通知》，全力推进5G发展。各地政府也积极出台支持政策，截至2020年9月，各省市（区、县）先后共出台5G政策文件累计460多个，积极推进5G网络建设、应用示范和产业发展。

2. 企业寻找新增长空间

近年来，随着宏观经济下行压力加大、移动用户增长红利见顶、上网时间触及天花板、面向消费者应用创新空间变小等，中国移动互联网发展增速持续放缓。例如，移动手机自2017年起，连续3年出货量下降。电信业移动数据及互联网业务收入增速自2018年起进入个位数区间，2019年更是降至0.4%的水平，失去了作为电信业务收入增长引擎的地位。上市互联网企业收入增速从2014—2016年高达40%以上的年增速，下降到2019年的20.1%。ICT产业急需借助5G新型基础设施，提升移动互联网创新，探索面向产业互联网的新发展模式和商业模式，使产业重新步入增长轨道。

3. 技术产业快速实现商用

5G是我国移动通信产业数十年创新积累的集中体现。从1G/2G时代我国移动通信产业开始起步，到3G时代我国初步构筑覆盖系统、终端、芯片、仪器仪表等核心环节的产业链，再到4G我国主导的TD-LTE国际标准占据全球半壁江山，我国移动通信产业打下了坚实的技术和全产业链基础。借助这一基础，我国5G产业只用了一年的时间就实现了从标准冻结到商用产品成熟的过程，基于R15标准的基站设备和终端设备等可以快速实现批量上市，为5G的大规模商用提供了有利的产业支撑。

4. 数字化转型进程加速

新冠肺炎疫情在给经济社会带来重大负面冲击的同时，也加快了各领域数字化转型的进程，使5G＋多种新兴技术得以更快地融合到千行百业之中。一方面，疫情防控让更多的企业家、管理者认识到数字化的价值和投资的必要性。据清华大学的调查报告显示，企业在疫情结束后有意愿进行数字化转型的比例超过53%，远超过去。另一方面，疫情激发了公众对5G的应用需求。疫情期间"宅"经济迅速发展，5G＋高清视频、5G＋远程医疗、5G＋智慧防控等应用极大地提高了防疫效率。疫情激发了公众对更大容量、更快速度信息通信的需求，让5G的

应用场景变得更加清晰可行。

（二）5G 网络发展初具规模

适度超前的网络是 5G 商用发展的基础。在新冠肺炎疫情得到有效控制之后，电信运营企业迅速启动了 5G 建设大规模招标，推进 5G 网络建设，取得了显著的成绩。

1. 建成全球最大规模 5G 商用网络

截至 2020 年 10 月，中国已累计建设 5G 基站超 70 万个。全球规模排名第二的韩国，截至 2020 年 8 月月底部署了 13.2 万个。5G 网络建设呈现出东部沿海领先于内陆地区、南方领先于北方的特点。广东、江苏、浙江、河南、山东、上海、北京、四川、重庆等省市的 5G 基站超过 20000 个。截至 2020 年 10 月 5G 终端连接超过 1.8 亿次。

2. 独立组网率先实现规模商用

中国电信 11 月 7 日宣布 5G 独立组网（Standalone，SA）规模商用，将在全国超过 300 个城市规模商用 5G SA。中国移动 11 月 20 日也宣布实现 5G SA 规模商用。中国联通正在加紧从 5G NSA（Non-Standalone，非独立组网）向 5G SA 过渡。5G SA 为端到端网络切片技术以及面向行业的应用创造了基础条件。

3. 网络性能显著提升

与 4G 网络相比，5G 网络的上下行速率明显提升，用户体验获得明显提升。2020 年 8—10 月中国信息通信研究院在全国 14 个重点城市开展了移动网络质量专项评测，结果显示，14 个城市中有 10 个城市的平均下载速率超过 800Mbit/s、平均上传速率超过 100Mbit/s。10 月 28 日发布的《中国移动 2020 年智能硬件质量报告（第一期）》的评测结果显示，5G 网络下直播类（4K 高清直播）、网盘类、社交类、应用市场类应用的用户体验大幅提升。

4. 虚拟专网探索取得积极进展

5G 行业应用对行业专网具有巨大的需求。行业专网目前形成专用频率专网和虚拟专网两类典型组网模式。其中，虚拟专网是基于现有 5G 公网构建的，按需实现软硬件隔离，同时向行业用户提供部分网络管理、监测、独立开户等权限的虚拟网络，具有网络覆盖定制化、安全性高、性能精准优化、运维管理自主化、成本经济等优势。我国尚未分配行业专网频段，政府鼓励产业界积极探索 5G 行业虚拟专网。目前全国已建设 5G 虚拟专网约 800 个。

5. 共建共享不断深化

中国电信与中国联通签署《5G 网络共建共享框架合作协议书》，历经 1 年双方累计建设开通 5G 基站超 30 万个，初步估算可为两家节省建设投资超 600 亿元。2020 年 5 月 20 日，中国移动与中国广电签订有关 5G 共建共享合作框架协议。伴随着 4 家基础电信企业持续推动共建共享相关工作，我国 5G 网络建设进程开始加快，进而实现 5G 高速网络服务惠及广、覆盖深、时间快、投资少的效果。

（三）5G 技术标准持续创新

5G 技术标准沿着增强 5G 技术能力和支撑垂直行业应用两个方向持续演进发展，5G 增强技术标准、端到端网络切片技术、5G 行业虚拟专网技术等取得阶段性进展。

5G R16 标准正式发布。3GPP 于 2020 年 6 月正式发布 5G R16 标准，相比 R15，R16 标准的关键性能、网络基础能力和应用能力均显著提升。关键性能方面，R16 对低时延和高可靠性能进行了增强，实现空口单向时延小于 1ms、可靠性达到 99.9999%。此外，R16 增强了网络数据承载能力，特别是毫米波通信能力，扩展毫米波应用场景。网络基础能力方面，R16 持续增强 R15 的若干基础功能，显著提升网络自组织、自动化运营、米级定位等。应用能力方面，R16 完成后 5G 场景将扩大到人与物、物与物的连接，特别是低时延、高可靠垂直行业的应用，重点支持工业互联网及自动化、车联网、远程驾驶、智能电力分配等应用场景，并通过支持时间敏感网络协议，实现微秒级的时延抖动，为垂直行业应用提供灵活的网络部署模式。R16 标准阶段，我国企业共提交无线和网络文稿约 2.1 万篇，占 3GPP 总文稿的 35%。

端到端网络切片技术完成总体架构。网络切片是 5G 的关键核心功能，目前虽然 3GPP、IETF、ITU-T、ETSI、CCSA 等组织都在进行相关标准化工作，但是跨域跨厂商的标准化节奏明显滞后于商用节奏。为此中国通信标准化协会成立了"5G 网络端到端切片特殊项目组"，总体规划 5G 网络端到端切片体系框架，梳理现有相关标准，组织开展共性标准研究和相关测试。目前已完成 5G 网络切片的端到端总体架构，具体包括端到端架构的总体技术要求、基于切片分组网络承载的端到端切片对接技术要求、基于 IP 承载的端到端切片对接技术要求等。同时 IMT-2020（5G）推进组制订了 5G 端到端网络切片测试方法。在上述工作基础上，主要设备厂商完成了同厂家设备子切片的域间拉通测试，目前正在进行异厂家的跨域对接测试，情况进展良好。

行业虚拟专网标准研究持续推进。5G 应用产业方阵成立"5G 行业虚拟专网研究组"，持续推进相关技术研究及标准制定。在网络架构方面，从应用场景、地理位置、服务范围等角度，定义了局域虚拟专网和广域虚拟专网两大类，通过分类部署架构助力 5G 核心网网络资源的下沉并保障行业业务安全。在对外服务能力方面，已推进面向行业的对外能力服务平台在架构、功能及接口上的标准制定，实现运营商和行业企业对 5G 网络的共同管理。在轻量级 UPF（User Plane Function，用户面功能）方面，聚焦行业差异化的场景和需求，开展企业轻量级 UPF 的功能及接口标准制定工作，实现 5G 行业虚拟专网网络资源的低成本下沉。在 5G 与行业局域网融合方面，已开展 5GLAN 功能、二层网络互联互通、运营支撑等关键技术的探索。

（四）5G 移动产业链逐步成熟

5G 产品市场加快发展。2020 年全球 5G 网络市场规模超过 100 亿美元，基站出货量超过 1000000。我国 5G 基站在全球市场份额保持领先。根据 Omdia 数据显示，华为、中兴 5G 基站在 2020 年第二季度全球市场份额（按营收）分别达 49.4% 和 18.5%，排名第一和第二。截至 2020 年 10 月中，全球共发布 5G 终端 444 款，根据 SA（Strodegy Analytics，一家市场研究公司）数据显示，华为、小米、OPPO、vivo 在 2020 年一季度全球 5G 手机市场份额分别为 33.3%、12%、10.4%、5%，位列二到五位，市场总份额超过 60%。

毫米波技术设备和组网测试完成。5G 毫米波是移动通信下一步发展的重点，它将成为 5G 中频重要的容量补充和能力提升手段。IMT-2020（5G）推进组统筹规划、分阶段推进 5G 毫米波技术试验，研究了毫米波关键测试技术，协调统一了 200MHz 大载波宽带和下行为主帧结构等主要物理层参数，

制定了面向毫米波基站、终端的功能、辐射射频和 OTA（Over-the Air Technology，空中下载技术）性能的试验规范，构建了完整毫米波测试系统，支撑了毫米波试验，指导产业研发，为毫米波的后续发展奠定了坚实基础。

独立组网产业链主要环节逐步成熟。我国以独立组网为目标构建 5G 网络，积极推动独立组网产业链主要环节。5G 技术研发试验以及运营商 5G 试验推动下，在系统设备方面，华为、中兴、爱立信、大唐、上海诺基亚贝尔等系统设备厂商相继推出了支持独立组网模式的 5G 基站设备及核心网产品，并在运营商组织下，深入开展核心网网元间的互操作测试，并已经取得了积极进展。在芯片方面，华为海思、高通、联发科、三星推出了支持独立组网和非独立组网的手机芯片。

（五）5G 应用发展进入导入期

1. 消费级应用仍以增强体验为主

尽管网络建设发展迅速，用户数快速增长，但 5G 网络仍处于规模覆盖初期，用户渗透率刚刚超过 10%。5G 消费级应用仍处于导入初期，创新型应用尚在培育，业务仍以增强 4G 业务应用体验为主，各方都在积极探索基于增强移动宽带的视频类应用。

电信运营商积极推进 5G ＋视频娱乐类应用。为掌握发展主动权，电信运营商借助 5G 特性，推出包括 5G ＋ 4K 高清视频、5G ＋ VR/AR、5G 云游戏等特色业务，率先为移动用户提供比 4G 更好的视觉娱乐体验。如中国移动成立咪咕平台，已覆盖影视、音乐、演艺、游戏等多个领域，通过全产品、全渠道、全数据、全 IP 四大全场景营销，打造多元化沉浸式体验新生态。中国电信推出"天翼云 AR"产品，持续推广"5G ＋权益＋应用"的 5G 会员服务模式，并与韩国 LGU ＋签订协议，引入海外 VR 优质内容和先进制作经验。中国联通提出以 5G^n 新平台开创数字生活新天地，提供"5G ＋ IPTV ＋ VR"多屏联播功能。

互联网公司开展消费级应用布局。爱奇艺提出"全产品矩阵"策略，加速推进 VR 应用，强化 VR ＋多种内容生态的方式，通过多产品品牌矩阵深入娱乐多领域。腾讯推出腾讯先游、START、腾讯即玩三大云游戏平台，最新发布了"互动云游戏"解

决方案和全新升级的游戏服务器引擎 GSE。网易与华为达成合作，正式上线网易云游戏平台，共同推进 5G 云游戏。虎牙积极开发基于 5G 的 4K/8K 高清直播和 AR/VR 直播项目，VR 演播室已建成并投入使用，5G ＋ 8K 直播开始特定线路测试。互联网公司普遍认同 5G 将给游戏、直播、视频等内容产业带来革命性的影响，并积极进行前瞻性布局。

文化产业受 5G 商用引领，积极探索发展形态转变。现代博物馆、艺术馆利用基于 5G 的虚拟现实等技术强化用户体验，使展览具有互动性。例如，故宫借助 VR、AR 等技术，将现代文明成果和古代灿烂文化大胆融合，探索出一条 "VR ＋文创" 的新型传播路径。

2. 行业及应用开始从 0 到 1 的试点

行业级应用开始落地商用。经过三年的培育，中国 5G 融合应用迈过创意阶段进入落地阶段。根据第三届 "绽放杯" 大赛参赛项目数据，超过 3 成、近 1300 个参赛项目有了较为成熟的解决方案，开始进入示范和商用落地阶段。中国移动宣布，2020 年其 5G 应用落地 100 个集团级龙头示范项目，拓展 2000 个省级区域特色项目，并聚焦 15 个细分行业，签约超过 1000 个项目。

在多个领域形成有望规模商用的应用场景，商业模式初步构建。5G 行业应用在多个领域展开探索，目前已在工厂、矿山、港口、医疗、电网、交通、安防、教育、文旅及智慧城市等 10 个领域，逐步获得业界认可，并初步形成有望规模商用的应用场景。各行业的应用需求逐渐聚焦到直播与监控、智能识别、远程控制、精准定位、沉浸式体验和泛在物联等六大通用能力上。5G 商业合作形式初步形成以运营商、行业服务商、行业客户为主导的三种商业合作模式，运营商牵头主导是主流，但行业服务商和行业客户主导案例也在增加。

社会各行业加大对 5G 行业应用的重视力度。一方面，多个行业将 5G 纳入其信息化指导意见或推进相关行业标准。如安标国家中心发布《煤矿 5G 通信系统安全技术要求（试行）》和《煤矿 5G 通信系统安全标志管理方案（试行）》。交通运输部发布《关于推动交通运输领域新型基础设施建设的指导意见》，提出要发展 5G 技术等协同应用。另一方面，

行业龙头企业加大投入，主动将其数字化进程与 5G 融合发展相结合。如招商局联合十家行业领先企业建立 5G 智慧港口创新实验室，构建 5G 智慧港口生态圈。联塑集团构建 5G ＋智能制造方案，实现管道建材制造业 5G 应用标杆。焦煤集团通过 5G 实现挖机钻机远程控制、无人驾驶、无人测绘以及工程机械协同作业，推动生产过程向智能化转型。行业龙头企业对 5G 应用的认可，有望加快 5G 应用在全行业的复制和推广。

二、5G 引领创新，经济社会影响潜力初现

移动通信的网络建设符合产品生命周期曲线规律，对应产品生命周期曲线（S 曲线），移动通信每代技术的网络建设可分为导入期、规模建设期、完善期和退网期。网络建设是用户和应用发展的基础，网络建设的发展周期先行于用户和应用的发展周期。目前我国 5G 网络处于规模建设的初期，这一阶段网络尚未完善，用户有一定增长，但应用刚刚起步，5G 商用对经济社会的影响主要体现在投资拉动和终端消费牵引上。已起步的应用尽管展现出巨大的影响潜力，但充分发挥潜力仍需克服诸多挑战。

（一）推动 ICT 产业步入增长新轨道

1. 5G 掀起新一轮移动通信网络投资浪潮

5G 商用带动运营商进入移动通信网络投资新周期。运营商资本支出在上一轮 4G 网络集中建设阶段保持高速增长，于 2015 年达到峰值，此后持续下降。2019 年我国发放 5G 商用牌照，移动通信网络投资进入新一轮周期。2020 年虽然新冠疫情给网络建设带来一定冲击，但也使消费者的网络需求大大增加，在国家 "新基建" 战略推动下 5G 网络部署继续加强，2020 年三大运营商 5G 相关网络投资将过 2100 亿元，占总资本开支的比重将近 53%。

2. 5G 推动新型基础设施持续创新

5G 开启万物互联新时代，革命性地提升了设备接入和信息传输的能力，推动了边缘流量特别是行业流量的爆发式增长。海量数据的存储、处理、计算和分析需求，提高了企业对数据中心、云计算、人工智能等新型基础设施的投资需求。2020 年在新

基建政策和 5G 商用的刺激下，电信运营商、主要互联网巨头、ICT 设备厂商、第三方数据中心提供商等纷纷加码云计算、数据中心和人工智能等基础设施投资。

5G 商用带动云计算和数据中心投资进入新热潮。运营商方面，中国移动积极推动云网、云智、云边、云数结合，布局网络云资源池。中国电信正形成"2+4+31+X"的云网融合资源，从基地、区域、省到边缘节点多层次建设和管理。中国联通构建"5+N+1"创新业务能力体系，打造"云大智物安"创新平台。互联网企业巨头方面，阿里宣布未来 3 年投资 2000 亿元，用于云操作系统、服务器、芯片、网络等重大核心技术研发攻坚和面向未来的数据中心建设。腾讯宣布未来五年将投入 5000 亿元布局新基建，重点部署云计算、区块链、服务器、超算中心、大型数据中心等方面。百度预计 2030 年打造的智能云服务器将超过 500 万台。第三方数据中心提供商也加紧 IDC 方面投资，其中万国数据 2020 年资本开支达 75 亿元，相比 2019 年增长 50%；世纪互联 2020 年达 24 亿～28 亿元，相比 2019 年翻倍。企业 2020 年对云和数据中心的投资约 1800 亿元，2021—2025 年将近 2 万亿元。

5G 带动人工智能基础设施建设探索推进。各大公司加速对人工智能基础设施的探索，为支持产业智能化升级提供有力支撑。例如，百度升级建设软硬一体 AI 新型基础设施——"百度大脑 6.0"，2020 年开放 270 多项 AI 技术，通过定制系列场景，推进各行业应用自主可控的开源深度学习平台。小米构建的人工智能开放平台，以智能家居需求场景为出发点，有望为用户、软硬件厂商和个人开发者提供智能场景及软硬件生态服务。华为发布智能体，以 AI 为核心，通过云网边端协同，构建开放、立体感知、全域系统、精确判断和持续进化的智能系统，希望能为城市治理、企业生产、居民生活带来全场景智慧体验。

3. 推动用户信息消费转型升级

5G 推动用户流量消费增长。数据显示，5G 用户的流量消费明显高于其他移动用户。以中国电信为例，2020 年上半年其 5G 用户 DOU 值为 14.1GB，比行业平均值 10.1GB 高出近 40%。截至 2020 年 6月，运营商移动数据及互联网业务 APRU 为 40.7 元，较 2019 年年底提升 6%。2020 年三家运营商总体业绩稳中有升，且移动通信业务 ARPU 止跌转增，增量不增收现象有所缓和。究其原因，除运营商调整经营策略减少低价值客户外，5G 功不可没。受益于 5G 商用进程的不断推进，高价值用户数量逐步增加，推动运营商价值经营战略初显成效。

5G 手机终端大规模出货。2020 年 1—11 月我国国内手机市场总体出货累计 2.81 亿部，其中，5G 手机出货 1.44 亿部，占比达 51.4%。5G 手机市场占有率不断提升，从月度数据看，6 月份 5G 手机单月出货占比超过六成，后续也一直维持较高比率。5G 手机款式不断丰富，目前我国共有 217 款 5G 手机获得进网许可。5G 手机价格逐步走低，最低价位已降至千元以内。到 2020 年年底，中国 5G 网络终端连接达 2 亿次，消费级市场稳步推进。

用户对新消费类终端关注度不断增加。德勒对中国移动消费者的调研结果显示，目前用户使用最多的 5G 消费类终端仍以手机为主，但用户对新消费类终端的关注集中在娱乐、社交等方面，特别是各类智能可穿戴电子设备和智能物联产品。用户越来越愿意将智能可穿戴设备作为智能手机功能的补充。在智能娱乐领域，流媒体内容的智能电视受到越来越多用户的青睐。基于 5G 能力的 VR/AR/MR 智能头显设备可给用户带来足不出户的旅游和娱乐体验，将吸引更多年轻的用户。

（二）打开经济社会创新发展新空间

与 4G 不同，5G 最大的应用价值是在产业互联网。5G 与各行各业的广泛融合，正在为经济社会的创新发展打开一个广阔的空间。

1. 有望形成新的融合应用产业支撑体系

5G 在产业互联网的应用将形成融合交叉更深入、生态耦合更紧密的融合产业体系，将带来更多增长机会。

5G 新型行业终端和模组迎来发展机遇。5G 行业终端模组已成为 5G 赋能行业数字化转型的关键领域。一方面，5G 与行业应用深度融合催生多形态的泛智能终端，以 AR/VR、机器人、无人机、摄像头、无人配送车等为代表的 5G 新型终端将重构以智能手机为主的传统移动终端市场。如 2019 年我国仓储

AGV 小车出货 1.8 万台。另一方面，5G 行业模组市场将随 5G 行业终端市场的增加呈现井喷式增长，低成本芯片 / 模组的研发具有向行业物联网领域渗透及规模应用的趋势。据 ABI Research 数据，2023 年全球物联网蜂窝通信模组出货将增长到 12.50 亿片，并在 2024 年超过 4G 模组。

5G MEC（Mobile Edge Computing，移动边缘计算）价值凸显但生态体系有待完善。MEC 已成为 5G 的关键技术，具有广阔市场。在第三届"绽放杯"5G 应用征集大赛中，5G 与 MEC 融合的项目占比达到 43%，受到行业广泛关注。在技术方面，"核心网用户面＋边缘计算平台"（UPF+MEP）下沉的网络部署方案成为行业应用的重要模式，为了满足行业企业业务安全保障、性能优化及自主运维的需求，MEC 的部署成为关键。在产业方面，多主体推动 5G MEC 发展，运营商等基于 5G 连接的计算能力提升与传统 IT 企业等基于云端边缘化下沉的模式探索较为领先，然而成熟的产业生态有待完善。

5G 行业应用解决方案成为融合应用发展的重要环节。在第三届"绽放杯"大赛中，解决方案企业参与申报项目达 900 个，是 2019 年数量的 4.5 倍。业务中台、端到端集成及专业 App 3 个方面成为解决企业方案关注热点。5G 行业提升数据量和传输实时性，承接业务监测、优化等任务的业务中台成为了关键领域。为了满足行业便捷使用 5G 网络的需求，融合设计、制造、配送、管理、维护等环节的端到端解决方案将具有竞争力。此外，对于行业用户，可视化、高性能的专业 App 成为提升服务效果的关键环节。

2. 为其他行业生产方式变革提供新途径

随着融合应用的演进，5G 赋能千行百业的经济价值逐步体现。

（1）5G 为生产和管理数据的有效集成提供关键技术支撑

数据的有效采集是各行业数字化、网络化、智能化进程的起点。5G 的低时延、大带宽特点能够有效满足海量数据的实时回传要求，实现生产和服务数据的群采群发，并结合大数据、人工智能等技术实现不同结构数据的标准化转换、处理、计算和识别。如沪东（中华）造船集团公司采用基于 5G 的焊机联网管控系统，实现焊机参数在线诊断，有效提升采样频率、降低报修率和等工时间；浙江宁波海曙区将 5G 技术应用于无人船水利资源管理，构建船只系统和 AI 云平台，实现多船同步操控，有效提升水域巡查频次、水质检测效率和应急响应速率。

（2）5G 帮助实现低成本的远程操控

传统生产制造一般需要工人现场作业，一部分工厂存在生产环境恶劣、安全保障不足的问题。5G 网络具有高传输速率和高可靠性能，能够在保障安全性的同时降低远程控制设备的安装、调试和维护成本。目前，智慧矿山和港口场景中已经采用 5G 技术实现远程操控的优化。例如，深圳妈湾港结合 5G 独立组网网络以及港口的生产场景，研发了岸桥吊 5G 远程控制、5G 无人机、5G 无人集卡等 5G 移动应用，有效提升配载效率，并减少现场作业安全隐患，增强安全保障。未来预计基于 5G 的远程操控还可以在仓储运输、无人配送、智能巡检等场合发挥更多的作用。

（3）5G 助力实现生产的高精度实时检测

传统人工监测存在劳动强度大、人为误差多、检测精度低等问题，4G 网络下的生产检测图像传输和分析时间长、精度不够。5G 满足多路超高清视频灵活接入的需求，可结合机器视觉技术用于产品检测和自动化生产线，进行在线监测、实时分析和实时控制。例如，杭州汽轮集团运用 5G 三维扫描建模检测系统，将零件立体扫描数据实时传输到云端服务器，判断产品的误差率并及时反馈到生产现场。从市场实践看，工厂对机器视觉具有迫切需求，这将是 5G 赋能智慧工厂率先落地的应用场景之一。

（中国信息通信研究院）

"十四五"期间我国信息通信领域的法治建设分析与展望

党的十九大把坚持全面依法治国确立为新时代坚持和发展中国特色社会主义基本方略的重要内容，对全面依法治国做出战略部署，这一举措指导我国信息通信领域进行法治建设并取得显著成效。十三届全国人大四次会议通过了关于"十四五"规划和2035年远景目标纲要的决议，对数字经济发展、全面依法治国等提出了规划目标，再次为"十四五"期间信息通信领域法治建设指明了方向。

一、新时代我国信息通信领域法治建设成效显著

全面依法治国是国家治理的一场深刻革命，必须坚持厉行法治。信息通信领域是我们面临的重要变量，推进我国信息通信领域规范发展必须厉行法治。十九大以来，随着我国信息通信技术和产业的持续发展，相关领域立法工作也加快推进、日益完善，成效显著。

（一）电信领域立法取得重大进展

在《电信法（送审稿）》立法方面，随着5G新一代移动通信技术的发展和正式商用，电信领域亟须制定完善并与之相适应的基础法律制度。2018年，《电信法》被列入十三届全国人大常委会立法规划第二类项目，即需要抓紧工作、条件成熟时提请审议的法律草案，推动立法工作的进展。2020年4月，工业和信息化部完成《电信法（送审稿）》起草并提交司法部，进入国务院立法审查程序。在电信资源管理方面，2017年8月，工业和信息化部修订《互联网域名管理办法》，完善了域名服务许可制度、域名注册信息登记制度和个人信息保护制度，进一步规范域名注册服务活动；2019年11月，工业和信息化部发布《携号转网服务管理规定》，在近几年试点经验的基础上，将"携号转网"服务正式推向市场并对业务经营进行规范。

（二）互联网领域立法成果显著

在电子商务领域，2018年8月，全国人大常委会审议通过《电子商务法》，这是我国电子商务领域的首部专门法律制度，主要对电子商务法适用范围、基本原则、电子商务经营者权利义务、电子商务合同的订立和履行、电子商务争议解决、电子商务促进以及法律责任等作出了规定。在网络安全领域，2019年10月，全国人大常委会通过《密码法》，鼓励和规范密码技术的研究开发和应用管理，提升密码科学化、规范化、法治化水平，进一步保障网络与信息安全。在隐私和个人信息保护领域，2020年5月，第十三届全国人民代表大会第三次会议表决通过了《民法典》，在人格权编中采用专章的方式对个人信息与隐私权一并予以保护，并对个人信息的类型、收集、更改或删除等作了初步规定。在网络社会管理领域，2018年10月新修订的《广告法》要求利用互联网从事广告活动，不得影响用户正常使用网络，同时应当显著标明关闭标志，确保一键关闭；2020年10月，新修订的《未成年人保护法》增设"网络保护"章节，对近年来社会各界高度关注的未成年人网络保护问题作出专门规定，按照"疏堵结合"的思路进一步完善了针对未成年人的网络内容监管制度。

（三）新技术新应用领域立法积极推进

近年来，随着信息通信技术的快速发展，新技术新应用层出不穷，相应立法工作也积极进展。例如，在云计算管理方面，2019年7月，国家互联网信息办公室、国家发展和改革委员会、工业和信息化部以及财政部共同发布《云计算服务安全评估办法》，进一步提高党政机关、关键信息基础设施运营

者采购使用云计算服务的安全可控水平。在网络音视频管理方面，2019 年 11 月，国家互联网信息办公室、文化和旅游部、国家广播电视总局联合发布《网络音视频信息服务管理规定》，及时回应当前网络音视频信息服务及相关技术发展面临的问题，针对从业者应当遵守的相关要求作出全面规定。此外，针对区块链等新技术、网约车等新应用领域，相关部门也出台了相应的管理规定。

二、"十四五"期间信息通信领域法治建设分析与展望

2021 年 3 月，十三届全国人大四次会议通过《中华人民共和国国民经济和社会发展第十四个五年规划和 2035 年远景目标纲要》（以下简称《十四五规划》），提出坚定不移走中国特色社会主义法治道路，坚持依法治国、依法执政、依法行政共同推进。中共中央印发《法治社会建设实施纲要（2020－2025年）》，强调依法治理网络空间，全面推进网络空间法治化，为"十四五"期间信息通信领域法治建设明确了方向。

（一）一个基本目标

从《十四五规划》来看，信息通信领域法治建设的基本目标是营造良好的数字发展环境。规划首次围绕数字发展进行专篇布局，其第五篇"加快数字化发展 建设数字中国"指出，迎接数字时代，激活数据要素潜能，推进网络强国建设，加快建设数字经济、数字社会、数字政府，以数字化转型整体驱动生产方式、生活方式和治理方式变革。与此同时，规划第十八章进一步指出"营造良好数字生态"，坚持放管并重，促进发展与规范管理相统一，构建数字规则体系，营造开放、健康、安全的数字生态。因此，要准确认识"十四五"期间信息通信领域法治建设的目标要求，把握信息通信技术和产业发展规律，积极构建适应数字经济、数字社会、数字政府高质量发展的法律制度体系。

（二）四大重点方面

《十四五规划》从四个方面对数字时代法律规则建设提出了要求。一是建立健全数据要素市场规则。包括统筹数据开发利用、隐私保护和公共安全，加快建立数据资源产权、交易流通、跨境传输和安全保护等基础制度和标准规范；加强涉及国家利益、商业秘密、个人隐私的数据保护，加快推进数据安全、个人信息保护等领域基础性立法，强化数据资源全生命周期安全保护；以及完善适用于大数据环境下的数据分类分级保护制度等。二是构建与数字经济发展相适应的政策法规体系。包括健全共享经济、平台经济和新个体经济管理规范，支持平台企业创新发展、增强国际竞争力；依法依规加强互联网平台经济监管，完善垄断认定法律规范，打击垄断和不正当竞争行为；探索建立无人驾驶、在线医疗、金融科技、智能配送等监管框架，完善相关法律法规和伦理审查规则等。三是加强网络安全保护。包括健全国家网络安全法律法规和制度标准，加强重要领域数据资源、重要网络和信息系统安全保障；建立健全关键信息基础设施保护体系；加强网络安全风险评估和审查等。四是推动构建网络空间命运共同体。推进网络空间国际交流与合作，推动以联合国为主渠道、以联合国宪章为基本原则制定数字和网络空间国际规则；推动建立多边、民主、透明的全球互联网治理体系；积极参与数据安全、数字货币、数字税等国际规则和数字技术标准制定等。

（三）两部关键立法

《十四五规划》明确了信息通信领域法治建设的基本目标和重点领域，主要围绕数据及其相关资源展开。因此，在未来法治建设过程中，相关立法也将会围绕数据安全和保护等问题展开，解决这些问题，是完善和发展我国信息通信领域立法的关键内容。落实《法治社会建设实施纲要（2020－2025 年）》要求，建立健全数据安全管理等网络安全管理制度，研究制定个人信息保护法。一是制定出台《数据安全法》及其配套法规。2020 年 6 月，《数据安全法（草案）》首次提请全国人大常委会审议。该草案对我国数据安全监管做了顶层设计，为应对境内外数据安全风险，明确建立健全国家数据安全管理制度，完善国家数据安全治理体系，在适用范围和规制主体上实现公共部门和私营部门的全覆盖，并强化了中国法律的域外效力。二是制定出台《个人信息保护法》及其配套法规。数字时代，个人信息保护已成为广大人民群众最关心最直接最现实的利益问题之

一，2020 年 10 月，全国人大常委会首次审议了《个人信息保护法（草案）》。该草案从适用范围、个人信息处理规则、个人信息跨境提供规则、个人信息处理活动中个人的权利和处理者义务以及履行个人信息保护职责的部门等方面对中国个人信息保护进行了全面的规定。随着相关立法的推进，我国个人信息保护迎来黄金时代。

三、结束语

当前，以互联网为核心的信息通信技术日新月异，深刻改变了人们的生活方式，引领了社会生产变革。信息通信技术在促进数字经济发展、焕发社会活力的同时，也带来了一系列的治理难题。要妥善解决数字经济发展治理中面临的突出矛盾和重大问题，必须立足信息通信技术发展实际，坚决贯彻落实《十四五规划》的目标要求，聚焦重点领域和关键立法项目，充分发挥法治的基础性作用，坚持在法治轨道上统筹社会力量、平衡社会利益、调节社会关系、规范社会行为，为信息通信行业发展提供可靠的法律保障，为数字经济发展营造良好的数字生态环境。

（中国信息通信研究院　何　波）

海洋光通信网络的发展现状及趋势研究

海洋光通信网络是基于海底光缆为传输载体进行信息通信的光通信网络，是海洋信息网络的重要组成部分。目前，海洋光通信网络承载了全球95%以上的国际间信息通信的传输，是全球通信重要的信息载体和基础网络。随着国际间信息交互的越发频繁以及数据流量的爆发式增长，海洋光通信网络所起到的重要作用愈发突显。

一、海洋光通信网络的构成及产业特点

海洋光通信网络主要应用于国际跨洋的海底光缆通信、大陆与近海岛屿以及海洋岛屿间的海底光缆通信等场景。海洋光通信网络按照应用场景和传输距离不同，可分为有中继系统和无中继系统两种。其中，国际跨洋海底光缆通信传输距离可达数千至上万千米，多数场景需采用技术相对复杂的有中继系统，在信号传输过程中使用中继器进行信号放大；大陆与近海岛屿及海洋岛屿间的海底光缆通信传输距离一般为数百千米，采用无中继系统即可完成信号传输。

（一）海洋光通信网络的基本设备构成

海洋光通信网络按照设备组成要素可分为水下设备（Wet Plant）和岸上设备（Dry Plant）两部分，主要构成单元如图1所示。水下设备一般由海底光缆、中继器和分支单元构成。中继器实现光信号的放大；分支单元用于实现多个站点之间的网络互联。

岸上设备一般由海底光缆线路终端设备（SLTE）、线路监测设备（LME）、远供电源设备（PFE）和网络管理控制（MC）构成。

（二）海洋光通信网络产业的特点

海洋光通信网络的产业范畴较广，涉及海底光缆、系统设备、供电设备等多个专业领域的设备制造、系统集成以及网络运营等产业领域。纵观海洋光通信网络产业的发展历程并结合近年来的产业新发展趋势，海洋光通信网络产业集中体现以下3方面特点。

1.存在明显的网络替换周期

海洋光通信网络是基于海底光缆为载体实现大容量信息传输的系统。国家标准GB/T 51154—2015《海底光缆工程设计规范》中对系统的设计寿命要求为25年。海洋光通信网络建设从20世纪80—90年代兴起，于2001年到达海洋光通信网投资建设的第一个高峰。21世纪20年代，处于海洋光通信网投资建设高峰时期的多条国际海缆已临近退役期。海洋光通信网和国际海底光缆系统将逐渐进入建设和高速发展的新周期。

2.受需求、技术和政策的多重驱动

海洋光通信网络产业的发展与数据流量传输需求、技术发展演进和政策驱动等多重因素密切相关。首先，随着互联网、云计算、物联网、大数据、AR/VR、超高清视频等新业务的出现和发展，对海洋光通信网络的带宽需求持续增加。据TeleGeography数据显示，2018—2024年，全球带宽需求将保持40%

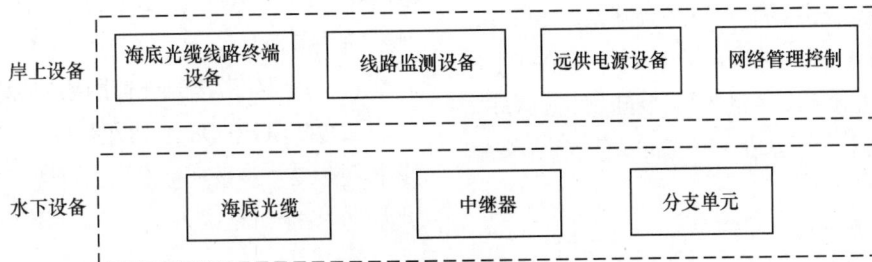

图 1 海洋光通信网络的设备构成

的年增长率。其次，海洋光通信网络的相关技术不断发展，已成为海洋光通信的主要技术驱动力，如单波长传输速率已从最初的2.5Gbit/s发展至100Gbit/s、200Gbit/s，甚至400Gbit/s。在部分地区海洋光通信网络容量饱和的情况下，新技术能更好地满足网络带宽需求。另外，随着各国对网络连接需求的快速提升，特别是疫情对全球的影响，很多国家已将互联网带宽和网络安全上升到国家战略层面。海洋光通信网络作为国际间通信传输的主要手段，所扮演的角色越来越重要。

3. 多种投资建设和运维新模式的涌现

伴随互联网时代数字经济的巨大推动，海洋光通信网络的建设模式和运维模式不断演进并出现了多种创新模式。

① 大型互联网企业出于全球业务部署的需要，已不满足于海洋光通信网络和海缆的租用，正越来越多地参与到国际海洋光通信网络项目的共建共用。

② 中国运营商在国际海洋光通信网络和海缆的投资建设方面积极主动性持续增强。

③ 国际海洋光通信网络的合作建设运维模式日趋灵活，出现一站式建设、共建共维、空分复用等为代表的新建设方案以及按照容量划分、纤芯划分等多种使用方式。

二、我国海洋光通信网络的发展现状

1989年，我国开始对全球海底光缆进行投资与建设，并于1993年实现首条国际海底光缆的登陆（中日之间C-J海底光缆系统）。1997年，我国参与建设的全球海底光缆系统FLAG建成并投入运营，这也是第一条在我国登陆的洲际海底光缆。截至2000年亚欧海底光缆上海登陆站的开通，我国已实现与亚欧33个国家和地区的连接。当前我国与全球连接的海底光缆包括6个入口（登陆站）和9条海底光缆（见表1）。我国的登陆站设立在4个城市，分别为山东青岛登陆站、上海崇明登陆站、上海南汇登陆站、上海临港登陆站、广东汕头登陆站和香港登陆站。

表 1　在我国的登陆海缆和登陆站

登陆海缆系统	方向	我国海缆登陆站	运营商
APCN2	亚太	上海崇明、广东汕头	中国电信、中国联通
EAC-C2C	亚太	上海南汇、香港	中国联通
SJC	亚太	广东汕头、香港	中国电信、中国移动、中国联通
APG	亚太	上海崇明、上海南汇、香港	中国电信、中国移动、中国联通
FLAG	欧洲	上海临港	中国电信、中国联通
SMW3	欧洲	广东汕头、上海临港	中国电信、中国联通
AAE1	欧洲	香港	中国联通
TPE	美国	上海崇明、山东青岛	中国电信、中国联通
NCP	美国	上海南汇、上海崇明、上海临港	中国电信、中国移动、中国联通

若保守估计按海缆25年寿命计算，除去已经升级扩容的海缆系统，未来几年经过我国的海缆大多存在扩容升级或更换需求。我国联合其他国家和地区的企业共同出资建设的新太平洋国际海底光缆工程已于2019年投入使用。2015年至今，通过我国境内及我国投资建设的新建海底光缆长度超过10万千米，这些海缆陆续开始投入运营。未来，国际海洋光通信网络的建设将保持高速发展的态势。

三、海洋光通信网络的标准化进展

海洋光通信网络的国际标准主要由ITU-T SG15 Q8工作组负责相关技术标准的制定，标准体系已较为完善。我国海洋光通信网络的标准体系主要由国家标准、通信行业和电子行业标准组成，但较多的标准已发布十多年，已不符合当前技术发展现状，亟待完善更新。

（一）国际海洋光通信网络的标准化进展

ITU-T SG15 Q8工作组共分为15个系列标准，具体见表2。该系列标准对海洋光通信网络的海底光缆特性指标和测试方法、不同类型系统的特性和前向纠错等进行了大量标准化工作。

表2 相关国际标准发布情况

编号	标准号	标准名称
1	ITU G.971	海底光缆系统一般特性
2	ITU G.972	海底光缆系统术语的定义
3	ITU G.973	无中继海底光缆系统的特性
4	ITU G.973.1	与无中继海底光缆系统纵向兼容的 DWDM 应用
5	ITU G.973.2	用于无中继海底光缆系统的多通道 DWDM 单路光接口
6	ITU G.974	有中继器的海底光缆系统特性
7	ITU G.975	海底系统的前向纠错
8	ITU G.975.1	高速 DWDM 海底光缆系统的前向纠错
9	ITU G.976	海底光缆系统的测试方法
10	ITU G.977	使用光放大器的海底光缆系统特性
11	ITU G.977.1	横向兼容的 DWDM 应用在中继海底光缆系统中
12	ITU G.978	海底光缆的特点
13	ITU G.979	海底光缆监测系统特性
14	ITU-T G.Sup41	海底光缆系统的设计指南
15	ITU-T L.432	海上陆地光缆的标记

近年来，国际标准的更新主要集中在 Open Cable 建设新模式、系统传输性能和评价指标、一般特性和术语定义、监控要求等方面，具体如下。

① ITU G.977.1 中对系统建设的岸上部分和水下部分设备解耦组网、不同供应商的线路终端设备的横向兼容、系统关键参数、设计和测试规格、系统预算表等方面的内容进行更新。

② ITU G.977 和 G.973 中已完成有中继系统和无中继系统标准，并对 100G 相干接收系统相关性能指标的修订，100G 系统引入以 Q 因子为基础的传输性能、SNR 和 GSNR 等新的性能参数评价机制等进行更新和研究。

③ ITU G.971 中为适应 OpenCable 建设模式，规范了现有海缆系统的分界（陆地段、水下段）。

④ ITU G.972 中更新了相关术语。

⑤ ITU G.979 更新了无中继系统的监控要求。

⑥ ITU G.sup41 增加新章节指导海底光缆系统的

光纤色码识别，并增加色码颜色老化相关内容。

（二）国内海洋光通信网络的标准化进展

国内海洋光通信网络标准体系主要分为国家标准、通信行业标准和电子行业标准，主要聚焦在系统和设备、光缆、接头盒、工程建设等方面。但多数标准发布的时间较早，随着新技术的发展并在海洋光通信网络中应用部署，当前在系统和设备、光缆、接头盒、分支器和光放大器、工程建设等方面的标准需要根据技术发展进行持续完善和更新。相关国内标准发布情况见表3。

① 系统和设备方面：中国通信标准化协会已发布团体标准 T/CCSA 262—2019《带中继近海光缆通信系统技术要求》，对海底光缆线路终端设备、光中继器、光均衡器、分支单元、线路监测设备、远供电系统、系统传输性能要求等进行了规范。

② 海底光缆方面：中国通信标准化协会已发布 YD/T 2283—2020《海底光缆》，代替原 YD/T 2283—2011《深海光缆》，对产品分类和型号、要求、试验方法、检验规则等进行了规范。

③ 光缆接头盒方面：中国通信标准化协会已立项开展"光缆接头盒 第5部分：有中继海底光缆接头盒"和"光缆接头盒 第3部分：无中继海底光缆接头盒"的标准研究和制定。

④ 分支器和光放大器方面：中国通信标准化协会已立项开展"通信用海底光缆用分支器研究"和"海缆通信系统用光放大器及相关器件研究"的课题研究。

表3 相关国内标准发布情况

编号	标准号	标准名称
系统和设备	SJ 20380—1993	海底光缆通信系统通用规范
	T/CCSA 262—2019	有中继器的近海光缆通信系统技术要求
光缆	GB/T 18480—2001	海底光缆规范
	YD/T 2283—2020	海底光缆
	SJ 51428/4—1997	骨架式重型浅海 SU 型光纤光缆详细规范
	SJ 51428/7—2000	军用轻型浅海光缆详细规范
	SJ 51428/8—2002	可带中继的浅海光缆详细规范

（续表）

编号	标准号	标准名称
接头盒	YD/T 814.3—2005	光缆接头盒 第3部分：浅海光缆接头盒
	YD/T 814.5—2011	光缆接头盒 第5部分：深海光缆接头盒
	SJ 51659/1—1998	骨架式浅海光缆接头盒详细规范
	SJ 51659/2—2000	军用轻型海光缆 接头盒详细规范
	SJ 51659/3—2002	浅海光缆接头盒详细规范
工程建设	GB/T 51154—2015	海底光缆工程设计规范
	GB/T 51167—2016	海底光缆工程验收规范
	YD/T 5018—2005	海底光缆数字传输系统工程设计规范

■ 四、海洋光通信技术的发展趋势

近年来，随着海洋光通信技术的发展，海洋光通信技术向着更高带宽、更长距离、更智能化方向逐步演进。

（一）更高带宽

超100Gbit/s线路技术、C+L双波段传输、空分复用等技术成为研究和应用的热点，共同推动海洋光通信系统向更高带宽的方向演进。其中，超100Gbit/s线路技术方面：高阶调制、多载波复用、灵活栅格等技术的发展，使得超100Gbit/s线路技术可满足不同系统容量和传输距离的要求，更好地提供差异化实现方案。C+L双波段传输技术方面：通过提高放大器带宽的方式，实现C波段和L波段功率放大，显著提高系统传输带宽。空分复用技术方面：采用复用纤芯数量提高传输容量的同时，对远供电源的要求并无更高要求，已具备应用部署能力。

（二）更长距离

100Gbit/s和超100Gbit/s线路传输性能的持续优化，以及大有效面积低损耗光纤的大规模应用，使

得海洋光通信系统的传输距离显著提升。随着高速线路传输技术的发展，100Gbit/s线路OSNR容限水平已与10Gbit/s线路传输性能水平相当，超100Gbit/s线路OSNR容限和传输性能也在持续优化和提升。同时，采用大有效面积低损耗光纤，可进一步降低线路衰耗，减少中继数量，并有效降低非线性效应对系统的影响，大幅度提高通信的传输距离。

（三）更智能化

系统管控、智能运维以及线路实时故障监测定位等子系统和功能应用到海洋光通信网络中，有效提升了网络智能化水平。其中，系统管控和智能运维一体化方面，通过网管系统实现对网络中设备的集中管理和性能监控。同时，通过采用大数据分析等技术，可实现故障分析、性能趋势分析和流量预测等智能运维。线路实时故障监测定位方面，通过线路监控系统实现对海缆和中继器性能的实时监测，并实现故障情况下的自动切换、告警和故障定位，有效提升网络故障时的业务快速恢复能力和网络健壮性。

■ 五、结束语

近年来，海洋光通信方面不断涌现的新需求、新技术和新政策的多重驱动下，海洋光通信网络进入提速发展新时代。面对海洋光通信网络新一轮的建设发展机遇期，中国企业需加快提升自身实力并抓住机遇，加强国际合作，更多地参与到海洋光通信网络的建设和运营中。海洋光通信网络标准研究进展方面，国际海洋光通信网络标准较为完善，国内海洋光通信网络标准体系待完善，标准化水平亟待提高。随着海洋光通信技术的发展，海洋光通信网络正向着更高带宽、更长距离、更智能化方向逐步演进。

（中国信息通信研究院　赵　鑫　汤　瑞　汤晓华）

6G 发展愿景

一、业务愿景

"4G 改变生活，5G 改变社会"，随着 5G 应用的逐步渗透以及新技术与通信技术的深度融合等，6G 必将衍生出更高层次的新需求，产生全新的应用场景。未来，6G 的业务分为全息类业务、全感知类业务、虚实结合类业务、极高可靠性与极低时延类业务和大连接类业务。

（一）全息类业务

全息类通信是以交互方式将全息图像从一个或多个信源传输到一个或多个信宿（目标节点）。未来，6G 时代的媒体交互形式将从现在的以平面多媒体为主，发展为以高保真 AR/VR 交互甚至以全息信息交互为主。高保真 AR/VR 将普遍存在，而全息信息交互也可随时随地进行，人们可以在任何时间和任何地点享受完全沉浸式的全息交互体验，这一业务类型被称为"全息类业务"。典型的全息类业务有全息视频通信、全息视频会议、全息课堂、远程全息手术等。

全息类业务需要极高的带宽和极低的时延，这对通信网络提出了高要求。

1. 带宽要求

全息通信对基于不同 3D 全息应用所使用的特定数据格式，是肉眼感知还是通过头戴显示器（Head Mounted Display，HMD）辅助显示，带宽要求会有所不同：从入门级点云传输的数十 Mbit/s，到高度沉浸式 AR/VR 和光场 3D 场景的 Gbit/s，再到达到人体尺寸的真全息图像传输的 Tbit/s。

2. 时延要求

超低时延对于真正的全息沉浸式应用至关重要，无论是通过肉眼还是通过 HMD，当物体移动时，时延会造成全息画面出现偏移，使之不在原本应该出现的位置。假设一个人从转头开始到画面绘制在新的位置上花了较长的时间，画面就会偏移很远，造成全息图像的抖动或者拖影，严重时会造成全息图像的变形。一般来说，大于 20ms 的时延对于 AR/VR 来说是不可接受的，5~7ms 是一个理想的临界值。而对于具有更多数据和信息要求的全息交互通信而言，对时延的要求更加苛刻，可达到亚毫秒级的要求。

3. 同步要求

为了支持多方全息通信或多主从控制，具有不同地理位置的多条传输路径或数据流应以有限的到达时间差进行同步，不同路径传输的图像不同步，将造成全息图像的扭曲变形、交互的延迟和抖动以及景深的不匹配等，导致用户眩晕等不好的体验。AR/VR 一般需要十几或几十路传输数据流的同步，而对于真正的全息交互，通常要求数百甚至上千条传输数据流在毫秒级别进行同步。

4. 计算能力要求

基于全息图像的显示通常需要很高的计算能力才能在计算机生成全息图（Computer Generated Holograms，CGH）之前合成、渲染或重建 3D 图像。全息通信对算力的高要求和对极低时延的要求需要靠近 3D 数据接收终端的边缘计算技术来支持。

5. 安全性与可靠性要求

对于许多未来的 6G 全息类应用，如远程全息手术等，应保证完全的安全性和可靠性。以远程手术为例，除了手术操作的精确性和敏感性要求外，通信网络中出现任何网络中断的处理、攻击者可能的介入、通信过程中的任何丢包或干扰问题等都会影响到手术的成功，从而影响到人们的生命安全，因此对于网络的安全和可靠性有更高的要求。

VR/AR 业务和全息类业务对网络的要求指标见表 1。

表1 全息类业务的通信要求

指标要求	5G VR/AR 业务	6G 全息类业务
峰值速率	20Gbit/s	1～10Tbit/s
用户体验速率	100Mbit/s	1Gbit/s
时延	5～7ms	<1ms
同步数据流	十几条	上百条
抖动	<50ms	<1ms
算力	—	高
可靠性	99.9%	99.99%

（二）全感知类业务

5G 时代，大多数业务只调动了人的视觉和听觉这两类感官，6G 时代，数字虚拟感知的引入，将调动人更多的感官，包括视觉、听觉、嗅觉、味觉、触觉五感，甚至包括心情、病痛、习惯、喜好等个体感受。在此基础上，各种与人类生活需求密不可分的服务也将诞生，如远程遥感诊断、远程心理介入、远程手术、沉浸式购物与沉浸式游戏等。与感官相关的业务被称为远程工业控制类业务，即触觉传感器通过动觉反馈，并伴以触觉控制来帮助操作员控制远程机器。这种与感官相关的业务被称为"全感知类业务"。

下面我们分析全感知类业务的特点和对网络的要求。

1. 带宽要求

带宽在全感知类业务中尤为重要。对于很多全感知类业务而言，涉及视觉传感技术、体感识别技术、眼球追踪技术、触觉反馈技术等，各种感觉类传感器通过对人体动作追踪，对周围位置环境感知，进而对用户形成动作反馈，从而完成用户在视觉、听觉、触觉、嗅觉的全部人体感知体验。以触觉感知中的握手感知为例，为感知触觉信息，触觉手套被安装了 40×40 个柔性压阻传感器的阵列，基本可以覆盖全手掌。通过佩戴该手套，用户可以感知握手或触摸时的压力和温度，假设压力感应的灵敏度为 0.1kPa，则编码压力信息至少需要 12 位，温度感应的灵敏度为 0.1℃，则编码日常感受温度至少需要 11 位，此外编码作用力的方向至少需要 9 位，理想的触觉感受灵敏度以 1ms 计，即采样频率为 1kHz，则传送握手触觉信息速率需要约 50Mbit/s。这只是一个简单的感受压力的握手信号，如果考虑

更多的触感，如纹理、柔韧度等，带宽要求还会增加。而听觉、视觉、触觉、嗅觉、味觉、感受等更加个性化的多态感官数据的同步传输和融合则需要更高的带宽。

2. 时延要求

低时延对于高精度的感知类业务非常关键。根据测算，人类听觉的反应时间为 100ms，人眼未注意到的最大时延约为 5ms，一般视觉反应时间为 10ms，触觉的反应时间为 1ms，因此传输全感官类业务的时延需要满足感官的最低时延需求。而且，为了使操作流畅且令人身临其境，对于触感而言甚至需要亚毫秒级的端到端等待时间来实现瞬时触觉反馈。

3. 同步要求

人脑对不同的感觉输入有不同的反应时间，如上所述，人类听觉感受响应时间为 100ms，视觉为 10ms，触觉响应时间为 1ms。当网络时延超出人类感受响应时间时，大脑就能感知到延迟，进而影响用户体验。因此，来自混合感官输入的实时反馈（可能来自不同位置）必须严格同步。即使满足了超低时延要求，同步也很重要，并且需要比时延短得多。

4. 对业务的感知要求

网络应根据业务数据流的直接相关性和重要性对其进行优先级排序或其他相关处理，即网络应能够感知到业务。以沉浸式多媒体业务为例，不同的沉浸式多媒体业务可能需要传递视觉、触觉、味觉、嗅觉、听觉等数据，但不同类业务的视觉、触觉、味觉、嗅觉、听觉等数据流的优先级是不同的。例如，对于采购鲜花业务，嗅觉数据和视觉数据优先级最高；对于餐馆外卖业务，味觉数据优先级最高；对于虚拟音乐会业务，听觉数据优先级最高。因此，网络要能够智能感知业务，并根据业务的不同需求对不同数据流提供不同优先级的传输服务。

5. 安全性与可靠性要求

网络应保障全感知通信业务数据传输的安全性，尤其是对与人类生命及生活健康等相关的感知业务，同时对可靠性的要求同样严格。未来，人类或许会在体内植入一些生物监测装置、仿生器官甚至纳米机器人，以监测人体健康状况或者进行医学治疗等。这些装置对网络有依赖性，必须确保网络的安全与

可靠。此外，如何精准获取人类感官世界的各种数据是全感知类业务面临的重要挑战之一。6G 网络必须在强安全性和高可靠性的约束下实现感官数据的获取和超高带宽超低时延的传输。

全感知类业务对网络的要求指标见表 2。

表 2　全感知类业务的通信要求

指标要求	5G 多媒体类业务	6G 全感知类业务
峰值速率	20Gbit/s	1 ～ 10Tbit/s
人体体验速率	100Mbit/s	1Gbit/s
时延	<125ms	<1ms
抖动	<50ms	<1ms
网络对业务的感知	部分感知	精细感知
算力	—	高
可靠性	99.9%	99.99%

（三）虚实结合类业务

虚实结合是指利用计算机技术基于物理世界生成一个数字化的虚拟世界，物理世界的人和人、人和物、物和物之间可通过数字化世界来传递信息与智能。虚拟世界是物理世界的模拟和预测，是一种多源信息融合的、交互式的三维动态实景和实体行为的系统仿真，可使用户沉浸到该环境中。虚拟世界将精准反映和预测物理世界的真实状态，帮助人类更好地提升生活和生命的质量，提升整个社会生产和治理的效率。

典型的业务示例如数字孪生。数字孪生是充分利用物理模型、传感器、运行历史数据等信息，集成多学科、多物理量、多尺度、多概率的仿真过程，在虚拟空间中完成映射，从而反映相对应的现实空间中的全生命周期过程。数字孪生被认为是未来 6G 的重要应用，将应用在更广泛的领域，如数字人体孪生、AI 助理、智慧城市、虚实结合游戏、身临其境旅游、虚拟演唱会等。这类现实空间与虚拟空间共存且相互映射、相互影响的业务被称为"虚实结合类业务"。

下面我们分析虚实结合类业务的特点和对网络的要求。

1. 带宽要求

虚实结合场景中的虚拟空间及虚拟实体会产生大量数据，以人体数字孪生为例，随着生物科学、材料科学、生物电子医学等交叉学科的进一步发展，网络通过大量智能传感器对人类的重要器官、神经系统、呼吸系统、肌肉骨骼、情绪状态等进行精确实时的"镜像映射"，从而采集、存储和交互用户的所说、所见、所听、所触、所感和所思。虚拟世界体系使人类用户的各种差异化特征和需求得到了数字化的抽象与表达，并为每个用户建立一个全方位立体化的模拟，构成人体的数字孪生，这样的数据量是巨量的，需要 1~10Tbit/s 级别的带宽。

2. 时延要求

虚实结合类业务的数据具有实时更新与高精度模拟的特征，尤其当应用于抢险救灾、军事行动、数字化工厂等时，虚拟世界中场景的快速切换，以及虚拟世界与现实世界之间的数据交换需要尽可能快速，需要极低的时延来传输数据，部分场景的数据交换时延应降至毫秒级。

3. 移动性要求

现实世界中的物体移动性也体现在虚拟世界中，如汽车、地铁、飞机等具有较高的移动性或群体移动性。当现实世界中的实体处于高速移动环境中时，与虚拟世界中的实体的信息交互，以及虚拟世界内实体之间的信息交互等，也同样面临着高速移动的需求。因此，网络不仅需要支持高速移动性，还需要支持高速移动条件下的同步与低时延。

4. 算力要求

人工智能技术在虚实结合类业务中将发挥越来越重要的作用。以工业数字孪生为例，通过在虚拟世界中动态重构物理世界，实现物理世界和虚拟世界的数据实时互动，同时在虚拟世界中实现快速预测、决策、优化和反馈，在此过程中，要不断地进行训练和尝试。这些工作都需要进行巨量的基于人工智能的训练和学习，需要强大的算力支持。

5. 安全性和隐私性要求

虚拟世界中的大多数数据都与现实世界中的人或公共设施相关联，因此虚拟世界中的信息交换必须足够安全以避免攻击，且必须得到充分保护以维护数据隐私。同时虚拟世界的安全性和隐私也会反馈到现实世界中来，因此，该类业务对网络的内在安全性和隐私保护机制有非常高的要求。

虚实结合类业务对网络的要求指标见表 3。

表3 虚实结合类业务的通信要求

指标要求	5G 高带宽类业务	6G 虚实结合类业务
峰值速率	20Gbit/s	1～10Tbit/s
用户体验速率	100Mbit/s	1～100Gbit/s
时延	<125ms	<1ms
抖动	<50ms	<1ms
移动性	500km/h	1000km/h
算力	—	高
可靠性	99.9%	99.999%

（四）极高可靠性与极低时延类业务

工业精准制造、智能电网控制、智能交通等特殊垂直行业业务由于业务自身的"高精准"要求，对通信网的可靠性、时延和抖动有相对更高的要求，这类业务被称为"极高可靠性与极低时延类业务"。典型业务如精密仪器自动化制造，该业务对核心器件的协同控制不仅要求超低时延，还要求精准，也就是说协同控制信息的传递必须在指定的时隙中到达，迟一点不行，早一点也不行，这实际上对通信的确定性和智能调度提出了精准要求。

下面我们分析极高可靠性与极低时延类业务的特点和对网络的要求。

1. 带宽要求

该类业务（如工业精准制造、智能电网控制等）主要传递的是简洁高效的控制类信息，因此该类业务对带宽的需求相对较低，一般不高于100Mbit/s。个别业务除外，如全自动驾驶业务，为了更准确地掌握道路及道路周边的实时全景状态，全自动驾驶业务在车辆行进过程中需要实时下载动态高精度地图，这对带宽有较高的要求，需要1~10Gbit/s级别的带宽。

2. 时延要求

极低时延要求是该类业务的重要特点。如工厂自动化和机器控制类业务通常要求10ms到亚毫秒以内的时延，以满足关键的闭环控制要求。

3. 确定性要求

工业精准控制、精密仪器制造等业务对时间确定性有着明确的要求。例如智能电网控制中的继电保护业务要求时延抖动不超过100ms；广域远程保护业务要求时延抖动不超过10ms，同步要求低于1ms；部分精密仪器制造业务为保证产品质量，甚至

要求亚微秒级的抖动。业务的精准要求网络传输信息要"不早也不晚"地到达，这对网络的确定性指标能力提出了极高的要求。

4. 可靠性和安全性要求

极高可靠性是该类业务的重要特点。为避免任何中断或丢包可能产生的风险，该类业务的服务可用性要求通常在99.999%～99.9999%。

极高可靠性与极低时延类业务对网络的要求指标见表4。

表4 极高可靠性与极低时延类业务的通信要求

指标要求	5G 高可靠低时延业务	6G 极高可靠性与极低时延类业务
峰值速率	1Gbit/s	10Gbit/s
端到端时延	3ms	<1ms
确定性	—	<100μs，特殊情况要求<10μs
同步精度	ms 级	1～100μs
可靠性	99.99%	>99.9999%

（五）大连接类业务

5G的三大业务场景之一——海量机器类通信实现了对大连接业务的支持，通过在连接方式上的突破，承担了人与人、人与物、物与物之间海量的联系，形成"万物互联"，每平方千米可支持高达10^6个连接。随着各类传感器在工业、农林畜牧业、海洋、能源等行业的广泛使用，以及越来越多的生物类或感官类传感器的出现和应用，更多海量实体中将植入各类微型传感器，这对连接的需求会进一步呈指数式上升。相关预测，至2030年，全球范围内可支持万亿级别的物联设备。这类对连接数量有较高要求的业务被称为"大连接类业务"。

典型的大连接类业务有工业物联网、智慧城市、智慧农业、智慧林业等，该类业务中将密集部署不同类型的传感器，通过实时监测并上报数据实现对相关状态的感知和处理。未来，全自动驾驶、智慧养老、全感知类业务等新型业务由于对全方位感知的高要求，也将对连接数提出要求。

下面我们分析大连接类业务的特点和对网络的要求。

1. 带宽和时延要求

由于所传递的信息一般有明确的定义和要求，因此该类业务对单连接的带宽要求较低，同时该类业务对时延要求相对较低。

2.连接要求

高连接性是该类业务的重要特征，预测是5G连接密度需求的100~1000倍，将需要满足 $10^8 \sim 10^{10}$ 个/km² 的连接数量需求，同时连接的覆盖范围将从以陆地为主向陆海空天发展。

大连接类业务对网络的要求指标见表5。

表5　大连接类业务的通信要求

指标要求	5G海量机器通信业务	6G大连接类业务
连接密度	10^6 个/km²	$10^8 \sim 10^{10}$ 个/km²
覆盖范围	陆地为主	陆海空天

二、6G能力愿景

基于上述对6G业务愿景的分析和展望，我们对6G网络的能力指标做了如下总结和预测。6G能力愿景蛛网图如图1所示。

从图1中我们可知，从里向外依次表示LTE（Long Term Evolution，长期演进）、mMTC（massive Machine Type of Communication，海量机器类通信）、uRLLC（ultra-Reliable and Low Latency Communication，超可靠和低时延通信）、eMBB（Enhanced Moblie Broadband，增强移动宽带）和6G的能力指标，可以看出mMTC、uRLLC、eMBB虽然都属于5G，但它们具有不同的能力，有不同的侧重。最外侧为6G能力指标，各方面都有显著的能力提升。

（一）覆盖

随着科学技术的进步和人类探索宇宙的能力的不断增加，人类活动空间将进一步扩大，除陆地外，还将向高空、外太空、远洋、深海、岛屿、极地、沙漠等扩展。目前移动通信网络的覆盖还远远不够，未来6G需要构建一张无所不在的空天地海一体化覆盖网络，实现任何人在任何时间、任何地点可与任何人进行任何业务的通信或与任何相关物体进行信息交互。

（二）峰值速率

移动通信系统最重要的需求指标是峰值速率，峰值速率是指用户可以获得的最大业务速率，这是从第一代无线移动通信系统开始就一直追求的关键技术指标之一，6G也必将进一步提升峰值速率。

首先，基于1G到5G移动通信系统峰值速率提升的统计规律定量预测10年后（2030年）的峰值速率需求。1G到5G移动通信系统峰值速率的增长服从指数分布（按照各代系统标准化的时间点计算），预测未来10年的发展趋势，可知2030年可能达Tbit/s峰值速率。其次，根据对6G业务愿景的分析对6G峰值速率进行定性预测。无论是全息类业务、全感知类业务还是虚实结合类业务，对峰值速率的需求都将达到1Tbit/s甚至10Tbit/s。

（三）用户感知速率

5G时代首次将用户感知速率作为网络关键性能指标之一。用户感知速率是指单位时间内用户实际获得的MAC层用户面数据传送量。在实际网络应用中，用户感知速率受到众多因素的影响，如网络覆盖环境、网络负荷、用户规模和分布范围、用户位置、

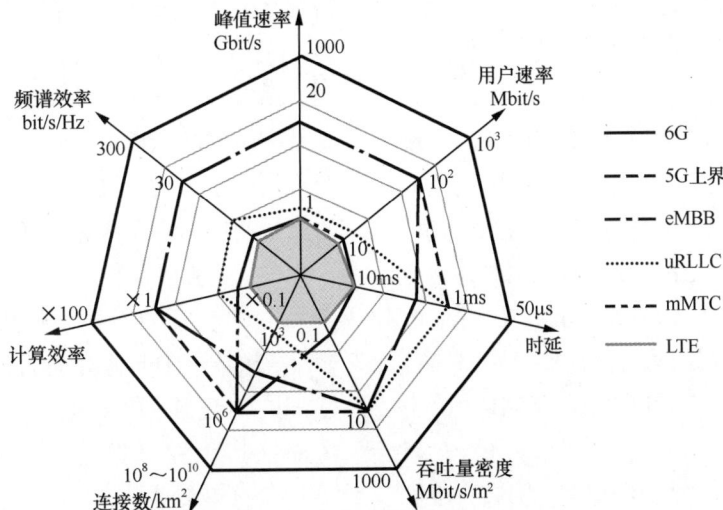

图1　6G能力愿景蛛网图

业务应用等因素，一般采用期望平均值和统计方法进行评估分析。5G 系统可以达到的用户实际感知速率最高为 100Mbit/s，到 6G 时代，用户感知速率至少提升 10 倍，达到 1Gbit/s。

（四）时延

时延一般指端到端时延，即从发送端用户发出请求到接收端用户收到数据之间的时间间隔，可采用单程时延（Oneway-Trip Time，OTT）或往返时延（Round-Trip Time，RTT）来测量。OTT 是指发送端发出数据到接收端接收数据之间的间隔，RTT 是指发送端发出数据到发送端收到确认的时间间隔。移动通信网络的时延与网络拓扑结构、网络负荷、业务模型、传输资源、传输技术等因素密切相关。

从 2G 到 4G，移动通信网络的演进以满足人类的视觉和听觉感受为主要诉求，因此时延取决于人类的视觉和听觉的反应时间，实验统计测算，人类听觉的反应时间为 100ms，视觉反应时间为 10ms，因此，LTE 可支持的最短时延为 10~100ms。在 5G 时代，智能驾驶、工业控制、增强现实等业务应用场景，对时延提出了要求，端到端时延要求最低达 1ms。

到 6G 时代，随着触觉、嗅觉、味觉等感官以及情绪、意识等的引入，对时延的要求将进一步提高，如人类大脑对触觉的反应时间为 1ms。因此全感官类业务对 6G 网络时延的要求要低于 1ms。此外，对于具有极低时延要求的工业物联网应用（如工业精密制造、智能电网控制）和远程全息手术类应用而言，时延要求更低。因此 6G 的时延目标为 < 1ms，以此来支持工业精密制造、智能自动驾驶、远程手术等应用。

（五）连接

网络的连接能力采用连接数密度来衡量，连接数密度是指单位面积内可以支持的在线设备总和，是衡量移动网络对终端设备的支持能力的重要指标。

5G 之前，移动通信网络的连接对象主要为用户终端，连接数密度要求为 1000 个 /km²。5G 时代由于存在大量的物联网应用需求，因此要求网络具备超千亿连接的支持能力，满足每平方千米高达 10^6 个连接的连接密度指标。

6G 时代，物联设备的种类和部署范围进一步扩大，如部署于深地、深海或深空的无人探测器、中高空飞行器、深入恶劣环境的自主机器人、远程遥控的智能机器设备以及无所不在的各种传感设备等，一方面极大地扩展了通信范围，另一方面也对通信连接提出了更高的要求。与 5G 目前可连接十亿级移动设备的能力相比，6G 将能够灵活有效地连接上万亿级对象。因此，6G 网络将变得极其密集，其容量需求是 5G 网络的 100 ~ 1000 倍，需要支持的连接能力为 10^8~10^{10} 个 /km²。

（六）效率

在无线通信系统中，可用的频谱资源有限，因此频谱效率是一种重要的性能指标。频谱效率简称谱效，又称频带利用率或链路频谱效率，定义为单位带宽传输频道上每秒可传输的比特数，单位为 bit/s/Hz，它是对单位带宽通过的数据量的度量，以此来衡量一种信号传输技术对带宽 / 频谱资源的使用效率。除链路频谱效率外，无线通信系统的频谱效率还可以通过系统频谱效率来衡量，是指每消耗单位面积单位赫兹能量可以传送的数据量，系统频谱效率的测算方式包括二维面积频谱效率（单位：bit/s/Hz/m²）或三维体积频谱效率（单位：bit/s/Hz/m³）。提高频谱效率的方法有很多，如采用密集组网、新的多址技术、高效的调制技术、干扰抑制技术、多天线技术、高效的资源调度方法等。

LTE 要求的下行频谱效率为 5bit/s/Hz，与 4G 相比，5G 网络通过采用密集组网、高阶调制、动态频谱共享、载波聚合、灵活帧结构、大规模 MIMO 等技术，理论频谱效率提升至原来的 3 倍。预计 6G 频谱效率提升至 5G 的 10 倍。

（七）吞吐量

系统吞吐量可用流量密度指标来衡量，流量密度是指单位面积内的总流量数，用来衡量移动通信网络在一定区域范围内的数据传输能力。通信系统的流量密度与多种因素相关，如网络拓扑结构、用户分布、业务模型等。

5G 时代需要支持局部热点区域的超高数据传输，要求数十 Tbit/s/km² 或局部 10Mbit/s/m² 的流量密度。6G 对流量密度的要求将是 5G 的 10~100 倍，达 1Gbit/s/m²。

（八）移动性

4G 要求支持的移动性为 250km/h，5G 系统要求支持高速公路、城市地铁等高速移动的场景，同时也需要支持数据采集、工业控制等低速移动或中低速移动的场景。因此，5G 移动通信系统的设计需要支持更广泛的移动性，最高可支持的移动速率达 500km/h。

6G 时代对移动性的要求将更高，包括空中高速通信服务。为了给乘客提供飞机上的空中通信服务，4G/5G 时代通信界为此付出了大量努力，但总体而言，目前飞机上的空中上网服务仍然有很大的提升空间。当前空中通信服务主要有两种模式，即地面基站模式和卫星通信模式。如采用地面基站模式，飞机具备移动速度快、跨界幅度大等特点，空中上网服务易出现高机动性、多普勒频移、频繁切换以及基站覆盖范围不够广等问题。如采用卫星通信模式，空中通信服务质量可以相对得到保障，但是目前卫星通信的成本太高，且最主要的问题是终端不兼容。因此，6G 在提供空中高速通信服务方面还面临很大的挑战，为支持空中高速通信服务，6G 对移动性的支持应达 800~1000km/h。

（九）计算能力

在以智能化为重要特性的 6G 时代，计算能力将成为 6G 的重要标志性能力指标，因此我们率先在 6G 中引入计算能力指标。纵观移动通信的发展历程，6G 最核心的内容是用户智能需求将被进一步挖掘和实现，计算能力则成为信息处理解析的核心能力。

我们以目前 5G 的计算能力 / 计算效率为基准，预计 6G 将达到目前计算能力的 100 倍或以上，才可能支持 6G 业务对算力的要求。计算能力 / 计算效率的提高一方面需要通过部署更密集的计算节点，但由于计算节点同样需要占用通信资源，不可能无限制地增加；另一方面需要通过提高单节点的计算能力，然而，集成电路中晶体管的尺寸已逼近物理极限，人们无法快速简单地通过集成电路的规模倍增效应来满足 6G 计算能力需求。因此如何应对信息处理的复杂性是 6G 网络工程面临的难题之一。

（北京邮电大学　李文璟）

区块链赋能实体经济应用初探

随着比特币的广为人知，区块链作为比特币系统的软件实现技术也逐渐从小众学术领域走向了大众传播领域，引发越来越多人的关注和探索。无论是金融界、学术界、产业界还是政府都在关注区块链技术，而且不同界别对区块链的本质、作用和价值仍存在不小的争议。乐观的观点认为区块链实现了价值可信传递，是继蒸汽机、电气化、互联网之后第四次工业革命的核心技术，不仅能提升生产力水平，还将颠覆生产关系；悲观的观点认为区块链是学术泡泡，并总是与各类数字货币纠缠不清进而形成金融骗局。

不可否认的是，区块链技术已经渗透到实体经济，特别是数据被定性为实体经济必不可少的生产资料后，区块链作为数据共享技术在促进数字化转型过程中进行了大量应用实践。对于实体经济而言，区块链采用纯技术方式而不是监管方式构建了信任系统实现价值可信传递，有可能深刻影响数字社会生产力与生产关系的协调发展。同时，大量的实体经济应用实践也发现区块链在应用条件、应用方式、应用效果等方面的局限性也很明显，不仅不是万能的，而且并不具备不可替代性，并引发业界深度思考。那么，区块链在赋能实体经济方面到底有没有作用？核心作用是什么？局限性体现在哪里？以下我将为各位读者进行分析。

一、从赋能实体经济角度辨识区块链

不同视角对区块链的认识会各不相同，从赋能实体经济角度认识区块链可以参考对"互联网"的辨识方法。我们今天理解的"互联网"至少包括三个层次，分别是互联网技术、互联网和互联网思维。其中，互联网技术是以 TCP/IP 为核心的一系列网络技术；互联网技术首先构建了一个信息通信网络——互联网，然而互联网技术更多地是被大量用于构建企业网络或行业网络，以赋能实体经济信息化和数字化。

与互联网概念类似，区块链概念也可划分为三个层次：第一个是"区块链技术"，其实区块链技术没有想象的那么复杂，其实就是一个分布式数据库技术，只不过传统数据库的读写权限由数据库管理员进行分配，而区块链的读写权限由大家协商达成的共识决定。第二个是"区块链"或者"区块链系统"，基于区块链技术已经构建了很多的区块链系统，最著名的比特币就是一个区块链，而且是一个公有链，当然还出现了很多的联盟链、私有链。第三个是"区块链思维"，其中，最为知名比如：1）"去中心化"思维，区块链采用多方共识技术而不是管理方式实现信用可信传递；2）通证思维，实现对生产活动或数据本身价值的资产化标定，比如比特币、以太币等；3）自组织思维、社群思维和共赢思维，区块链形成了组织生态，并通过激励机制进行自我演进。

按照上述三个层次划分，对区块链或区块链技术的争议就很容易理解了。在学术界，从事区块链技术研究的学者认为，区块链技术并不存在基础研究层面的价值，更多是对数据库、通信软件、密码等通用技术的集成应用，极端观点甚至认为区块链所有技术都是数据库领域 30 年来已经和正在解决的技术，没有任何技术创新。在工程界，区块链开发建设及应用方面，除比特币可能算是成功外，在实体经济中很少看到具有刚性需求意义的规模化应用案例，大多都在概念和试验演示，只能回答用区块链做了什么，很难回答用区块链的优势所在，当然，这可能是任何新生事物发展的必然阶段。在金融界，支持者认为区块链无所不能，其实更多是在做所谓模式创新的思维游戏而已，描绘的理想都很丰满，但是产业落地现实却大多很骨感。

究其原因，之一是由于区块链技术生态尚未很好地规划和构建，基本能够达成共识的区块链技术生态构成如图1所示，底层是区块链软件平台，之上是通用的区块链服务，再之上是区块链应用。目前，实体经济大多关注的是区块链应用，不仅客观上构建了大量的数据和应用孤岛，而且这些应用直接构建于区块链平台之上，相互之间在软件层面难以共享，未来功能演进困难，投资浪费就大，基本类似操作系统出现之前的软件开发模式，甚至被认为是软件工程的倒退。

之二是由于尚未找到区块链的技术细腰，对任何技术生态，只有找到技术"细腰"，才能促进该技术生态的发展。比如，互联网领域的细腰就是 IP，整个网络生态都是围绕 IP 展开的；数据库领域的细腰就是 SQL 语言，大量的数据库软件产品都是围绕 SQL 解决问题。对于区块链技术来说，到底他的细腰是什么呢，至少目前尚未取得共识，一种可能的观点认为区块链里预言机（Oracle，或者称之为网关）是区块链的"细腰"，因为预言机掌管链上链下数据交互问题，是实现信用入链的基础构件。

二、区块链赋能实体经济的着力点

在信息化时代，赋能实体经济的各类信息化系统主要解决组织内部的数据共享和应用问题，通过组织内部所谓的"一把手工程"管理模式，可以基本保证数据在企业内部的可信传递。在从信息化迈向数字化转型的时代，数据共享需要突破单个组织的边界，并以高价值信用的方式在多个组织之间实现可信传递，进而形成需要相互协同的多个"一把手工程"，依赖管理方式构建数据可信共享将变得十分困难，或者成本极高。此时，采用多方共识技术而不是管理方式实现信用可信传递的区块链技术成为各方的期待。

数字化时代，数据作为生产要素支撑实体经济的运行，进而形成如图2所示的产业数字化服务框架。在服务功能维度主要由网络、平台和安全3个要素构成，在服务实施维度需要跨越设备层、边缘层、企业层、产业层等环节。其中网络和平台两个要素可进一步细分为实现网络资源复用的连接、实现数据聚合的标识，以及实现流程优化、简化、再造的流程等三个要素。基于此产业数字化服务框架，区块链可能存在如下不同的实体经济赋能模式：

① 多主体参与场景下必然存在技术异构、资源跨域等难题，进而导致跨越设备层、边缘层、企业层、产业层构建安全可信的网络不仅工程上难以实现，而且技术复杂、成本高昂，而区块链具有基于不安全、不可信网络环境实现信用可信传递的特点可以简洁地实现不同环节数据可信共享，辅以数据加密技术，可以实现灵活的切片式数据共享能力，进而降低网络技术要求，提高网络链接资源利用率。

② 互联网时代形成的 IP 蜂腰已经越来越不适应数字化时代对数据共享的需求，以信息中心网络（ICN）、命名数据网络（NDN）、数据感知网络（DAN）

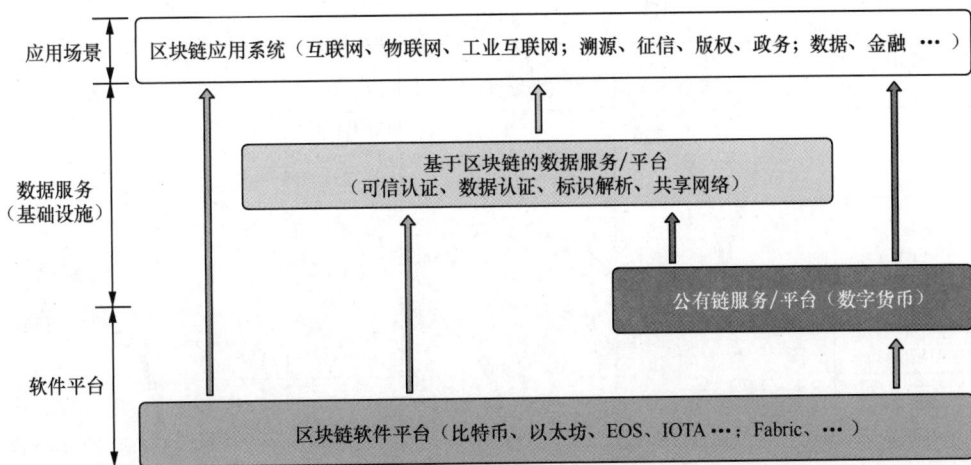

图1 区块链技术生态

等为代表的未来网络采用标识寻址方式，提高数据访问的便捷性和共享效率。区块链技术可以方便地构建未来网络可信标识解析服务，实现数据可信寻址。

③ 区块链通过把传统的点到点数据交换变成了基于区块链这条总线进行数据共享，会带来管理流程的优化、简化和流程再造，进而实现商业流程优化和交互效率提升，带来提供可信数据共享和可信算力共享等瓦特换比特的新型业态，甚至带来跨行业融合，比如产业和金融融合。

④ 可信认证是数字化系统安全的重要组成部分，在数字化转型过程中，需要构建跨域认证信用体系，如果对信息化时代各类自治域已经构建的存量认证体系和系统弃而不用不仅带来投资的巨大浪费，而且工程上也难以实施。区块链可信传递信用的特点可以对存量认证因子和认证机制进行聚合，不仅实现信用共享，而且实现更可信的信用，并进行信用拓展，创造信用价值。

■ 三、区块链赋能实体经济存在的陷阱

如上所述，区块链技术在赋能实体经济过程中会在不同环节、以不同形式起到较好的作用，但是区块链技术应用也存在明显的局限性，具体应用中应规避如下陷阱，避免所谓的"碰瓷"区块链。

（一）安全陷阱

区块链通过技术而不是管理实现"可信"，而且在不可信、不安全网络环境下实现可信是其绝技。具体包括：1）采用签名和加密算法，实现数据在不安全、不可信网络环境下可信传输；2）采用块链式存储结构，实现本地可信存储；3）采用数据在参与方之间平权式同步冗余存储，实现网络可信存储；4）采用多方参与记账（工作激励）机制，实现读写权限可信。

可见，区块链解决的是可信问题，而不是安全问题，在区块链系统构建过程中，传统信息化生态中存在的安全问题仍然存在，不能寄希望于区块链解决其自身所生存的网络环境的安全问题，而且由于智能合约等技术的而引入，还带来了更多的其他安全问题。当然，这不影响采用区块链技术，解决其他安全问题。

同时，这不知不觉中出现了一个安全悖论，如果过分追求网络安全，区块链生存环境十分安全了，区块链的独特价值还显著吗？

（二）可信陷阱

区块链技术可解决数字世界的信任问题，很难解决发生在现实世界中的信任问题。也就是说，区块链本身无法解决上链环节数据真假问题，数据可信仍需要链下法规、制度进行信用保证，很多场景下甚至任何技术都无能为力。但是，实体经济中的生产力系统需要全流程数据可信，否则区块链将无法充分发挥价值，并产生所谓的"碰瓷"区块链现象。典型的应用案例如下：

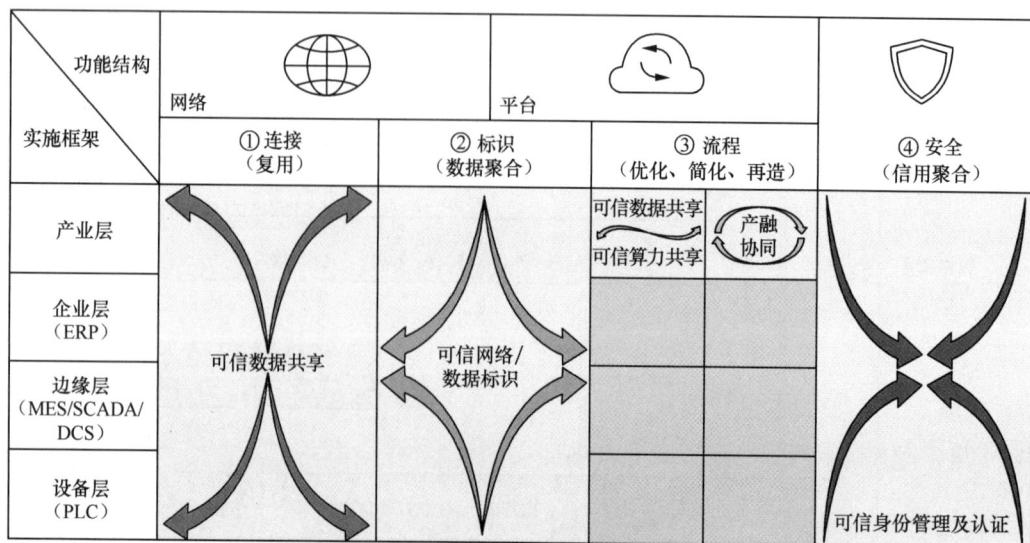

图 2　实体经济数字化服务框架

① 基于区块链的 XX 酒溯源系统，宣称本系统能追踪、判别、甚至保证自家白酒的真假。其实这本身就很荒谬，国家质监局都很难认定其真假，区块链当然无能为力，究其原因是上链数据存在质检缺失。

② 基于区块链的太阳能发电补贴系统，确保补贴即时准确发放，甚至简化消灭审批流程，降低交易成本。其成功原因在于电表计量数据可信，因为电力领域建立了电表全检制度。

③ 基于区块链的法院存证系统，其不可篡改依赖的是区块链系统，还是更依赖法院权威？事实是区块链在此过程中并没有创造信任，而是国家赋予法官的权力在创造信任，区块链仅仅传递法官所创造的信任而已。

可见，区块链应用场景对链下信用依赖度极高，区块链传递信用，并不必然创造信用。

（三）存储陷阱

在区块链赋能实体经济构建生产力系统过程中，首先解决的是数据存储问题，并通过数的可信存储实现数据共享。从软件工程角度来看，区块链除了作为分布式的"数据库/软件总线"价值外，其他价值发挥上不明显！

由于区块链依赖多备份冗余存储和同步，实现数据在网络上可信，这不可避免地降低了数据一致性存取的实时性。业界为提高数据存储、同步传输等效率问题，一般采用数据标识上链/数据链下存储方式，或者部分数据上链/部分数据链下存储方式，以提升数据存取效率。由此，可能会导致区块链沦为了仅仅作为存储数据索引或数据目录的角色。

（四）生态陷阱

在区块链生态中，区块链到底应该以软件产品的形式销售，还是应该以基础设施的形式提供服务呢？还是有其他可能的产品形态被创造出来呢？如果是软件，可信是否必然导致"无开源、不区块链"？由此，是否不会有类似数据库系统之类的产品化区块链销售模式存在？只有开源或免费？

如果是服务，其服务形式有哪些呢？可能是：1）基于开源区块链技术，为企业共同体构建基于块链的应用系统？以收取系统开发服务费？目前业界的普遍实践结果也是如此，大多实体经济中的生产力系统建设模式是一边优化区块链系统，一边基于优化过程中的区块链系统构建业务系统，二者紧耦合，这反而倒退到数据库系统产品出现之前的软件开发年代。2）由数据运营商共同体提供基于区块链数据服务平台，为共识体用户提供数据服务？以收取存储、计算、管道等资源占用费？这与加强对运营商监管又有什么区别呢？最多也就是由政府独家监管并更为多方参与的阳光监管而已，这又进一步弱化了区块链技术的刚性需求！由此，各类共识体内需要构建可信的约束法规制度，那么区块链依赖技术实现可信的优势又在哪里呢？

这可能需要让产业界更明确的意识到，区块链可信不是绝对的、或者不是业务全程的，还是要回归到现实世界业已存在的可信框架中才能发挥区块链的价值。

四、区块链在实体经济服务领域应用的几条建议

区块链要想与实体经济深度融合，取得有价值的应用，必须实现区块链由艺术性到技术性、再到工程性的迁移，只有到工程化阶段之后，区块链产业才能形成。目前，大量的区块链应用尚处于艺术阶段，以体现各自独特的应用模式，与实体经济深度融合模式尚处于"摸着石头过河"的探索过程中。

为此，首先要解决区块链本体技术问题，也就是数字产业化范畴的问题，比如尽快解决本领域所需区块链的区块链技术生态规划、共性服务与设施建设，以及集中解决卡脖子区块链技术问题。

其次，是区块链应用问题，也就是产业数字化范畴的问题。建议区块链赋能实体经济过程中坚持几条基本原则：一是要强调聚中心而不是去中心；二是重点实现网络、数据、算力可信共享；三是重点解决链下信用与链上信用融合。最后，链下链上信用融合需要高度依赖监管。

（北京邮电大学　亓　峰）

F5G 技术概述及其趋势分析

■ 一、F5G 的起源及发展概述

2020 年，欧洲电信标准协会第五代固定网络（F5G）行业规范组正式将以 10Gbit/s 无源光网络（10G PON）、第六代无线网络技术（Wi-Fi6）为基础的千兆光纤宽带接入网络和以 200G/400G、光业务单元—光传送网（OSU-OTN）、光交叉连接（OXC）等为基础的全光传送网络定义为 F5G。

欧洲电信标准协会从全光联接（FFC）、超高带宽（eFBB）和极致体验（GRE）3 个维度定义了 F5G 的国际标准。

我国光纤宽带网络经历了宽带中国、光网城市等以全光纤网络建设为特征的战略实施阶段。国家层面发挥各部门作用，持续开展网络提速降费和电信普遍服务工作，全社会合力共同推进光纤宽带网络基础设施的发展。截至 2019 年年末，我国已建成全球规模最大的光纤宽带网络，固定宽带家庭普及率达 91%，所有城市都建成了光网城市，行政村光纤通达比例超过 98%。三大运营商的 46 个省分公司完成了全光政企网络产品方案的发布。基础光纤宽带网络为 F5G 千兆网络的发展奠定了良好基础。

按照中央经济工作会议和《政府工作报告》"关于加强新型基础设施建设"的重大战略部署，"双 G 双提" 2019 专项行动进一步推动固定宽带和移动宽带双双迈入千兆（G 比特）时代。全国各省市地方政府纷纷将建设千兆固定光纤宽带写入"新基建"发展规划。

F5G 作为新基建的重要组成部分，为信息通信业带来新机遇。我国各运营商率先行动，开展 F5G 建设，并创新产品套餐，快速形成新型网络基础设施，促进智能应用发展、催生新经济增长点。

■ 二、F5G 面临的挑战——千兆全光接入建网

全光接入已经成为业界共识，F5G 千兆全光接入已成为主流趋势。同时，F5G 对固定网络的能力提出更高的要求，面临的关键挑战如下。

（1）多业务承载弱

传统网络建设为了保障差异化服务级别协议（SLA），通过烟囱式网络分别接入家庭和其他高价值 2B（对商企客户）场景，多个网络叠加导致运维复杂、成本高。如果能利用一张全光接入网络承载所有业务场景接入，同时保障差异化 SLA，将有效解决投资回报率（ROI）的问题。

（2）网络成本高

主要体现在基础设施的 ODN（Optical Distribution Network，光分配网）和有源设备光线路终端（Optical Line Terminal，OLT）以及光网络终端（Optical Network Terminal，ONT）。

（3）ODN 部署

无源光网络的 ODN 是全光网的重要环节，占总投资的 70% 以上，传统的 ODN 部署方式需要专业的人员，经过多道工序，耗费大量的时间，才能完成现场掏纤熔接等复杂的工作，效率低下且质量难以保障。

10GE PON 是实现千兆宽带的最佳方案。传统 10GE PON 升级模式，需要新增 10GE PON 板卡及外置合波器件，增加中心局（Center Office，CO）站点空间及能耗，同时需要改造光纤连接，这会导致运维复杂。

（4）Wi-Fi 体验差

Wi-Fi 穿墙能力弱，无法做到 100% 覆盖；Wi-Fi 干扰大导致用户体验速率远小于入户带宽；时延大和丢包率高导致 4K 视频无法通过 Wi-Fi 稳定承载。

（5）运维效率低

传统网络建设以设备为中心，无法主动保障用户体验，主要基于投诉驱动、依赖上门维修和人工经验来定位和处理问题，属于被动低效运维模式，严重制约了网络运维效率和客户满意度的提升，加之运营商的网络资源不可视，对家庭宽带用户网络缺乏感知、有效的用户维系手段等问题，导致离网率居高不下。

三、F5G 的关键特征

相比 F4G，F5G 在联接容量、带宽和用户体验3 个方面均有飞跃式提升，其上、下行速率高达对称 10Gbit/s、时延降低到微秒级、联接数提升 100 倍以上。其中，F5G 全光网通过全光接入、全光锚点、全光交换、全光自动驾驶等技术实现用户确定性体验，打造智慧城市"光立交"。

（一）"1ms"时延圈

F5G 通过全光接入、全光锚点、全光交换等技术，基于光纤高可靠、高性能、易部署、大容量等特性，以算力、运力的有效协同和扁平化的网络架构，实现边到云、云到云、边到边的"1ms"确定性网络时延，以满足智慧城市业务的品质联接需求。同城、异城两地数据中心之间的"1ms"时延，犹如城际间"一小时交通圈"，通过全光节点的无损品质交换，实现数据中心之间的高速数据交互，政务、金融等专线用户时延敏感业务的超低时延传输。

（二）确定性网络联接

基于端到端的全光网络像城市内的高速轨道交通网一样，具备架构极简、链路超宽以及经济节能的特点。F5G 以确定性的全光锚点布局解决接入段的不确定性，实现全光网与智慧城市业务在网络边缘侧的连接，打通了向终端用户侧延伸的"最后一公里"，保障了确定性接入和确定性时间。全光交换使传输时延从毫秒级降低到微秒级，网络"0"丢包率和 99.9999％可靠性，实现确定的最短传输路径，最低的网络时延。全光自动驾驶通过智能化的管控调度、网络动态的实时感知、预测性的运维，使整个网络资源弹性化、支撑业务自动化、资源自动化、维护自动化，最大化地提升业务体验感知。

四、F5G 推动构筑全光智慧城市

全光智慧城市以 F5G 全光智能底座为基础，融合物联网、云计算、人工智能等信息技术，形成立体感知、全域协同、精确判断和持续进化、开放的智慧城市系统，通过智能交互、智能联接、智能中枢、智慧应用共同构筑智慧城市全场景应用。

智能交互使智慧城市拥有了"五官"和"手脚"。它联通物理世界和数字世界，让软件、数据和人工智能（AI）算法在云、边、端自由流动。"城市大脑""一网通办""一网通管"等建设强化了城市智能设施统筹布局和共性平台应用，核心能力是通过边云协同操作系统让各场景海量的物联网实时数据接入，尤其是大量新型基础设施的运行数据，使资源、数据、云服务、生态和 AI 协同，面向物、事、人就近提供交互能力，满足各级城市管理的需求，提供丰富及时的应用，让智慧城市可感知、能执行。

智能联接使智慧城市拥有了"躯干"，其本质是通过通信技术强化联接能力，联接智能中枢和智能交互。智能联接从联接人到联接物，再到联接应用、联接数据。智慧城市内外部资源与能力的有效联接需要第五代移动通信技术（5G）、光纤等物理联接提供千兆接入，以满足个性化业务的不同时延和可靠性需求，建立统筹数据、业务、技术、运营的智慧城市数字底座，使被联接的人、物、设备变为可相互交互的"数字物种"，实现资源与价值的有效转化，将智慧带到城市的每一个场景，实现全场景、全触点、无缝覆盖、随身体验的"沉浸式千兆体验"。

智能中枢为智慧城市构建了"大脑"和决策系统，是海量数据的汇聚点，为数据、算力、算法和智慧应用提供足够的能力支撑，使智慧城市海量数据和政企用户全业务全域互通，实现数据的全域共享，支撑 AI 发挥价值。智能中枢向下统接智能联接，向上驱动行业应用，强化关键共性能力整合和统一赋能，对各式各样的数据（数字、文字、图像、符号等）进行筛选、梳理、分析，并加入基于常识、行业知识及因果关联的判断，形成智能分析、决策和辅助行动，助力实现各行业的全场景智慧。

智慧应用使智慧城市更加"智慧"，是智慧城市价值的呈现，通过政府、企业和行业参与者协同创新，加速信息通信技术（ICT）与行业知识的深度融合，共同构建智慧城市发展生态，重构体验、优化流程、使能创新，让居民幸福感更强、让企业生产效率更高、让行业创造力更强。

五、F5G 业务能力评价

全光智慧城市打造确定性大带宽、低时延、高可靠、快速敏捷的品质运力，从 KQI（关键质量指标）和网络 KPI（关键绩效指标），评估各领域 F5G 业务场景网络性能和用户体验。

（一）业务 KQI

F5G 高效综合运力评估，面向"云＋网＋业务"场景的高品质保障服务能力，业界从时延、带宽、可用性、开通时间、智能调度五大维度定义 KQI 指标。

时延：打造"1ms"时延圈，以云配网、以网促云，可满足智慧城市各类联接场景低时延的创新应用需求。

带宽：实现"三千兆"全光接入、"T 级带宽"全光锚点，可提供端到端超高带宽运力保障。

可用性：从"尽力而为"到"确定性体验"，实现 99.999% 高可用率，为智慧城市的安全运行保驾护航。

开通时间：云光一体、协同控制、统一编排，实时按需获取云、网资源，提供"分钟级"业务极速开通服务。

智能调度：将光联接到园区、楼宇、房间、机器、桌面，通过 AI 技术，应用光网智能管控平台，可提供自动化、自助化的业务体验、差异化的服务能力和主动式运维及故障预判，实现网络从人工操作到工具辅助执行，再到自助决策的全流程智慧运营。

（二）网络 KPI

与历代固定网络不同，F5G 在网络性能方面具有质的飞跃，具备超高网络接入速率、超低时延、海量联接等一系列优良特性，不仅可以催生云虚拟现实（Cloud VR）、云游戏、云桌面、超高清视频等新兴业务，还可以渗透工业生产领域，开启信息网络技术与工业生产融合发展新篇章。

面向业务体验提升和推进网络能力提升，业界从网络接入技术、网络覆盖率、网络管控技术、电层转发跳数、网络保护技术五大维度定义网络 KPI 指标。

网络接入技术：从同步数字序列（SDH）/ 多业务传送平台（MSTP）到光传送网（OTN），接入速率从 Mbit/s 到 Gbit/s，再到 Tbit/s 不断提升，以满足全业务带宽提升高速接入。

网络覆盖率：以业务接入全光锚点距离衡量联接密度，通过业务价值区域完善覆盖，接入距离＜2km 时，在资源预留的情况下，可实现天级业务的快速开通。

网络管控技术：通过引入智能化管控，提供快速业务创建、业务资源实时可视，基于时延、可用率等策略按需计算路径，并感知网络故障等能力，同时管控系统遵循标准定义的北向接口，支持对接上层协同层或者应用层，实现跨层、跨域业务、云网业务协同发放的管理。

电层转发跳数：基于光传送技术实现光层的一跳直达，有效减少不必要的电层转发，不仅能降低网络建设成本，还可为业务提供更低的时延。

网络保护技术：通过接入侧和网络侧不同的单双链路组合，还可为智慧城市业务配置不同保护等级，提供可承诺的可用性。

六、F5G 的意义——构建新生态

我国经济正处于经济增速放缓、结构调整、新旧动能转换的关键期，F5G 可破解产业发展困境，成为促进经济增长、优化结构和转换动力的触发点，同时极大改善民生福祉。F5G 将支撑新一轮的消费升级，同时将推动新型产业生态加快，将塑造核心技术和关键装备优势成熟。提升经济社会效益、促进信息时代包容性发展、助力大众创业、万众创新、推进新型服务型政府建设。

以智慧城市为例，依靠多种 ICT 一体化协同发展，政府、行业、企业等社会主体共同参与建设。同时，带动上下游产业相互融合，催生更多的新技术、新业态、新场景、新应用，通过探索这些商业应用场景，促进"F5G+"应用的进一步深化与进化，构筑更大的生态系统平台。

联接的价值与联接数的平方成正比。以 5G、F5G 等超宽带网络为基础的智能联接网络，通过全要素、全产业链、全价值链的全面联接，赋能传统行业数字化转型，提高全要素生产率，带动通信产业链上下游的发展，释放数字对经济发展的放大、叠加、倍增作用，有力支撑构建以国内大循环为主体、国内国际双循环相互促进的新发展格局。

应用场景包括"F5G+数字政府""F5G+数字医疗""F5G+数字金融""F5G+企业上云""F5G+智慧教育""F5G+视频直播""F5G+平安城市""F5G

商业模式"。

F5G实现了网络联接向数据联接、服务联接和智能联接的延伸。跨入"万物互联、千兆传输、微秒可达"的全光智慧城市一定还会产生目前想象不到的新应用，进一步丰富人们的生活、激发经济生态、提升社会治理水平，更好地构建智慧社会。

（中国联通研究院　贾　武）

附录 A　政策法规

工业通信业行业标准制定管理办法

第一章 总则

第一条 为了规范工业通信业行业标准制定程序，提高标准制定质量，根据《中华人民共和国标准化法》等法律法规，制定本办法。

第二条 工业通信业行业标准（以下简称行业标准）的立项、起草、技术审查、批准、发布、复审等制定活动，适用本办法。

第三条 制定行业标准，应当遵循公平公正、开放透明、充分协商原则，有利于科学合理利用资源，推广科学技术成果，保证标准的科学性、规范性、时效性，做到技术上先进、经济上合理。

第四条 制定行业标准，应当重点围绕重要产品、工程技术、服务和行业管理标准。涉及融合发展的新兴技术领域的，支持联合制定行业标准。

第五条 工业和信息化部负责行业标准制定的管理工作。

省、自治区、直辖市工业和信息化主管部门协助工业和信息化部做好行业标准制定管理相关工作。

第六条 标准化技术委员会、标准化专家组等单位和组织（以下统称标准化技术组织）按照本办法规定，负责所属领域行业标准起草、技术审查、复审、修订等具体工作。

第七条 有关行业协会（联合会）和标准化专业机构等（以下统称初审机构）按照本办法规定，承担行业标准制定相关工作。

第二章 立项

第八条 政府部门、社会团体、企业事业组织以及公民可以向工业和信息化部提出行业标准制定或者修订的立项建议。

提出立项建议，应当书面说明制定或者修订行业标准的必要性、可行性、适用范围等内容。

第九条 工业和信息化部组织有关标准化技术组织对立项建议进行论证评估。

标准化技术组织应当围绕有关政府部门、企业、社会团体、消费者等方面的实际需求进行研究，对标准制定或者修订的必要性、可行性进行论证评估，形成评估意见报送对应初审机构，经初审机构初审后报送工业和信息化部；没有对应初审机构的，直接报送工业和信息化部。

工业和信息化部可以根据行业管理和产业发展需要提出行业标准制定或者修订项目。

第十条 工业和信息化部对立项建议、评估意见和初审意见进行研究，制定行业标准制定、修订计划草案，向社会公开征求意见。

第十一条 工业和信息化部对社会公众意见进行汇总、协调和处理。对没有不同意见或者相关意见已处理完毕的立项建议，工业和信息化部组织专家进行评审，根据评审意见制定并公布行业标准制定、修订计划。

行业标准制定、修订计划应当明确项目名称、主要起草单位、完成时限等内容。行业标准制定周期一般不超过24个月，修订周期一般不超过18个月。

第十二条 标准化技术组织在行业标准制定、修订计划执行中需要对项目作合并、撤销等重大调整的，应当向对应初审机构提出，经初审机构初审后报送工业和信息化部审批；没有对应初审机构的，直接报送工业和信息化部审批。

第三章 起草和技术审查

第十三条 标准化技术组织负责行业标准起

草的组织工作，成立标准起草工作组具体负责起草工作。

标准起草工作组应当广泛征求有关方面意见，组织对标准相关事项进行调查分析、实验、论证，形成行业标准征求意见稿和编制说明。

第十四条　行业标准征求意见稿和编制说明由标准化技术组织向社会公开征求意见。

标准起草工作组应当对社会公众意见进行汇总和研究，填写行业标准征求意见汇总处理表，形成行业标准送审稿，报送标准化技术组织进行技术审查。

第十五条　标准化技术组织对行业标准送审稿进行技术审查，可以采用会议审查或者函审形式。对经济技术意义重大、涉及面广、分歧意见多的行业标准，应当会议审查。

会议审查的，标准化技术组织应当形成会议纪要，内容包括审查结论和参加会议人员情况等。函审的，标准化技术组织应当组织填写行业标准送审稿函审单，形成函审结论。

第十六条　行业标准送审稿由标准化技术委员会进行技术审查的，参加投票的委员不得少于委员总数的 3/4。

参加投票委员 2/3 以上赞成且反对意见不超过 1/4 的，方为技术审查通过。

第十七条　行业标准送审稿由标准化技术委员会以外的标准化技术组织进行技术审查的，一般应当组织生产者、经营者、使用者、消费者、公共利益方等相关方面的专家进行审查。

专家人数一般不少于 15 人，起草人所在单位成员应当回避。参加投票专家 2/3 以上赞成且反对意见不超过 1/4 的，方为技术审查通过。

第十八条　行业标准送审稿通过技术审查的，标准起草工作组应当根据审查结论进行完善，形成行业标准报批稿和编制说明等报批材料；未通过技术审查的，标准起草工作组应当根据审查结论修改后，再次报送标准化技术组织进行技术审查。

行业标准涉及专利问题的，根据国家有关规定执行。报批材料应当就行业标准是否涉及专利以及相应处理意见作出说明。

▌第四章　批准和发布

第十九条　标准化技术组织应当将行业标准报批材料报送对应初审机构，经初审机构初审后报送工业和信息化部；没有对应初审机构的，直接报送工业和信息化部。

第二十条　工业和信息化部对行业标准报批材料进行审查，审查通过后向社会公开征求意见。

第二十一条　工业和信息化部对社会公众意见进行汇总、协调和处理，对没有不同意见或者相关意见已处理完毕的行业标准报批稿予以批准，编号并公告发布。

第二十二条　工业和信息化部依法组织行业标准的出版和备案，推动行业标准文本向社会免费公开。

▌第五章　复审和修订

第二十三条　工业和信息化部根据经济社会发展和技术进步需要，制定并公布行业标准复审计划。

第二十四条　标准化技术组织应当根据复审计划对行业标准进行复审，提出复审结论建议，形成复审材料报送对应初审机构，经初审机构初审后报送工业和信息化部；没有对应初审机构的，直接报送工业和信息化部。

行业标准复审结论建议分为继续有效、修订和废止三种。复审结论建议为废止的，应当对废止的理由重点说明。

第二十五条　工业和信息化部对行业标准复审材料进行审查，审查通过后向社会公开征求意见。

工业和信息化部对社会公众意见进行汇总、协调和处理。没有不同意见或者相关意见已处理完毕的，由工业和信息化部公告发布复审结论。

第二十六条　复审结论为继续有效的行业标准再次出版时，应当在封面上标明复审信息。

对复审结论为修订的行业标准，相关标准化技术组织应当及时组织修订。进行少量修改能够符合当前科技水平、适应产业发展需求、满足行业管理需要的，可采用修改单方式修改。

第六章　附则

第二十七条　本办法第十条、第十四条第一款、第二十条、第二十五条第一款规定的向社会公开征求意见的期限，一般不少于 30 日。

第二十八条　本办法规定的材料式样和内容，由工业和信息化部统一公布和调整。

第二十九条　本办法自 2020 年 10 月 1 日起施行。

电信和互联网行业数据安全标准体系建设指南

随着信息技术和人类生产生活交汇融合，全球数据呈现爆发增长、海量聚集的特点，大数据产业正值活跃发展期，技术演进和应用创新并行加速推进，数据资源已成为国家基础战略性资源和社会生产的创新要素。当前，我国电信和互联网行业高速发展，汇聚大量数据，在释放数字经济发展潜力、促进数字经济加快成长的同时，面临严峻的安全风险。这要求我们深刻认识电信和互联网行业数据安全的重要性和紧迫性，坚持安全和发展并重，积极应对复杂严峻的安全风险与挑战，加速构建数据安全保障体系。

"安全发展、标准先行"，标准化工作是保障数据安全的重要基础。为落实《中华人民共和国网络安全法》《全国人民代表大会常务委员会关于加强网络信息保护的决定》《电信和互联网用户个人信息保护规定》等法律法规要求，指导电信和互联网行业数据安全标准化工作，工业和信息化部组织制定了《电信和互联网行业数据安全标准体系建设指南》。

一、总体要求

以习近平新时代中国特色社会主义思想为指导，全面贯彻党的十九大和十九届二中、三中、四中、五中全会精神，深入落实《中华人民共和国网络安全法》《全国人民代表大会常务委员会关于加强网络信息保护的决定》《电信和互联网用户个人信息保护规定》等法律法规要求，以保障电信和互联网行业数据安全为主线，着力增加标准有效供给，不断完善技术标准体系，持续推动标准的制定、实施和国际化，支撑和引领数字经济高质量发展。

（一）基本原则

统筹规划，全面布局。结合电信和互联网行业技术、产业发展现状及特点，发挥好行业主管部门在顶层设计、组织协调和政策制定等方面的重要作用，坚持政府引导和市场驱动相结合，建立健全电信和互联网行业数据安全标准体系。

基础先立，急用先行。从数据安全管理工作的重点和难点出发，确定重点领域，加快基础共性、关键技术、安全管理类标准的研究制定。综合考虑相关领域的数据安全现状及面临的风险和挑战，加快推进急需标准项目的研究制定。

多方参与，协同合作。充分凝聚电信运营企业、互联网企业、设备提供商、安全企业、科研院所、高校等产学研用各方力量，统筹推进标准的研究制定和实施应用。支持相关单位积极参与国际标准化活动，加强国际交流与合作。

（二）建设目标

到 2021 年，研制数据安全行业标准 20 项以上，初步建立电信和互联网行业数据安全标准体系，有效落实数据安全管理要求，基本满足行业数据安全保护需要，推动标准在重点领域中的应用。

到 2023 年，研制数据安全行业标准 50 项以上，健全完善电信和互联网行业数据安全标准体系，标准的技术水平、应用效果和国际化程度显著提高，有力支撑行业数据安全保护能力提升。

二、主要内容

（一）标准体系框架

电信和互联网行业数据安全标准体系包括基础共性、关键技术、安全管理和重点领域等标准。其中，基础共性标准包括术语定义、数据安全框架、数据分类分级等，为各类标准提供基础支撑。关键技术标准从数据采集、传输、存储、处理、交换、销毁等全生命周期维度，对数据安全关键技术进行规范。安全管理标准包括数据安全规范、数据安全评估、监测预警与处置、应急响应与灾难备份、安全能力认证等。重点领域标准主要是结合相关领域的实际情况和具体要求，指导行业有效开展重点领域数据安全保护工作。电信和互联网行业数据安全标准体系框架如图 1 所示。

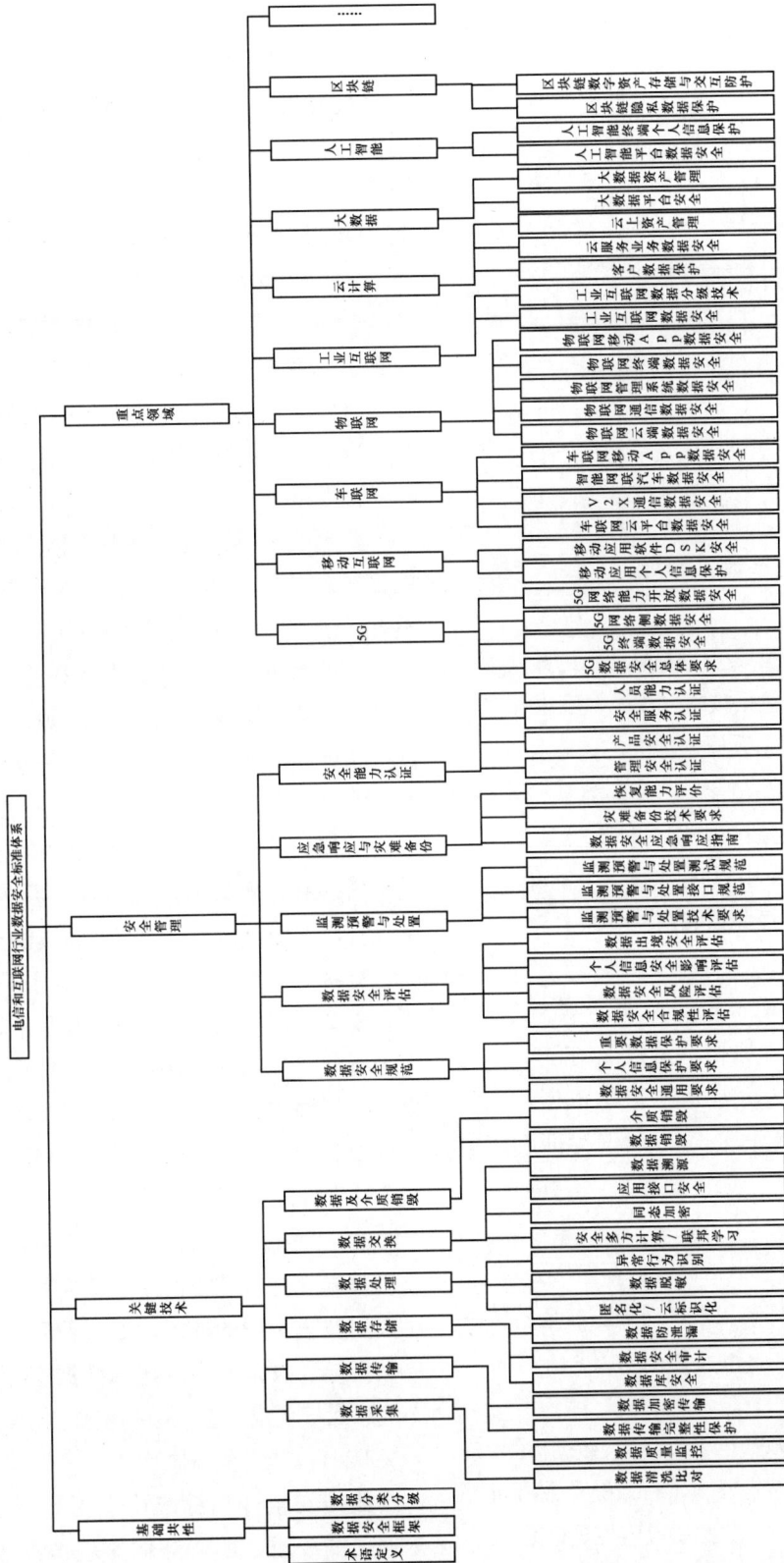

图 1　电信和互联网行业数据安全标准体系框架

（二）重点领域

1. 基础共性标准

基础共性标准是数据安全保护的基础性、通用性、指导性标准，包括术语定义、数据安全框架、数据分类分级等标准。基础共性标准子体系如图2所示。

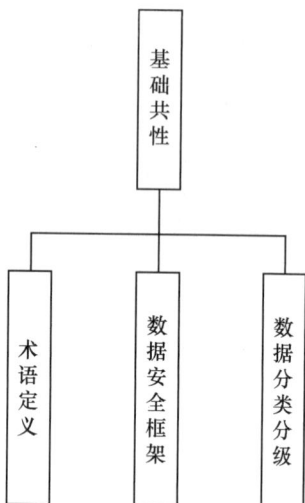

图 2　基础共性标准子体系

1.1　术语定义

术语定义用于规范数据安全相关概念，为其他部分标准的制定提供支撑，包括技术、规范、应用领域的相关术语、概念定义、相近概念之间的关系等。

1.2　数据安全框架

数据安全框架标准包括数据安全体系框架以及各部分参考框架，以明确和界定数据安全的角色、职责、边界、各部分的层级关系和内在联系。

1.3　数据分类分级

数据分类分级标准用于指导数据分类分级，给出数据分类分级的基本原则、维度、方法、示例等，为数据安全分类、分级保护提供依据，为数据安全规范、数据安全评估等方面的标准制定提供支撑。

2. 关键技术标准

关键技术标准从数据采集、传输、存储、处理、交换、销毁等全生命周期环节出发，对数据安全的关键技术进行规范。关键技术标准子体系如图3所示。

2.1　数据采集

数据采集标准用于规范数据采集格式、数据标签、数据审查校验等方面相关技术要求，有效提升数据质量，主要包括数据清洗比对、数据质量监控等标准。

2.2　数据传输

数据传输标准用于规范数据传输过程中可以标准化的功能架构、安全协议及其他安全相关技术要求，主要包括数据传输完整性保护、数据加密传输等标准。

2.3　数据存储

数据存储标准用于规范存储平台安全机制、数据安全存储方法、安全审计、安全防护技术等相关技术要求，主要包括数据库安全、数据安全审计、数据防泄露等标准。

2.4　数据处理

数据处理标准用于规范敏感数据、个人信息的保护机制及相关技术要求，明确敏感数据保护的场景、规则、技术方法，主要包括匿名化/去标识化、数据脱敏、异常行为识别等标准。

2.5　数据交换

数据交换标准用于规范数据安全交换模型、角色权责定义、安全管控技术框架，并明确数据溯源模型、过程和方法，支撑包括数据交易在内的各类场景下的数据安全共享、审计和监管，主要包括安全多方计算/联邦学习、同态加密、应用接口安全、数据溯源等标准。

2.6　数据销毁

数据销毁标准用于规范数据销毁和介质销毁的安全机制和技术要求，确保存储数据永久删除、不可恢复，主要包括数据销毁、介质销毁等标准。

3. 安全管理标准

安全管理标准从数据安全框架的管理视角出发，指导行业落实法律法规以及行业主管部门的管理要求，包括数据安全规范、数据安全评估、监测预警与处置、应急响应与灾难备份、安全能力认证等。安全管理标准子体系如图4所示。

3.1　数据安全规范

数据安全规范标准用于落实细化相关法律法规对数据安全保护的要求，对行业开展数据安全管理提供指导和规范，主要包括数据安全通用要求、个人信息保护要求、重要数据保护要求等标准。

3.2　数据安全评估

数据安全评估标准用于指导行业落实数据安全评估的要求，明确评估的基本概念、要素关系、分析原理、评估方法、实施流程、实施要点和工作形式等要素，指导行业规范开展数据安全评估工作，主要包括数据安全合规性评估、数据安全风险评估、个人信息安全影响评估、数据出境安全评估等标准。

3.3 监测预警与处置

监测预警与处置标准明确数据安全监测预警与处置系统及其技术要求，结合数据的敏感度、量级、流向以及账号权限等进行综合分析，实时动态追踪数据安全风险，主要包括监测预警与处置方面的技术要求、接口规范、测试规范等标准。

3.4 应急响应与灾难备份

应急响应与灾难备份标准用于规范数据安全事件的应急响应管理、处置措施，规范灾难备份及恢复工作的目标和原则、技术要求以及实施方法，主要包括数据安全应急响应指南、灾难备份技术要求、恢复能力评价等标准。

3.5 安全能力认证

安全能力认证标准用于规范组织及人员数据安全保障能力、产品与服务数据安全保护水平、数据安全服务能力等相关认证要求，用于指导网络运营者与安全服务机构提升自身的安全能力、服务能力，主要包括管理安全认证、产品安全认证、安全服务认证、人员能力认证等标准。

4. 重点领域标准

在基础共性标准、关键技术标准、安全管理标准的基础上，结合新一代信息通信技术发展情况，主要在 5G、移动互联网、车联网、物联网、工业互联网、云计算、大数据、人工智能、区块链等重点领域进行布局，并结合行业发展情况，逐步覆盖其他重点领域。结合重点领域自身发展情况和数据安全保护需求，制定相关数据安全标准。重点领域安全标准子体系如图 5 所示。

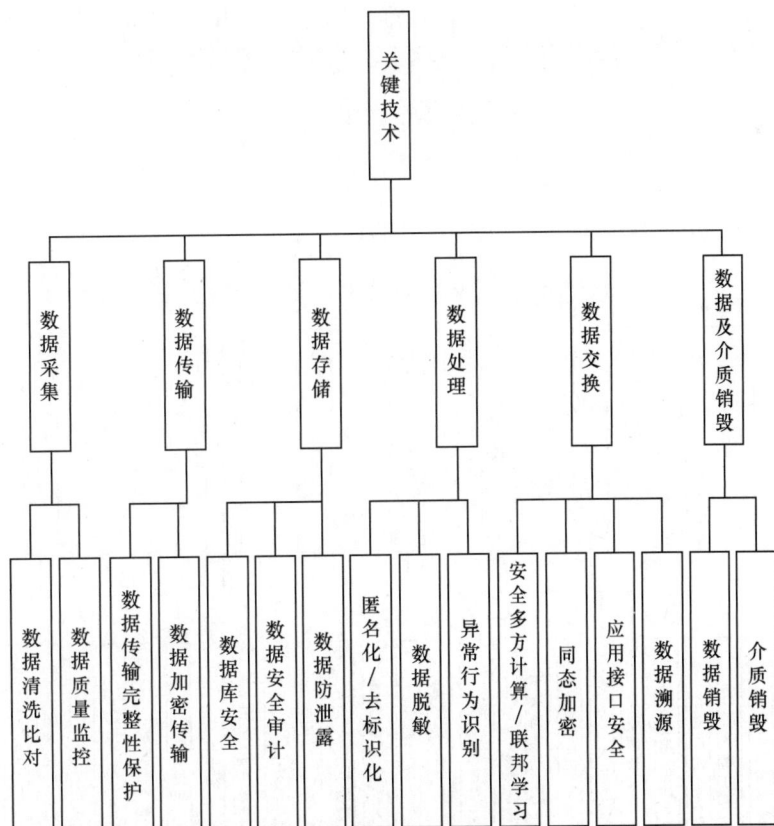

图 3 关键技术标准子体系

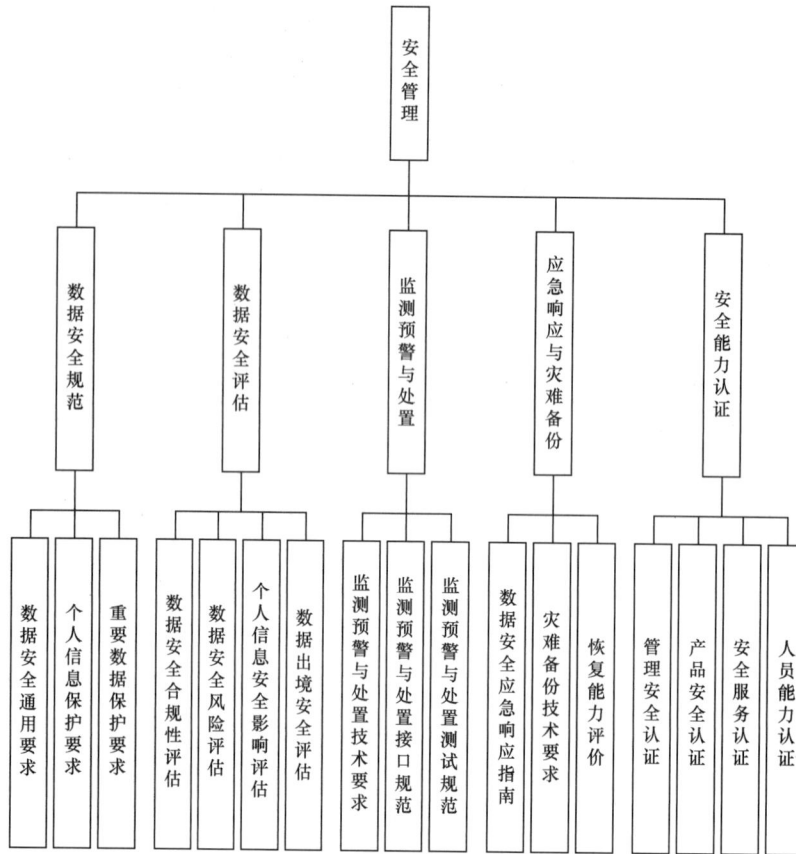

图 4　安全管理标准子体系

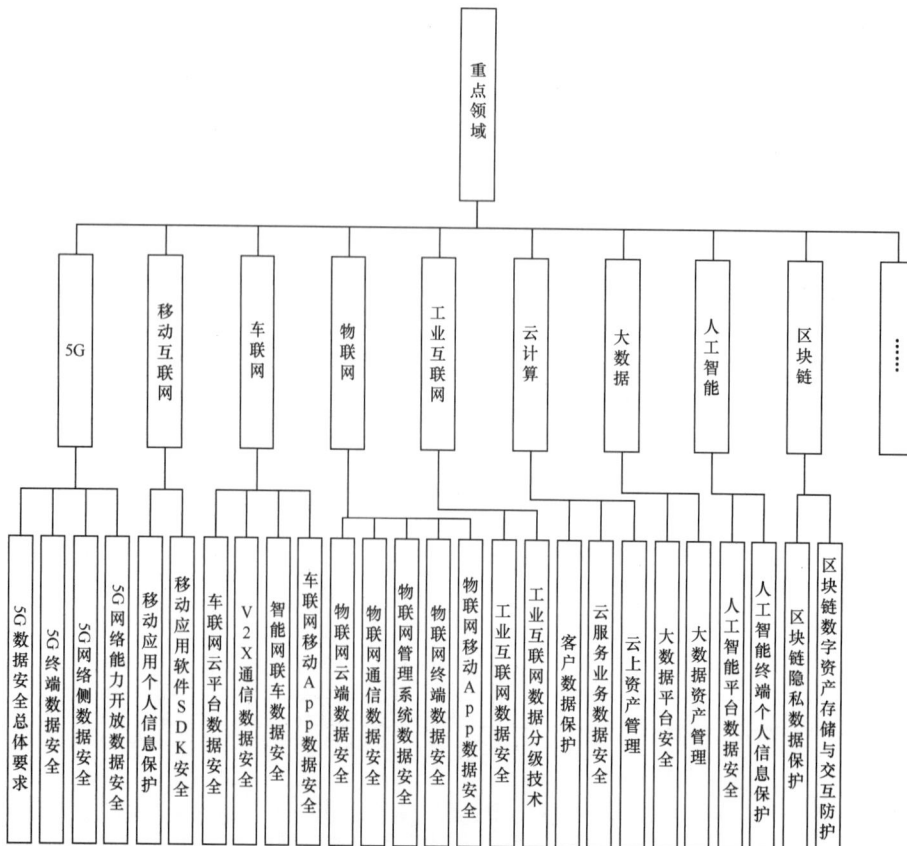

图 5　重点领域标准子体系

4.1　5G

5G 安全机制在满足通用安全要求基础上，为不同业务场景提供差异化安全服务，适应多种网络接入方式及新型网络架构，保护用户个人隐私，并支持提供开放的安全能力。5G 领域的数据安全标准主要包括 5G 数据安全总体要求、5G 终端数据安全、5G 网络侧数据安全、5G 网络能力开放数据安全等。

4.2　移动互联网

传统的移动互联网安全主要包括终端安全、网络安全和应用安全等方面。随着开放生态体系下移动操作系统的普遍应用和数据的大规模流动，移动互联网的数据安全风险进一步凸显。移动互联网领域的数据安全标准主要包括移动应用个人信息保护、移动应用软件 SDK 安全等。

4.3　车联网

车联网安全覆盖车内、车与车、车与路、车与人、车与服务平台的全方位连接和数据交互过程，数据安全和隐私保护贯穿于车联网的各个环节。车联网领域的数据安全标准主要包括车联网云平台数据安全、V2X 通信数据安全、智能网联汽车数据安全、车联网移动 App 数据安全等。

4.4　物联网

物联网安全涵盖物联网的感知层、传输层、应用层，涉及服务端安全、终端安全和通信网络安全等方面，数据安全贯穿于其中的各个环节。物联网领域的数据安全标准主要包括物联网云端数据安全、物联网通信数据安全、物联网管理系统数据安全、物联网终端数据安全、物联网移动 App 数据安全等。

4.5　工业互联网

工业互联网安全重点关注控制系统、设备、网络、数据、平台、应用程序安全和安全管理等。工业互联网领域的数据安全标准主要包括工业互联网数据安全保护、工业互联网数据分级技术等。

4.6　云计算

云计算安全以云主机安全为核心，涵盖网络安全、数据安全、应用安全、安全管理、业务安全等方面。云计算领域的数据安全标准主要包括客户数据保护、云服务业务数据安全、云上资产管理等。

4.7　大数据

大数据安全覆盖数据全生命周期管理各环节，涵盖对大数据平台运行安全功能保障及以数据为对象进行资产管理等。大数据领域的数据安全标准主要包括大数据平台安全、大数据资产管理等。

4.8　人工智能

人工智能安全覆盖个人信息安全、算法安全、数据安全、网络安全等。人工智能领域的数据安全标准主要包括人工智能平台数据安全、人工智能终端个人信息保护等。

4.9　区块链

区块链安全包括应用服务的安全性、系统设计的安全性（包含智能合约、共识机制）、基础组件的安全性（包含网络通信、数据安全、密码技术）三个维度。区块链领域的数据安全标准主要包括区块链隐私数据保护、区块链数字资产存储与交互保护等。

三、组织实施

一是持续完善标准体系。保持体系的开放性，随着经济社会数字化转型持续推进、数据安全认知与实践水平的不断提高，结合数据安全相关法律法规的新要求，适时修订完善标准体系。

二是加快急需标准研制。组织中国通信标准化协会等单位，加快推进重点和基础公益类行业标准研制，注重数据安全标准化工作与数据安全保护最新研究成果、行业最佳实践的有机结合。

三是推动标准应用实施。鼓励行业协会、标准化技术组织等开展面向生产者、使用者、公共利益方的标准宣传和培训，引导企业在研发、生产、管理等环节对标达标，推动标准的落地实施。

四是加强国际交流合作。鼓励企事业单位积极参与国际电信联盟（ITU）、国际标准化组织（ISO）、国际电工技术委员会（IEC）等国际标准化活动，推动相关国际标准的制定。

一图读懂 2020 年工业和信息化发展情况

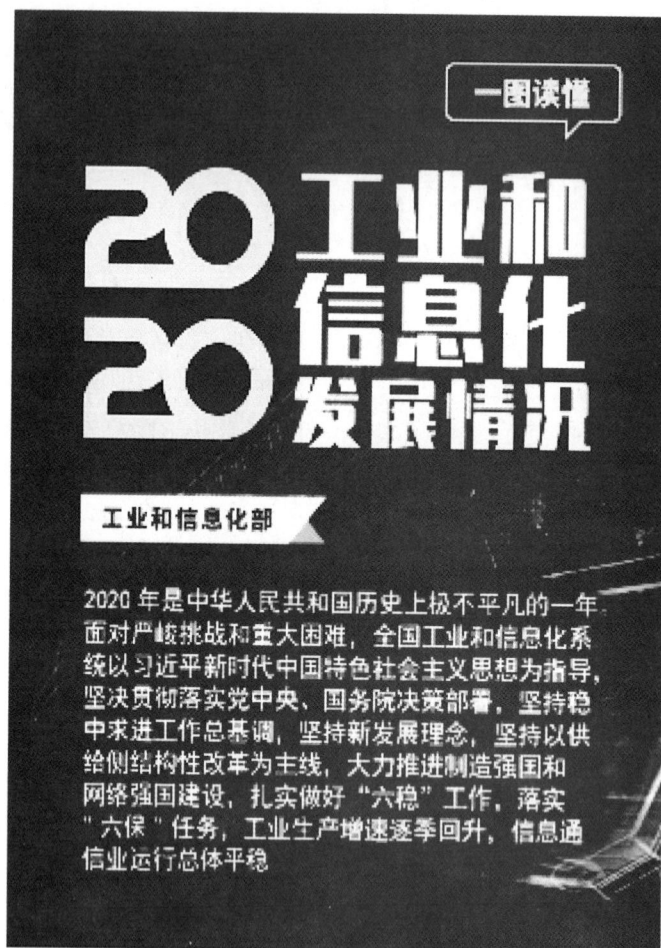

一图读懂

2020 工业和信息化发展情况

工业和信息化部

2020 年是中华人民共和国历史上极不平凡的一年，面对严峻挑战和重大困难，全国工业和信息化系统以习近平新时代中国特色社会主义思想为指导，坚决贯彻落实党中央、国务院决策部署，坚持稳中求进工作总基调，坚持新发展理念，坚持以供给侧结构性改革为主线，大力推进制造强国和网络强国建设，扎实做好"六稳"工作，落实"六保"任务，工业生产增速逐季回升，信息通信业运行总体平稳

工业经济持续稳定恢复

全年规模以上工业增加值同比增长2.8%
其中制造业增加值同比增长3.4%

受主要经济体复工复产和订单转移效应带动，工业产品出口增速快速回升
全年出口交货值同比下降0.3%
降幅较前三季度收窄2.8%

企业效益持续好转

前11个月规模以上工业企业实现利润同比增长2.4%，月度利润增速连续6个月保持两位数以上

制造业投资逐步恢复，全年制造业投资降幅收窄至2.2%

产业结构优化升级步伐加快

高技术制造业生产增势良好
全年增加值同比增长7.1%
高技术制造业投资同比增长11.5%

装备制造业生产效益同步回升
增加值同比增长6.6%
高于全部规上工业平均水平3.8%
前11个月实现利润同比增长11.2%

智能化、升级型新兴产品保持快速增长，全年工业机器人、新能源汽车、集成电路产量分别增长19.1%、17.3%和16.2%

智能手表、3D打印设备等新兴产品均保持高速增长

5G、工业互联网等新型基础设施建设加速传统产业数字化转型和制造业智能化发展

全面巩固去产能成果，危化品生产企业搬迁改造取得阶段性进展

落实落细助企纾困政策，实施中小微企业贷款阶段性延期还本付息，强化中小微企业金融服务

进一步优化营商环境，全年累计清偿拖欠民营和中小企业账款**1865亿元**

推动出台《保障中小企业款项支付条例》，维护中小企业合法权益

市场预期持续向好，制造业采购经理指数（PMI）**连续10个月**保持在荣枯线上方，其中**12月为51.9%**

信息通信业运行平稳向好

全年电信业务总量按上年不变价计算同比**增长20.6%**
电信业务收入同比**增长3.6%**
软件和信息技术服务业收入同比**增长13.3%**

5G网络和终端商用快速发展，全年新开通5G基站**超60万个**

基础电信企业发展5G套餐用户累计达**3.2亿户**，5G终端连接**超过2亿户**，超高清视频、云游戏、移动云VR等个人应用场景逐渐丰富，医疗、能源、自动驾驶等垂直行业试点不断深化

App侵害用户权益、电信网络诈骗、"黑广播"等治理成效明显

展望2021

工业和信息化部将深入贯彻落实党的十九届五中全会和中央经济工作会议精神，坚持稳中求进工作总

基调，立足新发展阶段，贯彻新发展理念，构建新发展格局，以推动高质量发展为主题，着眼制造强国和网络强国建设全局，全面推进产业基础高级化、产业链现代化，增强重点产业和关键环节自主可控能力，扎实做好"六稳"工作，全面落实"六保"任务，努力完成全年目标任务，确保"十四五"开好局，以优异成绩庆祝建党100周年。

一图读懂——工业互联网创新发展行动计划（2021—2023 年）

一图速览我国**工业互联网**发展成绩

★ ★ ★ ★ ★

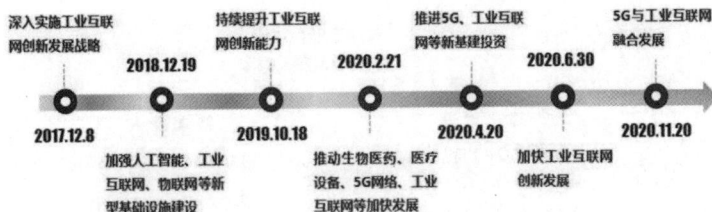

深入实施工业互联
网创新发展战略

2017.12.8

加强人工智能、工业
互联网、物联网等新
型基础设施建设

2018.12.19

持续提升工业互联
网创新能力

2019.10.18

推动生物医药、医疗
设备、5G网络、工业
互联网等加快发展

2020.2.21

推进5G、工业互联
网等新基建投资

2020.4.20

加快工业互联网
创新发展

2020.6.30

5G与工业互联网
融合发展

2020.11.20

总 体 情 况

《国务院关于深化"互联网+先进制造业"发展工业互联网的指导意见》
印发以来，在各方共同努力下，我国工业互联网发展成效显著，2018—
2020年起步期的行动计划全部完成，部分重点任务和工程超预期，网络
基础、平台中枢、数据要素、安全保障作用进一步显现。工业互联网有力
推动了制造强国、网络强国建设，有力推动了高质量发展

政策体系持续完善

2017年国务院印发《关于深化
"互联网+先进制造业"发展
工业互联网的指导意见》

专项工作组印发《工业互联网发
展行动计划（2018—2020年）》
和《工业互联网创新发展行动计
划（2021—2023年）》

持续实施工业互联网创新发展
工程，充分发挥财政资金引导
作用，取得一系列标志性成果

实施"5G+工业互联网"512
工程，推动5G与工业互联网
融合叠加、互促共进

遴选出258个工业互联网试点示范项目，树立全国工业互联网应用标杆

建设上海、北京、武汉、深圳4个工业互联网产业示范基地，推动产业集聚发展

===== 网络体系加速建设 =====

高质量企业外网覆盖全国300多个城市，连接18万家工业企业，涌现出20个高质量外网优秀服务案例

工业企业积极运用5G、工业以太网、窄带物联网、边缘计算等新技术进行内网改造升级

标识解析体系实现了从0到1的突破，五大国家顶级节点建成并稳定运行，93个二级节点上线，覆盖34个行业，标识注册为111.4亿个（数据统计截至2021年1月13日）

===== "5G+工业互联网"融合发展创新活跃 =====

网络建设

在建的"5G+工业互联网"项目超过1100个，逐步摸索形成适用工业生产需要的5G网络部署模式

终端接入

已形成5G到现场、5G到网关、5G到设备3种**终端接入模式**

应用创新成果丰硕

- "5G+工业互联网"的应用范围不断扩大、程度不断深化、水平不断提高，在矿业、港口、航空、汽车、钢铁、能源等行业加速落地实践
- 在工业设计、生产制造、生产检测、物料配送、安全管理、运维服务等方面形成**14个典型应用场景**

===== 平台体系快速壮大 =====

我国培育形成一批特色鲜明能力多样的工业互联网平台，总数超过500

具有一定行业、区域影响力的平台**超过80个**，连接工业设备达**6000万台（套）**，40万家工业企业上云

形成企业级、垂直行业赋能、通用技术赋能、跨行业跨领域**4类平台构成的发展体系**

"双跨"平台平均连接设备达到140万台（套），平均工业App数超过3500个

安全体系逐步构筑

工业和信息化部牵头制定发布《加强工业互联网安全工作的指导意见》《工业互联网企业网络安全分类分级指南》

国家、省、企业三级联动的技术监测体系已覆盖 **31个省（自治区、直辖市）**，服务 **14个重要行业领域**、**11万家工业企业**和 **150个工业互联网平台**，发现联网设备 **900万台（套）**

连续举办"全国工业互联网安全技术技能大赛"，累计吸引近 **9500支队伍**、近 **2.5万名**专业技术人员参赛

融合应用不断深入

- 应用场景由点及面，工业互联网**由销售、物流等外部环节向研发、生产控制、检测等内部环节延伸**
- 应用行业逐步覆盖原材料、装备制造等 **37个**国民经济重点行业

形成5种典型融合应用模式

智能化制造

网络化协同　　　　　　数字化管理

个性化定制　　　　服务化延伸

产业生态由小变大

产业集聚效应初显

各地立足自身优势积极探索差异化发展路径

- **长三角**地区依托三省一市产业互补优势构建全国首个工业互联网一体化发展示范区
- **北京**发挥科创中心功能形成辐射全国的高精尖供给能力
- **粤港澳大湾区**凭借先进制造业产业集群优势成为全国规模化应用高地
- **东北老工业基地**和**中西部**地区也发挥比较优势加快发展步伐

产业融通进展良好

➤ **举办高水平产业活动**
举办2020中国5G+工业互联网大会、工业互联网全球峰会，习近平总书记发来贺信

➤ **产融合作持续深化**
已有**160余家**工业互联网企业在A股上市。风险投资基金和产业投资基金投资力度持续加大

➤ **产教结合加快推进**
各地已成立**20余家**工业互联网研究机构，领军企业积极建设工业互联网实训平台

➤ **产业组织发展壮大**
工业互联网产业联盟汇聚**1800余家**企事业单位

监制：工业和信息化部办公厅、信息通信管理局
制作：中国信息通信研究院

一图读懂

工业互联网创新发展行动计划（2021—2023年）

总体要求

指导思想

☑ 以习近平新时代中国特色社会主义思想为指导，深入贯彻党的十九大和十九届二中、三中、四中、五中全会精神

☑ 坚持新发展理念，坚持以深化供给侧结构性改革为主线，以支撑制造强国和网络强国建设为目标，顺应新一轮科技革命和产业变革大势，统筹工业互联网发展和安全

☑ 实现工业互联网整体发展阶段性跃升，推动经济社会数字化转型和高质量发展

发展目标

| 新型基础设施进一步完善 | 融合应用成效进一步彰显 | 技术创新能力进一步提升 |

五项目标

| 产业发展生态进一步健全 | 安全保障能力进一步增强 |

重点任务

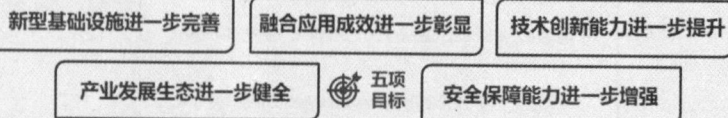

网络体系强基行动

1. 加快工业设备网络化改造

2. 推进企业内网升级

3. 开展企业外网建设

4. 深化"5G+工业互联网"

5. 构建工业互联网网络地图

工业互联网网络互联互通工程

- 打造30个5G全连接工厂
- 打造50个企业内网改造建设标杆
- 建设10个工业互联网园区网络
- 建成8个"5G+工业互联网"公共服务平台

标识解析增强行动

01 1. 完善标识解析体系建设

02 2. 加速标识规模应用推广

03 3. 强化标识生态支撑培育

工业互联网标识解析体系增强工程

- 引导企业建设二级节点不少于120个
- 部署主动标识载体不少于3000万枚
- 标识注册超过150亿个

平台体系壮大行动

1. 滚动遴选跨行业跨领域综合型工业互联网平台

2. 建设面向重点行业和区域的特色型工业互联网平台

3. 发展面向特定技术领域的专业型工业互联网平台

4. 提升平台技术供给质量

5. 加快工业设备和业务系统上云上平台

6. 提升平台应用服务水平

工业互联网平台体系化升级工程

- 打造3～5家有国际影响力的综合型工业互联网平台
- 70个行业区域特色平台
- 一批特定技术领域专业型平台

数据汇聚赋能行动

01 推动工业互联网大数据中心建设

02 打造工业互联网大数据中心综合服务能力

03 培育高质量工业App

04 推动平台间数据互联互通

05 持续深化"工业互联网+安全生产"

国家工业互联网大数据中心建设工程

- 基本建成国家工业互联网大数据中心体系
- 建设20个区域级分中心
- 建设10个行业级分中心
- 工业App数量达500000个

新型模式培育行动

⚙ 1.发展智能化制造　　🔗 2.加强网络化协同　　↗ 3.推广个性化定制

◉ 4.拓展服务化延伸　　👤 5.实施数字化管理

🔄 **工业互联网新模式推广工程**

- · 形成100个左右新模式应用试点示范
- · 重点企业生产效率提高20%以上
- · 新模式应用普及率达到30%

融通应用深化行动

↗ **工业互联网融通应用工程**

⚙ 1.加强大中小企业融通发展

- · 面向重点行业形成150个左右行业特色明显、带动效应强的融合应用试点示范

👥 2.加快一二三产业融通发展

- · 形成40个左右融通应用典型场景

关键标准建设行动

📋 **工业互联网标准化工程**

1.强化工作机制	3.研制关键标准
2.完善标准体系	4.加强国际合作

完成关键标准研制 **60个**

基本形成统一、融合、开放的工业互联网标准体系

技术能力提升行动

1. 强化基础技术支撑

2. 突破新型关键技术与产品

3. 以新技术带动工业短板提升突破

工业互联网技术产品创新工程

- 加强工业互联网基础支撑技术攻关
- 实施技术产品创新突破计划
- 加强对工业互联网与传统技术的融合与带动提升
- 加强知识产权信息服务支持

产业协同发展行动

1. 培育领先企业

2. 强化主体协作

3. 建设平台应用创新推广中心

4. 开展产业示范基地建设

5. 建设工业互联网示范区

工业互联网产业生态培育工程

- 遴选5个国家级工业互联网产业示范基地
- 建设10家左右各具特色的省级工业互联网创新中心
- 建设10个"5G+工业互联网"融合应用先导区

安全保障强化行动

1. 依法落实企业网络安全主体责任

3. 促进网络安全产业发展壮大

2. 加强网络安全供给创新突破

4. 强化网络安全技术保障能力

工业互联网安全综合保障能力提升工程

- 建设20个集约化安全运营服务中心、具有较大影响力的重点行业安全公共服务平台
- 面向原材料、装备、电子信息等重点行业遴选百家贯标示范企业
- 面向工业互联网重点应用领域打造10个网络安全创新应用先进示范区

开放合作深化行动

1.营造开放多元包容的发展环境

2.全面推动多领域、深层次国际合作

与欧盟、"一带一路"沿线重点国家建立工业互联网交流合作机制

保障措施

加强组织实施
- 加大统筹协调力度
- 加强政策成效评估
- 开展产业监测评估

健全数据管理
- 建立健全规则
- 推动开放共享
- 促进交易流通

拓展资金来源
- 加大财税政策支持
- 提升金融服务水平
- 创新产融合作模式

加大人才保障
- 开展人才需求预测
- 推动人才选拔评价
- 强化专业人才培养

监制：工业和信息化部办公厅、信息通信管理局
制作：中国信息通信研究院

附录 B 创新成果类

第十七届（2020年）通信行业企业管理现代化创新优秀成果名单

一等成果（15个）	
单位名称	**优秀成果**
中国电信集团人力部	中国电信高层次领军人才培养计划——"星火计划""燎原计划"
中国电信集团企业战略部	以 AI 技术构建"智慧法务"，助力企业防范风险提升价值
中国电信集团市场部	构建以用户为中心的营销管理体系，促进企业转型和 5G 发展
中国电信集团云网运营部	移动和光网品质双提升，推动企业高质量发展
中国电信集团 5G 共建共享组、中国联合网络通信集团有限公司 5G 共建共享工作组	电信与联通 5G 网络共建共享管理与创新
中国移动通信集团浙江有限公司	打造智慧供应链，支撑公司高质量发展
中国移动通信集团广东有限公司	融合融通融智 重构 5G 品牌运营管理新模式
中移在线服务有限公司	搭建云网一体的运营管理体系全面提升热线服务品质和服务价值
中国移动通信集团陕西有限公司	构建横向跨四轮、纵向到区县的 4×N×X 财务"价值"运营管理体系
中国联合网络通信集团有限公司物资采购与管理部	央企现代供应链管理创新与实践
中国联合网络通信有限公司河北省分公司	以数字化"策略魔方"重塑企业价值运营体系 推动通信服务供给侧改革
中国联合网络通信集团有限公司市场部	从"分省属地化运营"到"打破地域限制"，构建行业领先的全国一体化运营新模式，助力企业高质量发展
中国邮政集团有限公司黑龙江省分公司	邮政企业基于乡村服务网络构建的服务能力提升
中国邮政集团有限公司市场部	以突破瓶颈问题为导向的市场协同管理体系建设
中国邮政集团有限公司上饶市分公司	以培养绿卡消费习惯为依托的"邮政＋寄递"融合发展
二等成果（33个）	
单位名称	**优秀成果**
中国电信集团财务部	自主研发财务机器人，深入推进智慧财务运营
中国电信股份有限公司四川分公司	创新智慧资产锻造基础管理能力赋能企业可持续发展
中国电信股份有限公司甘肃分公司	全民健康信息平台
中国电信股份有限公司安徽分公司	创新拓展快递等亿元级新业态，打造高质量渠道体系
中国电信股份有限公司四川分公司	一体化客户经营体系及运营能力打造
中国电信股份有限公司江苏分公司	感动服务
中国电信集团智慧家庭公司	基于智慧家庭 e-Home 协议体系的生态开放合作管理创新
中国电信股份有限公司江西分公司	基于 AI 和大数据的宽带服务支撑体系建设
中国移动通信集团有限公司市场经营部、中国移动通信集团有限公司信息技术中心	落实以人民为中心的发展思想，构建营销精准的智慧运营管理新模式，助力企业高质量发展

（续表）

二等成果（33 个）	
单位名称	优秀成果
中国移动通信集团采购共享中心	强协同、创价值、谋共赢——基于统一编码的全生命周期供应链协同实践
中国移动通信集团有限公司法律与监管事务部	"集中聚力，AI 赋能"构建中国移动合同管理生态
中国移动通信集团江苏有限公司	"小网格"撬动"大治理"以坚强基层堡垒助力高质量发展—江苏公司网格化运营实践
中国移动通信集团福建有限公司	构建企业级智慧中台，助力公司夺取政企市场领先新优势
中国移动通信集团广东有限公司	家宽满意度"3K"管理体系服务提升实践
中国移动通信集团山东有限公司	深化创新驱动 培育增收动能 构建基于规模的家庭市场价值变现
中移（杭州）信息技术有限公司	基于 TREE（大树）模型建立高效协同的智慧家庭运营支撑体系
中国移动通信集团上海有限公司	"微模块化"组织模式变革，推动 IT 发展新动能
中国移动通信集团北京有限公司	打造嵌入式风险与制度流程融合管理模式，使风险可控、流程提效
中国联合网络通信有限公司河南省分公司	打造"2G 精简"网业协同新模式，实现网络重耕新跨越，助力企业高质量发展
中国联合网络通信有限公司天津市分公司	打造基于大数据赋能"触点、中台、交付"为核心的公众客户营销作战体系
中国联合网络通信有限公司青岛市分公司	以 5G 技术促动产能转型升级的建设应用一体化创新实践
中国联合网络通信有限公司北京市分公司	创新应用三把金钥匙，深化大型本地网运营商战略落地
中国联合网络通信有限公司河南省分公司	构建基于互联网化的农村市场高质量营销模式
中国联合网络通信有限公司北京市分公司	构建 5G 网络生态运营体系，助力运营商激活 5G 潜能
中国联合网络通信有限公司网络技术研究院、中讯邮电咨询设计院有限公司	聚焦精准建设，构建评价体系，提升城域网投资有效性
中国联合网络通信有限公司浙江省分公司企业发展部 / 法律部	以流程再造推动公司数字化转型 实现企业价值经营
中国邮政集团有限公司黑龙江省分公司	邮政企业依托区块链技术的农产品产供销全流程溯源管理
中国邮政集团有限公司浙江省分公司	基于密集型布局的邮政农村电商发展
中国邮政集团有限公司上海市分公司	基于供应链战略的政务类客户开发管理
中国邮政集团有限公司北京市西城区分公司	以市场需求为导向的文化传媒营销体系建设
中国邮政集团有限公司培训中心	基于邮政业务增长的绩效改进实践
中国邮政集团有限公司邮政研究中心	以支撑企业科学决策为目标的科研体系建设
中国邮政集团有限公司浙江省分公司	基于"五自"的寄递业务准加盟制经营机制建设
三等成果（31 个）	
单位名称	优秀成果
中国电信股份有限公司福建分公司	基于客户感知的大数据应用的 AI 智能运营平台
中国电信集团政企客户事业部	中国电信数字政府营销服务体系建设及创新管理实践
中国电信集团财务部	搭建资金集中管理模式，助力企业提升资金周转效率，防范化解资金风险
中国电信股份有限公司陕西分公司	扎实推进"两深入两服务"，打造平台化执行体系
中国电信股份有限公司四川分公司	基于魔镜慧眼云网融合与 BC 协同的商业模式创新

（续表）

三等成果（31 个）	
单位名称	优秀成果
中国电信集团电子渠道运营中心	基于互联网化智能客服能力构建企业线上高质量服务体系的管理创新
中国电信集团云网运营部	践行数字化转型，构建专区"一条龙"服务使能全集团大数据开发，打造"翼知疫行"赋能全民大数据战"疫"
中国电信股份有限公司浙江分公司	创新光宽带网络运营体系，提升客户感知
中国电信集团云网发展部	中国电信网络扶贫管理创新体系
中国电信股份有限公司广东分公司	围绕网络提质与智慧家庭主题，打造宽带客户感知提升体系
中国移动通信集团设计院有限公司	构建 1+2+3 大生产体系，打造硬核生产力
中移（成都）信息通信科技有限公司	创建研运支＋产学研合作生态体系，打造实验室研发创新能力，高效赋能移动转型发展
中国移动通信集团浙江有限公司	筑"网"加"数"为双主线，构建全视角财务融智管控体系
中国移动通信集团辽宁有限公司	承接战略 以战促收 打造移动云营销新动能
中国移动通信集团山西有限公司	推进市场集中运营改革，提升省级区域主战能力
中国移动通信集团湖南有限公司	用户投诉服务全生命周期管控新模式的创建及应用
中国移动通信集团江苏有限公司	构建服务型网络工作体系，打造网络服务优势口碑
中移动信息技术有限公司	构建大数据智慧运营管理体系，助力疫情防控和复工复产"数战数决"
中国移动通信集团重庆有限公司	破传统、精协同、强效益——创新农村宽带深度合作模式，促建营一体转型
中国移动通信集团河南有限公司	筑智慧中台之基 数据赋能网格深化运营
中国联合网络通信集团有限公司渠道运营中心	面向全渠道的互联网化交付营销体系创新与实践
中国联合网络通信集团有限公司产品中心	大数据驱动的集约化存量经营体系构建及实践
中国联合网络通信集团有限公司财务部	管理升维，迎接新租赁准则变化的挑战
中国联合网络通信集团有限公司人力资源部	创新管控模式 推动关口前移，探索"互联网＋工装"在廉洁风险防控中的应用实践
中国联合网络通信有限公司广东省分公司	构建 OMO 线上线下一体化营销模式，实现公众渠道高质量发展
中国联合网络通信集团有限公司政企 BG	业网协同创新助力云联网跨越式发展
中国联合网络通信有限公司江苏省分公司	支撑一线十分办结，赢取客户十分满意
中国联合网络通信有限公司天津市分公司	基于大数据洞察和智能任务封装的服务问题运营数字化转型探索与实践
中国联合网络通信集团有限公司云网运营中心	聚焦降本增效，创新合作模式，助力高质量发展
中国联合网络通信有限公司重庆市分公司	构建电信运营商网络运维场景切片式管理模式
中国联合网络通信有限公司内蒙古自治区分公司	构建"集约、协同、主动、价值"的内蒙古联通网络安全新体系

2020 年通信行业管理创新先进单位

先进单位名称
中国电信集团有限公司人力资源部
中国移动通信集团广东有限公司
中国联合网络通信有限公司 5G 共建共享工作组
中国邮政集团有限公司黑龙江省分公司

2020 年通信行业管理创新优秀组织者

姓名	单位	职务
张建斌	中国电信集团有限公司法律部（合规管理部）	副总经理
陈文俊	中国电信集团有限公司市场部	总经理
郑 杰	中国移动通信集团浙江有限公司	党委书记、总经理
周 毅	中国移动通信集团江苏有限公司	党委书记、总经理
苏宝合	中国联合网络通信有限公司物资采购与管理部	总经理
张春辉	中国联合网络通信有限公司河北省分公司	总经理
刘 斌	中国邮政集团有限公司黑龙江省分公司	总经理
陈 钊	中国邮政集团有限公司黑龙江省分公司	副总经理

2020 年通信行业优秀质量管理小组名单

QC 小组名称	单位名称
翼见初心 QC 小组	中国电信股份有限公司北京分公司
"火炬" QC 小组	中国电信股份有限公司新疆长途传输局
新动力 QC 小组	中国电信股份有限公司新疆长途传输局
分析支撑 QC 小组	中国电信股份有限公司江苏分公司
春雷 QC 小组	中国电信股份有限公司广东分公司
管控之星 QC 小组	中国电信股份有限公司广东分公司
"电费管家" QC 小组	中国电信股份有限公司上海分公司
无线超人 QC 小组	中国电信股份有限公司广东分公司
啄木鸟 QC 小组	中国电信股份有限公司福建分公司
翼助手 QC 小组	中国电信股份有限公司北京分公司
精进 QC 小组	中国电信股份有限公司新疆长途传输局
风火轮 QC 小组	中国电信股份有限公司上海分公司
网络资源圆梦 QC 小组	中国电信股份有限公司广东分公司
"网路 E 百" QC 小组	中国电信股份有限公司浙江分公司
SSG QC 小组	中国电信股份有限公司上海分公司
战狼 QC 小组	中国电信股份有限公司安徽分公司
"力行" QC 小组	中国电信股份有限公司新疆长途传输局
翼路畅通 QC 小组	中国电信股份有限公司安徽分公司
帐务极速 QC 小组	中国电信股份有限公司上海分公司
"红旗" QC 小组	中国电信股份有限公司北京分公司
"翼网无虞" QC 小组	中国电信股份有限公司浙江分公司
售后服务领先 QC 小组	中国电信股份有限公司江西分公司
网络操作维护中心 QC 小组	中国电信股份有限公司江苏分公司
机房峰行者 QC 小组	中国电信股份有限公司北京分公司
无线 "庖丁解牛" QC 小组	中国电信股份有限公司江苏分公司
大数据先锋 QC 小组	中国电信股份有限公司福建分公司
新海浪 QC 小组	中国电信股份有限公司广西分公司
"破冰" QC 小组	中国电信股份有限公司江西分公司
扬帆 QC 小组	中国电信股份有限公司云南分公司
翼起来支撑	中国电信股份有限公司福建分公司

（续表）

QC 小组名称	单位名称
服务百分百 QC 小组	中国电信股份有限公司江苏分公司
工程管理 QC 小组	中国电信股份有限公司江西分公司
天翼无缝 QC 小组	中国电信股份有限公司广东分公司
"紫丁香" QC 小组	中国电信股份有限公司江西分公司
"提质增效" QC 小组	中国电信股份有限公司海南分公司
"质的飞跃" QC 小组	中国电信股份有限公司浙江分公司
突破 QC 小组	中国电信股份有限公司上海分公司
蓝天 QC 小组	中国电信股份有限公司陕西分公司
"满翼 100" QC 小组	中国电信股份有限公司浙江分公司
聚宝盆 QC 小组	中国电信股份有限公司福建分公司
扫雷 QC 小组	中国电信股份有限公司云南分公司
"新翼" QC 小组	中国电信股份有限公司新疆长途传输局
翼飞 QC 小组	中国电信股份有限公司福建分公司
江淮论剑 QC 小组	中国电信股份有限公司安徽分公司
"绿叶" QC 小组	中国电信股份有限公司江西分公司
无线建设 QC 小组	中国电信股份有限公司安徽分公司
省万号万智 QC 小组	中国电信股份有限公司浙江分公司
优翼调度 QC 小组	中国电信股份有限公司湖北分公司
海鸥 QC 小组	中国电信股份有限公司广西分公司
承载网 QC 小组	中国电信股份有限公司江苏分公司
感知物联 QC 小组	中国电信股份有限公司北京分公司
智慧中台 QC 小组	中国电信股份有限公司智慧家庭公司
比特派 QC 小组	中国电信股份有限公司云网运营部
向日葵 QC 小组	中国电信股份有限公司云南分公司
天翼流畅 QC 小组	中国电信股份有限公司安徽分公司
杨帆起航 QC 小组	中国电信股份有限公司青海分公司
精益运营 QC 小组	中国电信股份有限公司湖南分公司
用心服务 QC 小组	中国电信股份有限公司山东分公司
好口碑 QC 小组	中国电信股份有限公司陕西分公司
TP QC 小组	中国电信股份有限公司青海分公司
网优 style QC 小组	中国电信股份有限公司天津分公司
智慧传输 QC 小组	中国电信股份有限公司云南分公司
有办法 QC 小组	中国电信股份有限公司青海分公司
无限网优 QC 小组	中国电信股份有限公司广西分公司
笨鸟先飞 QC 小组	中国电信股份有限公司山西分公司
宽带支撑 QC 小组	中国电信股份有限公司海南分公司

（续表）

QC 小组名称	单位名称
上山下乡 QC 小组	中国电信股份有限公司山西分公司
闪电侠 QC 小组	中国电信股份有限公司青海分公司
天翼护航 QC 小组	中国电信股份有限公司贵州分公司
线上智能客服 QC 小组	中国电信股份有限公司电子渠道运营中心
"光速行动" QC 小组	中国电信股份有限公司贵州分公司
业务管理 QC 小组	中国电信股份有限公司陕西分公司
"传输@翼基石" QC 小组	中国电信股份有限公司湖北分公司
数据支撑 QC 小组	中国电信股份有限公司海南分公司
光宽先锋 QC 小组	中国电信股份有限公司山西分公司
"翼时代" QC 小组	中国电信股份有限公司广西分公司
光之翼 QC 小组	中国电信股份有限公司湖北分公司
拓展 QC 小组	中国电信股份有限公司广西分公司
响指 QC 小组	中国电信股份有限公司辽宁分公司
"8090 新势力" QC 小组	中国电信股份有限公司智慧家庭公司
"翼剑" QC 小组	中国电信股份有限公司河北分公司
"慧 ME" QC 小组	中国电信股份有限公司吉林分公司
业务支撑 QC 小组	中国电信股份有限公司海南分公司
智汇无限 QC 小组	中国电信股份有限公司云网运营部
绿色精灵 QC 小组	中国电信股份有限公司湖北分公司
掌控者（ZKZ）QC 第二小组	中国电信股份有限公司陕西分公司
不忘初心 QC 小组	中国电信股份有限公司山西分公司
"数据精灵" QC 小组	中国电信股份有限公司云南分公司
网络优化研究 QC 小组	中国移动通信集团广东有限公司惠州分公司
创新工坊 QC 小组	中国移动通信集团江苏有限公司
"AI 火眼金睛" QC 小组	中国移动通信集团浙江有限公司
猎鹰 QC 小组	中国移动通信集团广东有限公司
新飞 QC 小组	中国移动通信集团河南有限公司
数据中台 QC 小组	中国移动通信集团有限公司信息技术中心
独树"移"帜 QC 小组	中国移动通信集团浙江有限公司台州分公司
迅雷疾电 QC 小组	中国移动通信集团福建有限公司厦门分公司
湛蓝 QC 小组	中国移动通信集团天津有限公司
"阿尔法" QC 小组	中国移动通信集团浙江有限公司
兵贵神速 QC 小组	中国移动通信集团四川有限公司
极速网络 QC 小组	中国移动通信集团江苏有限公司宿迁分公司
集思广益 QC 小组	中国移动通信集团陕西有限公司
基业常青 QC 小组	中国移动通信集团山东有限公司

（续表）

QC 小组名称	单位名称
鹰眼 QC 小组	中国移动通信集团河南有限公司
变形金刚 QC 小组	中国移动通信集团河南有限公司
."无所畏"QC 小组	中国移动通信集团有限公司信息技术中心
网优无限 QC 小组	中国移动通信集团江苏有限公司宿迁分公司
"智慧精灵"QC 小组	中国移动通信集团山西有限公司
网络啄木鸟研发 QC 小组	中国移动通信集团北京有限公司
飞鸟游鱼 QC 小组	中国移动通信集团四川有限公司
VoLTE 先锋 QC 小组	中国移动通信集团湖北有限公司
探索 QC 小组	中国移动通信集团安徽有限公司
"智启未来"QC 小组	中国移动通信集团浙江有限公司绍兴分公司
龙江智汇 QC 小组	中国移动通信集团黑龙江有限公司
数据护卫队 QC 小组	中国移动通信集团有限公司信息技术中心
口碑卫士 QC 小组	中国移动通信集团陕西有限公司
网优工匠 QC 小组	中国移动通讯集团广东有限公司珠海分公司
宙斯盾 QC 小组	中国移动通信集团湖北有限公司
工兵"FORCE"QC 小组	中国移动通信集团陕西有限公司
数赢天下 QC 小组	中国移动通信集团广东有限公司深圳分公司
探路者 QC 小组	中国移动通信集团湖北有限公司
比特 QC 小组	中国移动通信集团天津有限公司
核聚堂 QC 小组	中国移动通信集团福建有限公司福州分公司
集中性能端到端"数说"QC 小组	中国移动通信集团湖南有限公司
飞鸽传输 QC 小组	中国移动通信集团江苏有限公司南通分公司
技术专题 QC 小组	中国移动通信集团天津有限公司
网络哨兵 QC 小组	中国移动通信集团北京有限公司
运营分析 QC 小组	中国移动通信集团甘肃有限公司
执行力 QC 小组	中国移动通信集团内蒙古有限公司巴彦淖尔分公司
5G 攻关小队 QC 小组	中国移动通信集团设计院有限公司
飞跃无线小分队 QC 小组	中国移动通信集团云南有限公司曲靖分公司
欣星向荣 QC 小组	中国移动通信集团上海有限公司
胜翼 QC 小组	中国移动通信集团天津有限公司
倔强蚂蚁 QC 小组	中国移动通信集团吉林有限公司
追云筑网 QC 小组	中移（苏州）软件技术有限公司
"匠心无线"QC 小组	中国移动通信集团浙江有限公司温州分公司
石榴籽 QC 小组	中国移动通信集团新疆有限公司
智睿 QC 小组	中国移动通信集团天津有限公司
北斗之星 QC 小组	中国移动通信集团吉林有限公司

（续表）

QC 小组名称	单位名称
小能实验室 QC 小组	中国移动通信集团福建有限公司福州分公司
能力开放加速度 QC 小组	中国移动通信集团有限公司网络事业部
紫荆花 QC 小组	中国移动通信集团海南有限公司
火蓝刀锋 QC 小组	中国移动通信集团贵州有限公司
"网优赣将" QC 小组	中国移动通信集团江西有限公司
星星之火 QC 小组	中国移动通信集团山东有限公司
"鲁班 1 号" QC 小组	中国移动通信集团山东有限公司
优化人生 QC 小组	中国移动通信集团设计院有限公司
"鹰眼反骚扰" QC 小组	中国移动通信集团有限公司信息安全管理与运行中心
畅通无限 QC 小组	中国移动通信集团上海有限公司
安全卫士 QC 小组	中国移动通信集团上海有限公司
支撑最前线 QC 小组	中国移动通信集团河南有限公司
"腾云驾物" QC 小组	中国移动通信集团湖南有限公司
启明星 QC 小组	中国移动通信集团辽宁有限公司
侨二办 QC 小组	中国移动通信集团海南有限公司
优化魔术师 QC 小组	中国移动通信集团黑龙江有限公司
洞悉 QC 小组	中国移动通信集团山西有限公司信息技术部
大象快跑 QC 小组	中国移动通信集团山东有限公司
NPS 攻坚 QC 小组	中移互联网有限公司
阳光地带 001 QC 小组	中国移动通信集团设计院有限公司
接入支撑组 QC 小组	中国移动通信集团辽宁有限公司
365 安全卫士 QC 小组	中国移动通信集团山西有限公司信息技术部
网络投诉 QC 小组	中国移动通信集团安徽有限公司
优质互联 QC 小组	中国移动通信集团河南有限公司
梦幻之星 QC 小组	中国移动通信集团江苏有限公司常州分公司
网络性能提升 QC 小组	中国移动通信集团黑龙江有限公司
装维小分队 QC 小组	中国移动通信集团新疆有限公司客户响应中心
智创无线 QC 小组	中国移动通信集团福建有限公司
语音智测 QC 小组	中移（杭州）信息技术有限公司
水凝 QC 小组	中国移动通信集团山西有限公司榆次区分公司
IT 运维 QC 小组	中国移动通信集团辽宁有限公司
"家宽质量" QC 小组	中国移动通信集团江西有限公司
北部湾之鹰 QC 小组	中国移动通信集团广西有限公司
"数据先锋" QC 小组	中国移动通信集团青海有限公司
智酷 QC 小组	中国移动通信集团福建有限公司泉州分公司
阳光地带 002 QC 小组	中国移动通信集团设计院有限公司

（续表）

QC 小组名称	单位名称
数业 IoT QC 小组	中国移动通信集团上海有限公司
建国 70 周年保障团队	中国移动通信集团北京有限公司
取长补"短" QC 小组	中国移动通信集团有限公司网络事业部
GIVE ME FIVE QC 小组	中国移动通信集团广西有限公司
利刃 QC 小组	中国移动通信集团广东有限公司
VoLTE 攻坚 QC 小组	中国移动通信集团湖南有限公司
和包梦工厂 QC 小组	中国移动通信集团陕西有限公司
一线狙击 QC 小组	中国移动通信集团四川有限公司
降本增效 QC 小组	中国移动通信集团重庆有限公司网络管理中心
家客集中支撑 QC 小组	中移铁通有限公司河北分公司
知行 QC 小组	中国移动通信集团安徽有限公司
移战到底 QC 小组	中国移动通信集团吉林有限公司
"超能特工队" QC 小组	中国移动通信集团重庆有限公司客户服务部
超越 6 号 QC 小组	中国移动国际有限公司
核心动力 QC 小组	中国移动通信集团贵州有限公司
阿尔法 QC 小组	中移在线服务有限公司
网络信息安全 QC 小组	中移铁通有限公司
猎豹 QC 小组	中国移动通信集团陕西有限公司
"我能" QC 小组	中国移动通信集团广西有限公司
"健壮传输" QC 小组	中国联合网络通信有限公司天津市分公司网络交付中心
精益求精 QC 小组	中国联合网络通信有限公司北京市分公司网络运营部
士兵突击 QC 小组	中国联合网络通信有限公司北京市分公司机动通信局
匠心筑梦 QC 小组	中国联合网络通信有限公司天津市分公司线路维护中心
功夫熊猫 QC 小组	中国联合网络通信有限公司北京市分公司网络优化中心
七零八零 QC 小组	中国联合网络通信有限公司济南市分公司
牛人部落 QC 小组	中国联合网络通信有限公司山东省分公司
宽带沃 QC 小组	中国联合网络通信有限公司武汉分公司
沃·创新 QC 小组	中国联合网络通信有限公司天津市分公司信息安全管理部
快乐修障 QC 小组	中国联合网络通信有限公司威海市分公司
国际漫游 QC 小组	中国联合网络通信有限公司北京市分公司网络交付运营中心
火焰 QC 小组	中国联合网络通信有限公司威海市分公司
畅通 QC 小组	中国联合网络通信有限公司天津市分公司网络运维中心
星火燎原 QC 小组	中国联合网络通信有限公司舟山市分公司
网运先锋 QC 小组	联通系统集成有限公司
智能运维 QC 小组	中国联合网络通信有限公司山东省分公司
大客户网络保障 QC 小组	中国联合网络通信有限公司内蒙古分公司

（续表）

QC 小组名称	单位名称
草原增智 QC 小组	中国联合网络通信有限公司内蒙古分公司
智见未来 QC 小组	联通（天津）产业互联网研究院／系统集成中心
数据业务感知提升 QC 小组	中国联合网络通信有限公司泉州市分公司
服务沃满意 QC 小组	中国联通广西分公司
网优先锋 QC 小组	中国联合网络通信有限公司河南省分公司
5G 边缘计算 QC 小组	中国联合网络通信有限公司北京市分公司网络优化中心
服务支撑 QC 小组	中国联合网络通信有限公司内蒙古分公司
先锋 QC 小组	中国联合网络通信有限公司太原市分公司
超越梦想 QC 小组	中国联合网络通信有限公司内蒙古分公司
口碑匠人 QC 小组	中国联合网络通信有限公司重庆市分公司网络优化中心
千里眼 QC 小组	中国联合网络通信有限公司湖州市分公司
"旋风小子" QC 小组	中国联合网络通信有限公司重庆市分公司网络管理中心
沃开心 QC 小组	中国联合网络通信有限公司广州市分公司
提升用户感知 QC 小组	中国联合网络通信有限公司玉林市分公司
网络创优 QC 小组	中国联合网络通信有限公司深圳市分公司
IP 网 QC 小组	中国联合网络通信有限公司河南省分公司
数据掘金 QC 小组	中国联通广西分公司
沃保先锋 QC 小组	中国联合网络通信有限公司重庆市分公司网络优化中心
沃优天馈 QC 小组	中国联合网络通信有限公司重庆市分公司网络优化中心
安全卫士 QC 小组	中国联合网络通信有限公司邯郸市分公司
网优 QC 小组	中国联合网络通信有限公司濮阳市分公司
神兵小将 QC 小组	中国联合网络通信有限公司石家庄市分公司
闪电 QC 小组	中国联合网络通信有限公司福州市分公司
数据互联网 QC 小组	中国联合网络通信有限公司邢台市分公司
卓越 QC 小组	中国联合网络通信有限公司太原市分公司
净网行动 QC 小组	中国联合网络通信有限公司郑州市分公司
闪电 QC 小组	中国联合网络通信有限公司福州市分公司
网络优化 QC 小组	中国联通吉林省分公司
高时速维护舰队 QC 小组	中国联合网络通信有限公司东莞市分公司
飞虎 QC 小组	中国联合网络通信有限公司山西省分公司
匠心网络 QC 小组	中国联合网络通信有限公司湖北省分公司
探索 1 号 QC 小组	中国联合网络通信有限公司郑州市分公司
红苹果 QC 小组	中国联通沈阳市分公司第三设备综合维护单元
沃支撑 QC 小组	中国联通大连市分公司
蓝箭 QC 小组	中国联合网络通信集团有限公司石嘴山市分公司
光明之城 QC 小组	中国联合网络通信有限公司泉州市分公司

（续表）

QC 小组名称	单位名称
流量经营 QC 小组	中国联通广西分公司
平台维护 QC 小组	中国联合网络通信有限公司内蒙古分公司
移动香港路 QC 小组	中国联合网络通信有限公司武汉市分公司
数据业务优化 QC 小组	中国联通广西分公司
运筹唯沃 QC 小组	中国联合网络通信有限公司上海市分公司
龙耀 QC 小组	中国联合网络通信有限公司上海市分公司
务实先锋 QC 小组	中国联合网络通信有限公司衡水市分公司
复兴号 QC 小组	中国联通网络通信有限公司杭州市分公司
螺丝钉 QC 小组	中国联合网络通信有限公司舟山市分公司
畅行无忧 QC 小组	中国联合网络通信有限公司佛山市分公司
沃攻坚 QC 小组	中国联通大连市分公司
网络创优 QC 小组	中国联合网络通信有限公司深圳市分公司
奥卡姆剃刀 QC 小组	黑龙江联通 - 网络优化中心
冰镇可乐 QC 小组	安徽联通
黑蚂蚁 QC 小组	中国联合网络通信有限公司嘉兴市分公司
工匠二队 QC 小组	中国联通江苏省分公司
沃维 IT QC 小组	中国联合网络通信有限公司重庆市分公司网络管理中心
工匠一队 QC 小组	中国联通江苏省分公司
运维部 QC 小组	中国联通博州分公司
服务提升 QC 小组	中国联合网络通信有限公司吉林省分公司
重要场景优化 QC 小组	中国联通辽宁省分公司
创新优化 QC 小组	中国联合网络通信有限公司唐山市分公司
源动力质量攻关创新 QC 小组	中国联合网络通信有限公司湖北分公司
腾飞 QC 小组	中国联合网络通信有限公司上海市分公司
奋进 QC 小组	西安西古光通信有限公司
先锋 QC 小组	西安西古光通信有限公司
一揽无余 QC 小组	江东科技有限公司
尖端 QC 小组	中天科技光纤有限公司

2020 年通信行业 QC 小组活动一等奖成果名单

QC 小组活动	单位名称
提高 5G 环境下 C 频段卫星下行接收可用率	中国联合网络通信有限公司北京市分公司
提升 5G 用户下载速率	中国联合网络通信有限公司北京市分公司
提升微信 AI 销售成功率	中国电信股份有限公司广东分公司
降低移网质量投诉率	中国联合网络通信有限公司威海市分公司
降低移网佣金核算差错率	中国电信股份有限公司北京分公司
提升 NSA 组网 5G 速率	中国联合网络通信有限公司舟山市分公司
缩短权益流量产品上线时长	中国移动通信集团山东有限公司
提高阿克苏地区移动网故障工单日清日结率	中国电信股份有限公司新疆长途传输局
缩短手游业务时延	中国移动通信集团天津有限公司
提升乌鲁木齐传输局一线维护作业工单率	中国电信股份有限公司新疆长途传输局
缩短数据中台模型构建周期	中国移动通信集团有限公司信息技术中心
降低天翼云金融客户 RTO	中国电信股份有限公司广东分公司
提高电话导航系统业务呼叫成功率	联通系统集成有限公司
提高 NSA 组网下 5G 业务接入成功率	中国电信股份有限公司广东分公司
降低 5G SA 远程医疗业务端到端时延	中国移动通信集团河南有限公司
降低 LTE 异常扇区占比	中国电信股份有限公司福建分公司
提升昌吉分公司投诉工单处理集约率	中国电信股份有限公司昌吉分公司
提高市级智慧水务河长巡河轨迹可溯率	联通（天津）产业互联网研究院/系统集成中心
提升示范区域道路 5G 下载速率	中国移动通信集团四川有限公司
降低中国电信上海公司电费支出	中国电信股份有限公司上海分公司
提升高铁场景 5G 语音业务优良率	中国联合网络通信有限公司河南省分公司
降低高校无线网络类投诉占比	中国电信股份有限公司安徽分公司
降低铁塔维护站均退服时长	安徽省通信产业服务有限公司合肥分公司
降低家宽业务中虚假用户占比	中国移动通信集团有限公司信息技术中心
提高钉钉机器人 5G 基站告警自动发布成功率	中国联合网络通信有限公司内蒙古分公司
研究 5G 基站共享回传网开通新方法	中国联合网络通信有限公司天津市分公司
研究国庆联欢活动"千屏下载"实现的新方法	中国联合网络通信有限公司北京市分公司
研究 ODF 光纤端口状态实时采集的新方法	中国联合网络通信有限公司天津市分公司
研究互联网化智能派单新方法	中国联合网络通信有限公司山东省分公司
研究基于 5G+ 自主移动机器人（AMR）的智慧工厂新模式	中国移动通信集团广东有限公司惠州分公司

（续表）

QC 小组活动	单位名称
研究 SA 架构下 5GC 的告警关联新方法	中国移动通信集团江苏有限公司
研究基于 5G 网络降低港口自控时延的新方法	中国移动通信集团福建有限公司厦门分公司
研究检测垃圾短信的新方法	中国联合网络通信有限公司济南市分公司
研究行销工具障碍智能诊断新方法	中国联合网络通信有限公司天津市分公司
研究 VoLTE 信令分析定位新方法	中国电信股份有限公司北京分公司
研制基于移动大数据的城市治理新方法	中国移动通信集团浙江有限公司
研究视频彩铃端到端定界新方法	中国移动通信集团陕西有限公司
研究 VoLTE 业务模型异常用户识别的新方法	中国移动通信集团河南有限公司
研究智能定位根源告警新方法	中国移动通信集团广东有限公司
研制基于大数据的智能负荷均衡平台	中国移动通信集团浙江有限公司台州分公司
研究基于 5G 的基站 AI 线上验收新方法	中国移动通信集团浙江有限公司
研究低效无效资产快速评估的新方法	中国移动通信集团河南有限公司
研究提高网格驻地营销成功率的新方法	中国移动通信集团山西有限公司
研究基于 AI 的互联网故障快速处理的新方法	中国移动通信集团江苏有限公司宿迁分公司
研究 FTTH 宽带码号资源精准定位的新方法	中国联合网络通信有限公司武汉分公司
研究 4G&5G 频率协同组网的新方法	中国移动通信集团四川有限公司
研究对装维工单有效预警的新方法	中国电信股份有限公司江苏分公司
研究 5G 核心网自动巡检的新方法	中国移动通信集团北京有限公司
研究基于 5G 的智能水质监测系统	中国移动通信集团江苏有限公司宿迁分公司
研究面向密集场景 45G 协同优化的新方法	中国移动通信集团陕西有限公司

2020 年通信行业质量管理小组活动先进单位名单

先进单位名称
中国电信股份有限公司安徽分公司
中国电信股份有限公司新疆分公司
中国电信股份有限公司广东分公司
中国电信股份有限公司浙江分公司
中国电信股份有限公司福建分公司
中国电信股份有限公司广西分公司
中国电信股份有限公司江苏分公司
中国电信股份有限公司江西分公司
中国电信股份有限公司上海分公司
中国电信股份有限公司云南分公司
中国移动通信集团北京有限公司
中国移动通信集团山东有限公司
中国移动通信集团浙江有限公司
中国移动通信集团河南有限公司
中国移动通信集团陕西有限公司
中国移动通信集团天津有限公司
中国移动通信集团江苏有限公司
中国移动通信集团福建有限公司
中国移动通信集团广东有限公司
中移动信息技术有限公司
中国联合网络通信有限公司天津分公司交付中心
中国联合网络通信有限公司北京市分公司网络部
中国联合网络通信有限公司山东省分公司
中国联合网络通信有限公司武汉市分公司
中国联合网络通信有限公司浙江省分公司
联通系统集成有限公司
中国联合网络通信有限公司内蒙古分区公司云网运营中心
中国联合网络通信有限公司泉州市分公司
中国联合网络通信有限公司玉林市分公司
中国联合网络通信有限公司河南省分公司交付中心

2020 年通信行业质量管理小组活动优秀推进者名单

姓名	单位名称
杨 忱	中国电信股份有限公司北京分公司
李 霞	中国电信股份有限公司海南分公司
张薇薇	中国电信股份有限公司湖北分公司
杨书珍	中国电信股份有限公司青海分公司
李怡臻	中国电信股份有限公司山西分公司
刘幼妮	中国电信股份有限公司陕西分公司
刘海燕	中国电信股份有限公司贵州分公司
张 振	中国电信股份有限公司云网运营部
曹靖城	中国电信股份有限公司智慧家庭公司
任 伟	中国电信集团有限公司电子渠道运营中心
刘燕丽	中国移动通信集团天津有限公司
叶礼樯	中国移动通信集团山东有限公司
吴 琼	中国移动通信集团山西有限公司
严子洋	中国移动通信集团浙江有限公司
袁 玲	中国移动通信集团湖北有限公司
顿玉成	中国移动通信集团陕西有限公司
刘玲玲	中国移动通信集团广东有限公司
李 洁	中国移动通信集团福建有限公司
崔久灵	中国移动通信集团设计院有限公司
夏敬侃	中移动信息技术有限公司
刘 勇	中国联合网络通信有限公司天津市分公司管线运营中心
王晓辉	中国联合网络通信有限公司北京市分公司机动通信局
于 媛	中国联合网络通信有限公司山东省分公司
孙 巍	中国联合网络通信有限公司湖北省分公司
冯 静	中国联合网络通信有限公司浙江省分公司
王 涛	联通系统集成有限公司
田学忠	中国联合网络通信有限公司包头市分公司
董帝烺	中国联合网络通信有限公司泉州市分公司
韦现予	中国联合网络通信有限公司广西区分公司
张建民	中国联合网络通信有限公司郑州市分公司云网运营中心

（中国通信企业协会）

附录 C 数据类

通信业 2020 年第四季度数据分析

一、电信业务总量保持较高速度增长，电信业务收入增速实现持续回升，2020年第四季度增速比前三季度有明显提升

我国经济结构优化调整效果不断显现、新产业新业态快速发展、数字经济规模不断扩大，是信息通信业务需求的长期稳定增长的主要动力。疫情对信息消费和通信应用需求的直接刺激是 2020 年电信业务增长的主要原因。

2020 年，按照上年不变价计算的电信业务总量为 1.5 万亿元，同比增长 20.6%，增速比上年提高 2.1 个百分点；电信业务收入累计完成 1.36 万亿元，同比增长 3.6%，增速同比提高 2.9 个百分点，其中，1～4 季度的季度同比增速分别为 1.8%、4.3%、3.4% 和

4.6%。2020 年，电信业务总量和业务收入均保持了较快的增长速度，尤其是第四季度增长明显提升，通信业整体呈现稳中向好运行态势，如图 1 所示。

二、从业务增长贡献看，语音业务，尤其移动语音业务是拉动收入下滑的主要因素，在数据和增值业务中，固定增值及其他业务对通信业务收入具有强劲的拉动作用

云计算、大数据、物联网、人工智能等新兴业务驱动明显，成为通信业务收入增长第一引擎。固定通信中的增值、数据及互联网应用业务在第四季度对收入增长的拉动作用比前三季度有进一步提升，这也是推动行业收入在第四季度加速增长的主要动因，如图 2 所示。而移动数据及互联

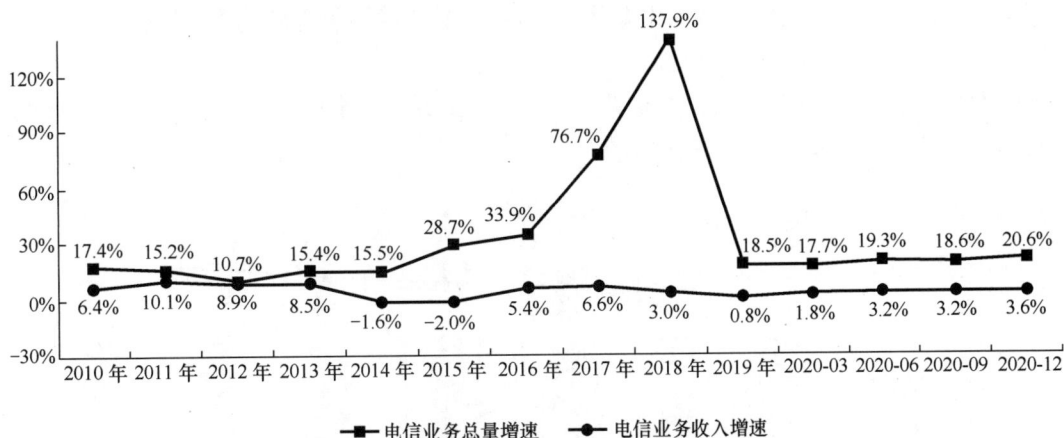

图 1　2010—2020 年电信业务总量与电信业务收入增长情况[1]

1　2010—2015 年电信业务总量按照 2010 年不变单价计算，2016—2018 年按照 2015 年不变单价计算，2019—2020 年按照 2019 年不变单价计算。

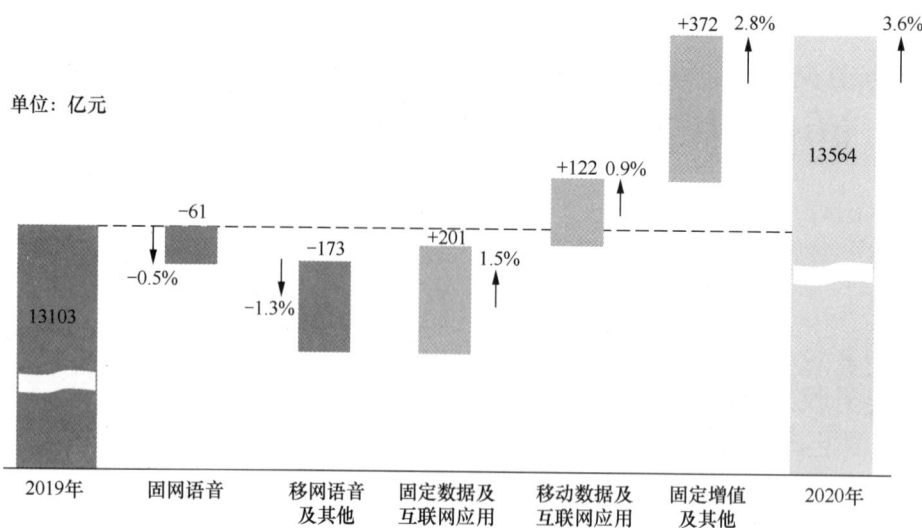

单位：亿元

图 2　2020 年各业务对通信业务收入增长拉动作用

网应用的收入拉动作用在第四季度略有减缓。

三、移动电话用户规模小幅下降，4G 用户继续保持净增长，5G 套餐用户初步形成规模

截至 2020 年年底，我国移动电话用户总数为 15.9 亿户，2020 年净减 728 万户。4G 用户总数达 12.9 亿户，2020 年净增 679 万户，占移动电话用户数的 80.8%。2020 年，中国移动用户达 9.4 亿户，净增 -836 万户；中国电信用户达 3.5 亿户，净增 1545 万户，中国联通移动出账用户累计 3.1 亿户，净增 -1266 万户；三家公司 4G 用户规模分别为 7.7 亿户、2.5 亿户和 2.7 亿户。2019—2020 年 4G 用户规模及其占比情况如图 3 所示。

2020 年是 5G 用户快速发展年。截至 2020 年 12 月，3 家运营企业 5G 套餐用户共计 3.2 亿户，初步形成规模。其中，中国移动 5G 套餐用户数已经达 1.65 亿户，中国电信 5G 套餐用户数达 8650 万户，中国联通 5G 套餐用户达 7083 万户。三家运营商的 5G 套餐用户渗透率分别为 17.5%、24.6% 和 23%，如图 4 所示。运营企业逐步加大了 3G/4G 用户向 5G 的迁移发展力度。

四、移动通信基站保持较快增长，5G 基站建设逐步加速

2020 年，全国移动通信基站总数达 931 万个，

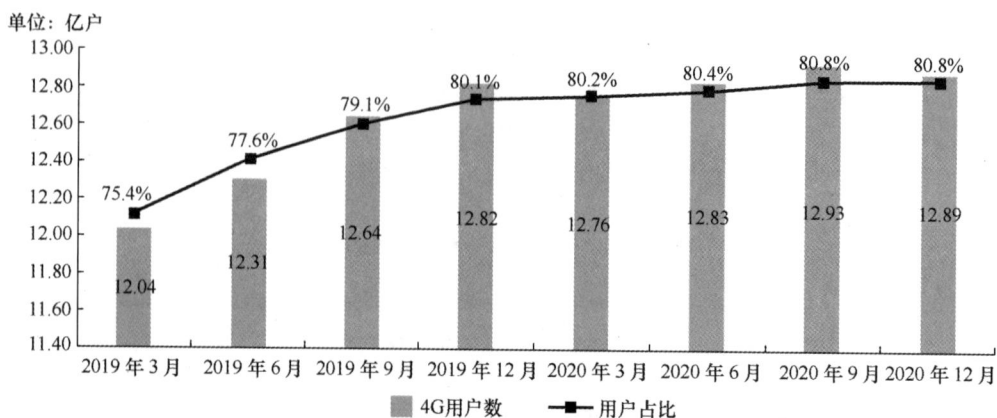

单位：亿户

图 3　2019—2020 年 4G 用户规模及其占比情况

2020 年净增 90 万个。其中，4G 基站总数达到 575 万个，城镇地区实现深度覆盖，如图 5 所示。5G 网络建设稳步推进，按照适度超前原则，新建 5G 基站超 60 万个，全部已开通 5G 基站超过 71.8 万个，其中中国电信和中国联通共建共享 5G 基站超 33 万个，5G 网络已覆盖全国地级以上城市及重点县市。

五、国内手机终端出货量、上市新机型数量继续下降，下滑幅度较上年有所加大，5G 手机出货量和新机型数已占据半壁江山

2020 年 1—12 月，国内手机出货量累计 3.08 亿部，同比下降 20.8%，下降幅度比 2019 年同期增长 6.1 个百分点。2020 年上市新机型累计 462 款，同比下降 19.4%，下降幅度比 2019 年降低 4.6 个百分点。

2020 年，国内市场 5G 手机全年累计出货量 1.63 亿部、上市新机型 218 款，占手机出货量和上市新机型的比重比分别为 52.9% 和 47.2%。自 2019 年 5G 正式商用以来，到 2020 年年底市场累计出货近 1.8 亿部 5G 手机终端，款式达 253 款，如图 6 所示。

六、由于移动数据及互联网业务增长速度不断减缓，加上语音业务收入下滑，使得移动通信业务收入占比不断下降

2020 年，移动通信业务实现收入 8891 亿元，比 2019 年下降 0.4%，移动通信业务收入已经持续两年负增长，在电信业务收入中占比降至 65.5%，比 2017 年峰值时回落 6.4 个百分点。2020 年，移动数据及互联网业务实现收入 6204 亿元，比 2019 年增长 1.7%，年度增幅比 2019 年进一步下滑，且低于行业总体收入增幅，如图 7 所示。2020 年，移动数据及互联网业务从 1～4 季度对收入增长的拉动作用逐季下降，其收入增长仍不足以弥补移动语音及其

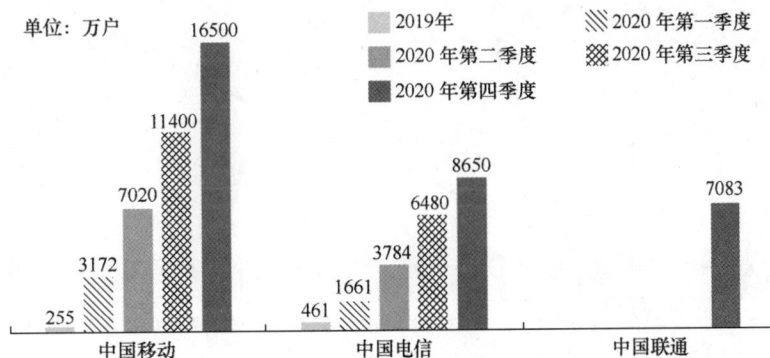

图 4　基础电信运营商 5G 套餐用户规模

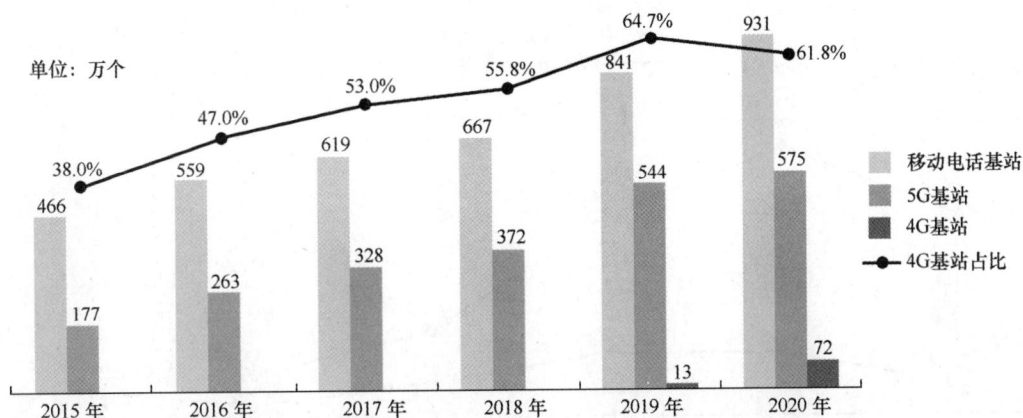

图 5　2015—2020 年我国移动通信基站数发展情况

他业务收入的下滑。

七、固定宽带接入用户增长趋缓，与往年相比农村宽带发展受到较大影响，增长明显乏力

从近几年固定宽带接入用户增长速度来看，呈现逐年增速趋缓态势，由往年的两位数增长进入个位数增长，2020 年增幅比 2019 年下滑 2.7 个百分点，如图 8 所示。固定宽带接入用户增长趋缓有 2 个原因，一个原因是移动宽带接入规模发展及资费下降后对固定宽带接入有一定替代影响；另一个原因是农村市场增长速度有明显下滑，使得固定宽带接入用户增长乏力。

2020 年农村宽带用户增速为 5.3%，增幅下滑 9.5 个百分点，低于宽带用户的总体增速。2020 年城市宽带用户增速为 8.6%，2020 年用户增长速度比 2019

年略有提升，比农村宽带增速高 3.3 个百分点，而 2019 年城市宽带比农村的增速还落后 6.3 个百分点。

八、电信运营企业加快自身的数字化转型，同时把握信息消费需求和国家建设"新基建"战略机遇，推动创新型业务快速发展

中国移动 2020 年收入增长主要得益于家庭市场、政企市场两个"增长极"的优异表现。在提高家庭宽带接入用户渗透率、拓展规模的同时，积极发展智慧家庭业务，聚焦智能组网、家庭安防、智能遥控器三大应用；在政企市场，聚焦智慧城市、智慧交通、工业互联网等重点领域，深化"网＋云＋DICT"融合拓展。2020 年，中国电信以"5G＋天翼云"为用户提供优质网络体验和差异化的应用服务，加强云网能力布局；在家庭用户市场全面升级

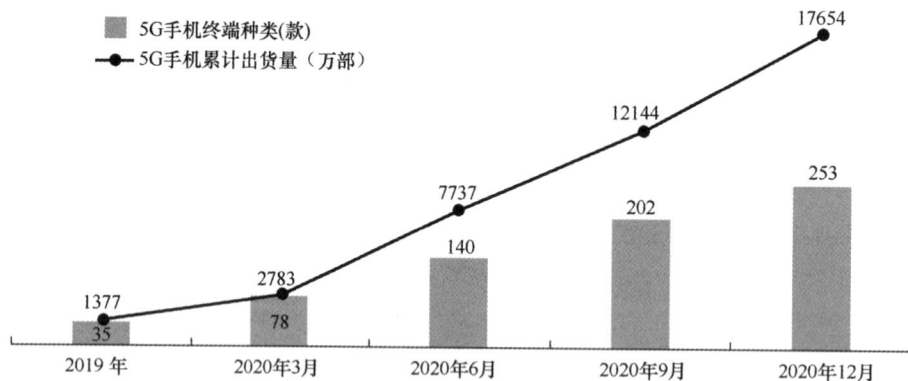

图 6　我国 5G 手机终端累计上市款数及出货量

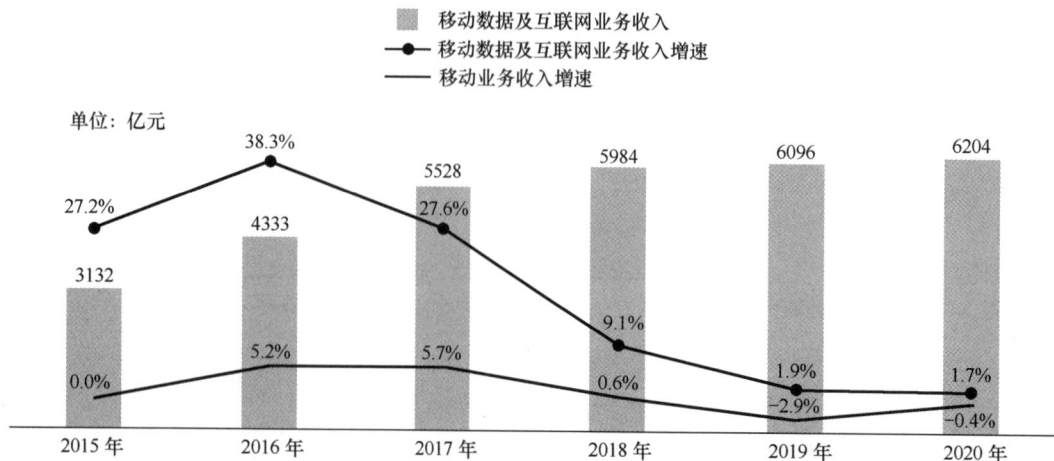

图 7　2015－2020 年移动业务收入发展情况

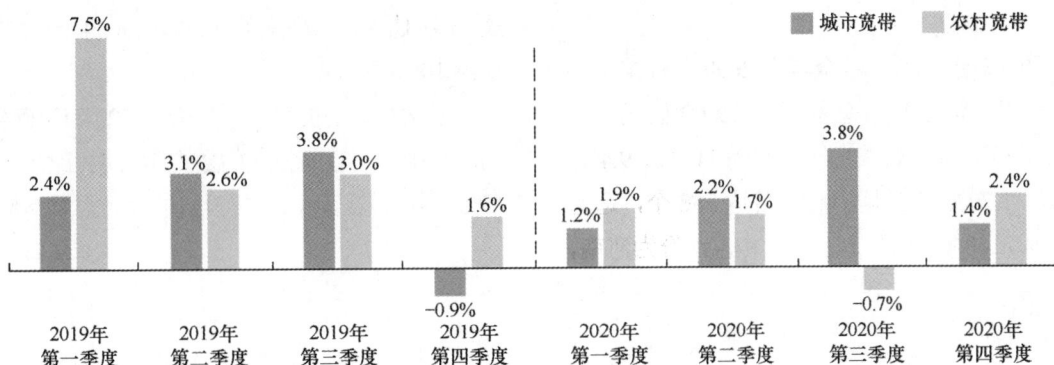

图 8 2019—2020 年城市和农村宽带季度净增用户数贡献对比情况

家庭信息化服务。

中国联通紧抓发展机遇窗口，2020 年基础业务实现恢复性增长，创新业务创收能力增强。与上半年相比，下半年话音业务收入的降幅有明显收窄。公司抢抓数字产业化和产业数字化发展机遇，聚焦智慧城市、数字政府、工业互联网等重点领域，推进"云＋智慧网络＋智慧应用"融合营销模式。

九、短信专题

全国移动短信收入降幅扩大，业务量增幅持续放缓；从短信内容的类别来看，银行交易提醒类、运营商流量提醒以及短信验证码类分别位居短信业务量的前 3 位。2020 年，全国移动短信业务量 1.78 万亿条，比 2019 年增长 18.1%，增速较 2019 年下降 14.1 个百

分点；移动短信业务收入比 2019 年增长 2.4%，收入增速实现正增长，且短信业务量与业务收入增速的差距从 2019 年的 33% 下降至 15.7%，如图 9 所示。

从发送短信的企业类别来看，目前银行类企业发送短信量位居第一，12 月占比为 46.64%，按发送量规模大小依次是建设银行、农业银行、工商银行和中国银行等企业，其中建设银行 12 月短信发送量约为 45.7 亿条；电商平台企业中，京东、淘宝网、苏宁易购短信发送量排名靠前，其中京东 12 月短信发送量超过 10 亿条。

十、数据中心投资建设专题

2020 年数据中心项目投资重点区域主要集中在华北、华南和华中地区，新增项目数量占比分别为

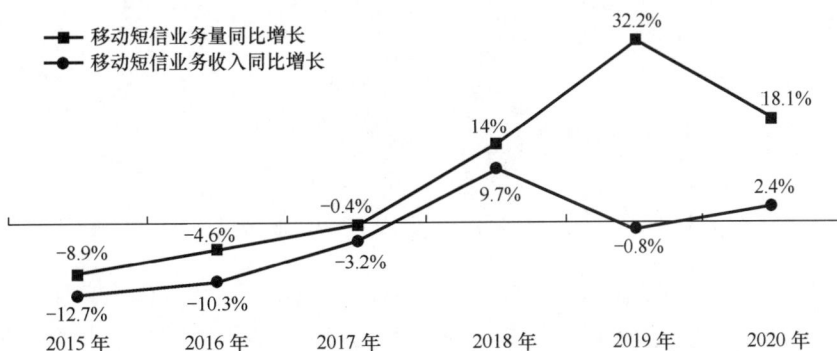

图 9 2015—2020 年移动短信业务量和收入增长情况

21%、20% 和 17%。

据中项网统计，2020 年全年有 2600 个数据中心提出报批建设，涉及投资总额超过 20000 亿元。广东、河南、山东，项目数量占比分别为 11.1%、9.4%、9.2%。广东省 2020 年数据中心项目达 288 个，远远高于其他省份；IDC 项目投资额最大的省份为河南，

达 3163 亿元，其次是广东省，投资额达 2717 亿元，如图 10 所示。

从数据中心的建设主体看，2020 年明确建设主体的项目中，由政府投建的数据中心项目占比最大，达 15%；由三大运营商直接投建的项目数量不足 10%。

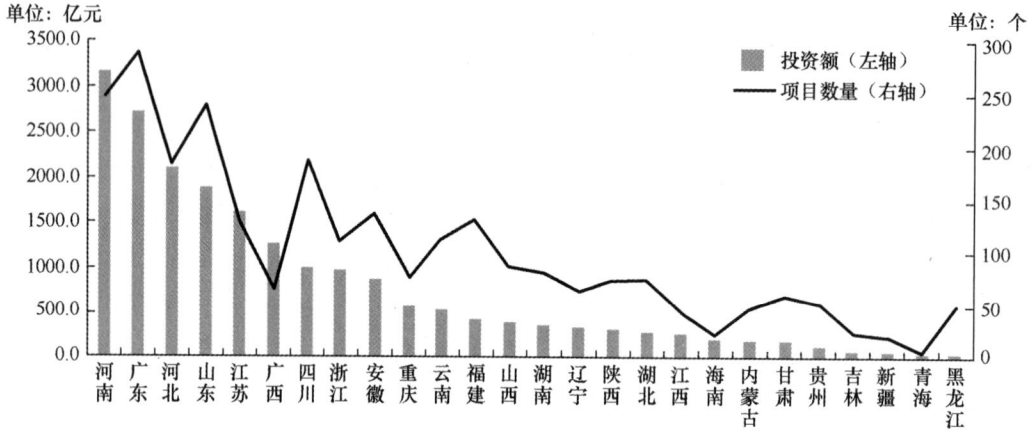

数据来源：中项网数据库

图 10　2020 年各省新报批数据中心项目数量与投资额

（中国通信企业协会）

2020 年通信业统计公报

2020 年，面对新型冠状病毒肺炎疫情的严重冲击，我国通信业坚决贯彻落实党中央、国务院决策部署，全力支撑疫情防控工作，积极推进网络强国建设，实现全国所有地级城市的 5G 网络覆盖，新型信息基础设施能力不断提升，为加快数字经济发展、构建新发展格局提供有力支撑。

■ 一、行业保持平稳运行

（一）电信业务收入增速回升，电信业务总量较快增长

经初步核算[1]，2020 年电信业务收入累计完成 1.36 万亿元，比 2019 年增长 3.6%，增速同比提高 2.9 个百分点。按照 2019 年价格计算的电信业务总量 1.5 万亿元，同比增长 20.6%。2015—2020 年电信业务收入增长情况如图 1 所示。

（二）固定通信业务较快增长，新兴业务驱动作用明显

2020 年，固定通信业务实现收入 4673 亿元，比 2019 年增长 12%，在电信业务收入中占比达 34.5%，占比较 2019 年提高 2.8 个百分点，占比连续三年提高。2015—2020 年移动通信业务和固定通信业务的收入占比情况如图 2 所示。

应用云计算、大数据、物联网、人工智能等新

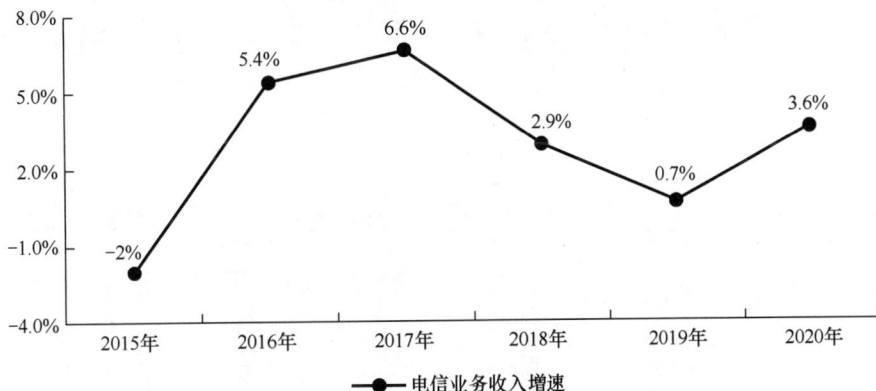

图 1　2015—2020 年电信业务收入增长情况

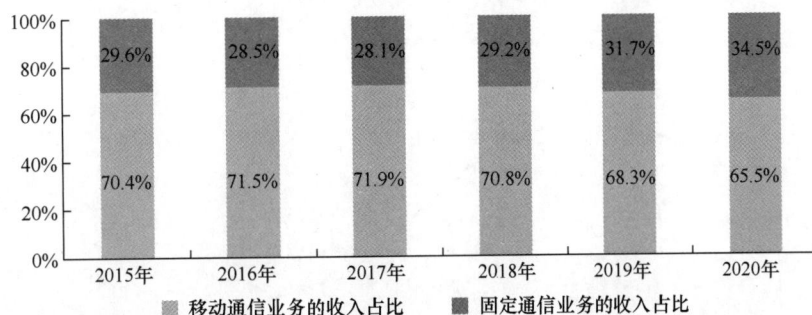

图 2　2015—2020 年移动通信业务和固定通信业务的收入占比情况

1　2020 年采用 12 月快板初步核算数，2019 年及之前年份采用年板年终决算数据。下同。

技术，大力拓展新兴业务，使固定增值及其他业务的收入成为增长第一引擎。2020 年，固定数据及互联网业务实现收入 2376 亿元，比 2019 年增长 9.2%，在电信业务收入中的占比由 2019 年的 16.6% 提升至 17.5%，拉动电信业务收入增长 1.53 个百分点，对全行业电信业务收入增长贡献率达 42.9%；固定增值业务实现收入 1743 亿元，比 2019 年增长 26.9%，在电信业务收入中的占比由 2019 年的 10.5% 提升至 12.9%，拉动电信业务收入增长 2.82 个百分点，对收入增长贡献率达 79.1%。其中，数据中心业务、云计算、大数据以及物联网业务收入比 2019 年分别增长 22.2%、85.8%、35.2% 和 17.7%；IPTV（网络电视）业务收入 335 亿元，比 2019 年增长 13.6%。2015—2020 年固定数据及互联网业务收入的发展情况如图 3 所示。

（三）移动通信业务占比下降，数据及互联网业务仍是重要收入来源

2020 年，移动通信业务实现收入 8891 亿元，比 2019 年下降 0.4%，在电信业务收入中占比降至 65.5%，比 2017 年峰值时回落 6.4 个百分点。其中，移动数据及互联网业务实现收入 6204 亿元，比 2019 年增长 1.7%，在电信业务收入中占比由

2019 年的 46.6% 下滑到 45.7%，拉动电信业务收入增长 0.79 个百分点，对收入增长贡献率为 22.3%。2015—2020 年移动数据及互联网业务收入的发展情况如图 4 所示。

（四）持续优化成本管控，企业经营效益稳中有升

推进共建共享，优化资源配置，降低运营成本，特别是 5G 建设带来的成本压力。2020 年电信业务的成本达 9294 亿元，比 2019 年增长 3.6%；实现电信利润达 1903 亿元，比 2019 年增长 3.7%；电信业务利润率达 14%，比 2019 年提高 0.6 个百分点。2015—2020 年电信业务成本增速情况和电信利润总额增速情况如图 5 所示。

二、网络提速和普遍服务向纵深发展

（一）移动电话用户规模小幅下降，4G 用户渗透率超八成

2020 年，全国电话用户净减 1640 万户，总数回落至 17.76 亿户。其中，移动电话用户总数达 15.94 亿户，2020 年净减 728 万户，普及率为

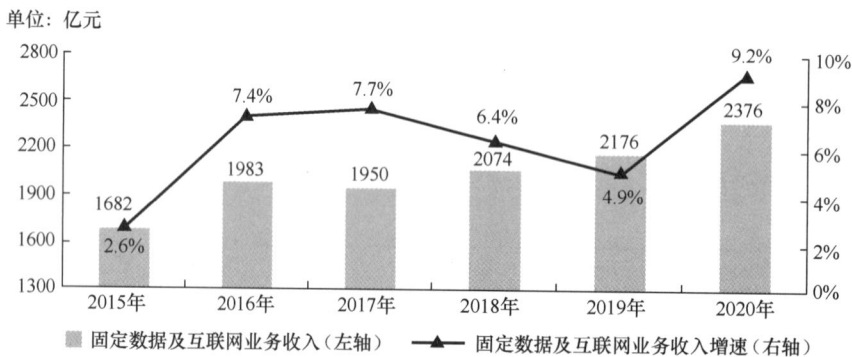

单位：亿元

图 3　2015—2020 年固定数据及互联网业务收入的发展情况

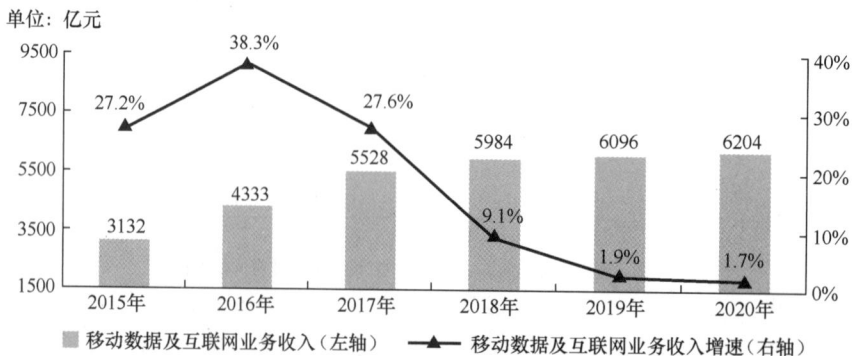

单位：亿元

图 4　2015—2020 年移动数据及互联网业务收入的发展情况

113.9 部 / 百人，比 2019 年年末回落 0.5 部 / 百人。2010—2020 年固定电话的普及率及移动电话的普及率如图 6 所示。4G 用户总数达 12.89 亿户，全年净增 679 万户，占移动电话用户数的 80.8%。固定电话用户总数达 1.82 亿户，全年净减 913 万户，普及率降至 13 部 / 百人。

（二）百兆宽带已近九成，加快向千兆宽带接入升级

网络提速步伐加快，千兆宽带服务推广不断推进。截至 2020 年年底，三家基础电信企业的固定互联网宽带接入用户总数达 4.84 亿户，全年净增 3427 万户。其中，100Mbit/s 及以上接入速率的固定互联网宽带接入用户总数达 4.35 亿户，全年净增 5074 万户，占固定宽带用户总数的 89.9%，占比较 2019 年年末提高 4.5 个百分点；1000Mbit/s 及以上接入速率的用户数达 640 万户，比 2019 年年末净增 553 万户。2019 年和 2020 年固定互联网宽带各接入速率用户的占比情况如图 7 所示。

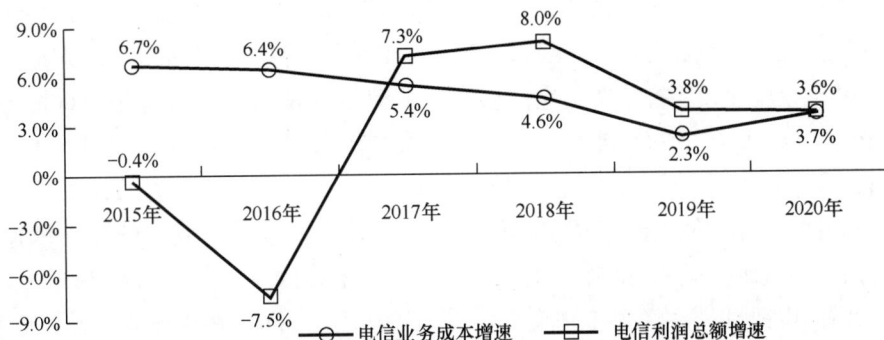

图 5　2015—2020 年电信业务成本增速情况和电信利润总额增速情况

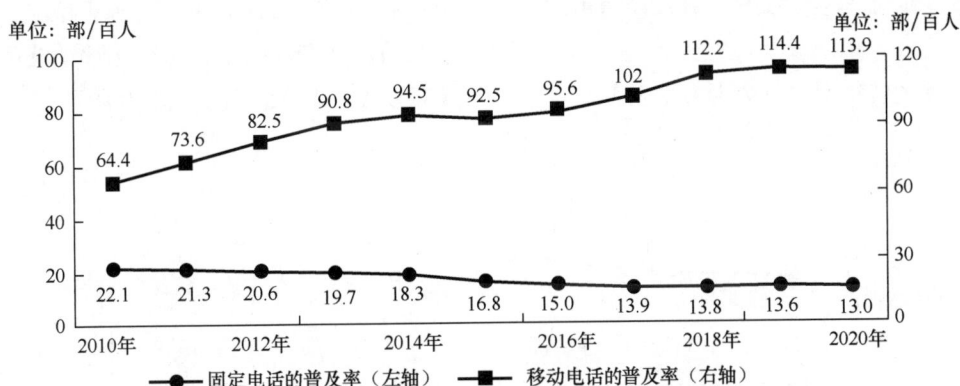

图 6　2010—2020 年固定电话的普及率及移动电话的普及率

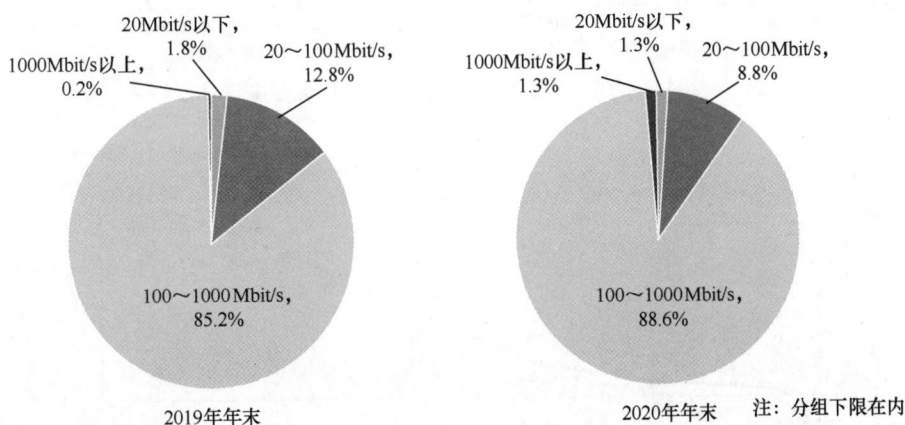

图 7　2019 年和 2020 年固定互联网宽带各接入速率用户的占比情况

（三）电信普遍服务持续推进，农村宽带用户较快增长

截至 2020 年年底，全国农村宽带用户总数达 1.42 亿户，2020 年净增 713 万户，比 2019 年年末增长 5.3%。全国行政村通光纤和 4G 的比例均超过 98%，电信普遍服务试点地区平均下载速率超过 70Mbit/s，农村和城市实现"同网同速"。2015—2020 年农村宽带接入用户数及占比情况如图 8 所示。

（四）新业态加快发展，蜂窝物联网用户数较快增长

促进转型升级，加快 5G 网络、物联网、大数据、工业互联网等新型基础设施建设，推动新一代信息技术与制造业的深度融合。截至 2020 年年底，三家基础电信企业发展蜂窝物联网用户达 11.36 亿户，全年净增 1.08 亿户，其中应用于智能制造、智慧交通、智慧公共事业的终端用户占比分别达 18.5%、18.3%、22.1%。发展 IPTV（网络电视）用户总数达 3.15 亿户，2020 年净增 2120 万户。

（五）携号转网服务全面实施，移动转售用户规模下降

2020 年，移动转售用户总数为 1.02 亿户，全年净减用户 2206 万户，转售用户的月户均流量（DOU）为 3.14GB/月·户，不足基础电信企业用户 DOU 的三分之一。2020 年携号转网服务全面推开，推动运营商业务规范化，服务质量和用户体验不断提升。

三、移动数据流量消费规模继续扩大

（一）移动互联网流量较快增长，月户均流量（DOU）跨上 10GB 区间

受新型冠状病毒肺炎疫情的冲击和"宅家"新生活模式等影响，移动互联网应用需求激增，线上消费异常活跃，短视频、直播等大流量应用场景拉动移动互联网流量迅猛增长。2020 年，移动互联网接入流量消费达 1656 亿吉比，比 2019 年增长 35.7%。全年移动互联网月户均流量（DOU）达 10.35GB/月·户，比 2019 年增长 32%；12 月当月 DOU 高达 11.92GB/月·户。其中，手机上网流量达 1568 亿吉比，比 2019 年增长 29.6%，在总流量中占 94.7%。2015—2020 年移动互联网流量及月 DOU 的增长情况如图 9 所示。2020 年移动互联网接入当月流量及当月 DOU 情况如图 10 所示。

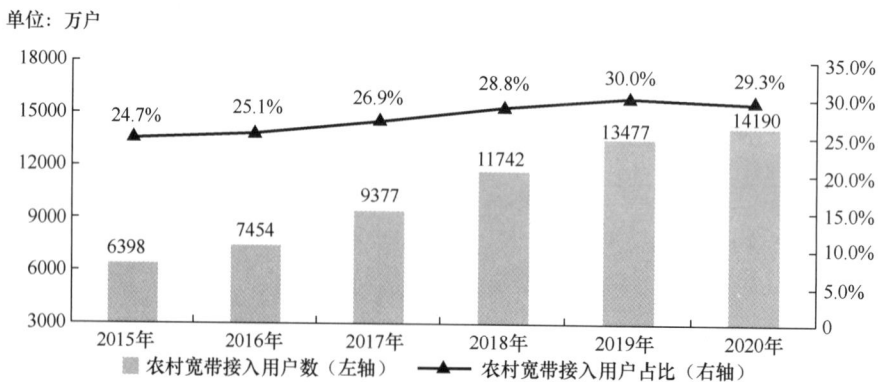

图 8　2015－2020 年农村宽带接入用户数及占比情况

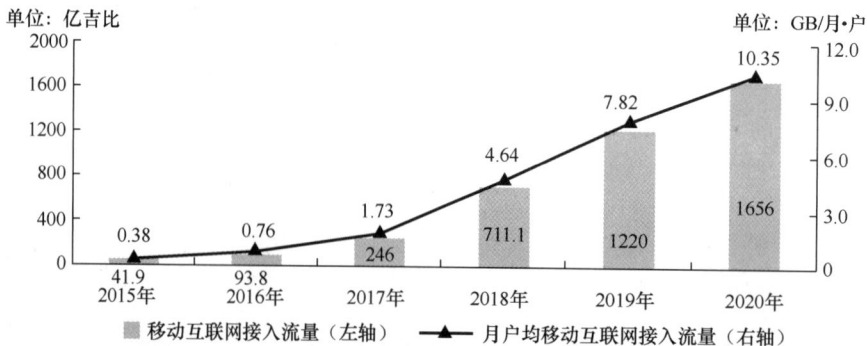

图 9　2015－2020 年移动互联网流量及月 DOU 的增长情况

（二）移动短信业务量收仍不同步，话音业务量继续下滑

2020 年，全国移动短信业务量比 2019 年增长 18.1%，增速较 2019 年下降 14.1 个百分点；移动短信业务收入比 2019 年增长 2.4%，移动短信业务量收增速差从 2019 年的 33% 下降至 15.7%。2015—2020 年移动短信业务量和收入的增长情况如图 11 所示。互联网应用对话音业务替代影响继续加深，2020 年全国移动电话去话通话时长 2.24 万亿分钟，比 2019 年下降 6.2%。2015—2020 年移动电话用户和通话量

的增长情况如图 12 所示。

四、网络基础设施能力持续升级

（一）固定资产投资较快增长，5G 投资比重快速提升

2020 年，三家基础电信企业和中国铁塔股份有限公司共完成固定资产投资 4072 亿元，比 2019 年增长 11%，增速同比提高 6.3 个百分点。其中，移动通信的固定资产投资稳居首位，投资额达 2154 亿元，

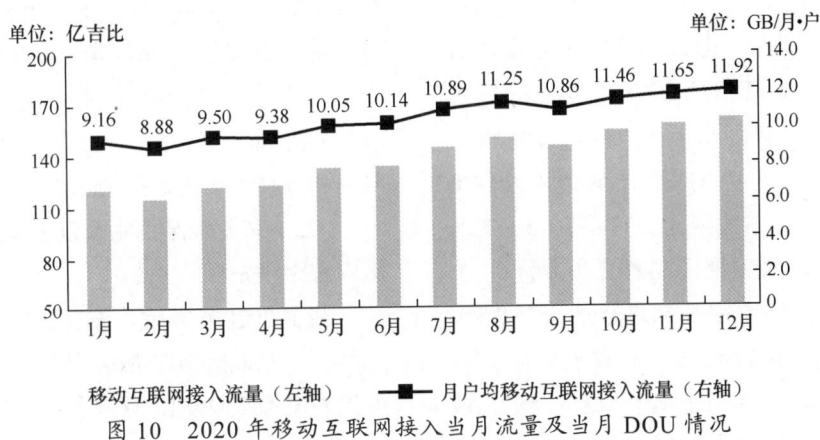
图 10 2020 年移动互联网接入当月流量及当月 DOU 情况

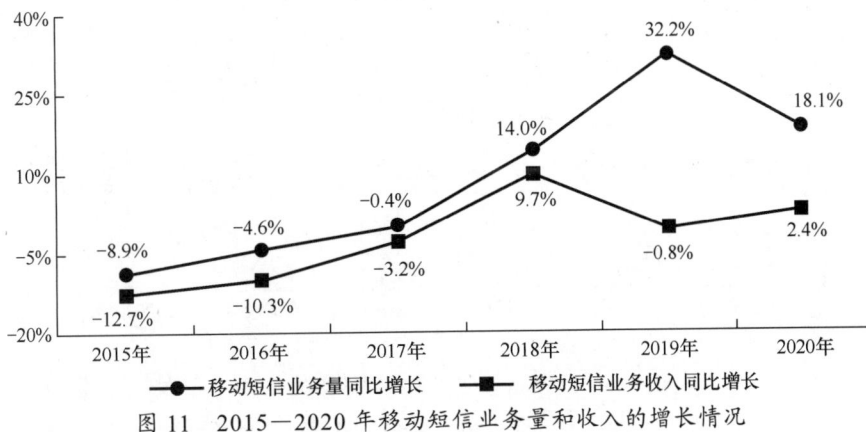
图 11 2015—2020 年移动短信业务量和收入的增长情况

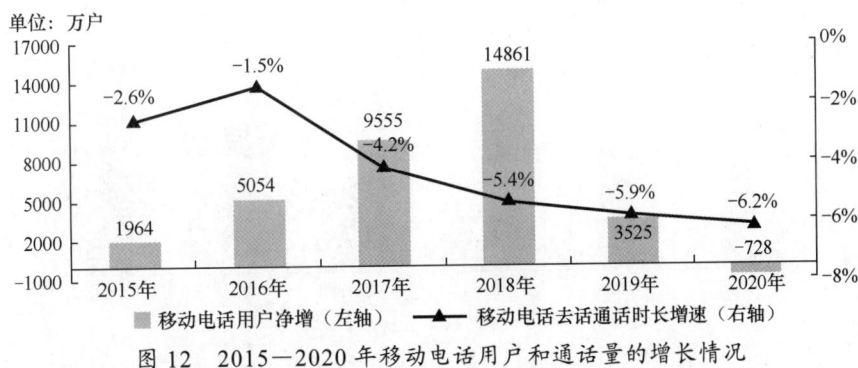
图 12 2015—2020 年移动电话用户和通话量的增长情况

占全部投资的 52.9%, 占比较 2019 年提高 5.1 个百分点; 移动通信中的 5G 投资额达 1473 亿元, 占全部固定资产投资的 36.2%, 截至 2020 年年底, 用于 5G 基站及室内分布系统的固定资产投资已超 1855 亿元。

（二）网络基础设施优化升级，5G 网络建设稳步推进

加快 5G 网络建设，不断消除网络覆盖盲点，提升网络质量，增强网络供给和服务能力，新一代信息通信网络建设不断取得新进展。2020 年，全国新建光缆线路长度达 428 万千米，全国光缆线路总长度达 5169 万千米。截至 2020 年年底，互联网宽带接入端口数量达 9.46 亿个，比 2019 年年末净增 3027 万个。其中，光纤接入（FTTH/O）端口达 8.8 亿个，比 2019 年年末净增 4361 万个，占互联网接入端口的比重由 2019 年年末的 91.3% 提升至 93%。xDSL 端口数降至 649 万个，占比降至 0.7%。2015—2020 年互联网宽带接入端口的发展情况如图 13 所示。

2020 年，全国移动通信基站总数达 931 万个，2020 年净增 90 万个。其中 4G 基站总数达 575 万个，城镇地区实现深度覆盖。5G 网络建设稳步推进，按照适度超前原则，新建 5G 基站超 60 万个，全部已

开通 5G 基站超过 71.8 万个，其中中国电信和中国联通共建共享 5G 基站超 33 万个，5G 网络已覆盖全国地级以上城市及重点县市。2015—2020 年移动电话基站的发展情况如图 14 所示。

五、东部地区、中部地区、西部地区、东北地区协调发展

（一）分地区电信业务收入份额较为稳定

2020 年，东部、西部地区电信业务收入占比分别为 51%、23.7%，均比 2019 年提升 0.1 个百分点；中部地区占比为 19.6%，与 2019 年持平；东北地区占比为 5.6%，比 2019 年下滑 0.2 个百分点。2015—2020 年东部地区、中部地区、西部地区、东北地区电信业务收入比重如图 15 所示。

（二）东北地区百兆及以上固定互联网宽带接入用户占比领先

截至 2020 年年底，东部地区、中部地区、西部地区、东北地区 100Mbit/s 及以上固定互联网宽带接入用户分别达 18618 万户、10838 万户、11386 万户和 2620 万户，在本地区宽带接入用户中占比分别达

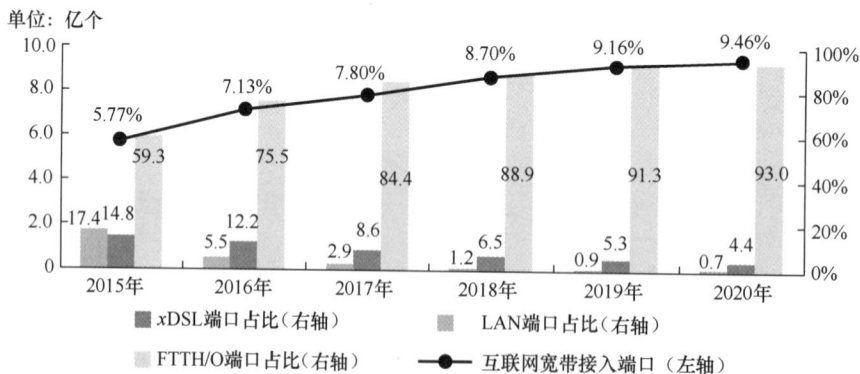

图 13　2015—2020 年互联网宽带接入端口的发展情况

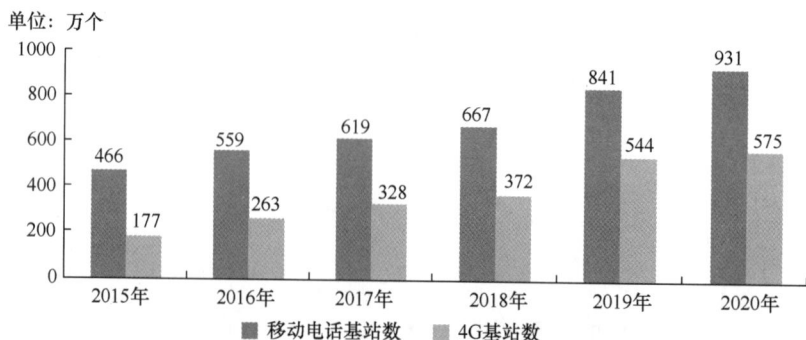

图 14　2015—2020 年移动电话基站的发展情况

88.9%、90.8%、90.3% 和 91.2%，占比较 2019 年分别提高 2.8 个百分点、4.9 个百分点、7 个百分点和 3.7 个百分点。2018—2020 年东部地区、中部地区、西部地区、东北地区 100Mbit/s 及以上固定宽带接入用户的渗透率如图 16 所示。

（三）西部地区移动互联网流量增速全国领先

2020 年，东部地区、中部地区、西部地区、东北地区移动互联网接入流量分别达 700 亿吉比、357 亿吉比、505 亿吉比和 93.4 亿吉比，比 2019 年分别增长 31.9%、36.5%、42.3% 和 29%，西部地区增速比东部地区、中部地区和东北地区增速分别高出 10.4 个百分点、5.8 个百分点和 13.3 个百分点。12 月当月，西部地区当月户均流量达 13.81/月·户，比东部地区、中部地区和东北地区分别高 2.02GB、3.25GB 和 3.78GB。2018—2020 年东部地区、中部地区、西部地区、东北地区移动互联网接入流量增速情况如图 17 所示。

图 15　2015—2020 年东部地区、中部地区、西部地区、东北地区电信业务收入比重

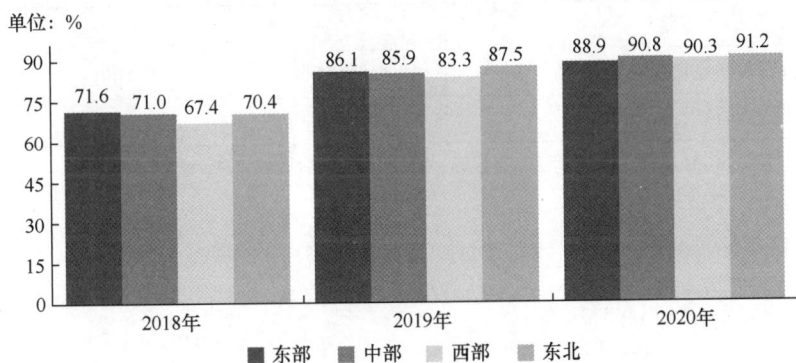

图 16　2018—2020 年东部地区、中部地区、西部地区、东北地区 100Mbit/s 及以上固定宽带接入用户的渗透率

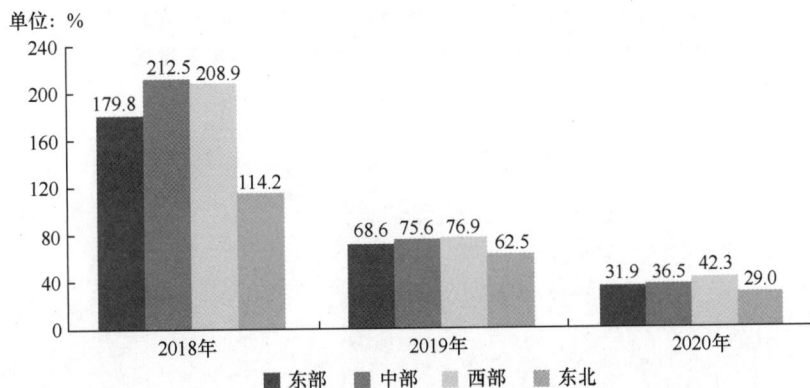

图 17　2018—2020 年东部地区、中部地区、西部地区、东北地区移动互联网接入流量增速情况

2020 年 1—12 月通信业主要指标完成情况（一）

指标名称	单位	1—12 月累计	比 2019 年同期增长
电信业务总量（按 2019 年不变价）	亿元	15032	20.6 %
电信业务收入	亿元	13564	3.6 %
其中：固定通信业务收入	亿元	4673	12.0 %
其中：固定增值业务收入	亿元	1743	26.9 %
固定数据及互联网业务收入	亿元	2376	9.2 %
其中：移动通信业务收入	亿元	8891	-0.4 %
其中：移动数据及互联网业务收入	亿元	6204	1.7 %
移动短信业务收入	亿元	401	2.4 %
固定资产投资完成额	亿元	4072	11.0 %
移动互联网接入流量	亿吉比	1656	35.7 %
移动短信业务量	亿条	17796	18.1 %
固定电话主叫通话时长合计	亿分钟	1026	-14.9 %
移动电话去通话时长合计	亿分钟	22448	-6.2 %

注：1. 固定电话主叫通话时长和移动电话通话时长均包含相应的 IP 电话通话时长；
　　2. 固定资产投资含中国铁塔股份有限公司。

2020 年 1—12 月通信业主要指标完成情况（二）

指标名称	单位	12 月末达	比 2019 年年末净增（＋）、减（－）
固定电话用户合计	万户	18191	-913
移动电话用户合计	万户	159407	-728
其中：4G 用户数	万户	128876	679
其中：移动互联网用户数	万户	134852	2999
其中：手机上网用户数	万户	134599	3059
互联网宽带接入用户数	万户	48355	3427
其中：xDSL 用户数	万户	304	-144
FTTH/O 用户数	万户	45414	3675
其中：100Mbit/s 速率以上用户数	万户	43463	5074
其中：城市宽带接入用户数	万户	34165	2715
农村宽带接入用户数	万户	14190	712
IPTV（网络电视）用户数	万户	31515	2120
蜂窝物联网终端用户数	万户	113563	10785
固定电话普及率	部 / 百人	13	-0.6
移动电话普及率	部 / 百人	113.9	-0.5

注：1. 比 2019 年年末净增、减采用 2019 年年终决算数据计算得到；
2. 普及率采用 2019 年年末人口数据计算得到。

2020 年 12 月电话用户数分省情况

单位：万户

	固定电话用户数	移动电话用户数	
		合计	4G 用户
全 国	18190.8	159407.0	128876.4
东 部	8781.6	69031.8	56487.3
北 京	480.6	3906.4	3159.7
天 津	325.8	1711.0	1425.2
河 北	652.1	8336.0	6740.9
上 海	636.5	4277.6	3246.2
江 苏	1265.3	9897.1	8046.3
浙 江	1264.8	8585.2	6876.7
福 建	733.1	4739.3	3900.9
山 东	1125.2	10907.1	8450.1
广 东	2131.9	15536.9	13724.0
海 南	166.4	1135.2	917.4
中 部	3027.6	36749.6	29685.4
山 西	244.4	4022.8	3318.0
安 徽	559.5	6025.6	4752.2
江 西	482.4	4249.4	3300.6
河 南	667.2	10051.4	8282.1
湖 北	481.6	5681.1	4615.4
湖 南	592.4	6719.4	5417.2
西 部	5124.5	42037.3	33220.7
内蒙古	198.7	2962.2	2404.6
广 西	333.6	5332.9	4516.2
重 庆	600.1	3640.1	2929.5
四 川	1885.0	9124.6	7115.7
贵 州	223.1	4093.5	3360.9
云 南	274.6	4953.4	3834.5
西 藏	75.7	321.9	268.9
陕 西	637.0	4589.7	3733.1
甘 肃	309.8	2673.8	2175.4
青 海	132.1	659.4	552.8
宁 夏	51.4	839.2	692.0
新 疆	403.3	2846.6	1637.3
东 北	1257.1	11588.3	9483.0
辽 宁	540.5	4873.8	4059.8
吉 林	417.8	2870.1	2321.8
黑龙江	298.8	3844.4	3101.4

2020 年第四季度全国通信业主要通信能力

指　标　名　称	单位	本季末达	比 2019 年年末净增
光缆线路长度	千米	51692051	4279609
其中：长途光缆线路长度	千米	1117923	32986
移动电话基站数	万个	931	90
互联网宽带接入端口	万个	94605	3027
其中：光纤（FTTH/O）端口	万个	87977	4361

注：比 2019 年年末净增采用 2019 年年终决算数据计算得到。

2020 年第四季度通信水平分省情况

	固定电话普及率 （部／百人）	移动电话普及率 （部／百人）
全 国	13.0	113.9
北 京	22.3	181.4
天 津	20.9	109.6
河 北	8.6	109.8
山 西	6.6	107.9
内蒙古	7.8	116.6
辽 宁	12.4	112.0
吉 林	15.5	106.7
黑龙江	8.0	102.5
上 海	26.2	176.2
江 苏	15.7	122.6
浙 江	21.6	146.8
安 徽	8.8	94.7
福 建	18.5	119.3
江 西	10.3	91.1
山 东	11.2	108.3
河 南	6.9	104.3
湖 北	8.1	95.9
湖 南	8.6	97.1
广 东	18.5	134.9
广 西	6.7	107.5
海 南	17.6	120.2
重 庆	19.2	116.5
四 川	22.5	109.0
贵 州	6.2	113.0
云 南	5.7	102.0
西 藏	21.6	91.8
陕 西	16.4	118.4
甘 肃	11.7	101.0
青 海	21.7	108.5
宁 夏	7.4	120.8
新 疆	16.0	112.8

注：普及率＝用户／人口数×100；全国及各省人口采用 2019 年年末人口数。

（工业和信息化部网络安全产业发展中心）

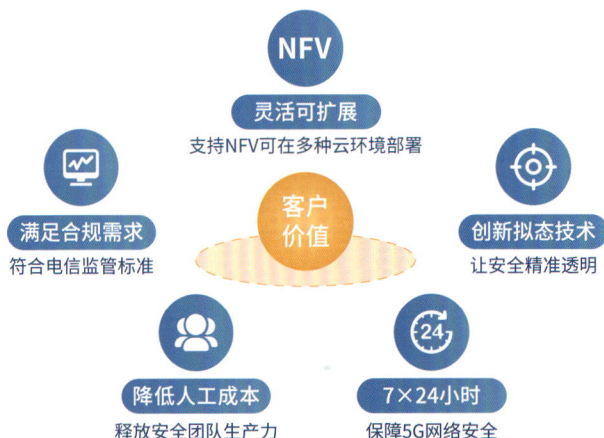

元道通信 WINTAO COMMUNICATIONS

元道通信股份有限公司是业内知名的全国性、综合型通信技术服务企业。为适应5G时代的发展需求，公司加大研发投入、提升科技创新能力，将通信技术服务与新技术深度融合，以提升服务品质，增强企业实力，推动企业的数字化转型。

公司优势

- 高新技术企业
- 多项专利 多项软件著作权
- 十余年系统 研发管理经验
- 全国市场较高的 知名度和品牌优势

元道智慧产品

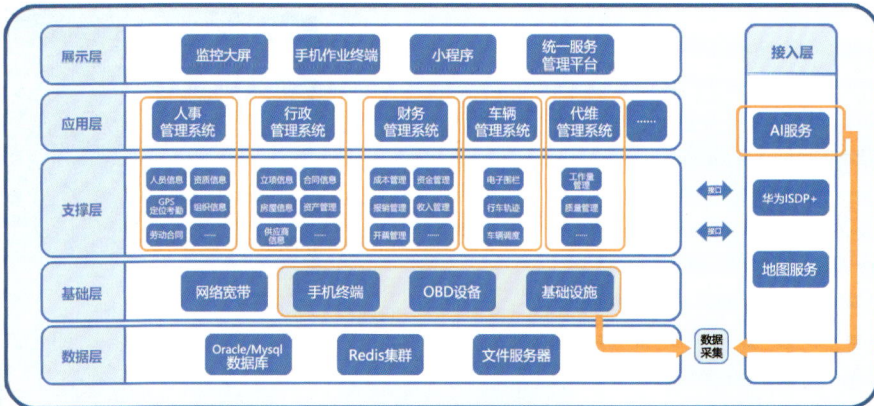

展示层	监控大屏	手机作业终端	小程序	统一服务管理平台

接入层

智慧运维管理系统

- 对运维全过程的人、车等基本要素进行全面动态监控。
- 后台进行大数据分析评估，及时发现问题，提供解决方案。
- 具有现场交互功能，可实现远程指挥调度和技术支持。

元道经纬相机

- 专注真实的现场拍照。
- 水印信息真实不可更改。
- 累计用户数量832万。
- 覆盖范围广泛，多行业应用。

- 采用先进的OBD设备，结合GIS技术，实现车辆实时定位和监控。
- 安全、可靠、高性能、功能完善。
- 通过数据分析，为车辆管理提供参考，降低运营成本。
- 支持私有化和SaaS，多种部署方案自由选择。

📞 0755-86393233

网络筑建脱贫路 信息开启致富门
山东移动交出脱贫攻坚优异答卷

在全国脱贫攻坚总结表彰大会上，中国移动通信集团山东有限公司计划部（扶贫办公室）被授予"全国脱贫攻坚先进集体"光荣称号，成为通信领域为数不多的脱贫攻坚先进集体。

多年来，山东移动牢记"央企姓党"政治属性，坚守"红色通信"初心使命，始终将脱贫攻坚作为重大的政治任务和光荣的社会责任，充分发挥通信企业网络和信息化优势，依托独具移动特色的"1+3+X"体系"网络+"扶贫模式——以网络扶贫为主线，强化组织、资金和人才保障，将网络与教育、健康、消费、民生、产业、就业等扶贫领域深度结合，持续通过网络信息之力助力脱贫攻坚，为打赢脱贫攻坚战贡献"移动力量"。

架起网络"高速路"让贫困群众搭上互联网"快车"

通信网络在脱贫攻坚中发挥着基础性、先导性作用，加快通信网络等信息基础设施建设，是缩小城乡"数字鸿沟"、带领贫困群众搭上致富道路的关键。山东移动积极发挥网络强国、数字中国、智慧社会主力军作用，全力打造覆盖城乡、质优价廉、高速畅通、服务便捷的网络基础设施，为贫困地区提供用得上、用得起、用得好的信息通信服务。

山东移动坚持精准扶贫精准脱贫基本方略，在山东省通信管理局指导下，坚持精准扶贫精准脱贫基本方略，持续加快贫困农村地区网络基础设施建设。截至2020年年底，山东省建档立卡贫困村4G覆盖率达99.9%，宽带网络覆盖率达99.4%，超额完成山东信息通信行业"十三五"的规划目标。

山东移动持续推动电信普遍服务工程建设，完成山东省226个行政村、11个自然村、14个海洋牧场的4G网络覆盖。

山东移动不断加大优惠资费普及推广力度，通过套餐打折、专属扶贫套餐等形式，精准降惠及建档立卡贫困户44万户。

潍坊市和庄村是典型的山乡，盛产核桃、樱桃、油桃等。由于交通、信息不畅，产品一直走不出大山。山东移动加大通信基站建设力度，在大山里架起网络"高速路"，为身处山区的贫困群众打通网上销售通道，让特色优质的农产品再也不愁销路。随着网络建设的持续推进，"信息惠农示范村""淘宝村"陆续揭牌开张，在庄村"淘宝村"开张的第一个月，累计销售额就突破34万元，越来越多的贫困群众找到了致富的新门路。

山东省拥有绵长的海岸线，海岸线附近散布着589个海岛。为解决海岛居民用网难、资费贵等问题，山东移动克服海岛基站建设投资高、维护难等诸多困难，实现了山东省有人海岛的通信网络覆盖，为海岛发展观光旅游、水产养殖等产业提供了质优价廉的网络服务。一批农村经纪人、农村合作社利用农村电商平台开展农产品网上购销、直播带货，迅速实现脱贫致富。

信息化扶贫"互联网+"打造扶贫新动能

充分发挥信息化优势，创造性地将信息化服务与教育、消费等多个领域有机结合，山东移动为脱贫攻坚注智赋能，打造贫困地区弯道超车"新动能"。

扶贫必扶智，治贫先治愚。山东移动积极通过"网络+教育"扶贫扶志扶智，助力教育均衡，提升贫困地区基础教育水平。

搭建贫困地区与发达地区之间的"同步课堂"，山东移动为16所学校输送优质课程；疫情期间，通过云视讯免费为学校提供远程教育服务，帮助孩子们"停课不停学"。

2020年3月份，临沂一名9岁的小学生在山坡搭窝棚上网课的消息在网上传开，山东移动第一时间成立网络保障小分队，连夜驱车百余千米上门服务，顺利帮助孩子实现在山上网课的愿望。该事件被国资小新、《人民邮电》报等多家媒体报道，得到了社会各界的广泛好评。

山东移动始终把困难群众冷暖放在心上，加大对贫困地区的支持力度，积极开展慈善公益扶贫行动，像对待自己亲人一般，帮助对口帮扶贫困群众，让他们在小康路上一个都不掉队。累计向贫困学生、困难家庭捐赠资金近1500万元。

强化"网络+消费"扶贫，山东移动积极汇聚内外部消费合力，大力开展消费扶贫，为贫困地区产业发展注入市场动力。整合扶贫产品线上销售渠道，通过积分商城、山东移动掌厅、电商平台等方式，开展"消费扶贫，'移'起行动"等活动，累计购买和帮销扶贫产品近2000余万元。

山东移动积极探索信息化产品在贫困地区推广落地，配合当地政府大力建设益农信息社平台，累计培训信息员及新型农业经营主体2700余人次，为贫困户提供相关农业贷款，服务企业社区近1900家、居民120万余人，线上累计销售农产品4200万元，助力农民创收增收。

"党建和创""第一书记"激发脱贫内生动力

给钱给物，不如建个好支部；脱贫致富，关键时刻看干部。在推动脱贫攻坚工作中，山东移动充分发挥各级党组织和党员作用，将脱贫攻坚与基层党建有机结合。选派业务骨干62人次担任"第一书记"，一手抓党建，一手抓脱贫攻坚，帮扶104个贫困村实现脱贫。与临沂市沂南县蒲汪镇下坡村开展"党建和创"主题实践活动，服务下乡，向村民提供流量费、通话费、有线宽带费等移动通信费用优惠，400余人次享受到移动推出的各类优惠政策。

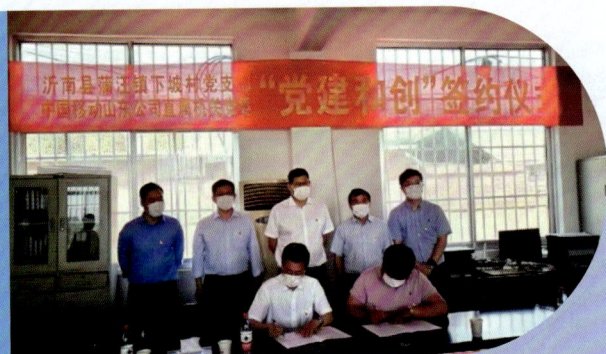

![中国通信服务 广西公司 CHINA COMSERVICE GUANGXI CORPORATION]

提供信息通信产业全方位
一体化解决方案

广西壮族自治区通信产业服务有限公司（以下简称中国通信服务广西公司）于2007年7月正式成立，注册资本1.92亿元，是中国通信服务股份有限公司（HK552）在广西设立的省级全资子公司。

公司致力于为运营商、政府机构及其他集团客户、海外客户提供信息通信产业全方位、一体化解决方案，满足客户多元化信息需求。公司可提供的产品及服务涵盖"网络建设服务""业务流程外包服务"及"应用、内容及其他服务"3个板块，其中包括设计、施工、监理、网络维护、设施管理、装饰装修、IT应用服务、语音增值、互联网增值服务及其他专业。目前，广西公司下设6家专业子（分）公司、14个地市分公司，业务范围立足广西区市县，辐射至周边其他省、市乃至东南亚国家，具有完善的本地一体化服务网络和一支优秀的属地化交付运营服务团队，是广西信息化领域生产性服务业的主导企业。

地址：南宁市大学东路89号　　邮编：530007　　网站：guangxi.chinaccs.cn

长 实 通 信

5G建设

智慧城市

数据中心

通信综合维护

通信工程

系统集成

广东长实通信科技有限公司（以下简称"长实通信"）是一家集综合通信网络服务、IT服务、科技研发于一体的高新技术企业，于2002年4月成立，注册资金一亿元人民币，为上市公司中嘉博创信息技术股份有限公司（股票代码：000889）的全资子公司。长实通信自成立以来，以"专业、专注，做中国领先的综合信息化建设服务商"为发展目标，连年被评为广东企业500强、广东民营企业100强、广东服务业100强和守合同重信用AAA企业、纳税信用A级单位，荣获客户及合作方颁发的用户满意企业、优秀合作伙伴、通信网络维护服务支撑先进单位、铁塔五星级代维单位、中国移动一级集采A级供应商等多个奖项。

长实通信成立至今十八年，业务发展已遍及全国28个省(含直辖市、自治区、)，近一万余名各专业管理及技术人员。

长实通信具备涵盖通信工程施工总承包、信息通信网络系统集成服务能力、电子与智能化工程专业承包、电力工程施工总承包、建筑工程施工总承包、建筑机电安装工程专业承包等多领域资质，被评为国家高新技术企业、省级工程技术中心，拥有专业的技术团队和成熟的项目管理经验。在北京、广州和清远分别设有研发基地，经过多年的投入和研发，目前已经发展成为拥有多项专利、软件著作权的企业创新科研中心，多项研发成果已成功应用于通信代维服务。

长实通信响应国家加快新型基础建设的号召，在新基建项目咨询规划、设计、建设、维护、运营等方面以丰富的实践经验，为客户提供多元一体化的服务，其中包含智慧园区项目解决方案、智慧交通应用管理、5G通信站址运营与建设、综合智能信息化办公系统、计算机网络系统集成、硬件设备安装、大数据中心管理、机电安装与电力输配工程、云端智能机器人应用服务、楼宇数字安防系统设计、建筑智能化控制系统、新能源汽车充电桩管理等专业服务。

在现今科技日新月异的大环境中，公司坚持以"做中国综合信息化建设服务商"为行动纲领，落实"责任、专业、务实、学习"的企业精神，实施人才强企战略，同时积极关注客户需求，注重服务质量。让企业和客户在5G时代紧密相联，共创辉煌。

广东长实通信科技有限公司
专业·专注 做中国综合信息化建设服务商